Ich habe einen Traum

Helge Hesse

ICH HABE EINEN TRAUM

In 80 Sätzen durch die Geschichte des 20. Jahrhunderts

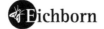

1 2 3 4   09 08

© Eichborn AG, Frankfurt am Main, September 2008
Lektorat: Carmen Kölz, Tina Kröckel
Layout: Tania Poppe
Satz: Greiner & Reichel, Köln
Druck und Bindung: CPI – Clausen & Bosse, Leck
ISBN 978-3-8218-5693-3

Alle Rechte vorbehalten. Kein Teil des Werkes darf in irgendeiner Form (durch Fotografie, Mikrofilm oder ein anderes Verfahren) ohne schriftliche Genehmigung des Verlages reproduziert oder unter Verwendung elektronischer Systeme verarbeitet, vervielfältigt oder verbreitet werden.

Eichborn Verlag, Kaiserstraße 66, D-60329 Frankfurt am Main
Mehr Informationen zu Büchern und Hörbüchern aus dem Eichborn Verlag finden Sie unter www.eichborn.de

Inhalt

Vorwort 11

1. Pardon wird nicht gegeben!
   Wilhelm II. (1859–1941) 13
2. Das Ich ist nicht Herr im eigenen Haus
   Sigmund Freud (1856–1939) 17
3. $E = mc^2$
   Albert Einstein (1879–1955) 22
4. Form follows function
   Louis Henri Sullivan (1856–1924) 27
5. Jeder Kunde kann sein Auto in jeder Farbe anstreichen lassen, die er will, vorausgesetzt, es ist Schwarz
   Henry Ford (1863–1947) 31
6. Um Gottes willen, kümmert Euch um unsere Leute!
   Robert Falcon Scott (1868–1912) 36
7. Besser aufrecht sterben als auf Knien leben
   Emiliano Zapata (1879–1919) 41
8. Save Our Souls!
   Funkspruch der Titanic (15. April 1912) 46
9. In ganz Europa gehen die Lichter aus
   Edward Grey (1862–1933) 50
10. Im Westen nichts Neues
    Erich Maria Remarque (1898–1970) 54
11. Alle Macht den Räten!
    Wladimir Iljitsch Lenin (1870–1924) 59
12. Die Welt muss sicher gemacht werden für die Demokratie
    Woodrow Wilson (1856–1924) 63
13. Der Untergang des Abendlandes
    Oswald Spengler (1880–1936) 68

14. **Ehrfurcht vor dem Leben**
    Albert Schweitzer (1875–1965) 72
15. **Ein Bild sagt mehr als tausend Worte**
    Fred R. Barnard 75
16. **Langfristig sind wir alle tot**
    John Maynard Keynes (1883–1946) 78
17. **Ausgerechnet Bananen!**
    Fritz Löhner-Beda (1883–1942) 83
18. **Wenn du fragen musst, wirst du es nie wissen**
    Louis Armstrong (1901–1971) 87
19. **Ihr seid eine verlorene Generation**
    Gertrude Stein (1874–1946).......................... 91
20. **Das Nichts nichtet**
    Martin Heidegger (1889–1976) 95
21. **Aktionäre sind dumm und frech**
    Carl Fürstenberg (1850–1933)........................ 99
22. **Der amerikanische Traum**
    James Truslow Adams (1878–1949) 103
23. **Das Einzige, was wir zu fürchten haben, ist die Furcht selbst**
    Franklin Delano Roosevelt (1882–1945) 106
24. **Flink wie Windhunde, zäh wie Leder, hart wie Kruppstahl**
    Adolf Hitler (1889–1945)............................. 109
25. **Wem die Stunde schlägt**
    Ernest Hemingway (1899–1961)....................... 113
26. **Asien den Asiaten!**
    Japanischer Propagandaslogan 117
27. **Arbeit macht frei**
    Motto am Eingangstor zahlreicher deutscher
    Konzentrationslager (ab 1933) 122
28. **Wir müssen uns Sisyphos als einen glücklichen Menschen vorstellen**
    Albert Camus (1913–1960) 126
29. **Das ist der Beginn einer wunderbaren Freundschaft**
    Textzeile aus dem Film *Casablanca* (1942)............... 129

30. Sie starben, damit Deutschland lebe!
    Völkischer Beobachter (4. Februar 1943) 134
31. Wir sind Euer böses Gewissen!
    Die Weiße Rose (1942) 138
32. Ich weiß, es wird einmal ein Wunder gescheh'n
    Bruno Balz (1902–1988). 144
33. Da wir die Atombombe erfunden haben,
    haben wir sie auch benutzt
    Harry S. Truman (1884–1972). 147
34. Alle Tiere sind gleich
    George Orwell (1903–1950) 152
35. Darum sage ich Ihnen: Lassen Sie
    Europa entstehen!
    Winston Churchill (1874–1965) 155
36. Auge um Auge lässt die Welt erblinden
    Mahatma Gandhi (1869–1948) 159
37. Ihr Völker der Welt, schaut auf diese Stadt!
    Ernst Reuter (1889–1953) 163
38. Alle Menschen sind frei und gleich an
    Würde und Rechten geboren
    Erklärung der Menschenrechte (1948) 168
39. Auferstanden aus Ruinen
    Johannes R. Becher (1891–1958). 172
40. Um in Israel ein Realist zu sein,
    muss man an Wunder glauben
    David Ben Gurion (1886–1973) 177
41. Ich suche nicht, ich finde
    Pablo Picasso (1881–1973). 181
42. Es gibt kein richtiges Leben im falschen
    Theodor W. Adorno (1903–1969). 184
43. Suicide is painless
    Mike Altman (geb. 1955) 187
44. Der Tod eines einzelnen Mannes ist eine Tragödie,
    aber der Tod von Millionen ist nur eine Statistik
    Josef Stalin (1879–1953). 191
45. A Star is born
    Filmtitel (1954) 195

46. Fünfzig Jahre Fortschritt in fünf Jahren
    Juscelino Kubitschek de Oliveira (1902–1976) 198
47. Wohlstand für alle!
    Ludwig Erhard (1897–1977) 201
48. Der große Sprung nach vorn
    Mao Zedong (1893–1976) 206
49. Das Grauen, das Grauen!
    Joseph Conrad (1857–1924) 211
50. Fragt nicht, was euer Land für euch tun kann,
    sondern fragt, was ihr für euer Land tun könnt
    John F. Kennedy (1917–1963) 215
51. Die Geschichte wird mich freisprechen
    Fidel Castro (geb. 1926) 219
52. Das globale Dorf
    Marshall McLuhan (1911–1980) 223
53. Wir haben uns schrecklich geirrt
    Robert McNamara (geb. 1916) 227
54. Three quarks for Muster Mark
    James Joyce (1882–1941) 231
55. Ich habe einen Traum
    Martin Luther King Jr. (1929–1968) 234
56. In Zukunft wird jeder einmal für
    fünfzehn Minuten berühmt sein
    Andy Warhol (1928–1987) 238
57. All You Need Is Love
    John Lennon (1940–1980), Paul McCartney (geb. 1942) ... 241
58. Sozialismus mit menschlichem Antlitz
    Alexander Dubček (1921–1992) 245
59. Die schweigende Mehrheit
    Richard Nixon (1913–1994) 250
60. Eine Frau braucht einen Mann,
    wie ein Fisch ein Fahrrad braucht
    Irina Dunn 254
61. Houston, wir haben ein Problem
    James Lovell (geb. 1928) 257
62. Macht kaputt, was euch kaputt macht!
    Ton Steine Scherben (1970) 262

63. Die Grenzen des Wachstums
   Club of Rome (1972) 267
64. Scheiße noch mal, Allende ergibt sich nicht!
   Salvador Allende (1908–1973) 270
65. That's Lucy in the Sky with Diamonds
   Julian Lennon (geb. 1963) 276
66. Anything goes
   Paul Feyerabend (1924–1994) 280
67. Wer Visionen hat, sollte zum Arzt gehen
   Helmut Schmidt (geb. 1918) 283
68. Schwerter zu Pflugscharen!
   Bibel. 287
69. Der Mensch ist nicht frei,
   wenn er einen leeren Geldbeutel hat
   Lech Wałęsa (geb. 1943) 291
70. Vielleicht hat uns der Herr diese Seuche gebracht,
   weil unerlaubter Sex gegen die Zehn Gebote verstößt
   Ronald Reagan (1911–2004) 295
71. Wir amüsieren uns zu Tode
   Neil Postman (1931–2003). 298
72. Wir brauchen die Demokratie wie die Luft
   zum Atmen
   Michail Gorbatschow (geb. 1931). 301
73. Read my lips: no more taxes!
   George H. W. Bush (geb. 1924) 306
74. I dit it my way
   Frank Sinatra (1915–1998). 309
75. Wir sind das Volk!
   Demonstranten in der DDR (1989) 312
76. It's the economy, stupid!
   James Carville (geb. 1944) 317
77. Das Ende der Geschichte
   Francis Fukuyama (geb. 1952) 321
78. One person, one vote!
   Wahlprinzip 324
79. Der Kampf der Kulturen
   Samuel P. Huntington (geb. 1927). 329

80. Ein Land, zwei Systeme
   Deng Xiaoping (1904–1996) 332

Dank 338

Literaturverzeichnis 339

Personenregister 349

Vorwort

In der Geschichte der Menschheit wurden Sätze immer dann berühmt, wenn sie in wenigen Worten einen komplexen Zusammenhang auf den Punkt brachten oder ein bestimmtes Gefühl ausdrückten, das viele Menschen bewegte.

Im 20. Jahrhundert erlebte die Menschheit die bislang größten Umbrüche, die dramatischsten Veränderungen und auch die entsetzlichsten Ereignisse ihrer Geschichte. Deshalb entstanden in diesen hundert Jahren auch viele berühmt gewordene Sätze.

Ausgehend von 80 berühmten Zitaten unternimmt dieses Buch eine chronologische Reise durch das Jahrhundert. Von der Drohung Wilhelms II. »Pardon wird nicht gegeben!« über Pablo Picassos »Ich suche nicht, ich finde« bis hin zu Deng Xiaopings »Ein Land, zwei Systeme« erzählt es Geschichte und Geschichten, verweist auf Entwicklungen, Hintergründe, Zusammenhänge und Brüche nicht nur in der Politik, sondern auch in Technik, Kunst, Kultur, Wirtschaft, Gesellschaft und Philosophie. Dabei versucht diese Reise auch einen globalen Blick einzunehmen, obwohl es einem Europäer vermutlich nie ganz gelingt, seinen eurozentrischen Blickwinkel zu überwinden.

Manche der hier versammelten Zitate mögen Sie auf den ersten Blick überraschen oder die Stirn runzeln lassen. Oft führt aber die Geschichte eines solchen Satzes zu Zusammenhängen und Aha-Erlebnissen, die weit über das hinausreichen, was es zunächst erwarten ließ. So wird der ein oder andere Leser kaum vermuten, dass mit Sätzen wie »I did it my way« oder »That's Lucy in the sky with diamonds« bedeutende politische beziehungsweise wissenschaftliche Geschehnisse verknüpft sind, dass ein Zitat von James Joyce mit der Teilchenphysik zu verbinden ist, ein Graffiti auf einer Toilettentür mit der Emanzipation der Frau oder der Titelsong einer US-Fernsehserie mit dem Koreakrieg zu tun hat.

Natürlich kann diese Reise angesichts der zahlreichen Geschehnisse des 20. Jahrhunderts dessen Geschichte und Vielfalt weder ausgewogen abbilden noch auch nur ansatzweise erschöpfend darstellen. Auch müssen viele wichtige Entwicklungen unberücksichtigt bleiben. Dennoch will dieses Buch viele Türen zum 20. Jahrhundert öffnen und zeigen, wie spannend Geschichte ist. Und wenn Sie neugierig geworden sind auf mehr, liefert Ihnen das Literaturverzeichnis im Anhang Anregungen für die weitere Lektüre.

Nur noch eins: Die Reihenfolge der Kapitel folgt dem Lauf der Geschichte und jedes Kapitel ist in sich abgeschlossen. Sollte das ein oder andere Zitat auf den ersten Blick nicht Ihr Interesse wecken, überspringen Sie es einfach. Vielleicht kommen Sie später drauf zurück, wenn Ihnen das Zitat irgendwo im Alltag begegnet ist.

Helge Hesse   Düsseldorf, im Juni 2008

Pardon wird nicht gegeben!
Wilhelm II. (1859–1941)

Am 27. Juli 1900 standen 2000 Soldaten in Reih und Glied auf der Pier von Bremerhaven in der Sommersonne. Eine lange Reise lag vor ihnen. Ihre breitkrempigen hellen Hüte der deutschen Kolonialsoldaten – der sogenannten Schutztruppen – ließen erahnen, welche Aufgabe sie zu erfüllen hatten. Sie sollten in der Ferne unnachgiebig die imperialen Interessen des Deutschen Reiches durchsetzen. Dieses Mal in China.
Hinter ihnen erhob sich die Wartehalle der Reederei Norddeutscher Lloyd. Journalisten waren auf das Dach geklettert, um die Verabschiedung der Freiwilligen des »Ostasiatischen Expeditionskorps« durch den deutschen Kaiser Wilhelm II. in Bild und Schrift festzuhalten. Dieser betrat ein eigens für den Anlass errichtetes Holzgerüst. Er trug Uniform und einen Tschako, die zylinderförmige Kopfbedeckung der Husaren.
An diesem Tag gab es für den leidenschaftlichen Redner gleich mehrere Gründe, seinen Worten besonderes Gewicht zu verleihen. Seit Beginn seiner Regentschaft im Jahr 1888 hatten sich die Beziehungen zu nahezu allen europäischen Großmächten nicht nur abgekühlt, sondern waren zum Teil in offene Gegnerschaft übergegangen. Nun aber fand sich das Deutsche Reich durch die Teilnahme an einem Expeditionskorps nach China endlich einmal an der Seite Großbritanniens und Frankreichs. Auch Italien, Österreich-Ungarn und Russland, vor allem aber die USA und Japan stellten Truppenkontingente.
Gleich einem Rudel von Löwen, die wissen, dass sie nur gemeinsam den Elefanten erlegen können, hatten sie sich zusammengerauft. Nur war die Beute kein Elefant, sondern das riesige China. Dass man seinen Beitrag zu leisten gewillt war, das wollte Wilhelm bekräftigen. Es gelang ihm so eindrücklich, dass seine Worte später wie eine düstere Ankündigung der weiteren Rolle Deutschlands in der ersten Hälfte des 20. Jahrhunderts interpretiert werden konnten: »Kommt

ihr vor den Feind«, rief Wilhelm seinen Soldaten zu, »so wird derselbe geschlagen! Pardon wird nicht gegeben! Gefangene werden nicht gemacht! Wer euch in die Hände fällt«, fuhr er fort, »sei euch verfallen! Wie vor tausend Jahren die Hunnen unter ihrem König Etzel sich einen Namen gemacht, der sie noch jetzt in Überlieferung und Märchen gewaltig erscheinen lässt, so möge der Name Deutscher in China auf 1000 Jahre durch euch in einer Weise bestätigt werden, dass es niemals wieder ein Chinese wagt, einen Deutschen scheel anzusehen!« So weit der inoffizielle, aber wohl nahezu korrekte Wortlaut, zitiert nach den von Johannes Penzler herausgegebenen Reden Wilhelms II.

Was die martialischen Worte des Kaisers anrichten würden, ahnten Reichskanzler Chlodwig zu Hohenlohe-Schillingsfürst, Staatssekretär Bernhard von Bülow und der Direktor des Norddeutschen Lloyd Heinrich Wiegand bereits, als sie diese vor Ort hörten. Sofort versuchten sie, den Schaden zu begrenzen. Von Bülow verpflichtete alle Journalisten, deren er habhaft werden konnte, nur eine von ihm persönlich überarbeitete Fassung zu verbreiten. In dieser war zwar immer noch davon die Rede, dass Pardon nicht gegeben werde, aber der Satz von den Hunnen und von Etzel fehlte.

Doch nicht alle Pressevertreter leisteten von Bülow Folge. Josef Ditzen, Herausgeber und Chefredakteur der *Nordwestdeutschen Zeitung*, hatte auf dem Dach der Wartehalle mitstenografiert. Er schickte an seine Redaktion eine ungekürzte Mitschrift. Die druckte diese vollständig ab und verschickte unzählige Belegexemplare nach Berlin und ins ganze Reich. Der Kaiser, der auf seiner Yacht *Hohenzollern* beim Abendessen zunächst Zeitungen vorgelegt bekommen hatte, in denen von Bülows Version der Rede zu lesen war, und enttäuscht festgestellt hatte, dass man das Schönste ja weggelassen habe, hielt schließlich doch den Text seiner eigentlichen Rede in Händen.

In der europäischen Öffentlichkeit reagierte man zunächst gelassen. Man kannte den deutschen Kaiser und wusste, wie schnell er sich in Ton und Worten vergriff. Doch nun gehörte er ja zu den eigenen Verbündeten. In Deutschland aber wurde Kritik laut. Vor allem Liberale und Sozialdemokraten verurteilten die Worte Wilhelms scharf.

Und die Soldaten? Wie sie die Rede ihres Kaisers auszulegen hatten, war für die 2000 Mann auf der Pier und die etwa 9000, die ihnen noch nach China folgen sollten, eindeutig. Insbesondere die Worte

»Pardon wird nicht gegeben!« fassten sie als Befehl auf, den sie rücksichtslos in die Tat umsetzten. Das chinesische Kaiserreich befand sich um die Jahrhundertwende im Niedergang. Japan, die neu aufsteigende Großmacht in Ostasien, hatte China im Kampf um den Einfluss in Korea im Ersten Japanisch-Chinesischen Krieg 1894/1895 eine bittere militärische Niederlage zugefügt. Auch die Provinz Formosa (Taiwan) musste China an Japan abtreten. Zudem nagte längst die Beutegier europäischer Mächte am chinesischen Reich. Frankreich sicherte sich Eisenbahnkonzessionen, das russische Zarenreich griff nach der Mandschurei. Die Briten erweiterten 1898 Hongkong, das sie China bereits während des Ersten Opiumkriegs (1839–1842) entrissen und 1842 zur Kronkolonie erklärt hatten, um die New Territories. Auch das Deutsche Reich ergriff die Gelegenheit. 1897 besetzte es im Norden Chinas in der Bucht von Kiautschou (in der 1991 weltweit als Standard eingeführten Pinyin-Umschrift: Jiaozhou) den Hafen Tsingtau (Qingdao). Im Jahr darauf kamen umliegende Landstriche hinzu.

In China versuchten nun nicht mehr die inneren Kreise des Kaiserhofes, sondern Gelehrte und Reformer das Reich zu erneuern. Sie fanden Unterstützung bei dem jungen Kaiser Guangxu. Der 22-Jährige wollte sich von der eigentlichen Regentin, seiner Tante Cixi, der Witwe des vorigen Kaisers, emanzipieren und ließ 1898 von dem Gelehrten Kang Youwei mehrere Reformerlasse erarbeiten. Durch sie sollte sich das Land auch zum Westen öffnen. Doch die aufmerksame und machtbewusste Cixi durchkreuzte die Pläne. Im September ließ sie den Kaiser unter Arrest stellen und sechs Beamte hinrichten. Die Reformen waren beendet.

In der chinesischen Bevölkerung wuchs derweil der Unmut gegen die ausländischen Mächte. Die Gründe waren vielfältig: wirtschaftliche Not, entstanden durch hohe Kriegsentschädigungen an Japan, schlechte Konditionen bei weltweiten Kreditgebern, erzwungene Einfuhr westlicher Konsumgüter, Missernten, Überfremdung durch aggressiv zu Werk gehende Missionare.

Um 1898 entwickelte sich eine Massenbewegung namens Yihetuan. Sie hatte ihre Wurzeln in der schon zu Beginn des 19. Jahrhunderts formierten Bewegung Yihequan (Faustkämpfer im Namen der Gerechtigkeit und des Friedens), zu deren Riten ein magisch inspirierter Faustkampf gehörte. Aus diesem Namen leitet sich später die von den Europäern gewählte Bezeichnung »Boxer« ab. 1898 kam es zu ersten Aufständen in der Provinz Shandong. Mitte des Jahres 1900 zogen die Boxer in Peking ein, nachdem sie unterwegs Kirchen zerstört, Missionare und chinesische Christen ermordet hatten. Der Regierung um Cixi war es mittlerweile gelungen, die Wut der Boxer, die sich zunächst auch gegen den Hof gerichtet hatte, ganz auf die Europäer zu lenken und die Sympathie zu nutzen, die die Boxer in der chinesischen Bevölkerung und Armee genossen.

Ein britisch geführtes europäisches Expeditionskorps stellte sich den Boxern entgegen, musste sich aber zurückziehen. Nach dem Vorstoß des Expeditionskorps erklärte die Regierung in Peking den europäischen Mächten den Krieg. Boxer und chinesische Armee belagerten und beschossen in Peking das Gesandtschaftsviertel. Ein chinesischer Soldat erschoss den deutschen Gesandten Clemens August Freiherr von Ketteler. Wilhelm II. forderte Rache: »Peking muss regelrecht angegriffen und dem Erdboden gleichgemacht werden.«

Wilhelm förderte nicht nur lärmenden Chauvinismus und Nationalismus, sondern war einer ihrer rührigsten Akteure. Die verspätete Nation Deutschland, von Otto von Bismarck durch »Blut und Eisen« 1871 geschmiedet, war als letzte in den Kreis der Großmächte eingetreten. Nicht nur wegen ihrer Lage im Herzen Europas wurde sie seither von den etablierten Mächten Großbritannien, Frankreich, Russland und Österreich-Ungarn argwöhnisch beäugt. Die Verständigung mit ihnen hatte für Bismarck fortan Priorität. Daher gab er den seinerzeit in Deutschland lauter werdenden Rufen nach einem eigenen Kolonialreich nur zögerlich nach. Beim Erwerb von Gebieten in Übersee schickte er Kaufleute vor, und er nannte die Gebiete nicht »Kolonien«, sondern »Schutzgebiete«. Mit Deutsch-Südwestafrika (dem heutigen Namibia), Togo und Kamerun wurden in den 1880er Jahren die ersten Besitzungen erworben. Weitere, auch im pazifischen Raum, kamen hinzu. Dann aber ebbte die imperiale Aktivität wieder ab. Der Ausgleich mit Frankreich und Großbritannien war Bismarck wichtiger. Nicht so für Wilhelm II., der Bismarck 1890 entließ. Er wollte der Politik des Deutschen Reiches nicht nur seinen eigenen Stempel aufdrücken, sondern forderte noch mehr Macht für das Deutsche Reich.

Was das hieß, formulierte am 6. Dezember 1897 der wenige Wochen zuvor zum Staatssekretär des Auswärtigen Amtes ernannte Bernhard von Bülow mit den berühmt-berüchtigten Worten: »Wir wollen niemand in den Schatten stellen, aber wir verlangen auch unseren Platz an der Sonne.« Deutschland wollte noch mehr vom kolonialen Kuchen des Reichtums abbekommen.

In China erhielt der deutsche Generalfeldmarschall Alfred Graf von Waldersee auf Drängen Wilhelms Ende September 1900 den Oberbefehl über die europäische Interventionsarmee. Doch es war zu spät, um sich noch auszuzeichnen. Die Chinesen waren geschlagen, Peking im August ohne Beteiligung deutscher Truppen besetzt worden, Friedensverhandlungen waren im Gange. Waldersee, in Deutschland vom Volksmund spöttisch mit »Weltmarschall« betitelt, legte die Hände dennoch nicht in den Schoß. Er organisierte rigorose Strafexpeditionen mit Massenmorden an chinesischen Zivilisten. Briefe deutscher Soldaten in die Heimat berichteten von den Bluttaten. In Anlehnung an Wilhelms Rede in Bremerhaven wurden sie später Hunnenbriefe genannt.

Als 1914 der Erste Weltkrieg ausbrach, erinnerten sich die Briten vor allem an Wilhelms Worte von den Hunnen, also an jene Passage, die von Bülow damals so gerne aus der Welt geschafft hätte. »Hunne« wurde auch dank der britischen Kriegspropaganda eine gängige Bezeichnung für den brutalen, rücksichtslosen und barbarischen Deutschen. Die Rede Wilhelms vom 27. Juli 1900 in Bremerhaven steht heute in den Geschichtsbüchern als »Hunnenrede«.

Das Ich ist nicht Herr im eigenen Haus
Sigmund Freud (1856–1939)

2

Am 12. Juli 1883, einem heißen Sommertag, besuchte der junge Wiener Arzt Sigmund Freud seinen älteren Kollegen Josef Breuer. Als Medizinstudent war er dem 14 Jahre älteren Breuer Ende der 1870er Jahre zum ersten Mal begegnet und hatte sich schnell mit ihm angefreundet. Breuer, der eine erfolgreiche Praxis betrieb und zahlreiche

Größen der Wiener Gesellschaft zu seinen Patienten zählte, interessierte sich nicht nur für die Medizin, sondern auch lebhaft für Kunst, Musik, Literatur und Malerei. Für Freud brachten die Gespräche mit Breuer einen großen Wissensgewinn, während Breuer an dem jungen Kollegen schätzte, dass dieser für neue Ideen nicht nur sehr offen war, sondern sie meist sofort weiterverfolgte.

An jenem Tag im Juli ließ Breuer den von der drückenden Hitze und von der Arbeit im Wiener Allgemeinen Krankenhaus abgekämpften Freud erst einmal ein Bad nehmen. Danach aßen die beiden Männer zu Abend. Im Anschluss entspann sich ein langes Gespräch über allerlei medizinische Themen wie »›moral insanity‹ und Nervenkrankheiten und merkwürdige Fälle«, wie Freud seiner Verlobten Martha Bernays in einem Brief berichtete. Und er ließ Martha wissen: »Auch Deine Freundin Bertha Pappenheim kam wieder aufs Tapet.« Die Geschichte der jungen Frau war vermutlich sogar ein Hauptthema jenes Abends, und was Breuer erzählte, elektrisierte den jungen Arzt.

Bertha Pappenheim war eine junge Frau aus gutem, wohlhabendem jüdischen Haus, die im Sommer 1880 mit 21 Jahren während der Krankenwache am Bett ihres todkranken geliebten Vaters einen schweren Nervenzusammenbruch erlitten hatte. Seither quälten sie Angstzustände und Halluzinationen. Weitere Krankheitssymptome kamen hinzu. Als ihr Vater ein Dreivierteljahr später starb, wurde Bertha von Wahnvorstellungen, Lähmungserscheinungen, Sprachstörungen und Nervenschmerzen heimgesucht. Ab Dezember begab sich Bertha Pappenheim bei Joseph Breuer in Behandlung, dem sie unter Hypnose ihre verdrängten Ängste und Gefühle schilderte. Die Symptome ließen nach. Im Sommer erklärte Breuer seine Patientin für geheilt. Tatsächlich aber musste er sie wenige Wochen später erneut in ein Sanatorium einweisen.

Auch Freud war bekannt, dass Bertha Pappenheim nach der Behandlung Breuers noch immer krank war. Dennoch publizierten er und Breuer 1893 in dem Aufsatz »Über den psychischen Mechanismus mysterischer Phänomene. Vorläufige Mitteilungen« und 1895 in dem gemeinsamen Buch *Studien über Hysterie* den Fall der Anna O. und berichteten, die Behandlung Breuers habe die Patientin geheilt. Das Pseudonym Anna O., das unzweifelhaft für Bertha Pappenheim stand, wurde berühmt. Die Anfangsbuchstaben ihres eigentlichen Namens waren nur um eine Stelle im Alphabet nach vorne gesetzt worden.

Freud glaubte besonders jene Menschen durch Hysterie gefährdet, die jung und geistig leistungsfähig waren, aber in einem Umfeld aufwuchsen, das sie unterforderte. Auch bei Bertha Pappenheim alias Anna O. diagnostizierte Breuer die Unterforderung der intelligenten Frau, die durch ihre Familie in ein Leben gedrängt wurde, das sie nicht ausfüllte.

Entscheidend für die Entstehung einer neuen psychologischen Methode war der Fall der Bertha Pappenheim schließlich deshalb, weil Breuer und Freud die bisherige Technik Breuers – das Reden Bertha Pappenheims über ihre Krankheit, über sich, ihre Konflikte, Verletzungen und Verdrängungen – weiterentwickelten zu einer Art Sprechtherapie, die zur ersten Vorstufe der Psychoanalyse wurde. Im Laufe der nächsten Jahre sammelte Freud weitere Mosaiksteine für sein späteres Gedankengebäude. So war er 1889 auch aufgrund der Versuche des französischen Neurologen und Psychiaters Hippolyte Bernheim zu dem Schluss gekommen, dass es ein Unterbewusstsein geben müsse, welches die Handlungen des Menschen entscheidend mitsteuere. In der Schrift »Entwurf einer Psychologie« umriss Freud erstmals ein Modell der Psyche. Im Jahr darauf benutzte er erstmals den Begriff »Psychoanalyse« und sprach dabei von »dem etwas subtilen Ausforschungsverfahren von Josef Breuer«.

In der frühen Phase der Psychoanalyse bis 1897 beschäftigte sich Freud vor allem mit Hysterie und Traumata. Schließlich wandte er sich der Analyse von Träumen zu. Im November 1899 erschien sein Buch *Die Traumdeutung*. Als gelte es, das Buch auch an den Anfang einer neuen Epoche zu setzen, stand darin das Jahr 1900 als Erscheinungsdatum.

Die Traumdeutung machte die Psychoanalyse nach und nach einer breiten Öffentlichkeit bekannt. Freud selbst hielt es für sein bedeutendstes Werk. Es bereitete den Weg zu seiner späteren Trieb- und Sexualtheorie.

Freud war der Ansicht, dass die unterdrückten Wünsche und Triebe des Menschen während des Schlafes ihren Weg ins Bewusstsein suchten. Die Psyche aber versuche sie erneut zu verdrängen und verwandle sie in Abstraktion und somit in Träume. Die Traumdeutung machte sich nun zur Aufgabe, die Wünsche und Triebe der Menschen aus der Abstraktion des Traumes herauszulesen.

In *Die Traumdeutung* stellte Freud auch erstmals die wichtigsten Elemente der von ihm entwickelten psychoanalytischen Theorie dar: das Unbewusste, die Verdrängung, die Sexualität der frühen Kindheit und die berühmte Dreiteilung der Psyche. In *Die Traumdeutung* nennt Freud sie noch das Vorbewusste, das Bewusste und das Unbewusste. Das endgültige Modell mit Über-Ich, Ich und Es, das Drei-Instanzen-Modell, erarbeitete Freud bis 1923 und stellte es in seiner Schrift *Das Ich und das Es* vor. Das Drei-Instanzen-Modell sagt im Kern dies aus: Das Ich steht für das Bewusstsein und die Persönlichkeit des Menschen. Das Über-Ich ist das Gewissen und die moralische Instanz des Menschen. Es ist stark von der Erziehung geprägt. Das Es schließlich ist das Unbewusste, der Hort der unterdrückten Triebe und Wünsche. Für Freud waren Ich und Über-Ich im Wesentlichen vom Es bestimmt, und somit sah er Bewusstsein, Persönlichkeit und Gewissen geprägt von den Wünschen und Trieben des Menschen.

Das Über-Ich verknüpfte Freud mit einer weiteren Feststellung beziehungsweise These, die zu einem bekannten Schlagwort wurde: dem Ödipuskomplex beziehungsweise Ödipuskonflikt, benannt nach dem Königssohn Ödipus in der griechischen Mythologie, der, ohne es zu wissen, seinen Vater erschlug und seine Mutter zur Ehefrau nahm. Freud hatte erstmals 1897 vom Ödipuskonflikt gesprochen, als er die sexuelle Hingezogenheit des Sohns zur Mutter bei gleichzeitiger Rivalität zum Vater beschrieb. Den gleichen Konflikt machte Freud auch bei Mädchen in Bezug zu ihren Müttern aus.

Der Ödipuskonflikt war ein zentrales Element in Freuds Modell der Entwicklung der menschlichen Psyche. So entstehe das Über-Ich und somit das Gewissen in der frühen Phase der Kindheit, etwa um das 5. Lebensjahr. Der Ödipuskonflikt gehörte für Freud in diese Phase der Persönlichkeitsentwicklung als ein typisches Beispiel für Verdrängung von unterdrücktem sexuellen Verlangen in früher Kindheit.

Freud selbst sollte im Jahr 1917 in seinem Aufsatz »Eine Schwierigkeit der Psychoanalyse« nicht ohne Kokettrie die Folgen seiner Ideen die dritte der Kränkungen der Menschheit nennen. Als erste

Kränkung bezeichnete er die Erkenntnis von Nikolaus Kopernikus, dass die Erde nicht der Mittelpunkt des Universums sei. Die zweite Kränkung habe Charles Darwin der Menschheit zugefügt, indem er erklärte, der Mensch stamme vom Affen ab. Die dritte Kränkung fasste Freud schließlich im selben Aufsatz in dem Satz zusammen: »Das Ich ist nicht Herr im eigenen Haus.« Dahinter stand nichts anderes als die schockierende Behauptung Freuds, dass der erwachsene Mensch nicht etwa von seinem Bewusstsein gesteuert wird, sondern von seinem Unterbewusstsein, das zudem noch unter dem Einfluss von Erlebnissen steht, die bis zurück in die frühe Kindheit reichen. Eine besondere Rolle spielen negative Erfahrungen und Traumatisierungen, die laut Freud ins Unbewusste verdrängt werden. Aus dem Unbewussten heraus treten sie dann als Krankheiten wieder auf, als Depressionen und Zwangserkrankungen.

Nach Erscheinen der *Traumdeutung* traf Freud mit seinen Überlegungen nach und nach auf Resonanz. 1902 gründete er mit einigen seiner Anhänger in Wien die Psychologische Mittwochsgesellschaft, die 1908 in Wiener Psychoanalytische Vereinigung umbenannt wurde. Nacheinander schlossen sich Freuds junge Fachkollegen Alfred Adler und Carl Gustav Jung an.

Auch wenn man über die Frage der Wissenschaftlichkeit der Psychoanalyse streiten kann, Freuds Einfluss auf die Gesellschaft, auf die Kunst und Philosophie des 20. Jahrhunderts ist unbestreitbar. Freud hat nicht nur die Sexualität enttabuisiert, sondern vor allem zentrale Erfahrungen des menschlichen Daseins in das Denken und somit in die Wissenschaften eingeführt. Die Subjektivität des Menschen – gespeist durch Persönlichkeit, Gefühle und Konflikte – gewann nun Bedeutung für die Wahrnehmung der Welt.

Freud, der die Religionen heftig kritisierte – sie waren für ihn das Ergebnis von Fantasien in der Kindheit und nichts anderes als gefährliche Illusionen –, schien später seine eigene Lehre zu einer Art Religion zu machen. Er betonte zwar, dass die Psychoanalyse eine Wissenschaft sei, lieferte aber keine Methodologie im wissenschaftlichen Sinne, die seine Thesen beweisen beziehungsweise widerlegen konnte. So war die Psychoanalyse von Anfang an auch mit dem – oft schon religiösen – Glauben an ihre Richtigkeit und ihren charismatischen Erfinder verknüpft.

Dass sich Freuds Ideen auf der ganzen Welt rasch verbreiteten, dazu trugen ungewollt jene bei, die der Psychoanalyse ausgesprochen feindlich gesonnen waren: die Nationalsozialisten. Nachdem Österreich 1938 an das Deutsche Reich angegliedert worden war, mussten die meisten Anhänger und Protagonisten der Psychoanalyse emigrieren. Viele gingen in die USA, wo die Psychoanalyse rasch breite Anerkennung fand.

Was wurde aus Bertha Pappenheim? Ihre Gesundheit verbesserte sich schließlich doch, auch wenn sie sich in den nächsten Jahren immer wieder in stationäre Behandlung begeben musste. Sie zog Ende November 1888 nach Frankfurt. Dort machte sie sich in den nächsten Jahren auch über die Stadtgrenzen hinaus einen Namen als Frauenrechtlerin, Autorin und Philanthropin. Über ihre schwere Krise in jungen Jahren redete sie nie öffentlich, auch hinterließ sie keine Notizen darüber.

3 $E = mc^2$
Albert Einstein (1879–1955)

Bei seiner Geburt war sein Kopf so groß und verformt, dass seine erschrockene Mutter dachte, er sei behindert. Er wurde eines der größten Genies, die je gelebt haben. Alle Welt kennt seine markante Erscheinung, seinen gutmütigen, gleichzeitig abwesend wirkenden Blick, sein von weißem Haar wirr umwalltes Haupt, den buschigen Schnurrbart. Albert Einstein, der meisterhaft Geige spielte und sich für den Frieden unter den Menschen einsetzte, wurde zu einer der populärsten Persönlichkeiten der Moderne, obwohl seine Ideen die Vorstellungskraft fast aller Menschen überforderten. Was wiederum Einstein nicht verstand. »Woher kommt es«, fragte er einmal, »dass mich niemand versteht und jeder mag?«

Albert Einstein war in vielerlei Hinsicht ein Exot und gerade zu Beginn seiner Laufbahn schien wenig auf den späteren Ruhm hinzuweisen. Ein Lehr- oder Forschungsauftrag an einer Universität blieb ihm aufgrund seiner Eigenwilligkeit verwehrt. Die Wissenschaft der Physik, zu deren größten Geistern er heute unbestritten gezählt wird – manche halten ihn sogar für den brillantesten Kopf, den die Menschheit je hervorgebracht hat –, betrieb er zunächst als Autodidakt in seiner Freizeit. Er war ein Sonderling, der Zeit seines Lebens ein Einzelgänger blieb. Schon das Kind begann erst spät zu sprechen. Er habe damit gewartet, bis er dazu fähig gewesen sei, in ganzen Sätzen zu reden, verbreitete er später. Die Schule lag ihm, wie vielen außergewöhnlich Begabten, nicht. Ein durchweg schlechter Schüler, wie lange kolportiert wurde, ist er dennoch nicht gewesen. In Mathematik und Latein gehörte er immer zu den Klassenbesten.

Als seine Eltern von München nach Mailand zogen, ging Einstein nach Zürich. Dort wollte der 16-Jährige ohne Hochschulreife das Eidgenössische Polytechnikum besuchen, eine der damals renommiertesten technischen Hochschulen Europas. Nachdem er dort die Aufnahmeprüfung wegen gravierender Mängel in einigen Fächern nicht bestanden hatte, wurde er schließlich als 17-Jähriger aufgenommen, nachdem er das Abitur an der Kantonsschule von Aarau nachgeholt hatte. 1900 bestand er sein Examen mit keineswegs schlechten Noten, eine Assistentenstelle am Polytechnikum wurde ihm jedoch verwehrt. Noch ahnte oder erkannte niemand seine Begabung und Genialität. Er arbeitete zunächst als Hauslehrer und begann erst 1901, in seiner »Freizeit« wissenschaftlich zu arbeiten. Einsteins finanzielle Lage besserte sich mit der Festanstellung als »Experte dritter Klasse« im Berner Patentamt. Gerade weil Einstein mit dem allgemeinen Hochschulbetrieb nichts zu tun hatte, konnte er sein unkonventionelles Denken pflegen.

Bereits vier Jahre später machte er eindrucksvoll auf sich aufmerksam, denn nach und nach veröffentlichte Einstein gleich vier Aufsätze, von denen ihm jeder allein einen großen Namen in der Physik gesichert hätte. Einstein war erst 26 Jahre alt.

Der erste Aufsatz war die Mitte März 1905 beendete Arbeit »Über einen die Erzeugung und Verwandlung des Lichts betreffenden heuristischen Gesichtspunkt«. Darin führte er den Beweis, dass Licht zugleich sowohl Wellen- als auch Teilchencharakter haben kann. Damit bestätigte er auch das von Max Planck (1858–1947) aufgestellte Strahlungsgesetz zum Strahlungsverhalten glühender Körper. Dieses nahm einen Strahlungsenergieaustausch mittels kleinster Energiepakete an, die man später Quanten nannte. Wegen der Herleitung dieses Strahlungsgesetzes gilt Planck als Begründer der Quantenphysik. Für diese Arbeit erhielt Einstein 1921 schließlich den Nobelpreis.

Für die Relativitätstheorie hatte die Akademie ihm den Preis nicht geben wollen, weil Einstein zwar der Urheber der Theorie war, aber Henri Poincaré, der bedeutend zum mathematischen Gerüst der Theorie beigetragen hatte, mittlerweile verstorben war und man posthum keinen Nobelpreis vergibt. Insbesondere unter den Arbeiten Einsteins aus dem Jahr 1905 musste man nicht lange nach Ersatz suchen.

Im Mai 1905 folgte ein Aufsatz zur brownschen Molekularbewegung, in dem Einstein bewies, dass es Moleküle tatsächlich gab. Ende Juni 1905 reichte Einstein seine Abhandlung »Zur Elektrodynamik bewegter Körper« ein. Alle drei genannten Aufsätze erschienen am 26. September 1905 in der berühmt gewordenen Ausgabe Nr. 17 der *Annalen der Physik*, der seinerzeit wichtigsten Zeitschrift dieser Wissenschaft. Einen Tag nach der Abgabe des dritten Aufsatzes lieferte Einstein seinen Nachtrag »Ist die Trägheit eines Körpers von seinem Energieinhalt abhängig?«. Die beiden letztgenannten Aufsätze vereinigen die spezielle Relativitätstheorie und der letzte enthält zum ersten Mal die Jahrhundertformel $E = mc^2$.

Die spezielle Relativitätstheorie ist eine der berühmtesten Theorien in der Wissenschaft und gleichzeitig eine der am schwersten darzustellenden oder gar zu erklärenden. Mit ihr verwarf Einstein die seit Aristoteles herrschende Vorstellung von Zeit und Raum als unveränderlichen, absoluten Größen.

Noch Isaac Newton hatte 1687 in seinem Hauptwerk *Philosophiae Naturalis Principia Mathematica* Raum und Zeit als gottgegeben erklärt. Der Raum war für Newton der unveränderliche Rahmen für die Entfaltung der Elemente und Kräfte der Physik, und die Zeit, so Newton, vergehe gleichmäßig, unbeeinflusst von anderen Kräften.

Einstein aber war zu dem Schluss gekommen, dass es einen absoluten Raum und eine absolute Zeit nicht gebe. Vielmehr setzte er Raum und Zeit in Beziehung zueinander. Seine These war, dass die Zeit für einen Menschen, der sich mit sehr großer Geschwindigkeit bewegt, langsamer vergeht als für jemanden, der sich nicht bewegt. Obwohl sich letztlich auch dieser Mensch bewegt, nämlich mit der

Erde. Doch die Zeit seines Bezugssystems, der Erde, ist eine andere als die des Menschen in dem sich schnell bewegenden Gefährt. Einsteins Theorie, die er rein durch die Kraft seines Geistes entwickelt hatte, wurde später experimentell mehrfach bestätigt. Messungen bewiesen Einsteins berühmte Voraussage, dass Uhren, die sich in einem Objekt mit hoher Geschwindigkeit fortbewegen, langsamer laufen als Uhren, die statisch auf der Erde stehen. Dieser Zeitunterschied ist jedoch so gering, dass nur Atomuhren ihn messen können.

»Alles ist relativ!«, hieß es von nun an oft verkürzt oder scherzhaft gesagt. Aber eben diese Verkürzung entspricht nicht der Wahrheit. Einstein hatte dies keineswegs behauptet. Er hatte allerdings festgestellt, dass bestimmte fundamentale Größen, die bislang als absolut angenommen worden waren, es keineswegs sind. Doch obwohl Einstein die Relativität von Zeit und Raum behauptete, sah er die Lichtgeschwindigkeit als konstant an. Der Grund waren die Effekte der Relativität von Raum und Zeit, die so ineinanderspielen, dass die Geschwindigkeit des Lichts immer gleich bleibt.

Mit der Formel $E = mc^2$ (Energie ist gleich Masse mal Lichtgeschwindigkeit zum Quadrat) lieferte Einstein seine Lösung dafür, wie sich Energie im neuen Verständnis von Zeit und Raum verhielt. Bislang galt, dass ein ruhendes Teilchen keine Bewegungsenergie besitzt. Für Einstein aber waren Masse und Energie untrennbar verknüpft. Einstein kam zu dem Schluss, dass die Energie eines ruhenden Teilchens seiner Masse multipliziert mit dem Quadrat der Lichtgeschwindigkeit entspricht. Jede Energie, die einem Körper zugeführt wird, so Einstein, erhöht seine Masse exponentiell. Und selbst ein ruhender Körper hat aufgrund seiner Masse Energie. Vor Einstein galt, dass das Verhältnis von Kraft und Beschleunigung, die auf einen Körper wirken, konstant ist. Nun aber erhöht sich die Masse mit der zugeführten Energie – und dies in Potenz.

Dieses Prinzip machen sich Teilchenbeschleuniger zunutze. In ihnen wird einem Körper Energie zugeführt und daher erhöht er seine Masse. Die Grenze markiert die Lichtgeschwindigkeit. Im Teilchenbeschleuniger erreichen Elektronen über 99,999 Prozent der Lichtgeschwindigkeit.

Fälschlich wurde oft behauptet, die Formel $E = mc^2$ habe den Bau der Atombombe ermöglicht. Die Funktionsweise der Atombombe ist damit nicht zu erklären, aber die außergewöhnlich große Freisetzung von Energie kann man mit der Formel belegen.

1915 folgte die allgemeine Relativitätstheorie, im Jahr darauf veröffentlicht in dem Aufsatz »Die Grundlage der allgemeinen Relativitätstheorie«. Die allgemeine Relativitätstheorie baute auf der speziellen Relativitätstheorie auf. Während sich die spezielle Relativitätstheorie mit den Phänomenen der Bewegung in Raum und Zeit beschäftigt, wendet sich die allgemeine Relativitätstheorie dem Wesen der Gravitation zu und führt sie auf eine Krümmung von Raum und Zeit zurück, welche durch die Wechselwirkungen der daran beteiligten Materie bestimmt werde.

Einstein selbst stieß letztlich an die Grenzen seiner Vorstellungskraft. So bezweifelte er etwa, dass es Schwarze Löcher tatsächlich gebe. Er glaubte, andere Mechanismen würden ihr Entstehen verhindern. Heute jedoch geht man von der Existenz Schwarzer Löcher im Universum aus.

Zunehmend geriet Einstein in Konflikt mit den Geistern, die er gerufen hatte. Seine Sicht der Welt, insbesondere sein religiöser Glaube, war mit bestimmten Erkenntnissen der Physik nicht zu vereinen, speziell der Quantenphysik, in der der Zufall mit einem Male eine zentrale Rolle spielte. Berühmt wurde seine Bemerkung, dass Gott nicht würfelt. Stephen Hawking, einer der bedeutendsten Physiker der zweiten Hälfte des 20. Jahrhunderts, hielt dem später entgegen, dass Gott sehr wohl würfele und »er wirft die Würfel manchmal auch dorthin, wo sie nicht gesehen werden können«.

Einstein setzte sich in seinen letzten Lebensjahren vehement für den Weltfrieden und eine Weltregierung ein. Wissenschaftlich hatte er sich seit den Dreißigerjahren zunehmend isoliert. Die Suche nach der Weltformel, einem Modell, das alle grundlegenden Wechselwirkungen der Natur erklärt, blieb für ihn wie für seine Nachfolger im 20. Jahrhundert ohne Erfolg.

Form follows function
Louis Henri Sullivan (1856 – 1924)

4

Keine andere Stadt der Welt wird so eng mit dem Wolkenkratzer verknüpft wie New York. Doch ihre Wiege haben die Bauten, die das Gesicht der Städte im 20. Jahrhundert prägten, in Chicago. Dort errichtete man im Jahr 1885 nach einem Entwurf von William Le Baron Jenney das Home Insurance Building. Verglichen mit heutigen Wolkenkratzern war das Gebäude mit zehn Etagen zwar nicht allzu hoch, doch war es das erste Hochhaus, das in der neuen Stahlskelettbauweise errichtet wurde.

Diese neue Technik, bei der das tragende Gerüst des künftigen Hochhauses aus Stahlträgern geformt wurde, machte den Bau von besonders hohen Häusern möglich. Aber auch neue technische Errungenschaften wie der Fahrstuhl und Klimaanlagen beförderten den Bau von Skyscrapers, Wolkenkratzern, wie die neuen Gebäude bald hießen. Der Begriff Scyscraper stammte aus der britischen Marine, wo man den höchsten Mast eines Segelschiffes so bezeichnete.

1881 war in Chicago der erst 25-jährige Louis Henri Sullivan ein Jahr nach seinem Eintritt in das Architekturbüro des aus Deutschland eingewanderten Dankmar Adler zum Partner aufgestiegen. Adler & Sullivan wurden zum Zentrum der stilbildenden sogenannten Chicagoer Schule der Architektur. Von 1887 bis 1889 errichteten sie in Chicago das Auditorium Building, im Jahr darauf in St. Louis das Wainwright Building.

Schon als junger Mann war Louis Henri Sullivan mit einem außergewöhnlichen Selbstbewusstsein gesegnet. Er verfasste Gedichte und trat auf wie ein Dandy. In seiner Geburtsstadt Boston hatte er mit 16 Jahren ein Studium am damals noch dort ansässigen Massachusetts Institute of Technology (MIT) begonnen, das später in das benachbarte Cambridge umzog, war aber bald nach Philadelphia gegangen, um dort im Büro des namhaften Architekten Frank Furness zu arbeiten. Die Wirtschaftskrise von 1873 zwang Furness, Sullivan zu entlassen. Daraufhin ging er nach Chicago. Er hoffte, in dem dortigen Bauboom nach dem Großen Brand der Stadt von 1871 Arbeit zu finden. Sullivan erhielt für kurze Zeit eine Anstellung bei

Le Baron Jenney, jenem »Vater des ersten Wolkenkratzers«. Danach studierte Sullivan in Paris und kehrte 1874 nach Chicago zurück. Der Aufenthalt in Paris scheint ihn tief geprägt zu haben, denn noch 1904 schrieb er in einem Brief über diese Zeit: »Dort setzte sich in meinem Kopf der Keim zu jenem Gesetz fest und entwickelte sich weiter, welches ich später nach vielen Beobachtungen in der Natur in dem Satz darlegte: ›Die Form folgt der Funktion.‹«

Bereits 1896 hatte er in einem Artikel geschrieben: »Es ist das Gesetz aller organischen und anorganischen, aller physischen und metaphysischen, aller menschlichen und übermenschlichen Dinge, aller echten Manifestationen des Kopfes, des Herzens und der Seele, dass das Leben in seinem Ausdruck erkennbar ist, dass die Form immer der Funktion folgt.« Auf die Architektur und das Design angewandt bedeutete diese Erkenntnis, dass die Form eines Gebäudes oder eines Gegenstandes sich von der Funktion ableitet, für die es gedacht ist.

Die Maxime »form follows function« stammte jedoch nicht von Sullivan. Er zitierte sie vermutlich von seinem Partner Dankmar Adler, der ihn wiederum von dem französischen Architekten Henri Labrouste entlehnt hatte. Auch bis zu dem amerikanischen Bildhauer Horatio Greenough, der 1852 starb, wird sie sinngemäß zurückgeführt.

Sullivan gab der Maxime jedoch mit seinem Artikel Nachdruck, popularisierte sie. Mit dem vom österreichischen Architekten Adolf Loos propagierten Verzicht auf jegliche Ornamentik erhielt der Satz schließlich jenen Dreh, der ihn zum Slogan nicht nur der Architektur, sondern des modernen Designs stilisierte. Loos hatte in seinem 1908 erschienenen Buch *Ornament und Verbrechen* geschrieben: »Ornament ist vergeudete Arbeitskraft und dadurch vergeudete Gesundheit […] Heute bedeutet es auch vergeudetes Material, und beides bedeutet vergeudetes Kapital.« Und weiter: » […] der moderne Mensch, der Mensch mit den modernen Nerven, braucht das Ornament nicht, er verabscheut es.«

Die Worte von Adolf Loos sprechen eindeutig nicht nur für Loos' eigene Radikalität, sondern für die Radikalität der gestalterischen Köpfe jener Zeit. Man wollte das Alte, das Üppige, den Pomp über Bord werfen. Dazu gehörte für viele – wie Loos – auch die radikale Abkehr vom Repräsentativen. Funktionalität im Bau bedeutete, dass die neue Zeit die Bedürfnisse der Menschen in den Mittelpunkt stellen und die sich rasant entwickelnde Technik in dessen Alltag integrieren sollte. Jeglicher Zierrat störte da nur.

»Form follows function« traf nicht nur auf Resonanz, sondern wurde begeistert aufgegriffen. Auch in Deutschland. In der Bewegung des 1907 gegründeten »Deutschen Werkbunds« mit dem Anspruch einer neuen Sachlichkeit suchte man nach einer dem Funktionalitätsprinzip verpflichteten Gestaltung nicht nur in der Architektur, sondern auch im Design von Alltagsgegenständen wie etwa Möbeln und Geschirr.

Jedoch hatte »form follows function« gleich mehrere Schönheitsfehler. Zum einen birgt ein reines Befolgen der Maxime die Gefahr, dass man die Ästhetik, also die Form völlig der Funktion unterordnet. Darüber hinaus übersahen viele, dass auch das Repräsentative zur Funktion eines zu gestaltenden Gegenstandes oder Hauses gehören kann. Adolf Loos in seiner Radikalität negierte dies. Doch bei seinen meisterhaft gestalteten Gebäuden richtete er sich selbst nach klaren Prinzipien auch der Ästhetik und nicht nur der Funktion. Insofern wurde der Streit um die Form, die der Funktion zu folgen habe, zum Teil absurd. Loos griff beispielsweise das Bauhaus an, weil dort oft die Ästhetik auch als Funktion gesehen wurde.

Selbst Louis Henri Sullivan verzichtete keineswegs auf Ornamente. Ein Wolkenkratzer, so Sullivan, habe in seiner gesamten Konstruktion und in seinem Erscheinungsbild Zentimeter für Zentimeter herauszuragen. Er muss »zu reiner Erhabenheit aufstreben, sodass er von unten bis oben eine Einheit ohne eine einzige abweichende Linie bildet«. So zitiert ihn Paul Goldberger, der Architekturkritiker des *New Yorker*. Das Wainwright Building in St. Louis erhielt Verzierungen, bei denen sich Sullivan von der Kathedrale Notre-Dame in Paris hatte inspirieren lassen. Auch das Guaranty Building, das Sullivan 1894 in Buffalo/New York baute, hatte trotz seiner klaren Linien Verzierungen.

Auch nach Veröffentlichung seines Artikels von 1896, in dem er »form follows function« propagierte, hat Sullivan der Ornamentik nicht abgeschworen. Bei dem Carson, Pirie, Scott and Company Building, das Sullivan 1899 in Chicago baute und das von vielen Architekturkritikern als sein Meisterwerk betrachtet wird, verzichtete er ebenso wenig auf Verzierungen wie nach der Jahrhundertwende bei den zahlreichen Gebäuden, die er für Banken entwarf. Diese erinnern, klotzig und massiv, wie sie gestaltet sind, an Tresore – es sind keine Hochhäuser –, vermitteln also Sicherheit, lassen insofern »form follows function« anklingen, doch sie haben alle Ornamente.

Es war schließlich die berühmte Kunsthochschule Bauhaus, die das Prinzip »form follows function« durch die Arbeiten ihrer Lehrer und Schüler weltweit popularisierte. Bauhaus und »form follows function« sind so eng verknüpft, dass die meisten denken, die Maxime sei dort entstanden. 1919 in Weimar gegründet, 1925 nach Dessau und 1932 nach Berlin umgezogen und nach der Machtübernahme der Nationalsozialisten 1933 geschlossen, entfaltete das Bauhaus über das gesamte 20. Jahrhundert einen solch großen Einfluss auf Architektur und Design, dass es vielfach zum Synonym für die klassische Moderne wurde.

Vor allem die zwischenzeitlich im Bauhaus lehrenden Ludwig Mies van der Rohe und Walter Gropius brachten das Prinzip »form follows function« nachhaltig in die Architektur ein. Insbesondere Mies van der Rohe popularisierte mit seiner berühmt gewordenen Maxime »less is more« (weniger ist mehr) eine eigene Spielart von »form follows function«.

Oft wird Bauhaus als Stil bezeichnet, was aber nicht korrekt ist. Denn Lehrer und Schüler des Bauhauses arbeiteten zu vielfältig. Einen Beweis liefert die Eigenständigkeit der Werke bedeutender Künstler wie Lyonel Feininger, Paul Klee oder Oskar Schlemmer, die am Bauhaus unterrichteten. Auch stand das Bauhaus in Wechselwirkung mit den neuen gestalterischen Strömungen des 20. Jahrhunderts, wie dem Werkbund, der Neuen Sachlichkeit und dem Funktionalismus. Eine bedeutende Leistung des Bauhauses war es jedoch, angewandte, darstellende und bildende Kunst konzeptionell zu verschmelzen und die Kluft zwischen Kunst und Handwerk zu schließen. Das Motto »form follows function« lieferte dazu nicht nur eine entscheidende Basis, indem es als Ansatz für die Gestaltung eines Gebrauchsstücks nicht eine eventuelle Verzierung, sondern dessen künftige Handhabung nahm, es wirkte auch auf das gesamte Produktdesign und das Industriedesign des weiteren Jahrhunderts. Es war *der* »Schlachtruf der Moderne«, wie Peter Watson den Satz nannte.

Pablo Picasso bemerkte einmal:»Die Ideen der Menschen verändern sich und damit ihre Ausdrucksform.« Und so war und ist es auch. Weil die Technik neue Möglichkeiten schuf, veränderte sich nicht nur die Sicht auf die Welt, sondern auch der Blick auf die Art, wie Dinge zu gestalten sind. Erstaunlicherweise wurde »form follows function« gerade für viele kreativ arbeitende Menschen, die eine besondere Nähe zu Individualität und Nonkonformismus haben, zum Dogma. In der von extremen Unsicherheiten durchsetzten Welt des Gestaltens schien diese Maxime wie ein beruhigender Halt. Doch auch dem kann man eine Picasso zugeschriebene Aussage entgegenhalten, die besagt, dass Gesetze in der Kunst dazu da sind, gebrochen zu werden.

Jeder Kunde kann sein Auto in jeder Farbe anstreichen lassen, die er will, vorausgesetzt, es ist Schwarz
Henry Ford (1863 – 1947)

5

Das Automobil war in den letzten Jahren des 19. Jahrhunderts entwickelt worden. Damit wurde der Traum von einem Vehikel wahr, das sich nicht mehr mit Pferdekraft fortbewegte, sondern von einem Motor angetrieben wurde. Der Automobilist fuhr schneller und weiter als mit der Pferdekutsche und musste nicht wie die Eisenbahn einem vorgegebenen Schienenstrang folgen. Doch zunächst tat sich die Neuentwicklung, die eine der folgenreichsten des 20. Jahrhunderts werden sollte, in der allgemeinen Akzeptanz noch schwer.

Als Erfinder des modernen Automobils gilt Carl Benz. Unabhängig von ihm arbeiteten zur gleichen Zeit Wilhelm Maybach, Gottlieb Daimler und in Wien Siegfried Marcus an dessen Entwicklung. Nachdem man sich schon an verschiedenen Antriebsarten für ein Fahrzeug versucht hatte, unter anderem an Lösungen mit Windenergie, Gas-, Dampf- und Elektroantrieben, gelang es Carl Benz 1885, einen dreirädrigen Motorwagen zu konstruieren, der mit einem Viertakt-Ottomotor betrieben wurde. Am 29. Februar des darauffolgenden Jahres meldete Benz seine Erfindung zum Patent an. Das Gefährt ließ Journalisten und Fachleute jubeln, doch eine breitere Begeisterung wollte sich noch nicht einstellen. Kurzerhand fuhr am 5. August 1888 Bertha Benz, die Frau des Erfinders, mit den beiden Söhnen vom heimatlichen Mannheim in das über 100 Kilometer entfernte Pforzheim und bewies, wie zuverlässig und sicher das neue Gefährt war. Sogar eine Frau und ihre Kinder konnten damit weite Strecken überwinden.

Im nächsten Jahrzehnt entstanden in Europa und in den Vereinigten Staaten die ersten Automobilfabriken. Doch weil viele Modelle ähnlich teuer waren wie der Kauf eines Hauses, hatte das Automobil vor allem bei den Reichen Erfolg. Viele von ihnen nutzten es als neues Statussymbol. 1906 sagte der spätere US-Präsident Woodrow Wilson: »Nichts hat so sehr zur Verbreitung sozialistischer Ideen in unserem Lande beigetragen wie das Automobil. Es macht die Arroganz der reichen Leute für jedermann so recht anschaulich.«

Der junge Ingenieur Henry Ford konnte dem nur beipflichten. »Ein vernünftiges Auto«, sagte er, »soll seinen Besitzer überallhin transportieren – außer auf den Jahrmarkt der Eitelkeiten.« Doch Ford hatte vor allem den lockenden Profit im Sinn. Sollte es ihm gelingen, ein Auto zu fertigen, das nahezu jedermann kaufen konnte, glaubte er große Gewinne erzielen zu können.

Henry Ford war 1863 als ältestes von sechs Kindern eines noch in Irland geborenen Farmers und der Tochter belgischer Einwanderer im ländlichen Michigan unweit von Detroit geboren worden. Er hatte nur Dorfschulen besucht, eine höhere Bildung blieb ihm versagt. Doch früh schon interessierte er sich für technische Dinge. Die Mechanik der Taschenuhr, die ihm sein Vater schenkte, als er zwölf Jahre alt war, erkundete er so akribisch, dass er bald den Ruf hatte, alle Uhren weit und breit reparieren zu können. Noch im gleichen Lebensjahr richtete er auf der elterlichen Farm einen Werkraum ein und begann dort zu experimentieren.

Sein Vater musste sich schließlich damit abfinden, dass sein ältester Sohn, dem es mit 15 gelang, einen Verbrennungsmotor zu bauen, die Farm nicht übernehmen würde. Der lief ihm schließlich sogar davon, ging nach Detroit und begann eine Lehre als Maschinist. Danach arbeitete er unter anderem eine Zeit lang für den Elektronikkonzern Westinghouse und sammelte dabei Erfahrungen mit Benzinmotoren.

1885, er war nun 22, sah Henry Ford zum ersten Mal einen Ottomotor, der ab 1862 von dem deutschen Erfinder Nikolaus August Otto entwickelt worden war. Er sollte ihn reparieren und nutzte die Gelegenheit, den Motor sehr gründlich zu studieren. 1888 kehrte Ford auf die Farm des Vaters zurück. Dieser hatte ihm wertvolles bewaldetes Land angeboten und ein Haus. Ford heiratete die Tochter des benachbarten Farmers, errichtete eine Sägemühle und hatte damit einen ersten finanziellen Erfolg. 1891 trat Ford eine Stelle als Ingenieur bei der Edison Illuminating Company an. Dieses Unternehmen, eines von vielen des umtriebigen Erfinders Thomas Alva Edison, stellte elektrische Generatoren her. Ford stieg rasch zum Chefingenieur auf und nutzte seine Freizeit, um sich verstärkt mit Benzinmotoren zu beschäftigen.

Nach Jahren des Experimentierens konnte Ford am 4. Juni 1896 mit dem ersten von ihm gebauten Automobil, dem Quadricycle, eine erste Testfahrt unternehmen. In den nächsten Jahren baute er eine Handvoll weiterer Modelle. Als er schließlich glaubte, genug Erfahrung zu haben, gründete Ford mit Partnern und dem Geld mehrerer Geschäftsleute eine Autofirma, die aber keine lange Lebensdauer hatte. Hauptgründe waren laut Ford verschiedene Geschäftsauffassungen.

Als Ford 1903 die Ford Motor Company gründete, war die Nachfrage nach Automobilen endlich erwacht. Ford bot ein Modell an, von dem er 1708 Wagen verkaufte mit einem Gewinn von 100 Prozent. Im Geschäftsjahr 1904/1905 konnten über 5000 Wagen abgesetzt werden. Zum Ärger vieler seiner Partner investierte er den Gewinn sofort wieder in das Unternehmen.

Ford wollte schon lange ein Modell entwickeln, das in Massenproduktion gefertigt und sehr billig angeboten werden konnte. Sein wichtigster Partner aber war dagegen. Um seine Pläne durchsetzen zu können, kaufte Ford nach und nach Aktien des Unternehmens. Hatte er ursprünglich etwas mehr als ein Viertel der Anteile besessen, gehörten ihm 1906 schließlich 51 Prozent. Nun, da er das Sagen hatte, begann er sofort ein vergleichsweise billiges Modell herzustellen und hatte Erfolg. 1909 verkaufte Ford bereits über 10000 Automobile. Doch während andere Autohersteller immer mehr Modelle anboten und auch seine Partner eine breite Produktpalette forderten, erklärte Ford eines Tages im gleichen Jahr, dass das Unternehmen fortan nur noch ein Modell anbieten werde, das Modell T. In seinen Memoiren erzählte er, dass er noch hinzufügte:»Jeder Kunde kann sein Auto in jeder Farbe anstreichen lassen, die er will, vorausgesetzt, es ist Schwarz.« Dies war die Zuspitzung, die berühmt wurde. Und er stieß damit bei seinen Verkäufern keineswegs auf Begeisterung. Ford:»Sie waren gewohnt, das Auto als einen Luxusgegenstand zu betrachten und anzupreisen.« Doch Ford legte auch seine sachlichen Gründe, seine Idee, dar. Er erklärte, er wolle ein Auto für den Massenmarkt bauen. Es solle groß genug sein, um die Familie mitzunehmen, aber klein genug,»dass ein einzelner Mann es lenken und versorgen kann«. Das Auto, so Ford, werde aus dem besten Material gebaut, mit so wenigen Arbeitskräften wie möglich, den einfachsten Methoden, der neuesten Technik. Dennoch solle der Preis des Autos so niedrig sein, »dass jeder, der ein anständiges Gehalt verdient, sich ein Auto leisten kann, um mit seiner Familie den Segen der Erholung in Gottes freier, reiner Luft zu genießen«, so Ford in seinen Memoiren. Der Tenor der Skeptiker war:»In sechs Monaten ist Ford aus dem Geschäft.«

Ford hatte die herkömmliche Art der Kalkulation umgekehrt. Während man im Allgemeinen erst die Kosten berechnete und dann daraus den Preis ermittelte, setzte Ford zu Beginn seiner Kalkulationen einen Preis fest, von dem er glaubte, dafür möglichst viele Autos zu verkaufen. Dann versuchte er das Produkt zu entsprechend niedrigen Kosten herzustellen, die natürlich noch einen Gewinn enthielten: »Der Preis schraubt die Kosten von selbst herab.«

Das Ziel, hohe Qualität bei niedrigen Kosten zu produzieren, konnte nur durch hohe Produktionsmengen gewährleistet werden, was ja auch zu Fords Plan passte, ein Massenprodukt anzubieten. Besonders niedrige Kosten zu erreichen, gelang Ford schließlich durch den Einsatz des Fließbandes. Nachdem er bereits mit der Zerlegung von Arbeitsschritten experimentiert hatte und nach und nach einen schrittweise ablaufenden Zusammenbau des Autos ausarbeiten ließ (»Der erste Fortschritt in der Montage bestand darin, dass wir die Arbeit zu den Arbeitern hinschafften statt umgekehrt.«), führte er 1913 das Fließband in seinem Werk in Highland Park/Michigan ein. Das zu fertigende Auto wurde von Arbeitsschritt zu Arbeitsschritt weitergereicht. Die Montagezeit verkürzte sich, weniger Handgriffe waren nötig, man brauchte weit weniger Arbeitskräfte.

Das Fließband wurde schließlich so eng mit Ford verknüpft, dass es immer wieder hieß, es sei von ihm erfunden worden. In der Tat popularisierte er es, verhalf ihm zum Durchbruch und machte es zum Sinnbild des Arbeitsumfelds eines Arbeiters im 20. Jahrhundert. Tatsächlich aber hatte Fords Konkurrent Ransom Eli Olds das Fließband in seinem Unternehmen Oldsmobile, wenn auch in einfacherer Form, bereits 1902 eingeführt. Olds hatte die zu fertigenden Fahrzeuge auf Holzgestellen von einem Produktionsschritt zum nächsten ziehen lassen.

Autos wurden für viele dank Ford erst erschwinglich. Am 31. Mai 1921 verließ der 5 000 000. Ford T die Ford-Werke. Insgesamt wurden weit über 15 Millionen Stück von dem Modell gebaut. In der Produktionszahl konnte ihn später nur noch der VW Käfer übertreffen. Das Modell T veränderte nicht nur den Alltag der Durchschnittsbürger, es veränderte auch den Umgang der Menschen mit Raum und Zeit. Städte veränderten sich, die Welt beschleunigte sich. Man konnte in der Vorstadt wohnen und zum Arbeiten und Einkaufen schnell in die Innenstadt fahren. Immer mehr Autos bedeuteten auch den Bau von immer mehr Straßen.

Fords Art der Unternehmensführung wurde unter dem Schlagwort »Fordismus« bekannt. Darin vereinigte sich die kosten- und preisgünstige Massenproduktion durch Rationalisierung und Arbeitsteilung mit klar festgelegten, jedoch geringeren Arbeitszeiten als üblich. Zudem zahlte Ford überdurchschnittliche Löhne. Gewerkschaften lehnte er ab. Seine Arbeiter bräuchten diese nicht, erklärte er, denn schließlich sei ja er für sie da.

Der Historiker Wilhelm Treue urteilte über Ford: »Er war ein sehr bedeutender Mann, der die relative Enge seiner Grenzen niemals erkannt hat.« Tatsächlich wurde der Patriarch Ford, der sich lange gegen Widerstände hatte durchsetzen müssen, fast zum Opfer seines Erfolgs. Er verkannte in den Zwanzigerjahren die Weiterentwicklung des Automobils und die Veränderungen der Käuferwünsche. Erst 1927, nachdem er bis zuletzt am Modell T und der damit zusammenhängenden Produktphilosophie festgehalten hatte, entschied er, dessen Produktion einzustellen und ein neues Modell zu entwickeln. Mit dem Modell A konnte er noch einmal große Erfolge feiern. Doch so nah am Puls der Zeit wie einst beim Modell T sollte er nie wieder sein.

6 Um Gottes willen, kümmert Euch um unsere Leute!
Robert Falcon Scott (1868–1912)

Schon zwei Tage bevor der Brite Robert Falcon Scott und seine vier Begleiter ihr Ziel erreichten, erspähten sie etwas in der Ferne. Sie sahen es nur schemenhaft. Vielleicht eine Täuschung. Doch die düstere Ahnung bestätigte sich. Sie stießen auf eine schwarze, an einem Schlitten befestigte Fahne, einen verlassenen Lagerplatz und eingefrorene Hundespuren, Wegmarken derer, mit denen sie um den Ruhm wetteiferten, als erste Menschen am Südpol zu stehen. Noch vermutlich ein Tag bis zum Pol. An Schlaf war in dieser Nacht zum 17. Januar 1912 nicht zu denken. Bei nahezu 30 Grad Kälte kauerten sie in ihrem Zelt und dachten an den kommenden Tag. Sie wussten, sie kamen zu spät. Scott notierte in sein Tagebuch den Gedanken, den vermutlich alle seine Männer hatten: »Mir graut vor dem Rückweg!«

Am nächsten Tag vermochten sie den Südpol noch immer nicht zu erreichen. Am 18. Januar, sie waren noch ungefähr sechs Kilometer vom Pol entfernt, erblickte Henry Bowers ein Zelt. Darin fanden sie außer zurückgelassenen Gerätschaften eine Notiz des Norwegers Roald Amundsen mit der Bitte an Scott, einen Brief an den norwegischen König Haakon mitzunehmen. Scott nahm den Brief an sich. Es herrschte entsetzliche Kälte.

Amundsen war mehr als einen Monat früher am Südpol gewesen. Am 14. Dezember 1911, dem Tag seiner Ankunft dort, herrschte sonniges Wetter. In seinen Erinnerungen an die Expedition bemerkte Amundsen, dass es eigentlich der Nordpol gewesen war, der es ihm schon seit der Kindheit angetan hatte. Doch er glaubte, dort wäre man ihm zuvorgekommen. Der Amerikaner Robert Peary hatte 1909 verkündet, er sei am Nordpol gewesen, was aber umstritten blieb. Nun stand Amundsen am Südpol. Amundsen lapidar: »Kann man sich etwas Entgegengesetzteres denken?«

Der zu spät gekommene Scott und seine Männer hissten am Südpol die britische Fahne und schossen Fotos. Dann machten sie sich am 19. Januar auf den Rückweg. Es wurde ein langer, fürchterlicher Marsch in den Tod. Das Wetter verschlechterte sich dramatisch. Es herrschte eine Kälte von um die 30 Grad unter Null und sie schleppten sich von einem Depot zum anderen, immer unterversorgt, immer in Angst, dass der Proviant bis zum nächsten Depot nicht reichte. Sie gerieten in zwei Orkane. Die Gespräche drehten sich nahezu nur noch um Essen und Trinken. Edgar Evans, dessen Nase schon zuvor erfroren war, hatte nun auch erfrorene Hände. Seine Fingernägel fielen ihm ab. Edward Wilsons Bein schwoll an. Sie suchten nach den Wegmarken, die sie auf dem Hinweg zurückgelassen hatten, mussten immer wieder Umwege gehen. Evans stürzte zweimal hintereinander in Eisspalten. Am 17. Februar – sie waren nun seit fast einem Monat auf dem Rückweg – blieb Evans immer wieder hinter den anderen zurück. Als er aber nicht mehr aufschloss, suchten sie ihn und fanden ihn im Schnee, verwirrt blickend, den Anzug aufgerissen. Sie brachten ihn ins Lager, wo er wenige Zeit später starb. Doch das war erst der Anfang des langen Sterbens von Scott und seinen Männern.

Amundsen war am 26. Januar wieder in seinem Lager *Framheim* eingetroffen. Er hatte den Wettlauf zum Südpol gewonnen, von dem vorher niemand gedacht hatte, dass es einer werden würde. Selbst die Männer, die mit Amundsen auf der *Fram* (norwegisch für »Vorwärts!«, dem berühmten Schiff seines Landsmannes Fridtjof Nansen) aufgebrochen waren, hatten es zunächst nicht gewusst. Sie gingen, wie fast jeder, der von dieser Expedition wusste, davon aus, dass Amundsen zum Nordpol wollte.

Scotts Schiff *Terra Nova* war am 1. Juni 1910 in London in See gestochen. Anfang 1911 errichteten sie im McMurdo-Sund ihr Winterquartier. Es war nicht Scotts erster Besuch in der Antarktis. Er hatte schon einmal eine Expedition mit dem gleichen Ziel hierher geführt. Sein Ehrgeiz trieb ihn nach der Ausbildung zum Marineoffizier in die Polarforschung. Von Anfang an war sein Ziel, als Erster den Südpol zu erreichen. In dem Polarforscher Clements Markham fand er einen einflussreichen Förderer, dem es als Präsident der Royal Geographic Society gelang, seinen unerfahrenen Schützling als Leiter einer Südpolexpedition durchzusetzen, die Großbritannien den Ruhm bringen sollte, die letzte große geografische Herausforderung der Menschheit bewältigt zu haben. Und so war Scott am 2. November 1901 zu seinem ersten Versuch aufgebrochen, den Südpol zu erreichen. Schon damals hatte er den befreundeten Edward Wilson dabei, außerdem war der junge und ehrgeizige Ernest Shackleton mit von der Partie. Mit Schlittenhunden, aber ohne Erfahrung und ohne fundiertes Wissen über den Umgang mit ihnen kamen sie kaum voran. Nach einiger Zeit zogen die Männer zeitweise selbst die Schlitten, während die Hunde daraufsaßen. Die Männer zerstritten sich, gerieten an den Rand des körperlichen Zusammenbruchs und gaben auf halbem Wege auf. Hatte Scott aus diesen Erfahrungen gelernt? Ja, aber er zog die falschen Schlüsse.

Als es zehn Jahre nach Scotts erstem Versuch, den Südpol zu erreichen, zum Wettlauf mit Amundsen kam, trafen auch zwei sehr verschiedene Strategien aufeinander. Während Scott die Strecke mit Hilfe von Motorschlitten und Ponys bewältigen wollte, setzte Amundsen auf das Transportmittel, mit dem Scott bei seinem ersten Versuch gescheitert war: auf Schlittenhunde. Doch Amundsen hatte sich eingehend vorbereitet. Er wusste, dass man von Schlittenhunden profitiert, wenn man sie zu führen und zu lenken weiß. Daher hatte er nicht nur ausdauernd mit ihnen trainiert, sondern auch hervorragende Hundeführer in sein Team geholt. Außerdem schöpfte er aus den Erfahrungen eines monatelangen Aufenthalts bei Eskimos, bei denen er das Überleben in der Polarwelt gelernt hatte.

Während Scott bei seinem zweiten Anlauf zum Pol vor allem auf Material und Technik setzte, vertraute Amundsen auf minutiöse Vorbereitung und die Beschränkung auf das Nötigste.

Scotts Expeditionsteam bestand aus 70 Mann, Amundsens aus 19. Entscheidend aber war die Zielsetzung, mit der beide Expeditionsleiter zum Südpol aufbrachen. Scott wollte, da er mit keinem Konkurrenten rechnete, zwar als Erster am Südpol stehen, doch er wollte auch forschen. Als er von Amundsens Plänen erfuhr, änderte er das Vorgehen nicht, konnte es vielleicht auch nicht mehr.

In der Tat hat die Antarktisforschung Scott viel zu verdanken. Noch unter den grauenhaften Bedingungen des Rückmarsches sammelten er und seine Männer geologische Proben. Als wollten sie zeigen, dass die Forschung der eigentliche Zweck der Expedition gewesen sei.

Amundsen hatte nur ein einziges Ziel: Erster am Südpol zu sein. Dementsprechend war er gerüstet. Von 1903 bis 1906 war es ihm gelungen, die Nordwestpassage, eine Wasserstraße vom Atlantik zum Pazifik, zu entdecken. Danach hatte er den Nordpol als Erster erreichen wollen, jedoch erfahren, der Amerikaner Peary sei bereits dort gewesen. Amundsen wandte sich daraufhin dem Vorhaben zu, als Erster den Südpol zu erreichen. Er brauchte einen großen Erfolg, denn er war hoch verschuldet. Am 9. August 1910 stach er mit der *Fram* in See. Offizielles Ziel war der Nordpol. Seinen tatsächlichen Plan verriet er nur seinem Bruder und dem Kapitän.

Beim Zwischenstopp auf Madeira ließ Amundsen die Katze aus dem Sack. Er eröffnete seiner Mannschaft, er wolle zum Südpol. Es stehe jedem frei, noch abzuspringen. Doch keiner verließ das Expeditionsteam. Amundsen sandte ein Telegramm an den überraschten Scott: BEG TO INFORM YOU FRAM PROCEEDING TO ANT-ARCTIC – AMUNDSEN (Möchte Sie darüber informieren: Bin auf dem Weg in die Antarktis).

Am 14. Januar 1911 in der Antarktis angekommen, errichtete Amundsen sein Lager *Framheim* an der Küste an einer Stelle, die 96 Kilometer näher zum Pol lag als das Lager Scotts. Am 20. Oktober und damit zwölf Tage früher als sein Konkurrent brach Amundsen auf. Er und seine Männer legten doppelt so viele Kilometer am Tag zurück wie Scott und sein Team.

Scott hatte, was den Proviant betraf, für das letzte Wegstück zum Pol nur für vier Männer geplant. Doch dann gingen sie zu fünft. Scott meinte, man käme schon zurecht, und nahm mit dieser Gruppenstärke die letzten 240 Kilometer zum Pol in Angriff. Drei weitere Männer, die ihn bis dahin begleitet hatten, kehrten um. Sie kamen auf ihrem 1200 Kilometer langen Rückweg fast ums Leben. Nur dank des unbändigen Kampfes- und Überlebenswillens ihres Kameraden Thomas Crean überlebten sie. Crean kämpfte sich die letzten 35 Kilometer durch und konnte Hilfe für die beiden anderen holen.

Die fünf Männer auf dem Weg zum Pol hatten nur zu Beginn Schlittenhunde, dann liefen sie zu Fuß und mussten wie bei Scotts erster Expedition die Schlitten selbst ziehen. Eine kraftraubende Angelegenheit. Der Weg zum Südpol führt durch das Rosseisschelf, dann durch das Gletschergebirge auf das Antarktische Plateau. Dort ist der Weg nur noch eben. Doch als Scott und seine Männer dieses Plateau erreichten, waren sie bereits über Gebühr erschöpft.

Amundsen war durchgehend mit Hunden unterwegs. Er nutzte sie nicht nur zum Vorankommen, sondern auch als Nahrung. Auch lagen Amundsens Proviantdepots näher zueinander als die Scotts und waren großzügiger gefüllt. Während Scott und seine Männer auf dem Rückweg hungerten, verfütterte Amundsen an die Hunde sogar teilweise Schokolade.

Scott scheiterte an mangelnder Logistik und einem ungewöhnlichen Kälteeinbruch zur Zeit des Rückwegs. Nach dem Tod von Evans schleppten sich Scott, Wilson, Oates und Bowers weiter. Woche für Woche, Stück für Stück. Bei Lawrence Oates öffnete der Skorbut eine alte Kriegswunde aus dem Zweiten Burenkrieg, die er bei seiner Bewerbung verschwiegen hatte. Er hatte Erfrierungen an beiden Füßen. Die Gruppe wollte ihn nicht zurücklassen, aber er wusste, er war eine Belastung. Am Morgen des 17. März, einen Monat nach dem Tod von Evans, und seit zwei Monaten auf dem Rückweg vom Pol, verließ Oates das Zelt. Draußen tobte ein Schneesturm. »Ich will einmal hinausgehen und bleibe vielleicht eine Weile draußen«, sagte er. Es waren seine letzten Worte. Er kam nicht mehr zurück. Er opferte sich an seinem 32. Geburtstag. Scott notierte in sein Tagebuch: »Er handelte als Held und als englischer Gentleman.« Doch den anderen half das nicht mehr. Schon Tage zuvor hatten sie untereinander Opiumtabletten verteilt, um sie zu nehmen, wenn das Ende nahte.

Am 12. November 1912 fand man die drei tot in ihrem Zelt, 20 Kilometer vom nächsten Depot entfernt. Wilson und Bowers hatten, wie sie es zum Schlafen immer taten, ihre Schlafsäcke über dem Kopf geschlossen. Scott lag zwischen seinen Männern. Er hatte die Seiten seines geöffneten Schlafsacks zurückgeworfen und vermutlich bis zuletzt gegen den Tod angekämpft. Bei ihnen fand man ihre Tagebücher, Briefe an ihre Familien und Freunde und eine *Message to the Public* (Botschaft an die Öffentlichkeit), verfasst von Scott. Darin heißt es unter anderem: »Wären wir am Leben geblieben, ich hätte eine Geschichte erzählen müssen von Kühnheit, Ausdauer und vom Mut meiner Gefährten, die das Herz jedes Briten gerührt hätte.«

Auf die Rückseite seines Tagebuchs hatte Scott notiert: »Schickt dieses Tagebuch an meine Frau«, »Frau« dann durchgestrichen und darüber »Witwe« geschrieben. Als letzten Eintrag (»Last Entry«) enthält es die Worte: »For Gods Sake look after our people« (Um Gottes willen, kümmert Euch um unsere Leute).

Das Erreichen des Nordpols und des Südpols waren die letzten großen Herausforderungen bei der Vereinnahmung der Erde durch den Menschen. Natürlich blieben noch vereinzelte weiße Flecken auf der Landkarte, doch die wichtigen Ziele waren erreicht. Die Zeit der großen Entdeckungen hatte ihr Ende gefunden – mit einer Tragödie.

Besser aufrecht sterben als auf Knien leben
Emiliano Zapata (1879–1919)

Manche sagen, er sei gar nicht tot. Dem Hinterhalt im Jahr 1919 sei er entkommen und noch heute reite er auf seinem Schimmel durch die Berge Mexikos.

Man weiß vergleichsweise wenig von Emiliano Zapata, den vor allem die zahlreichen armen Mexikaner, meist Bauern und Indios, noch Jahrzehnte nach seinem Tod verehren. Es gibt Fotos, sogar Filmaufnahmen von ihm, doch seine Persönlichkeit liegt im Dunkeln. Bilder von dem Mann mit dem langgezogenen spitzen Schnurrbart und den dunklen eindringlichen Augen lassen einen schweigsamen, fast schüchternen, aber gleichwohl willensstarken Charakter vermuten.

Emiliano Zapata war der Sohn von Mestizen, Mexikanern indianischer und weißer Abstammung, und kam am 8. August 1879 in dem Dorf Anenecuilco in dem kleinen mexikanischen Bundesstaat Morelos zur Welt, im Süden des Landes gelegen, unweit der Hauptstadt Mexico City. Man rief den Jungen Miliano, der wie seine Eltern Bauer wurde.

Mexiko wurde seit 1876 von Porfirio Díaz regiert. Nur 1880 musste er kurzzeitig seine Herrschaft abgegeben, war aber 1884 wieder mexikanischer Präsident geworden. In dem nachfolgenden Vierteljahrhundert entwickelte sich seine Regierung nach und nach zur Diktatur, und eine reiche Oberschicht brachte immer mehr Land in ihren Besitz. Um 1910 hatte die Ungleichheit einen dramatischen Höhepunkt erreicht. Mehr als 90 Prozent der Landbevölkerung besaßen keinerlei Land, während 96 Prozent des Bodens in den Händen von nur einem Prozent der Bevölkerung waren. Und diese kleine Schicht wusste ihre Macht nur zu gut zu nutzen. Immer mehr Haziendas zwangen die Landbevölkerung in die Schuldknechtschaft, jenes sklavereiähnliche System, in dem der Schuldner seine Schulden durch eigene Arbeit abzutragen hat.

Emiliano Zapata schloss sich 1910 einer Gruppe der mexikanischen Revolutionsbewegung an, die unter der Führung von Francisco Madero stand. Von ihm erhoffte er eine gerechtere Verteilung des Landes. Die sehr vielfältigen Gruppen der revolutionären Bewegung einte im Grunde nur die Gegnerschaft zu dem mittlerweile greisen Porfirio Díaz. Wie verschieden ihre Ziele und ihre Interessen waren, lässt sich schon an der Herkunft ihrer Anführer ablesen.

Francisco Ignacio Madero, drei Jahre älter als Zapata, war der Sohn eines reichen Grundbesitzers. Er hatte in Baltimore, Versailles und in Berkeley eine umfangreiche Ausbildung erfahren. Erschüttert von dem Leid der mexikanischen Landbevölkerung unter Porfirio Díaz begann er sich um 1904 politisch zu betätigen, wurde verhaftet, ging ins Exil, kehrte aber insgeheim wieder zurück.

Madero träumte von einem mexikanischen Staatswesen, das auf den Idealen von Liberalismus und Demokratie fußte, und versuchte dies durch einen Ausgleich zwischen allen Bevölkerungsschichten zu erreichen. Zapata hingegen kämpfte vor allem für die indianischstämmige Bevölkerung im Süden Mexikos, während für die landlosen Bauern im Norden Francisco »Pancho« Villa zur Identifikationsfigur wurde. Eine weitere bedeutende Revolutionsfraktion bildeten die Anhänger des im US-Exil lebenden Revolutions- und Sozialtheoretikers Ricardo Flores Magón, die Magonistas. Mit den Gefolgsleuten Pancho Villas und Emiliano Zapatas teilten die Magonistas das Ziel, in Mexiko den Sozialismus einzuführen. Wie und in welcher Form, darin wiederum waren sich alle Fraktionen uneins.

Als 1910 Wahlen abgehalten wurden, ließ Díaz während des Wahlkampfes Madero und etwa 6000 seiner Anhänger inhaftieren und gewann die Wahl.

Anfang Oktober floh Madero nach Texas und verfasste den *Plan de San Luis Potosí*, worin er den bewaffneten Widerstand gegen Díaz forderte und für den 20. November den Beginn der Mexikanischen Revolution ausrief, die Madero dann tatsächlich mit Villa, Zapata und ihren Anhängern begann.

Im April 1911 wählte man Zapata zum Chef der revolutionären

Bewegung des mexikanischen Südens. Er befehligte nun eine Revolutionsarmee, die sich hauptsächlich aus Indios und besitzlosen Landarbeitern, Campesinos, rekrutierte. Obwohl in Bewaffnung und Zahl der Kämpfer den Regierungstruppen weit unterlegen, errangen die Revolutionäre bald beachtliche Erfolge. Der bewaffnete Aufstand gipfelte in der Eroberung von Ciudad Juárez, einer Stadt an der Grenze zu den Vereinigten Staaten. Pancho Villa belagerte die Stadt, die schließlich am 10. Mai vor den Aufständischen kapitulierte. Porfirio Díaz dankte am 21. Mai ab und ging nach Paris ins Exil.

Anfang November 1911 wurde Madero Präsident von Mexiko. Weil er jedoch viele Parteigänger und Generale von Díaz in ihren Ämtern beließ und zudem ungeschickt agierte, schien er die angestrebten Reformen nicht umzusetzen. Villa, Zapata und ihre Anhänger fühlten sich verraten.

Am 25. November 1911 veröffentlichten die Zapatistas den Plan von Ayala. Darin forderten sie den Rücktritt von Präsident Madero, freie Wahlen und vor allem die Verteilung des Landes an die Bauern als Gemeinschaftsbesitz. »Boden, Berge und Wasser« wollten sie.

Der Plan von Ayala mündete in der Forderung »Tierra, Justicia y Ley!« (Land, Gerechtigkeit und Gesetz!), der später zu »Tierra y Libertad!« (»Land und Freiheit!«), dem ursprünglichen Motto der Magonistas, verändert wurde. Konkret sah der Plan vor, die unter der Regierung Porfirio Díaz durchgeführten Landenteignungen der Bauern zugunsten von Großgrundbesitzern rückgängig zu machen. Doch der Lösungsvorschlag war vergleichsweise moderat. Nur ein Drittel des Landes sollte jedem Großgrundbesitzer genommen werden, um es an landlose Bauern zu verteilen. Die Großgrundbesitzer jedoch, die sich widersetzten, sollten alle ihre Ländereien verlieren.

Der Plan von Ayala bedeutete den Bruch mit Madero. Dessen Macht hing mittlerweile am seidenen Faden. Aufstände überall im Land verschärften die politische Situation. Im Norden schloss sich Pancho Villa den Aufständischen an, wurde gefangen genommen und kurz vor seiner Exekution von dem Oberbefehlshaber der Armee, General Victoriano Huerta, begnadigt. Huerta wiederum putschte im Februar 1913 gegen Madero und übernahm das Präsidentenamt. Auf dem Weg vom Regierungspalast zum Gefängnis wurde Madero »auf der Flucht« erschossen.

Doch auch gegen Huerta erhob sich bald eine breite Front der Rebellion. Zu deren Anführer wurde Venustiano Carranza, der Gouverneur des Bundesstaates Coahuila. Carranza war der Sohn eines Rinderzüchters und ein früherer Anhänger Maderos. Er war sehr gebildet und gab mit seiner Brille und dem gepflegten Vollbart das Bild eines väterlichen Intellektuellen ab. Seine Welt war eine andere als die von Pancho Villa und Emiliano Zapata. Doch gemeinsam mit ihnen siegte er im Juli 1914 gegen Huerta, dessen Truppen zwischenzeitlich Zehntausende von Bauern in Strafexpeditionen dahingemetzelt hatten. Huerta ging ins Exil.

Kaum stand der Sieg fest, zerstritt sich Carranza mit seinen Weggefährten. Wieder war es ein Zwist zwischen den eher bürgerlich-liberalen und städtischen Kräften, die hinter Carranza standen, und der ländlichen Bevölkerung. Carranza hatte zwar angelehnt an den Plan von Ayala Bodenreformen versprochen, setzte sie aber zunächst nicht um. Als er dann aktiv wurde, gingen Zapata und seinen Anhängern die in die Wege geleiteten Maßnahmen nicht weit genug.

Nun folgte ein Bürgerkrieg von Zapata und Villa gegen Carranza und dessen Heerführer Álvaro Obregón. Gegen Ende des Jahres 1914, am 24. November, zogen Zapata und Villa in Mexico City ein. Es gibt Filmaufnahmen vom Einzug. Die Männer reiten auf Pferden, hell gekleidet, Patronengurte um die Schultern, die Gewehre mit dem Kolben auf den Schenkeln ruhend, die Läufe in die Luft, mit breitkrempigen Sombreros, ein Reiter spielt Trompete. Auch bei einem Bankett wurde gefilmt. Der leutselige Villa scheint sich sichtlich wohlzufühlen. Zapata wirkt verlegen, ein bisschen verloren an diesem Tisch.

Weder Villa noch Zapata konnten den Vorteil aus der Einnahme der Hauptstadt nutzen. Im Gegenteil, sie kämpften fortan mehr oder minder jeder für sich, nicht in der Lage oder nicht willens, sich gegenseitig zu helfen. Erst wurde Villa im Norden geschlagen und musste sich in den Guerillakampf flüchten, dann verlor Zapata seine Basis im Süden. Verheerende, brutale Strafexpeditionen des Militärs dezimierten seine Anhängerschaft. Viele Dorfgemeinschaften schlossen einen Separatfrieden. 1915 gelang es Carranza, Mexico City zurückzuerobern.

Doch der neue Mann der Stunde war Carranzas Heerführer

Álvaro Obregón. Er hatte keine formelle militärische Ausbildung genossen, war aber wegen seiner außergewöhnlichen militärischen Talente von Carranza zum Oberbefehlshaber der Armee ernannt worden. Obregón siegte mehrfach gegen Villa, unter anderem in der Schlacht von Celaya im April 1915, in der Obregón einen Arm verlor und sich das Leben nehmen wollte, was ihm aber misslang. Obregón wandte sich 1920 gegen Carranza und übernahm nach erfolgreichem Aufstand das Amt des Staatspräsidenten. Carranza wurde auf der Flucht festgenommen und getötet.

Trotz der hin und her wogenden Kämpfe machte die Mexikanische Revolution gewisse Fortschritte. 1920 wurde eine neue Verfassung erlassen, die unter anderem eine Bodenreform festschrieb. Das Land blieb im Besitz des Staates, die Bauern konnten das Land pachten und das Pachtrecht vererben. Ruhe kehrte jedoch nicht ein. Obregón musste sich 1924 einer Rebellion erwehren, gewann aber. Vier Jahre später starb Obregón in einem Restaurant durch die Kugel eines Attentäters. Erst 1929 erklärte man die 1911 ausgebrochene Mexikanische Revolution für beendet.

Auch Pancho Villa und Emiliano Zapata erlebten das Ende der Mexikanischen Revolution nicht mehr. Villa wurde von Obregóns Anhängern in einen Hinterhalt gelockt und erschossen. Seine letzten Worte sollen gewesen sein: »Lasst es nicht so enden. Erzählt, ich hätte etwas gesagt.«

Auf die gleiche Art wie Pancho Villa starb Emiliano Zapata. Der Oberst Jesús Guajardo stellte Zapata am 10. April 1919 im Auftrag Carranzas eine Falle. Er gab vor, mit seinen Soldaten zu Zapata überlaufen zu wollen, und lud ihn auf seine Hazienda ein. Wie zuvor der Körper Pancho Villas, wurde auch der Zapatas von Dutzenden von Kugeln regelrecht durchsiebt.

Die berühmten, immer wieder im Zusammenhang mit Emiliano Zapata erwähnten Worte »Besser aufrecht sterben als auf Knien leben!« (Es mejor morir de pie que vivir de rodillas!) stammen ursprünglich von dem kubanischen Freiheitskämpfer José Martí. Doch wie so oft: Bestimmte Worte passen zu dem Bild, das man sich von einem Menschen macht, besonders gut. Der Satz scheint wie eine Variation ähnlicher Aussagen, die Zapata zugeschrieben werden. Seine letzten Worte sollen gewesen sein: »Besser im Kampf sterben als ein Leben als Sklave.« Und der ist inhaltlich nicht weit entfernt von einem weiteren Satz, der ihm zugeschrieben wird: »Ich sterbe lieber als Sklave von Prinzipien als der von Menschen.«

8 Save Our Souls!
Funkspruch der Titanic (15. April 1912)

Ida Straus war schon mit einem Bein von Bord, als sie sich zu ihrem Dienstmädchen Ellen Bird umdrehte, ihr ihren Schmuck übergab und die junge Frau allein in das Rettungsboot steigen ließ. Zu ihrem Mann sagte sie: »Wo du hingehst, da gehe ich auch hin.«

Man hatte Isidor Straus, dem Warenhausmillionär aus New York, angeboten, bei ihm aufgrund seines Alters eine Ausnahme zu machen. Eigentlich durften nur Frauen und Kinder in die Rettungsboote steigen. Aber er lehnte ab. Und Ida Straus weigerte sich entschieden, ihren Mann zu verlassen. So ließ man das Rettungsboot schließlich mit nur zwei Dutzend Menschen besetzt zu Wasser. Viele Plätze waren leer geblieben. Das Ehepaar Straus blieb an Deck der *Titanic* zurück. Zuletzt sah man sie, wie sie sich in einen Liegestuhl setzten. Beide kamen bei der Katastrophe ums Leben.

Dies ist nur eine der vielen Geschichten vom Untergang der *Titanic*. Die Größe des Schiffes, die Technik, der Luxus, die vermeintliche Unsinkbarkeit, die Klassenunterschiede an Bord als Spiegel der damaligen Gesellschaft, die Art des Untergangs, die Geschichten von Tapferkeit und Feigheit, das alles speist seither den Mythos der *Titanic*. Und dazu gehören Mutmaßungen, immer neue Enthüllungen beziehungsweise Pseudoenthüllungen bis ins 21. Jahrhundert hinein. Der Untergang der *Titanic* wird die Menschheit vermutlich noch für Generationen beschäftigen.

Das Wetter war klar in jener tragischen Nacht zum 15. April 1912. Die Sterne funkelten über dem Atlantik, aber kaum einer der Passagiere war auf dem Deck, denn es wurde zunehmend frostiger. Fuhr das Schiff schnell? Ja, es fuhr mit seiner Höchstgeschwindigkeit von 22 Knoten. Fuhr es so schnell, weil der Kapitän oder der mitreisende Reeder Lord Ismay das Blaue Band, den Preis für die schnellste Atlantiküberquerung, erringen wollten? Nein. Dazu war die *Titanic* nicht gebaut worden. Warum aber fuhr sie dann so schnell? Es sprach zunächst nichts dagegen, volle Fahrt zu machen. Es war klare Sicht, das Meer spiegelglatt. Auch als die *Titanic* nacheinander von fünf Schiffen Eiswarnungen erhielt – eigentlich rechnete man zu dieser Zeit nicht mit Eisbergen –, änderte Kapitän Smith weder den Kurs noch drosselte er die Geschwindigkeit. Smith vertraute auf den Ausguck. Seit über einem Vierteljahrhundert hielten sich die Schiffsführer in dieser Gegend des Atlantiks an diese Praxis und noch nie war etwas passiert.

Die *Titanic* war von der Werft Harland & Wolff Ltd. in Belfast für die britische Reederei White Star Line gebaut worden. Das Schiff, das zweite der neuen Olympic-Klasse, sollte wie seine Schwesterschiffe neue Maßstäbe in Schnelligkeit und Komfort des Reisens auf der Schiffsroute zwischen Großbritannien und den USA setzen. Bei ihrer Fertigstellung waren die *Olympic*, die bereits 1910 vom Stapel gelaufen war, und die *Titanic* mit jeweils einer Länge von 269,04 Metern die größten Schiffe der Welt.

Die *Titanic* war Anfang 1912 fertiggestellt worden. Am 10. April stach sie in Southhampton in See. Auf ihrer Jungfernfahrt sollte das Schiff mehr als 2200 Menschen nach New York bringen.

Unsinkbar sollte die *Titanic* sein. Hintereinander gestaffelte, in sich abgeschlossene Kammern im Rumpf sollten verhindern, dass das Schiff bei einem Leck mit Wasser vollaufen würde. Als die *Titanic* aber mit jenem verhängnisvollen Eisberg zusammenstieß, riss dieser den Schiffsrumpf seitlich über eine Länge von 90 Metern auf.

Zu Tragik und Mythos des Untergangs der *Titanic* gehört auch, dass es gerade die Ruhe des Meeres und das gute Wetter waren, die zum trügerischen Gefühl der Sicherheit und schließlich zur Tragödie beitrugen. Es war Neumond und die Nacht sehr dunkel. Weil die See wegen Windstille spiegelglatt war, waren auch keinerlei brechende Wellen zu sehen, die eventuell einen Eisberg hätten schneller erkennen lassen.

Am 14. April um 23.40 Uhr erspähte der Ausguck den Eisberg. Der Koloss trieb südlicher vom Nordpol als alle seit Beginn der Dampfschifffahrt gesichteten Eisberge. Sofort telefonierte der Ausguck mit der Brücke. Das umgehend eingeleitete Ausweichmanöver kam zu spät. In voller Fahrt stieß das Schiff an die Eismasse und schrammte an der Seite entlang auf. Es knirschte laut. Wie groß der Eisberg gewesen sein muss, lässt sich erahnen, wenn man bedenkt, dass Eisbrocken auf das Deck der Titanic fielen, mit denen Passagiere Fußball spielten.

Sofort erkundeten Kapitän Edward John Smith und der Schiffsarchitekt Thomas Andrews den Schaden und kamen rasch zu dem Schluss, dass das Schiff sinken würde. Um 0.15 Uhr ordnete Kapitän Smith an, Notrufe an andere Schiffe zu senden. Erst etwas mehr als eine Stunde nach der Kollision begann man mit dem Besetzen und dem Abfieren der Rettungsboote. Manche Passagiere waren nicht dazu zu bewegen, in die vergleichsweise unsicher aussehenden Boote zu steigen. Sie glaubten nicht an ein Sinken der *Titanic*. Die Atmosphäre blieb zunächst ruhig, nahezu gelassen. Das Bordorchester spielte auf Anordnung Ragtime, um Unruhe oder Panik gar nicht erst aufkommen zu lassen. Rettungsboote mit noch zahlreichen unbesetzten Plätzen wurden zu Wasser gelassen.

Erst als sich allmählich zeigte, dass das Schiff tatsächlich sank, brach Panik aus, wurden Boote sogar überbesetzt. Gegen 2.18 Uhr begann sich das Heck aus dem Wasser zu heben. Denn der Bug, der seit der Kollision immer stärker mit Wasser vollgelaufen war, begann nun das Schiff in die Tiefe zu ziehen. Ein Schornstein brach. Der enormen Spannung hielt das Schiff nicht stand und brach knapp hinter der Mitte des Rumpfes auseinander. Dann versank auch das Heck. Die Menschen in den Rettungsbooten wurden zwei Stunden später von dem herbeigeeilten Passagierschiff *Carpathia* aufgenommen.

Von über 2200 Menschen, die auf der *Titanic* gewesen waren, überlebten nur 704 die Katastrophe. Zwar konnten im Vergleich zu den anderen Passagierklassen viele aus der Ersten Klasse gerettet werden, doch die vier reichsten Männer an Bord gingen mit dem Schiff unter.

Zu den zahlreichen Geschichten um den Untergang der *Titanic* gehört auch die von den Hilferufen an die in der Nähe fahrenden Schiffe. Die *Titanic* war nicht das erste Schiff in Seenot, das den Funkspruch SOS sendete. Schon 1909 hatte das Passagierschiff *Slavonia* nach erlittenem Schiffbruch vor den Azoren das Signal gefunkt. Doch durch die Katastrophe der *Titanic* wurde SOS berühmt.

Die Geschichte des drahtlosen Funks war in jenen Tagen noch jung. Noch jünger als die Geschichte des Morsecodes, aus dem der Ruf SOS stammt. 1833 hatte der Amerikaner Samuel Morse aus einer alten Wanduhr, Drahtresten und Blechabfällen den ersten funktionsfähigen elektronischen Schreibtelegrafen gebaut. Alfred Vail, ein Mitarbeiter Morses, entwickelte aus dessen ursprünglichem Zahlencode, bei dem V-förmige Zacken für verschiedene Zahlen standen, einen Code für Buchstaben. Dieser bestand aus Punkten und Strichen. In schneller Folge wurden kurze oder lange Signale gefunkt. 1844 sendete Morse auf der ersten öffentlichen Telegrafenleitung der Welt zwischen Baltimore in Maryland und Washington D. C. über eine Strecke von etwa 60 Kilometern die erste elektronische Nachricht: »What has God whrought?« (Was hat Gott bewirkt?) Der Deutsche Friedrich Clemens Gerke modifizierte den Code und erhöhte damit vor allem die Übertragungsgeschwindigkeit. Geübte Morsefunker konnten bis zu 300 Buchstaben pro Minute empfangen, funken und auch sofort verstehen.

In der Funktechnik tat sich zur Jahrhundertwende Entscheidendes. 1896 meldete der Italiener Guglielmo Marconi ein Gerät zum Patent an, das Nachrichten drahtlos senden und empfangen konnte. Er hatte dabei auf Arbeiten des russischen Physikers Alexander Popow zurückgegriffen. Auch auf der *Titanic* versahen später Funker der Firma Marconi ihren Dienst. Der geschäftstüchtige Guglielmo Marconi machte sich mit seiner 1897 gegründeten Firma daran, die neue Technik zu vermarkten. Marconi stellte nicht nur Telegrafenanlagen zur Verfügung, sondern zugleich die Männer, die sie bedienten. Natürlich war die drahtlose Telegrafie vor allem im Schiffsverkehr eine besonders willkommene Neuerung. Ein Schiff konnte jederzeit seine Position durchgeben und im Notfall Hilfe rufen. Ab 1904 nutzten die Marconi-Funker bei Notrufen das Kürzel CQD (Morsecode: –.–.––.–..).

CQ stand phonetisch für »seek you« und D für »distress«. Sinngemäß übersetzt: Kommt alle! Gefahr! Auf der Internationalen Funkkonferenz in Berlin am 3. Oktober 1906 legte man dann SOS als neues weltweit gültiges Notrufsignal fest. Es war besonders einprägsam: drei kurze, drei lange, drei kurze Signale (...–––...).

Doch 1912 hatte sich das neue Signal noch nicht durchgesetzt, insbesondere nicht bei den Funkern Marconis. John Phillips, der Funker der *Titanic*, benutzte denn auch zunächst das übliche CQD von Marconi. Dann soll ihn sein Kollege Harold Bride darauf aufmerksam gemacht haben, auch das neue Signal SOS zu funken, und mit schwarzem britischen Humor hinzugefügt haben: »Vielleicht ist es die letzte Chance, es zu senden.« Und so empfing um 0.45 Uhr die *Baltic* als erstes Schiff von der *Titanic* einen Notruf, der SOS und nicht CQD enthielt. Tatsächlich überlebte Phillips, anders als Bride, die Nacht nicht.

Erst nach dem Untergang der *Titanic* wurde erkannt, wie wichtig ein einheitliches Notrufsignal war. Es war das Signal SOS, das sich schließlich als Standard durchsetzte.

9 In ganz Europa gehen die Lichter aus
Edward Grey (1862–1933)

Als man Winston Churchill einmal fragte, welchen Namen er dem Krieg geben würde, den man seinerzeit den Großen Krieg nannte und der heute als der Erste Weltkrieg in den Geschichtsbüchern steht, antwortete er: »Der unnötige Krieg.«

Tatsächlich kommen die Umstände des Kriegsausbruchs 1914 in ihren Mechanismen und ihrem Ablauf den düstersten Shakespeare-Tragödien gleich. Wie dort entschieden sich die Handelnden immer dann, wenn sie eine Wahl hatten, für jenen Schritt, der sich schließlich als der verhängnisvollste erweisen sollte.

Am Vorabend des Ersten Weltkriegs beherrschten die Großmächte Europas etwa 85 Prozent der Landfläche der Erde. Nahezu schwindelerregende Fortschritte in Wissenschaft und Technik ermöglichten es den Europäern, mit immer besseren Transportmitteln und Waffen weite Landflächen und Länder mit großer Bevölkerung zu unterwerfen. Fortschritte in der Medizin machten ihnen den Aufenthalt in tropischen und subtropischen Regionen immer erträglicher. In Europa selbst gedieh die Wirtschaft, und der Wohlstand auch der breiten Bevölkerung wuchs.

Die Nationalstaaten, die eng verbunden waren mit einer Identität von Volk, Sprache und Kultur, hatten sich seit Mitte des 19. Jahrhunderts als die dominierende Staatsform in Europa etabliert. Zu Beginn des 20. Jahrhunderts schien der dauerhaften und ungebrochenen Herrschaft Europas in der Welt nichts im Wege zu stehen. Oder doch? War es ausgerechnet Europa selbst, das sich anschickte, dem eigenen Glück ein Bein zu stellen?

Innenpolitisch hatten alle Nationen mit den dramatischen Umbrüchen der Zeit zu kämpfen. Die wachsende Arbeiterschicht drängte nach sozialem Ausgleich, Teilhabe und Mitbestimmung. Das Bürgertum wollte politische Mitsprache. Doch die alten Eliten versuchten überall beharrlich an überkommenen Strukturen und Vorteilen festzuhalten. In den europäischen Gesellschaften regierten mit wenigen Ausnahmen noch immer Monarchen und mit ihnen die dünne Oberschicht der Aristokratie.

In Zeiten des Umbruchs und der Angst, Besitztümer und Pfründe zu verlieren, befällt Gesellschaftsgruppen und ganze Gesellschaften nicht selten der Reflex, die mögliche Schuld für Unsicherheit und Bedrohung bei anderen Gruppen zu sehen. Nicht von ungefähr gedieh der Nationalismus, wurde unermüdlich nach Beweisen gesucht, warum die eigene Nation der anderen überlegen war, wurden alle Menschen, die nicht in das Schema der Nation passten, zu misstrauisch beäugten Außenseitern: Rassismus und auch Antisemitismus hatten Hochkonjunktur. Nationalismus und das Heraufbeschwören einer Bedrohung durch andere Nationen waren in ganz Europa ein äußerst wirksames Mittel, von inneren Konflikten abzulenken. Am Anfang des Ersten Weltkriegs standen dann in den sich immer feindseliger gegenüberstehenden Nationen nicht mehr kühle und rationale Überlegungen von Wirtschaftlichkeit oder sozialer Wohlfahrt an erster Stelle, sondern verletzte Ehre und Stolz.

Vor dem Sommer 1914 waren die nicht seltenen Krisen zwischen den europäischen Großmächten diplomatisch beigelegt worden. Doch in diesen Krisen war es, wie der Historiker John Keegan bemerkt, »nur um Fragen des nationalen Interesses gegangen, nicht um Fragen der nationalen Ehre oder des nationalen Prestiges«. Nun aber war Österreich-Ungarn tief verletzt worden.

Der österreichische Thronfolger Erzherzog Franz Ferdinand und seine Frau waren in Sarajevo am 28. Juni einem Attentat zum Opfer gefallen. Hinter dem Attentat standen Serben, die für ein Groß-Serbien kämpften. In Wien begann man nach dem ersten Schock darüber nachzudenken, wie man nicht nur die Attentäter bestrafen, sondern auch das Königreich Serbien in die Schranken weisen könne, das mit Österreich-Ungarn zunehmend um den Balkan konkurrierte. Seit Jahren fühlte man sich von Serbien und dessen Schutzmacht Russland bedroht. In den beiden Balkankriegen 1912 und 1913 hatte Serbien sein Gebiet vergrößern können und seine Macht in der Region erheblich ausgeweitet. Zwar war Österreich-Ungarn eine Großmacht, doch im Innern zutiefst verunsichert. Denn mit seinem vielfältigen Völkergemisch konnte sich das Kaiserreich im Grunde nicht als Nation bezeichnen und musste ständig um eine Identität ringen. Das Attentat auf den Thronfolger führte zur Julikrise, wie die Zeit vor Ausbruch des Ersten Weltkriegs genannt wird.

Für Österreich-Ungarn stellte sich die entscheidende Frage, wie der Bündnispartner Deutschland zu Strafmaßnahmen gegen Serbien stand. Denn Rückendeckung war vonnöten.

Die Machtkonstellationen der Bündnispolitik im Europa jener Tage waren klar. Auf der einen Seite stand der Zweibund zwischen Deutschland und Österreich-Ungarn (eigentlich war es ein Dreibund, doch Italien sprang zu Beginn des Krieges ab und trat in der Hoffnung auf Gebietsgewinne gegen Österreich-Ungarn in den Krieg ein), auf der anderen Seite die Entente, seit 1907 eine Triple Entente, weil dem ursprünglichen Zweierbündnis zwischen Großbritannien und Frankreich auch Russland beigetreten war.

Es folgten Wochen fieberhafter Diplomatie. Doch es waren nicht die Diplomaten, die durch ihre teils unablässigen Bemühungen um den Erhalt des Friedens das Heft des Handelns in der Hand hielten, sondern die Regierenden in den Hauptstädten, die umringt waren von zum Krieg entschlossenen Militärs. Die wiederum waren befeuert von Ehrgeiz, Fatalismus und der Hoffnung, nun mit einem »reinigenden Gewitter« Schluss mit den immer wieder aufbrechenden Konflikten zu machen. »Die Schalen des Zorns waren übervoll«, wie Winston Churchill später bemerkte.

Generalstabschef Helmuth von Moltke, Neffe des berühmten preußischen Generalfeldmarschalls, vertrat die Auffassung, es bliebe nichts anderes, als einen Präventivkrieg zu führen. Kaiser Wilhelm II. gab den Österreichern die berühmt-berüchtigte »Blankovollmacht«, den Serben ein nahezu unannehmbares Ultimatum zu stellen. Am 28. Juli folgte die österreichische Kriegserklärung an Serbien, obwohl die Serben fast allen Forderungen nachgekommen waren. Lediglich den Verzicht auf einen Teil ihrer Souveränität hatten sie abgelehnt. Serbiens Verbündeter Russland machte mobil und das Deutsche Reich tat das Gleiche. Als der russische Zar Nikolaus II. die Generalmobilmachung trotz Ultimatums seines Vetters Wilhelm II. nicht zurücknahm, erklärte das Deutsche Reich Russland am 1. August den Krieg. Einen Tag später stellte das Deutsche Reich Belgien ein Ultimatum. Das Land sollte deutschen Truppen den ungehinderten Durchmarsch erlauben. Die Belgier wiesen dies am 3. August zurück. Am gleichen Tag erklärte Deutschland Frankreich den Krieg und am nächsten Tag Belgien. Deutsche Truppen begannen in Belgien einzumarschieren. Noch in der Nacht erklärte Großbritannien Deutschland den Krieg.

Als der Krieg ausbrach, jubelten Menschenmengen in den europäischen Hauptstädten. Kam nun das reinigende Gewitter? In Berlin rief Kaiser Wilhelm II. vom Balkon seines Stadtschlosses aus, er kenne nun keine Parteien und keine Konfessionen mehr, sondern nur noch Deutsche.

Zehntausende meldeten sich in Frankreich, Großbritannien, Russland, Österreich-Ungarn und Deutschland freiwillig als Kämpfer. Und nur wenige Stunden nach dem offiziellen Ausbruch des Krieges fuhren die ersten Züge mit Soldaten in Richtung der Grenzen. Überall spielten sich ähnliche Szenen ab. Die Soldaten winkten mit ihren Mützen und Kappen den Menschen, die zu Tausenden an den Bahnstrecken standen. Kinder liefen solange sie konnten mit, Frauen warfen Kusshände und Blumen. Man rief: »Vive la France!« oder sang: »Deutschland, Deutschland über alles!«

Alle glaubten, man werde sich gegenseitig ein wenig die Nasen blutig schlagen, den anderen rasch in den Staub zwingen und dann wäre die Sache ein für alle Mal erledigt. Einberufene, die ihren Termin für das Einrücken erst in zehn Tagen hatten, befürchteten, nicht mehr dabei sein zu können, da dann sicher schon alles vorbei sei.

Und wenn nicht? In Deutschland sagte Erich von Falkenhayn, zu diesem Zeitpunkt Kriegsminister, dem konsternierten Reichskanzler

Theobald von Bethmann Hollweg die heiter-fatalistischen Worte: »Wenn wir auch darüber zugrunde gehen, schön war's doch.« David Lloyd George, erst während des Krieges als Premierminister ins Amt gekommen, bemerkte später in seinen Memoiren: »Hätte es in Deutschland einen Bismarck gegeben, in England einen Palmerston, in Amerika einen Roosevelt, in Paris einen Regierungschef Clemenceau – die Katastrophe hätte vermieden werden können.« Über die tatsächlich handelnden Männer urteilte er: »Bei ruhiger See waren sie gut für ihr Staatsschiff, doch im Taifun waren sie verloren.«

Auch den während der Julikrise amtierenden britischen Außenminister Sir Edward Grey schloss Lloyd George in dieses Urteil mit ein. Grey soll am Abend des 3. August, als der Kriegseintritt Großbritanniens kurz bevorstand, am Fenster seines Büros am St. James Park in London gestanden haben. Als er sah, wie gerade die Gaslaternen angezündet wurden, soll er zu einem Freund gesagt haben: »In ganz Europa gehen die Lichter aus und wir werden sie zu unseren Lebzeiten nicht wieder leuchten sehen.«

Auf gewisse Weise behielt Grey mit seiner Prophezeiung recht. Denn als nach jahrelangem Gemetzel Deutschland im Spätherbst 1918 zunächst um Waffenstillstand nachsuchte und 1919 dann der Versailler Vertrag unterzeichnet wurde, waren die Kampfhandlungen beendet, doch wahrer Frieden kehrte nicht ein. Die giftigen Gefühle der Ressentiments, des Nationalismus, der Verletzungen, der Demütigungen und das Verlangen nach Revanche wollten nicht verschwinden.

10 Im Westen nichts Neues
Erich Maria Remarque (1898–1970)

Im Juli 1917 wurde an der Westfront ein junger deutscher Soldat namens Erich Paul Remark durch mehrere Granatsplitter verwundet. Den Rest des Krieges erlebte er abseits der Front, oft im Lazarett. Nach dem Krieg arbeitete er zunächst in seinem Beruf als Lehrer, quittierte aber bald den Dienst und schlug sich mit Gelegenheitsarbeiten durch. Schließlich wurde er Redakteur. Sein Traum war es, Schriftsteller zu werden.

Ab 1921 begann er, sich Erich Maria Remarque zu nennen. 1929 gelang ihm dann der Durchbruch. Schon im November des Vorjahres in der *Vossischen Zeitung* in Fortsetzungen vorab gedruckt, entwickelte sich der Roman *Im Westen nichts Neues* als Buch zum Bestseller. In 16 Monaten wurde es über eine Million Mal verkauft. Auf dem Schutzumschlag der Erstausgabe stand: »Remarques Buch ist das Denkmal des unbekannten Soldaten. Von allen Toten geschrieben.«

Als Remarque verwundet wurde, tobte der Erste Weltkrieg bereits seit fast drei Jahren. Das von Soldaten mit Kreide auf den Waggon geschriebene Versprechen, Weihnachten wieder zu Hause zu sein, hatte sich nicht erfüllt. Auch nicht der »Ausflug nach Paris«.

Bereits ab 1892 hatte der deutsche Generalfeldmarschall Alfred Graf von Schlieffen einen Plan für den Angriff auf Frankreich ausgearbeitet. Unter Missachtung der Neutralität Belgiens und der Niederlande sollten die deutschen Truppen durch diese Staaten hindurch in einer Zangenbewegung den massiven französischen Befestigungswall entlang der deutsch-französischen Grenze umgehen, um dann die französische Armee schnell und umfassend zu schlagen. Dieser aggressiv-offensive Schlieffen-Plan wurde später von seinem Nachfolger Helmuth Johannes Ludwig von Moltke, einem Neffen des legendären Feldmarschalls Bismarcks, überarbeitet.

Am 1. August 1914 überschritten deutsche Truppen die Grenze nach Luxemburg, am 4. August die Grenze nach Belgien. Mit der schnellen Niederringung Frankreichs zu Beginn des Kriegs wollte die deutsche Führung einen Zweifrontenkrieg verhindern. Rasch drang die deutsche Armee auch auf französisches Gebiet vor. Man kam relativ schnell voran, der von Moltke modifizierte Schlieffen-Plan schien aufzugehen. Man hoffte, Paris bald einnehmen zu können und den Krieg im Westen zu entscheiden, um dann die frei werdenden Kräfte gegen Russland zu werfen. In der letzten Augustwoche stand man auf einer Linie von Verdun im Osten bis etwa 50 Kilometer nordöstlich von Paris im Westen.

Doch am 5. September begannen die Truppen der Entente, also Frankreichs und Großbritanniens, die Gegenoffensive. Es war der Beginn der Marneschlacht, benannt nach jenem Fluss, dessen Lauf teilweise die Linie der Front zwischen Verdun und Paris bildete. Es folgten Tage heftiger Kämpfe, in deren Verlauf sogar Taxis Tausende von französischen Soldaten aus Paris an die Front fuhren. Am 9. September befahl der deutsche General Alexander von Kluck den geordneten Rückzug auf eine eindeutig zurückgenommene Linie. Moltke meldete an seinen Kaiser: »Majestät, der Krieg ist verloren!«

Es folgte im Oktober und November der sogenannte »Wettlauf zum Meer«, bei dem sich die Gegner unter schweren Verlusten gegenseitig immer wieder an den Flanken zu umfassen versuchten. Schließlich blieben die Kämpfe auf breiter Front stecken. Die fürchterlichen Schlachten von Langemarck und Ypern im folgenden Frühjahr ließen erahnen, welchen Blutzoll die Soldaten noch zu zahlen hatten. Die Armeen begannen sich in Schützengräben zu verschanzen, der Krieg wurde zum Stellungskrieg.

Moltke wurde nach der Marneschlacht seines Befehls enthoben und am 14. September durch General Erich von Falkenhayn ersetzt. Es war das eingetreten, was der Schlieffen-Plan hatte verhindern sollen, der Zweifrontenkrieg.

Der Schlieffen-Plan war Teil der Illusion vom schnellen Krieg gewesen. Doch er war von mittlerweile kaum noch zutreffenden Gegebenheiten ausgegangen. Verbesserte Gewehre brachten den Verteidigern zum Teil überwältigende Vorteile. Eine Entwicklung, die im Krimkrieg in der Mitte des 19. Jahrhunderts ihren Anfang genommen hatte. Sie führte dazu, dass immer häufiger militärische Auseinandersetzungen in den Grabenkrieg übergingen, so im Amerikanischen Bürgerkrieg und auch im Russisch-Japanischen Krieg Anfang des 20. Jahrhunderts. Verheerende Verluste der angreifenden Truppen wurden dort, wie auch 1912 im Balkankrieg, von den Militärs zur Kenntnis genommen, aber nicht als Veränderung der Kriegführung gewertet.

Der Krieg an der Westfront des Ersten Weltkriegs entwickelte sich zum grausamen Höhepunkt aller Grabenkriege. Verschanzte Maschinengewehrschützen konnten nahezu alle Angreifer abwehren. Bis zum Kriegsende sollten an manchen Tagen 50 000 Soldaten fallen. Sie starben durch Flammenwerfer, Granaten, Geschosse aus riesigen Geschützen, sie starben durch Gas. Die Verletzungen waren zum Teil entsetzlich. Die Gefallenenrate bei den Soldaten an der Westfront des Ersten Weltkriegs überstieg die des Zweiten Weltkriegs. Allein nach der monatelangen Schlacht an der Somme waren 1916 weit über eine Million Soldaten getötet, verwundet oder vermisst gemeldet worden.

Es sind vor allem die Kämpfe an der Westfront, die das Bild und das Erinnern an diesen Krieg prägen. Obwohl der Krieg bald ein Weltkrieg wurde: Das Osmanische Reich kämpfte aufseiten der Mittelmächte Deutschland und Österreich-Ungarn, die USA traten schließlich 1917 nach langem Zögern in den Krieg ein, Expeditionstruppen kämpften in Afrika und im Pazifik, auf dem Balkan tobten erbitterte Kämpfe.

Erich Maria Remarque nahm für sich in Anspruch, den Krieg so zu schildern, wie er war. Was der Roman *Im Westen nichts Neues* erzählt, basiert zum Teil auf seinen eigenen Erfahrungen, zum großen Teil aber auf Berichten anderer. Gerade der nüchterne Stil Remarques machte für den Leser das Geschilderte – die Eintönigkeit und das Grauen der Westfront aus der Sicht des Schülers Paul Bäumer – noch eindringlicher, noch erschütternder.

Den Namen seines Protagonisten hatte Remarque in Erinnerung an einen berühmten Jagdflieger des Ersten Weltkriegs gewählt. Der echte Paul Bäumer, Träger des damals höchsten militärischen Ordens, des *Pour le mérite*, hatte nach dem Ersten Weltkrieg als Zahnarzt praktiziert und Remarque war einer seiner Patienten gewesen.

Wie Hemingway in seinem ein Jahr zuvor erschienenen Roman *The Sun Also Rises* sprach auch Remarque in seinem Buch von der »verlorenen Generation«. Remarque gab vor allem den Eltern und Lehrern eine große Schuld an dem Leid seiner Generation, die sie durch ihre Haltung, ihren Chauvinismus und ihren Ruf nach Stolz und Ehre in den Abgrund getrieben hätten.

Der fiktive Paul Bäumer fiel kurz vor Kriegsende, »im Oktober 1918« heißt es in den letzten Sätzen von Remarques Roman, »an einem Tage, der so ruhig und still war an der ganzen Front, dass der Heeresbericht sich nur auf den Satz beschränkte, im Westen sei nichts Neues zu melden.«

In Hollywood verfilmte man Remarques Buch unter der Regie von Lewis Milestone mit dem Titel *All Quiet on the Western Front*. In Großbritannien und den USA fand der Film breite Zustimmung.

Man empfand das Dargestellte als realistisch, und als Aussage des Films verstand man, dass Leid und Tragödie in den Schützengräben völkerübergreifend waren, und sah darin eine Aufforderung zu Frieden und Völkerverständigung. Als der Film ab Anfang Dezember 1930 auch in Deutschland gezeigt wurde, stieß er sofort auf heftige Ablehnung der politischen Rechten, die darin vor allem die Verunglimpfung der deutschen Soldatenehre erkennen wollten. Joseph Goebbels organisierte für die Nationalsozialisten 1930 gewalttätige Ausschreitungen gegen die Aufführung der Verfilmung des Buches. Sie waren hier mit demselben perfiden Vorgehen erfolgreich, das sie später für die gesamte Weimarer Republik mit Erfolg anwandten: Durch Gewalt führten sie selbst die unsicheren Verhältnisse herbei, deren Abschaffung sie dann forderten. Im Falle von *Im Westen nichts Neues* erreichten sie schließlich ein Aufführungsverbot wegen Gefährdung der öffentlichen Sicherheit.

Die Nationalsozialisten streuten ferner das Gerücht, Remarque habe gar nicht am Krieg teilgenommen, er sei Jude, sein Name ein Pseudonym. Er habe ursprünglich Kramer geheißen und diesen Namen nur andersherum geschrieben. *Im Westen nichts Neues* gehörte schließlich zu den Büchern, die bei den am 10. Mai 1933 von den Nationalsozialisten organisierten Bücherverbrennungen in das Feuer geworfen wurden.

1932 verließ Remarque Deutschland, 1938 erkannte man ihm die deutsche Staatsbürgerschaft ab. 1943 wurde Remarques jüngste Schwester Elfriede Scholz zum Tode verurteilt und kurz darauf durch das Fallbeil hingerichtet, weil sie offen gesagt hatte, dass sie den Krieg für verloren hielt. Der Präsident des Volksgerichtshofs Roland Freisler soll gesagt haben, dass ihr Bruder ihnen entwischt sei, mit ihr würde ihnen das aber nicht passieren.

Der Titel des Buches entwickelte sich zum geflügelten Wort. »Im Westen nichts Neues« heißt es immer wieder, wenn es nichts Besonderes zu berichten gibt. Der anklagende Impuls Remarques ist dabei oft vergessen. Aktuell bleibt der Satz in einer reizüberfluteten modernen Welt, die allzu rasch das Interesse an komplizierten Sachverhalten und lange andauernden Katastrophen und ihren Opfern verliert.

Alle Macht den Räten!
Wladimir Iljitsch Lenin (1870–1924)

Stalin schnitt Lenin den Bart ab. Die Revolution in Russland war im Juli 1917 vorerst gescheitert. Nach Finnland würde Lenin flüchten. Ohne den Bart, der seinen Mund bislang so markant umrahmt hatte, und mit Perücke auf dem kahlen Schädel. Dann noch eine Mütze auf das falsche Haar.

Sie machen ein Foto für den gefälschten Pass. Stalin wird, nachdem er für Lenin den Barbier gespielt hat, in Russland bleiben. Die nächste Chance kommt bestimmt. Keiner glaubt so fest daran wie Lenin. Nach all den Jahren als Berufsrevolutionär, nach all den Rückschlägen waren die letzten Tiefschläge kaum der Rede wert. Im Gegenteil, Lenin ist dem Ziel nah, der Weg für den Sieg längst bereitet. Doch zunächst verschwindet er als »taubstummer finnischer Bauer« über die Grenze.

Wladimir Iljitsch Uljanow, so sein eigentlicher Name, war schon seit Jahren Berufsrevolutionär. Seit Dezember 1900 nannte er sich Lenin. Seine politische Agitation hatte ihn im gleichen Jahr erstmals ins Exil gezwungen, wo er 1902 die programmatische Schrift *Was tun?* veröffentlichte.

Es ist das theoretische Fundament seines weiteren politischen Handelns. Lenin greift darin die Ideen und Lehren von Karl Marx auf, verbindet sie aber mit einer entscheidenden Erweiterung. Es ist der Beginn des später Marxismus-Leninismus genannten Gedankengebäudes.

Hatte Marx die klassenlose Gesellschaft als Ergebnis einer unvermeidlichen historischen Entwicklung gesehen, wollte Lenin sich auf diese Prognose nicht verlassen. Er sah es als Aufgabe einer ausgesuchten Elite von Berufsrevolutionären an, den Arbeitern die Revolution zu bringen.

Zu Beginn des 20. Jahrhunderts war Russland von allen europäischen Großmächten das an Fläche und Bevölkerung größte Land und gleichzeitig das mit Abstand rückständigste. Der weitaus größte Teil der arbeitenden Bevölkerung waren daher nicht Arbeiter, sondern Bauern. Die Zaren regierten nahezu absolutistisch. Daran hatten auch die Anstrengungen des Reformzaren Alexander II. in der zweiten Hälfte des 19. Jahrhunderts nur wenig geändert. Unter ihm förderte Graf Sergej Juljewitsch Witte, erfolgreicher Unternehmer und ab 1893 russischer Finanzminister, Reformen und den Ausbau der Infrastruktur des riesigen Reiches. 1891 begann man mit dem Bau der Transsibirischen Eisenbahn. Fertiggestellt wurde die längste Schienenstrecke der Welt im Oktober 1916, ein Jahr vor der Oktoberrevolution.

Die eigenen Kräfte überschätzend, steuerten Zar Nikolaus II. und seine Regierung zu Beginn des 20. Jahrhunderts auf eine Konfrontation mit Japan im ostasiatischen Raum zu. Die Auseinandersetzung um den Einfluss in der Mandschurei und Korea gipfelte im Russisch-Japanischen Krieg, der am 8. Februar 1904 ausbrach und unter schweren Verlusten und in demütigend verlorenen Schlachten 1905 für Russland verloren ging. Gleichzeitig verschlechterten sich die Lebensbedingungen der breiten Bevölkerung.

Am 22. Januar 1905 (nach dem neuen gregorianischen Kalender) wollten Vertreter einer friedlich demonstrierenden Menschenmenge aus Arbeitern dem Zaren eine Petition überreichen. Vor dem Winterpalais versuchten Soldaten den Demonstrationszug aufzuhalten und schossen schließlich wahllos in die Menge. Es gab zahlreiche Tote. Dieser »Blutsonntag« löste im ganzen Land Unruhen aus. Schließlich erfassten sie auch die Kasernen und gipfelten in einem Generalstreik. Der Zar lenkte notgedrungen ein und versprach im Oktober die Einrichtung eines vom Volk zu wählenden Parlaments, der Duma. Schon damals hielt Lenin die Gelegenheit für die Revolution gekommen, musste aber seine Hoffnungen auf den Umsturz vorerst begraben.

Knapp zehn Jahre später machte der Zar den Fehler, von dem Lenin gesagt hatte, er glaube nicht, dass Nikolaus II. so dumm sei, ihn zu begehen: Er führte Russland gegen das Deutsche Reich und Österreich-Ungarn in den Ersten Weltkrieg. Lenin wusste, dass das Elend dieses Krieges, für den sein Land denkbar schlecht gerüstet war, seiner Sache über kurz oder lang in die Hände spielen würde.

Aufgrund von Versorgungsschwierigkeiten kam es Anfang 1917 zu Streiks in Sankt Petersburg, die schließlich zur Februarrevolution führten. Die Armee des Zaren stand seit August 1914 gegen das Deutsche Reich im Felde und die Lage war alles andere als gut.

Auf breiter Front war der Krieg auf russischem Territorium in einen Stellungskrieg übergegangen. Der Zar gab den Befehl, die Revolte der Arbeiter gewaltsam niederzuschlagen. Doch anders als 1905 weigerten sich die Soldaten, selbst die Elitetruppen, auf die Aufständischen zu schießen.

Die Lage spitzte sich bald so zu, dass schließlich selbst das liberale Bürgertum eingriff, das mit Rücksicht auf den Krieg bis zuletzt gezögert hatte, sich gegen den Zaren zu erheben. Anstelle des Zaren wollte es nun selbst die Macht übernehmen und rasch eine starke und handlungsfähige Regierung einsetzen. Am 2. März 1917 (nach dem neuen gregorianischen Kalender: 15. März) dankte der Zar ab.

Es wurde eine provisorische Regierung unter Führung der reformorientierten bürgerlich-liberalen Kräfte gebildet. Diese erließ rasch eine allgemeine politische Amnestie und versprach Versammlungs- und Pressefreiheit sowie das Recht auf Streik und die Überwindung der allgegenwärtigen Diskriminierung aufgrund der Religion oder der Herkunft.

Auch die Vertreter der linken Kräfte wie Sozialdemokraten und Sozialrevolutionäre stimmten dem zu, traten der Regierung jedoch nicht bei, sondern formierten sich in Räten (russisch: Sowjets), in die die Arbeiter und Soldaten der Hauptstadt Vertreter entsenden konnten. Die Sowjets entwickelten sich rasch zu einer Nebenregierung, ohne die die eigentliche Regierung so gut wie nichts machen konnte.

Dem Deutschen Reich kamen die Unruhen in Russland sehr gelegen. Man hoffte, dass Russland bald nicht mehr in der Lage sein würde, den Krieg weiterzuführen. Deshalb unterstützte die deutsche Oberste Heeresleitung die Rückkehr Lenins aus dem Schweizer Exil in das revolutionäre Russland. Die deutschen Militärs teilten keineswegs seine Ideen, doch er schien einen wertvollen Beitrag dazu leisten zu können, Russland aus der Allianz gegen Deutschland zu lösen. Eine der Forderungen Lenins war das Ende des Krieges. In Deutschland hoffte man, sich nach einem Frieden mit Russland ganz auf die Westfront konzentrieren zu können.

Lenin fuhr mit zahlreichen seiner Mitstreiter in einem Sonderzug, dessen Waggons verplombt und zu exterritorialem Gebiet erklärt worden waren, durch Deutschland, Schweden und Finnland und traf am 3. April 1917 in Sankt Petersburg ein.

Am 4. April 1917 (dem 17. April nach dem neuen gregorianischen Kalender) hielt Lenin auf einer Konferenz der Bolschewiki in Sankt Petersburg eine Rede und veröffentlichte das Programm für die weitere Entwicklung Russlands am 20. April in der Zeitung der Bolschewisten, der *Prawda*. Dieses Programm ging als die »Aprilthesen« in die Geschichte ein. Die wichtigsten Forderungen wurden als Slogans populär. Dazu gehörte »Alle Macht den Räten (Sowjets)!«, was hieß, dass Lenin die Errichtung einer Räterepublik forderte, sowie »Alles Land den Bauern!«, also die Forderung nach Verstaatlichung des Bodens. Außerdem forderten sie die Übernahme der Produktionsmittel durch die Arbeiter und schließlich »Frieden um jeden Preis!«, also die Beendigung des Krieges. Ein im Wesentlichen auf diese Thesen verkürztes Programm bestimmte fortan das politische Handeln der Bolschewiki.

Die Erfüllung der Forderung, den Räten alle Macht zu geben, war im Grunde ein weiterer Schritt auf dem Weg zu Lenins Ziel, der Partei der Bolschewiki schließlich alle Macht im Staate zu sichern und so die von ihm angestrebte »Diktatur der Partei« und nicht wie noch bei Marx die Diktatur einer ganzen Klasse, des Proletariats, zu erreichen. In den Sowjets, die sich aus Arbeitern, Soldaten, Dorf- oder Stadtteilgemeinschaften gebildet hatten, hatten die Bolschewiki noch keine Mehrheit. Doch sie waren entschlossener, radikaler und machthungriger als die anderen Fraktionen, wie etwa die gemäßigt sozialdemokratisch orientierten Menschewiki oder die Sozialrevolutionäre, denen auch Ministerpräsident Alexander Kerenski angehörte, der die Provisorische Regierung führte.

Im Juli kochte die Unruhe im Land, insbesondere in Sankt Petersburg, wieder hoch. Mehr oder minder halbherzig – sie waren organisatorisch noch nicht bereit, wollten aber nicht ihren Einfluss verlieren – schlossen sich Lenin und die Bolschewiki an. Der Umsturzversuch scheiterte. Es kam zu Lenins Flucht nach Finnland. Doch bald drängte er auf einen weiteren Aufstand, der schließlich zu einem Markstein der Geschichte Russlands und der Welt wurde: die von Lenin und den Bolschewiki ausgelöste Oktoberrevolution. Sie heißt so, weil zu jener Zeit in Russland noch der julianische Kalender galt, nach dem sie am 25. Oktober begann. Nach dem heute allgemein benutzten gregorianischen Kalender nahm die Revolution am 7. November 1917 ihren Anfang. Vor allem dank des Organisationstalents von Leo Trotzki wurde die Provisorische Regierung rasch gestürzt. Der Umsturz verlief so reibungslos, dass ihn die meisten Bewohner Sankt Petersburgs kaum bemerkten. Die später von der sowjetischen Propaganda verklärte Erstürmung des Winterpalastes forderte nur wenige Tote und verlief vergleichsweise geräuschlos.

Der Bart Lenins war längst wieder gewachsen. Die Bolschewiki begannen nun konsequent ihre Macht zu sichern. Im Januar 1918 wurde die Rote Armee gegründet. Sie siegte schließlich im bald ausbrechenden Bürgerkrieg gegen die bürgerlichen und zaristischen Truppen der Weißen Armee. Aus dem russischen Zarenreich wurde die Sowjetunion.

Die Welt muss sicher gemacht werden für die Demokratie
Woodrow Wilson (1856–1924)

Der amerikanische Präsident Thomas Woodrow Wilson wollte dem Guten den Weg bahnen und er bemühte sich redlich. Doch die eigenen schwindenden Kräfte und der Rückfall seines Landes auf die alte Selbstbezogenheit, ließen ihn sein Ziel nicht erreichen.

Als 1914 der Erste Weltkrieg begann, hatten die USA unter der Führung Wilsons zunächst ihre Neutralität erklärt. Dennoch blieb der Krieg auch in den Vereinigten Staaten ein vehement diskutiertes Thema. Rufe nach verstärkter Aufrüstung wurden lauter. Wilson distanzierte sich zunächst. Erst als die deutsche Marine im Februar 1915 den U-Boot-Krieg verschärfte, begann er sich zunehmend für den verstärkten Auf- und Ausbau des Militärs einzusetzen. Im Juni und August 1916 schufen zwei neue Gesetze die Voraussetzung für eine bis dahin nicht gekannte Verstärkung der amerikanischen Streitkräfte. Bei den Wahlen in diesem Jahr kandidierte Wilson für eine zweite Amtszeit und errang einen knappen Sieg über den Kandidaten der Republikaner Charles Evans Hughes. Wilson gewann auch mit dem Versprechen, die USA nicht in den Krieg zu führen: »He kept us out of war« (Er hielt uns aus dem Krieg heraus) war der Slogan seiner Kampagne.

Als im März 1917 Wilsons zweite Amtszeit begann, wurde der Druck auf seine Regierung, in den Krieg einzutreten, immer größer. Doch noch Anfang Januar sagte Wilson zu seinem engsten Vertrauten Colonel House: »Es wird keinen Krieg geben. Dieses Land hat nicht die Absicht, in den Krieg verwickelt zu werden.«

Woodrow Wilson war ein Südstaatler. Geboren 1856 als Sohn eines protestantisch-calvinistischen Pfarrers, erlebte er als Kind die Schrecken des Amerikanischen Bürgerkrieges. Der Junge weckte zunächst kaum Hoffnung, dass er einmal eine besondere Karriere machen würde. Erst mit neun Jahren konnte er lesen, als Schüler kam er später zwar zurecht, glänzte aber keineswegs mit herausragenden Leistungen. Doch schließlich studierte er an der Universität von Princeton und lehrte dort ab 1890 als Professor für Rechtswissenschaft und Nationalökonomie. 1902 wurde er Präsident der Universität. Erst mit über 50 Jahren wandte sich Wilson der Politik zu. 1910 zog er als Kandidat der Demokraten in den Wahlkampf für das Amt des Gouverneurs von New Jersey und gewann. Schon bald erwies sich der Seiteneinsteiger als zupackender Reformer, und im Sommer 1912 nominierte ihn seine Partei als Präsidentschaftskandidaten. Die Wahl im Herbst endete mit Wilsons Sieg, da die konkurrierenden Republikaner gespalten waren zwischen dem amtierenden Präsidenten Howard Taft und Theodore Roosevelt, der sich noch einmal um das Amt bewarb. Auch als US-Präsident blieb Wilsons Reformeifer ungebrochen. Er senkte die Schutzzölle, setzte Steuerreformen um und erließ Gesetze gegen die zunehmende Monopolbildung in der Industrie sowie gegen die Auswüchse der Kinder- und Frauenarbeit. Mit dem Federal Reserve Act von 1913 errichtete er wieder ein amerikanisches Zentralbanksystem, nachdem dieses 1836 von Präsident Andrew Jackson zerschlagen worden war.

Wilson war neben den beiden Roosevelts jener Präsident, der das spätere Verständnis des Präsidentenamtes besonders nachhaltig prägte. Er wirkte nicht nur maßgeblich auf eine USA, die sich der Moderne stellen konnte, sondern prägte ein neues Verständnis für die Rolle von Präsident, Parteien und Kongress. Wilson sah die Partei als Instrument des Präsidenten und die Verfassung als den Rahmen, in dem er handeln musste. Damit trug er erheblich zu den zunehmend auf den Präsidenten zugeschnittenen Machtstrukturen in den USA bei. Der Präsident selbst, so Wilson, hatte sich durch Prinzipientreue auszuzeichnen.

Zu Beginn des Jahres 1917 hielt Wilson die USA noch aus dem Krieg heraus. Doch dann nahmen die Deutschen am 1. Februar den uneingeschränkten U-Boot-Krieg wieder auf, den sie zuvor nach der Versenkung des Passagierschiffs *Lusitania* am 7. Mai 1915 (unter den über 1200 Opfern waren 139 Amerikaner) aus Angst vor einem Kriegseintritt der USA ausgesetzt hatten. Die Briten ließen den Amerikanern am 5. Februar die von ihnen abgefangene und entschlüsselte Zimmermann-Depesche zur Kenntnis kommen. Aus dieser ging hervor, dass die Deutschen im Falle einer Aufgabe der amerikanischen Neutralität ein Bündnis mit Mexiko gegen die USA anstrebten. Die amerikanische Öffentlichkeit erfuhr am 1. März aus der *New York Times* von der Zimmermann-Depesche.

Seit Ende 1823 hatten sich amerikanische Präsidenten der Monroe-Doktrin verpflichtet gefühlt, die der damalige US-Präsident James Monroe formuliert hatte. Sie legte fest, dass die USA sich nicht in Europa einmischen würden, sofern die europäischen Mächte sich nicht auf dem amerikanischen Kontinent einmischten. Anderenfalls drohten die USA mit ihrem Eingreifen. Verkürzt wurde die Monroe-Doktrin zum Schlagwort »Amerika den Amerikanern«.

Die aus der Zimmermann-Depesche zu entnehmenden deutschen Absichten verletzten die Monroe-Doktrin, an der auch Wilson festhielt. Doch noch eine weitere Entwicklung veränderte in jenen Tagen die Haltung der amerikanischen Regierung. In Russland hatte Zar Nikolaus II. abdanken müssen. Durch die Februarrevolution waren einerseits Hoffnungen geweckt worden, dass das riesige Reich nun den Weg in die Demokratie finden würde, andererseits aber wurden die dortige Provisorische Regierung und das russische Parlament, die Duma, zunehmend von sozialistischen Forderungen der Arbeiter- und Soldatenräte und den radikalen Bolschewiki um Lenin bedroht.

Wilson rief schließlich am 2. April 1917 in einer Sondersitzung im Kongress, den er zu einer Kriegserklärung an Deutschland bewegen wollte, die Worte aus: »The world must be made safe for democracy« (Die Welt muss sicher gemacht werden für die Demokratie). Der Satz ist für den Historiker Hans-Peter Schwarz »einer der folgenreichsten Programmsätze des 20. Jahrhunderts«.

Die Worte »Die Welt muss sicher gemacht werden für die Demokratie« wurden zugleich zum Gegenentwurf zur bald ausbrechenden Oktoberrevolution. Sie legten schon vor dem Kalten Krieg die Programmatik westlich orientierter Demokratien für das weitere Jahrhundert fest. Darüber hinaus dienten sie auch als Rechtfertigung, wenn im Laufe des 20. Jahrhunderts die USA militärisch eingriffen, um die Freiheit, die Menschenrechte und die Demokratie zu sichern.

Der Kongress stimmte dem Kriegseintritt der USA mit großer Mehrheit in beiden Häusern – Repräsentantenhaus und Senat – zu. Am 6. April 1917 erklärten die USA Deutschland den Krieg.

Der Eintritt der USA in den Ersten Weltkrieg markierte einen Wendepunkt in der Weltgeschichte. Die USA, seit der Jahrhundertwende die größte Wirtschaftsmacht der Welt, griff erstmals über ihre in der Monroe-Doktrin definierte Interessensphäre hinaus in die globale Politik ein. Hatten vorherige Aktionen, wie die erzwungene Öffnung Japans 1854 durch den Marinekommandeur Matthew Perry, der Erweiterung des Handels oder das Eingreifen um die Jahrhundertwende in Mittelamerika und auf Kuba der Kontrolle des amerikanischen »Hinterhofs« gedient und waren die Philippinen den USA nach dem Sieg über Spanien auf Kuba mehr oder minder beiläufig zugefallen, so war die Entsendung von letztlich zwei Millionen Soldaten auf den europäischen Kontinent der eigentliche Beginn der USA als Weltmacht.

Zusammen mit seiner am 8. Januar 1918 gehaltenen Rede, in der er das 14-Punkte-Programm vorstellte, wirkte Wilson schließlich auch ermunternd auf diejenigen Kräfte im Deutschen Reich, die für eine Demokratisierung Deutschlands eintraten und nach einem Verständigungsfrieden suchten.

Das 14-Punkte-Programm sollte das Fundament für einen Frieden zwischen allen am Krieg beteiligten Staaten bilden. Es forderte unter anderem Frieden, Selbstbestimmung der Völker, Freiheit des Handels und der Meere sowie die Schaffung eines Völkerbundes.

In Deutschland setzte sich Reichskanzler Theobald von Bethmann Hollweg an die Spitze der auf Demokratisierung und auf ausgleichenden Frieden drängenden Kräfte. Doch im Kampf gegen die Militärs, insbesondere die Oberste Heeresleitung unter Generalfeldmarschall Paul von Hindenburg und Generalleutnant Erich Ludendorff, die auf einem Siegfrieden beharrten, zog er schließlich den Kürzeren. Hindenburg und Ludendorff torpedierten nicht nur Bethmann Hollwegs Friedensbemühungen, sondern erzwangen letztlich durch eine Rücktrittsdrohung nach der Maxime »er oder wir« dessen Rücktritt.

Der Krieg ging weiter. Faktisch wurde das Deutsche Reich nun von den Militärs Hindenburg und Ludendorff geführt. Als auch diese im Laufe des Jahres 1918 schließlich merkten, dass der Krieg verloren war, schickten sie ab September die Politiker vor, um Waffenstillstandsverhandlungen aufzunehmen.

Am 18. Januar 1919 begannen die Friedensverhandlungen in Versailles. Wilson, der französische Ministerpräsident Georges Clemenceau, der britische Premier David Lloyd George und der italienische Außenminister Vittorio Emanuele Orlando bildeten den »Rat der Vier«, der die Konferenz leitete. Wilson schlug sein 14-Punkte-Programm als Basis für das zu Erreichende vor. Monatelang weilte er persönlich in Europa. In London, dann in Paris, Rom und Mailand wurden ihm triumphale Empfänge bereitet. Doch bei den Friedensverhandlungen konnte er seine Vorstellungen, auch den Geist des 14-Punkte-Programms, nur bedingt durchsetzen. Der Versailler Vertrag orientierte sich schließlich vor allem an den Interessen Frankreichs und Großbritanniens. Der in Deutschland nach Kriegsende eingerichtete demokratische Staat, die Weimarer Republik, wurde durch Repressalien und hohe Reparationen von Anfang an geschwächt.

1919 erhielt Wilson den Friedensnobelpreis. Zurück in den USA propagierte er weiter leidenschaftlich die Maxime von der Welt, die sicher gemacht werden muss für die Demokratie. Doch in Wilsons Heimat wandte man sich nun wieder ab von der Welt. Ureigenste amerikanische Interessen traten erneut in den Vordergrund. Die Gründung des Völkerbundes 1920 fand ohne die USA statt. Der Senat hatte mit den Stimmen der republikanischen Opposition den Beitritt der USA abgelehnt, da dies die Souveränität der USA einschränkte. Bis 1941 sollte diese isolationistische Politik der USA andauern.

Im Herbst 1919 hatte Wilson einen Schlaganfall erlitten. Der Rest seiner Amtszeit war überschattet von seiner schwindenden Kraft. Er starb 1924, drei Jahre nach seinem Ausscheiden aus dem Amt. Sein politisches Vermächtnis wurde vor allem von seinen späteren Nachfolgern Franklin Delano Roosevelt und John F. Kennedy aufgegriffen und weitergeführt: der Kampf für eine faire Gesellschaft und eine faire Welt.

13 Der Untergang des Abendlandes
Oswald Spengler (1880–1936)

Aufgewachsen in einer Familie, die emotionale Zurückhaltung konsequent bis zur Gefühlskälte lebte, empfand der Zweitgeborene und Bruder von drei Schwestern schon als Kind Angst vor dem Leben und schreckliche Einsamkeit: »Ich glaube, dass niemand in einer so ungeheuren inneren Vereinsamung lebte«, notierte er und setzte hinzu, er erinnere sich »an [sein] sechstes Jahr, wo es auch schon so war.«

Der Hochbegabte, der sich Zeit seines Lebens zum Mystischen hingezogen fühlte, war am liebsten nur für sich, las viel und bildete sich neben der Schule selbst weiter. Zunächst fühlte er sich zum Dichter berufen, entwarf Romane, versuchte sich in Lyrik und an einem Theaterstück. Er liebte und hasste zugleich die apokalyptisch-hymnische Musik Richard Wagners, war beeinflusst vom Darwinismus Ernst Haeckels und der Kulturkritik Friedrich Nietzsches.

Das Leben sah für ihn anscheinend den Pfad des Einzelgängers vor. Vom Militärdienst wurde er wegen eines angeborenen Herzfehlers befreit. Eine akademische Laufbahn blieb ihm aufgrund der zwischenzeitlichen Ablehnung seiner Dissertation verwehrt.

Ab dem Frühjahr 1911 konnte er es sich nach dem Tod seiner Mutter dank einer kleinen Erbschaft leisten, als Privatgelehrter ganz der Entwicklung und Ausarbeitung seiner Gedanken nachzugehen. Spengler fiel nicht nur aus der Gesellschaft, er fiel auch aus der Zeit. Dennoch spielte die Weltgeschichte schließlich für Spengler den Stichwortgeber, sein Werk in Angriff zu nehmen.

Im Sommer 1911 lieferte ihm der sogenannte Panthersprung, die Entsendung des deutschen Kanonenboots *SMS Panther* in die marokkanische Hafenstadt Agadir, die entscheidende Eingebung für die Arbeit an seinem Hauptwerk, das beunruhigende Furore machen sollte. Die durch den »Panthersprung« ausgelöste Zweite Marokkokrise und ihr Ausgang waren für Oswald Spengler Vorboten der großen unausweichlichen Auseinandersetzungen, auf die seine Epoche zusteuerte.

Deutschland, die zu spät gekommene Nation, wollte wie schon bei der Ersten Marokkokrise von 1905 bis 1906 seine kolonialen Ansprüche in Marokko durchsetzen. Es erreichte jedoch nur, dass Frankreich, das die Herrschaft über Marokko beanspruchte, von Großbritannien noch stärker unterstützt wurde. Die Deutschen mussten erneut einlenken, was viele von ihnen als eine tiefe Demütigung empfanden. Besonders Spengler war erschüttert.

Im Jahr 1912 nahm Spengler die Arbeit an seinem mehrbändigen kultur- und geschichtsphilosophischen Werk *Der Untergang des Abendlandes* auf. Schon jetzt stand der Titel fest, der zu diesem Zeitpunkt prophetisch war, zum Zeitpunkt der Veröffentlichung aber wie eine Feststellung wirkte. Als der erste Band im April 1918 erschien, versuchten die deutschen Truppen an der Westfront gerade, mit der Frühjahrsoffensive das Kriegsglück doch noch zugunsten des Deutschen Reiches zu wenden.

Der Titel wurde im deutschen Sprachraum schnell zum geflügelten Wort. Spengler indes hatte mit seinem Buch weder im Sinn gehabt, die Ereignisse seiner Gegenwart zu betrachten noch die Entwicklung Deutschlands zu spiegeln. Damit geht einher, dass er seit Beginn seiner Arbeit trotz der dramatischen Ereignisse des Weltkriegs kaum ein Wort seiner ursprünglichen Niederschrift verändert hatte.

Spengler beschrieb in *Der Untergang des Abendlandes* einen langen Prozess, der in Zeiträumen von Jahrhunderten ablief. Der Untertitel des Buches: »Umrisse einer Morphologie der Weltgeschichte« – Morphologie bedeutet Formenlehre – trifft daher das Beschriebene eher. Spengler bemerkte später, man hätte das Wort »Untergang« im Titel auch mit »Vollendung« austauschen können. Es ging ihm also um eine Beschreibung von Mechanismen der Weltgeschichte, die weit über die Schrecken seiner Zeit hinaus wirkten.

Der Inhalt des Buches nahm in den nächsten Jahren einen bedeutenden Einfluss auf das politische Denken.

Schon Thomas Hobbes hatte im 17. Jahrhundert den berühmten Satz propagiert, dass der Mensch dem Menschen ein Wolf sei. Auch Spengler sah im Menschen ein Raubtier. Doch anders als Hobbes, der durch einen Gesellschaftsvertrag die Gewalt des Menschen gegen den Menschen eindämmen wollte, sah Spengler einen niemals endenden Willen der Menschen zum Kampf, den er aber nicht nur wie ein nüchterner Beobachter hinnahm, sondern überhöhte. Das Streben nach Macht und Expansion als innerer Antrieb verleihe dem Raubtier Mensch »einen hohen Rang«, und Raubtiere waren für Spengler »die höchste Form des frei beweglichen Lebens«.

Die Geschichte, so Spengler, sei eine Abfolge des Auflebens und Absterbens von Kulturen, die nur aus der Raub- und Machtlust des Menschen entstanden seien. Auch der Staat liefere nur die Ordnung, aus der heraus Menschen andere Menschen unterwerfen.

Für die Rangordnungen im Staat war für Spengler auch das Raubtier Vorbild, beziehungsweise das Rudel. Es müsse eine klare Hierarchie geben, so Spengler. Denn es gäbe Menschen, die seien zum Führen geboren, andere zum Dienen. Spengler dehnte diesen Gedanken auch auf Völker aus. Es gebe ausgesprochene Herrenvölker, wie etwa die Deutschen. Diese sollten auch die »weißen« gegen die »nichtweißen« Völker führen. Der Ausbruch des Ersten Weltkriegs war für Spengler »der größte Tag der Weltgeschichte«.

Die Geschichte sah Spengler nicht als einen fortlaufenden Prozess, sondern als permanente Wiederholung der gleichen Abläufe. An eine Entwicklung der Menschheit in irgendeinem Sinne zu glauben, zum Beispiel im ethischen, hielt er für realitätsfern. Für Spengler war jede Kultur ein eigenständiger Organismus, der wie jedes Lebewesen Stadien des Wachstums, der Reife und schließlich des Verfalls durchlebe. Das Abendland habe bereits die letzte Stufe erreicht, die Stufe der Zivilisation. Nun beginne eine Periode von Diktaturen, die ihre Kraft nicht mehr nach innen und somit auf Reformen oder Verbesserungen von Staat und Gesellschaft richten, sondern nach außen wenden, nach Eroberungen und imperialer Macht greifen. Der Kolonialismus war für Spengler die logische Folge. Denn die Kräfte und Energien der Kultur würden schließlich in Gewalt freigesetzt. Sie zu bündeln sei Aufgabe von »Cäsaren«, wie beispielsweise Friedrich der Große für Preußen einer gewesen sei. Nur jene Kultur, die die selbstzerstörerischen Anteile der von ihr freigesetzten Gewalt am besten zu beherrschen vermag, werde laut Spengler überleben.

Für Carl von Clausewitz war Krieg noch die Fortsetzung der Politik mit anderen Mitteln gewesen. Ein oft missverstandener Satz. Denn Clausewitz wollte damit vor allem die Wechselwirkungen zwischen Politik und Krieg verdeutlichen. Für Spengler war der Krieg der »Normalzustand«. Politik sei nur »der vorübergehende Ersatz des Krieges durch den Kampf mit geistigen Waffen«.

Der Adel, die Rechte, das Militär und Unternehmer feierten Spengler nach Erscheinen des Buches. Sie hofierten ihn. Die Nationalsozialisten griffen Spenglers Ideen begierig auf und nutzten sie in ihrem Sinne.

Thomas Mann war von der Lektüre Spenglers nach anfänglicher Begeisterung schließlich so entsetzt, dass er Spengler in seinem 1924 erschienenen Aufsatz »Über die Lehre Spenglers« mit Wortgewalt attackierte. Ein »froschkalt-›wissenschaftliches‹ Verfügen über die Entwicklung« wirft er dem Privatgelehrten vor und eine »feindselige Nichtachtung« solcher Unwägbarkeiten, wie »des Menschen Geist und Wille sie darstellen«. Walter Benjamin nannte Spengler einen »trivialen Sauhund«. Der Schweizer Feuilletonist Hanno Helbling urteilte, dass das Buch den Glauben an die Weimarer Republik untergraben half.

Den Aufstieg Hitlers sah Spengler, der sich Anfang der Zwanzigerjahre an Diktaturplänen von Industriellen und Militärs beteiligt hatte, zunächst mit Sympathie. Ihm schwebte in der Wirtschafts- und Sozialordnung eine Art »preußischer Sozialismus« vor. Wie die Nationalsozialisten war Spengler gegen Liberalismus und Parlamentarismus. Für Deutschland war die beste Regierungsform, da war Spengler sicher, ein autoritärer Ständestaat. Preußisches Militär und die Disziplin preußischer Beamter sollten den Staat führen. Daher empfand Spengler zu Hitler und seinen Parteigängern sowie deren Ideologie eines Rassenstaates letztlich doch auch immer eine gewisse Distanz. Auch wurde er nicht, wie erhofft, einer der Denker und Berater der Nationalsozialisten. Für ihre Volksbewegung war er zu elitär, schließlich auch zu wenig modern. Alte Förderer wandten sich von Spengler allmählich ab, nachdem sie sich mit den Nationalsozialisten verbündet hatten. Spengler starb vereinsamt 1936. Über das

NS-Regime wird ihm das Urteil zugeschrieben, es sei »die Herrschaft der Arbeitsscheuen über die Arbeitslosen«.

Was bleibt, ist, dass Spengler zweifellos ein scharfer Beobachter einer verunsicherten europäischen Kultur war. Seine Urteile und Prognosen und sein prophetisches Geschichtsbild berücksichtigen jedoch weder die ethischen und moralischen Fähigkeiten der Menschen noch die Fähigkeit von Menschen und Kulturkreisen, sich weiterzuentwickeln, sich auszutauschen und gegenseitig zu befruchten.

14 Ehrfurcht vor dem Leben
Albert Schweitzer (1875–1965)

Eines Tages im September 1915 wurde Albert Schweitzer, der seit zwei Jahren in dem Ort Lambaréné in Französisch-Äquatorialafrika, dem heutigen Gabun, ein Urwaldhospital betrieb, zu einer kranken Missionsfrau gerufen. Auf einem kleinen Dampfer machte er sich auf den Weg stromaufwärts. Auf dem langsam dahintuckernden Schiff mit Blick auf den Fluss und die Sandbänke, die die trockene Jahreszeit freigelegt hatte, suchte er, wie er später notierte, nach dem elementaren und universellen Begriff des Ethischen, den er »in keiner Philosophie gefunden hatte«.

In Europa tobte der Erste Weltkrieg, der für Schweitzer das Ergebnis einer kraftlosen Kultur war. Nur eine positive und lebensbejahende Kultur, davon war Schweitzer überzeugt, konnte die Welt retten. Doch welcher Maxime sollte diese folgen? Seit Monaten zerbrach er sich darüber den Kopf. Er hatte sich mit Nietzsche beschäftigt, vor allem mit dessen Diktum vom »Willen zur Macht«. Schweitzer erkannte hinter den Gedankengängen des deutschen Philosophen, vor allem in dessen »Antimoral«, eine tiefe Schwäche. Nietzsches negativen Blick wollte Schweitzer in eine positive, lebensbejahende Richtung lenken.

Nun auf dem Fluss im tiefen Afrika, auf der Suche nach einem Gegenentwurf, beschrieb Schweitzer Blatt für Blatt mit seinen Gedanken, »nur, um auf das Problem konzentriert zu bleiben«.

Am Abend des dritten Tages, die Sonne ging gerade unter und der

Dampfer bahne sich seinen Weg durch eine Herde Nilpferde, las er plötzlich die Worte »Ehrfurcht vor dem Leben« auf dem Papier. Er hatte den Leitsatz für seine Philosophie gefunden, jenen Ansatz, in dem »Welt- und Lebensbejahung und Ethik miteinander enthalten sind«.

Albert Schweitzer hatte Theologie studiert und lehrte nach seiner Habilitation ab 1902 an der Universität von Straßburg. Als junger Hilfsprediger in der Kirche St. Nicolai in Straßburg geißelte er in seinen Sonntagsgottesdiensten, die er in Vertretung der beiden alten Pfarrer abhielt, die Industrie. Sie beute mit Hilfe des Kapitals die Menschen aus und mache aus ihnen Maschinen. Schweitzer legte die Jesusgeschichte so eigenwillig aus, dass man ihn anwies, sich künftig besser nur als Arzt zu betätigen und ansonsten »stumm wie ein Karpfen« zu bleiben.

Ab 1905 begann er, Medizin zu studieren. Er war 30 Jahre alt und hatte das Ziel gefasst, im afrikanischen Gabun als Missionsarzt zu arbeiten. 1912 war er zugelassener Arzt und bekam aufgrund seiner wissenschaftlichen Leistungen den Professorentitel verliehen. Im nachfolgenden Jahr setzte er seinen Plan um, ging nach Gabun und gründete in Lambaréné ein Urwaldhospital. Längst hatte sich der vielfach talentierte Schweitzer auch einen Namen in der Musikwelt gemacht. Er beschäftigte sich mit dem Instrumentenbau, dem kompositorischen Werk Johann Sebastian Bachs – 1905 veröffentlichte er ein Buch über ihn – und war selbst ein erfolgreicher Organist.

Als Deutscher – denn das Elsass, aus dem Schweitzer stammte, gehörte damals zu Deutschland – war Schweitzer der französischen Kolonialverwaltung von Gabun verdächtig. Zunächst überwachten sie ihn nur, dann verboten sie ihm seine Arbeit. Schließlich wurden er und seine Frau interniert.

Die Zeit der Internierung nutzte Schweitzer, um seine Ethik von der »Ehrfurcht vor dem Leben« auszuarbeiten. In zwei Predigten in Straßburg sprach er später über seine Philosophie und erläuterte sie im Jahr 1920 konkreter während seiner Gastvorlesungen an der Universität des schwedischen Uppsala. In Schweden konnte er durch die Einnahmen aus Orgelkonzerten genug Geld sammeln, um seine Schulden zu bezahlen, nach Gabun zurückzukehren und die Klinik in Lambaréné auszubauen.

Für Schweitzer war der Mensch ein Wesen, das sich in seiner Entwicklung über die Jahrhunderte und Jahrtausende allmählich gegenseitig erkennt und eine Solidarität entwickelt, die über die ursprüngliche, nur mit seinem Stamm verbundene hinausgeht.

Zentral für Schweitzers Ethik ist der berühmte Satz: »Ich bin Leben, das leben will, inmitten von Leben, das leben will.«Denn es war das Leben, das Schweitzer als »fundamentale Tatsache des Bewusstseins des Menschen« erkannte und das immer Ausgangspunkt des menschlichen Handelns sein sollte. Jede Daseinsform, ob Pflanze, Tier oder Mensch, sei zu achten.

Schweitzer sah in seiner Ethik eine Überschreitung der Grenzen bisheriger ethischer Maximen. Diese hätten bislang nur den Menschen in seinem Verhältnis zu anderen Menschen untersucht. Seine Ethik aber umfasse die Verantwortung für alles Leben auf der Erde. Aus diesem Blickwinkel überwand Schweitzer nicht nur die vor allem zu seiner Zeit vorherrschende Denkweise des Darwinismus, die aus Charles Darwins Diktum vom »Kampf um das Dasein« abgeleitet wurde, sondern auch die jahrhundertealte Haltung, dass der Mensch gegen die Natur kämpfen müsse.

Albert Schweitzer, der unter anderem mit Albert Einstein und Bertrand Russell befreundet war, bekämpfte nach dem Zweiten Weltkrieg die atomare Hochrüstung. 1952 erhielt er den Friedensnobelpreis. Aufsehen erregten später vor allem vier Rundfunkansprachen, unter ihnen 1957 sein »Appell an die Menschheit« und 1958 »Friede oder Atomkrieg«. Er war mittlerweile über 80 Jahre alt und mischte sich, nach wie vor tief bescheiden, doch bestimmend und zielstrebig, mit ganzer Kraft in die Weltpolitik ein.

Was bleibt von Albert Schweitzer? Manche kritisierten ihn als altmodischen Patriarchen, andere als europäischen Romantiker. Es bleibt jedoch auch das Bild eines Menschen, der sowohl Denker als auch Praktiker war, der sich als Mann Gottes sah, der auf der Erde zugunsten der Bejahung des Lebens zu wirken habe.

Ein Bild sagt mehr als tausend Worte
Fred R. Barnard

Man mag glauben, der Satz sei Jahrhunderte alt, sei womöglich ein altes chinesisches Sprichwort, stamme vielleicht sogar von dem großen chinesischen Denker Konfuzius, den manche als Urheber vermuteten.

Tatsächlich aber findet sich der erste schriftliche Nachweis dieser Worte in einer Anzeige, die in der amerikanischen Fachzeitschrift *Printers Ink* am 8. Dezember 1921 erschien. Darin standen die Worte »One Look is Worth A Thousand Words« (Ein Blick ist so viel wert wie tausend Worte). Sie stammten von dem Werbetexter Fred R. Barnard. Der warb für den Einsatz von Bildern zu Werbezwecken auf Straßenbahnen. Bemerkenswerterweise war die Anzeige selbst nicht bebildert, sondern bestand ausschließlich aus Text.

Mehr als fünf Jahre später, am 10. März 1927, veröffentlichte Barnard eine weitere Anzeige. Diese war illustriert und zeigte in chinesischen Schriftzeichen den angeblichen Ursprungstext, der auf Konfuzius zurückzuführen sei. In dieser zweiten Anzeige warb Barnard mit den Worten »One Picture is Worth Ten Thousand Words«. Er wiederholte seine Argumentation aus der ersten Anzeige und erklärte anhand der Abbildung eines Werbestickers, der an Straßenbahnen angebracht wurde, wie viel schneller, einprägsamer und auch anschaulicher ein Bild eine Werbeaussage treffen könne. Der Sticker zeigte einen Jungen mit einem Kuchen und warb für Backpulver. Barnard argumentierte, dass kein Medium so erfolgreich mit dem Bild von dem zufriedenen Jungen werben könne wie der Werbesticker an Straßenbahnen. In Zeitschriften, so Barnard, sei die Wiederholungsrate zu gering, in Zeitungen könne das Bild nicht in Farbe abgedruckt werden, ein riesiges Plakat würde man zu kurz betrachten.

Schon immer waren Bilder wichtig für das Transportieren von Nachrichten und Anliegen und schon immer dienten sie als ein Instrument für Propaganda. Bilder wurden und werden zum Lernen eingesetzt, da Bildinformationen schneller und direkter verarbeitet werden. In Schaubildern und Diagrammen sind komplexe Zusammenhänge sehr viel anschaulicher darstellbar als durch einen Text.

Außerdem bedarf das Betrachten eines Bildes nicht der Anstrengung, die das Lesen eines Textes zuweilen mit sich bringt. Auch emotional wirkt das Bild unmittelbar.

Die fortschreitende Technik seit Ende des 19. Jahrhunderts eröffnete dem Bild Möglichkeiten, die es vorher nicht gab. Die Fotografie war seit der Erfindung der Rollfilmkamera 1888 durch George Eastman zum Massenmedium geworden. Ab etwa 1900 konnten Zeitungen neben Text auch Fotos abdrucken. Auch das bald aufkommende neue Zeitschriftengenre der Illustrierten änderte den Blick von Millionen Lesern und Betrachtern auf die Welt. 1907 zeigte man in Kinos die ersten Wochenschauen.

Das neue Medium Film lebte, auch weil es in seinen ersten Jahrzehnten stumm war, ganz besonders von der bildlichen Aussage. Worte oder gar Dialoge fanden nur als eingeblendete Schrifttafeln zwischen den laufenden Bildern statt.

Die Pioniere der Filmsprache erkannten rasch, welche Möglichkeiten das Erzählen in laufenden Bildern bot. Der Regisseur David Wark Griffith, »Vater der Grammatik des Films«, setzte bereits um 1910 Erzähltechniken wie Nahaufnahme und Parallelmontage ein. Charlie Chaplin zerbrach sich oft wochenlang den Kopf darüber, wie er im Film bestimmte Dinge bildlich erzählen konnte. Dafür ließ er zuweilen sogar die Dreharbeiten ruhen.

Gerade der amerikanische Film prägte die Art, wie im 20. Jahrhundert Geschichten erzählt wurden. Denn derjenige, der möglichst viele der in den USA lebenden Menschen erreichen wollte, musste eine Bild- beziehungsweise Filmsprache entwickeln, die von mehr oder minder allen Kulturen dieses Einwandererlandes verstanden wurde.

Die Vorteile des fotografierten und des bewegten Bildes für politische Zwecke hatte man schon früh erkannt. Den schlagenden Beweis lieferte die Propaganda des Ersten Weltkriegs. Zunehmend ließ man Bilder vom Krieg berichten. Doch Bilder, die das Grauen des Krieges zeigten, enthielt man der Öffentlichkeit vor. Denn schon in dieser frühen Zeit der Bildberichterstattung vom Krieg ahnte man, wie verstörend und demoralisierend Bilder auf die Bevölkerung wirken konnten. Daher zeigte man nur, wie sich Soldaten in Schützengräben erholten, bildete sie lesend oder Karten spielend während der

Gefechtspausen ab. Man zeigte Truppenbewegungen in der Etappe, Schanzarbeiten an der Nordsee, Geschütze, die geladen und abgefeuert wurden. Diese Bilder, die letztlich nichts über die Gesamtlage an der Front aussagten, vermittelten dem Publikum in der Heimat die Illusion, »dabei zu sein«. Doch weder zeigten noch erzählten sie die ganze Wahrheit.

Seine Kraft und Intensität machte das Bild einerseits zu einer Art Ersatz für persönliche Erfahrung, andererseits eignete es sich hervorragend zur Manipulation. Man glaubt Bildern eher als Erzähltem: »Ich glaube erst, wenn ich es sehe.« Bilder scheinen nicht zu lügen. Doch von Anfang an logen auch die Bilder. Sie logen durch Weglassen, durch Inszenierung – und sei es nur die Wahl des Bildausschnitts –, sie logen durch Retuschierung. Josef Stalin zum Beispiel ließ später Bilder retuschieren. Ehemalige Weggefährten, die er hatte hinrichten lassen, »wischte« man aus Fotos heraus.

Trotz der Lüge, die man in Bildern verbreiten konnte und kann, wurde das Bild – insbesondere das fotografierte und gefilmte – im 20. Jahrhundert zu einem der wichtigsten Instrumente, um Dinge zu zeigen, um Anliegen zu vermitteln. Dies immer begleitet von der Gefahr, dass die Emotionalität der Bilder rationale und objektive Zusammenhänge überlagert und verdrängt.

Mehr als in jedem anderen Jahrhundert zuvor wurden im 20. Jahrhundert Bilder zu Ikonen. Fotos wie das des Kämpfers im Spanischen Bürgerkrieg, der von einem Schuss tödlich getroffen zu Boden fällt, oder des chinesischen Demonstranten, der 1989 allein vor einer Reihe vorgefahrener Panzer auf dem Platz des Himmlischen Friedens steht, haben sich in das kollektive Gedächtnis eingebrannt.

Auch Menschen werden als Ikonen bezeichnet. Und dass sie es werden, ist wiederum eng verknüpft mit Bildern. Die Ikone, ursprünglich ein religiöses Kultbild, ist in ihrer emotionalen Ansprache verwandt mit dem Mythos. Denn in ihr wie im Mythos findet der Mensch etwas von dem schwer zu benennenden Ewigen, Allgemeingültigen, Zeitlosen. Und er findet es auch darüber, dass er sich selbst mit seinen Wünschen nach Größe, nach Glück und nach Liebe in der Ikone wiedererkennt oder auch seine Ängste darin gespiegelt sieht.

Durch das Fernsehen wurde die Macht der Bilder ab Mitte des Jahrhunderts noch größer. Zu den zynischen Begleiterscheinungen gehört, dass jenes Elend, von dem keine Bilder existieren – weil etwa Kameraleute nicht die Gelegenheit bekommen, es festzuhalten –, öffentlich kaum mehr wahrgenommen wird.

Auf der anderen Seite rückte im 20. Jahrhundert aber auch immer stärker die Frage in den Vordergrund, was in Bildern gezeigt werden darf. Wo sind beispielsweise die Grenzen für das Zeigen von Gewalt und Sexualität?

Bilder waren und sind wichtig für die kollektive Wahrnehmung, für die individuelle menschliche und gesellschaftliche Willensbildung und Entwicklung. So informierte sich die Protestbewegung gegen den Krieg in Vietnam in den Sechziger- und Siebzigerjahren wesentlich durch die Fernsehbilder einer damals nahezu uneingeschränkten Berichterstattung. Die Verantwortlichen für Kriegführung lernten daraus und schränkten künftig die freie Berichterstattung ein, versuchten vor allem Einfluss auf die Auswahl der Bilder zu nehmen, die der Öffentlichkeit zugänglich werden.

16 Langfristig sind wir alle tot
John Maynard Keynes (1883–1946)

Die Universitäten von Oxford und Cambridge gelten seit Jahrhunderten als die Kaderschmieden der britischen Wissenschaftselite. Auch John Maynard Keynes gehörte dazu. Doch trotz seiner Mitgliedschaft in exklusiven Zirkeln, trotz seines alltäglichen Umgangs mit zum Teil genialen Denkern, wie den Philosophen Bertrand Russell und George Edward Moore oder den Ökonomen Alfred Marshall und Piero Sraffa, verschloss er sich nicht im Elfenbeinturm der akademischen Welt, verlor nie den Bezug zu den Fragen der Gesellschaft. Im Gegenteil: Die Suche nach der bestmöglichen Gesellschaft wurde zu seiner Lebensaufgabe.

»Das politische Problem der Menschheit«, stellte er im Jahr 1926 fest, »ist die Kombination von drei Dingen: ökonomische Effizienz, soziale Gerechtigkeit und individuelle Freiheit.« Auf diesen Säulen errichtete er das Theoriegebäude, das längst seinen Namen trägt:

Keynesianismus. Nahezu jeder Mensch der westlichen Hemisphäre wurde ab Beginn der Dreißigerjahre von seiner teilweisen Umsetzung oder zumindest von Wirtschaftsentscheidungen in seinem Geiste mehr oder minder berührt. Keynes' Ideen waren revolutionär und unterschieden sich von denen anderer Wirtschaftsdenker fundamental.

Geboren worden war er als Sohn des namhaften Cambridge-Professors John Neville Keynes. Der lehrte an dieser berühmten Stätte Logik und Politische Ökonomie. Seine Mutter engagierte sich für zahlreiche soziale Angelegenheiten, war eine erfolgreiche Autorin und später der erste weibliche Bürgermeister von Cambridge. An ihr, seinem »größten Freund in dieser Welt«, hing er abgöttisch.

Keynes entwickelte sich zu einem empfindsamen Menschen. Im Eliteinternat Eton verbrachte er seine Kindheit und machte dort auch seine ersten homosexuellen Erfahrungen. Im weiteren Verlauf seines Lebens hatte er tiefe Beziehungen mit Männern und verbarg dies auch nicht in der Öffentlichkeit. 1925 jedoch heiratete er die ehemalige Balletttänzerin Lydia Lopokova.

Der hochbegabte Keynes zeigte schon als Junge Talente auf vielen Gebieten, insbesondere in der Logik und der Mathematik. Der große Philosoph Bertrand Russell hielt ihn für den intelligentesten Menschen, den er je getroffen hatte. Oft, wenn er mit ihm diskutierte, hätte ihn am Schluss das Gefühl beschlichen, ein Narr zu sein. Keynes wiederum bewunderte Ludwig Wittgenstein. Als er 1929 den nach Cambridge zurückkehrenden Philosophen vom Bahnhof abgeholt hatte, schrieb er an seine Frau: »Gott ist angekommen. Ich traf ihn im 5 Uhr 15 Zug.«

Keynes studierte Philosophie, Geschichte und Mathematik und danach Ökonomie. Er arbeitete für das Ministerium für indische Angelegenheiten und übernahm anschließend eine Dozentenstelle für Ökonomie in Cambridge. Bald arbeitete er für die britische Regierung als Berater in Finanz- und Währungsfragen.

Zu Beginn des Jahres 1919 nahm er als Delegierter des britischen Schatzamtes an der Friedenskonferenz von Versailles teil. Leidenschaftlich trat er dort dafür ein, die Reparationsforderungen an Deutschland nicht allzu hoch ausfallen zu lassen. Keynes wollte, dass auf jeden Fall die Zahlungsfähigkeit Deutschlands erhalten bliebe, da dies Voraussetzung dafür war, dass Deutschland überhaupt Reparationen zuverlässig zahlen konnte. Doch Keynes konnte sich nicht durchsetzen. Entsetzt über den Inhalt des schließlich beschlossenen Vertragswerks, insbesondere über die erdrückend hohen Reparationsforderungen an Deutschland, forderte er vergeblich eine fundamentale Änderung des Papiers und reiste schließlich drei Wochen vor Vertragsunterzeichnung ab.

Zurück in England begann Keynes mit der Arbeit an einem Buch. Es sollte seine Einschätzung der Versailler Ergebnisse und seine Gegenvorschläge enthalten. Keynes stellte es nach nur drei Monaten Arbeit fertig und veröffentlichte es unter dem Titel *The Economic Consequences of the Peace* (deutsch: *Die wirtschaftlichen Folgen des Friedensvertrages*).

Wirtschaftliche Stabilität war für Keynes Voraussetzung für politische Sicherheit. Er fürchtete nicht nur dramatische wirtschaftliche Folgen, sondern auch weitreichende politische nicht nur für Europa, sondern für die ganze Welt. Der Gang der Geschichte sollte ihm recht geben, und nach dem Zweiten Weltkrieg erinnerte man sich an die Fehler des Versailler Vertrags und auch an Keynes' leidenschaftliches Plädoyer, das schließlich für die Überlegungen zum Marshall-Plan hilfreiche Anregungen lieferte.

Keynes wurde durch *The Economic Consequences of the Peace* nahezu über Nacht weltweit bekannt. Und er blieb präsent. Er mischte sich nicht nur lautstark in die Tagespolitik ein, sondern begann nach und nach ein umfassendes ökonomisches Ideengebäude zu entwerfen. Nebenbei erwarb er sich durch Börsenspekulationen ein Vermögen. Nur eine halbe Stunde des Tages wandte er dafür auf.

Keynes hatte in Cambridge unter anderem bei dem seinerzeit wohl renommiertesten Wirtschaftsdenker studiert: Alfred Marshall. Der war bereits der Lehrer von Keynes' Vater gewesen und *der* herausragende Vertreter der neoklassischen Schule der Wirtschaftswissenschaften. Diese lehrte unter anderem, dass die Marktkräfte immer von selbst zu einem Gleichgewicht streben und daher auch wirtschaftliche Krisen ohne besonderes Zutun langfristig wieder verschwinden. Damit wollte Keynes sich nicht abfinden. Er meinte, man könne und müsse die Marktkräfte auch kurz- und mittelfristig lenken. Langfristiges Denken sei für kurzfristige Probleme nicht zu gebrauchen: »Langfristig sind wir alle tot« (»In the long run we are all dead«), schrieb er in seinem 1923 veröffentlichten Buch *A Tract on Monetary Reform*. Die Worte gebrauchen Anhänger von Keynes' Ideen seitdem immer wieder, um die Lehre der neoklassischen Schule sarkastisch zu kommentieren.

Die Zeiten waren und blieben unruhig. Obwohl die Zwanzigerjahre einen wirtschaftlichen Aufschwung brachten, verschwanden die sozialen Probleme nicht. Der Kommunismus, der sich in der Sowjetunion zu festigen schien, wurde für die Demokratien in Europa ebenso zu einer inneren Bedrohung wie der aufkommende Faschismus. Viele Intellektuelle hielten diese neuen totalitären Gesellschaftsentwürfe für mögliche Alternativen zum kränkelnden kapitalistischen Wirtschaftssystem. Und ebendieses versuchte Keynes nun zu modernisieren, indem er der unternehmerischen Freiheit und der wirtschaftlichen Effizienz durch die Marktkräfte Elemente staatlicher Steuerung hinzufügte.

In der zweiten Hälfte der Zwanzigerjahre formulierte Keynes in mehreren Aufsätzen wiederholt Kritik am marktwirtschaftlichen System. Keynes forderte Auswüchse einzugrenzen und verstärkte staatliche Lenkung für bestimmte Wirtschaftsbereiche, insbesondere für die Geldpolitik. Dann kam es 1929 zum großen Börsenkrach. Die Folgen waren eine jahrelange weltweite Wirtschaftskrise, Massenarbeitslosigkeit und Elend.

1936 erschien schließlich nach jahrelanger Arbeit und zahlreichen Überarbeitungen durch Diskussionen und Prüfungen seiner eigenen Gruppe wirtschaftstheoretischer Denker, des sogenannten Oxford Circus, Keynes' bahnbrechendes Buch *The General Theory of Employment, Interest and Money* (deutsch: *Allgemeine Theorie der Beschäftigung, des Zinses und des Geldes*). Mit diesem Werk setzte er der neoklassischen Theorie, die sich aus der von dem Schotten Adam Smith begründeten klassischen Theorie entwickelt hatte, einen völlig neuen Ansatz entgegen. Smith war in seinem 1776 erschienenen Werk *An Inquiry into the Nature and Causes of the Wealth of Nations* (deutsch: *Untersuchung über Wesen und Ursachen des Reichtums der Völker*) davon ausgegangen, dass ein volkswirtschaftliches System von sich aus – aufgrund der Marktkräfte – stabil sei. Es seien vor allem Einwirkungen von außen auf dieses System, wie etwa der Eingriff des Staates, die es destabilisieren könnten. Daher habe der Staat sich möglichst aus der Wirtschaft herauszuhalten. Der Franzose Jean-Baptiste Say hatte dem Anfang des 19. Jahrhunderts noch das nach ihm benannte saysche Theorem hinzugefügt, das besagte, dass jedes Angebot sich seine Nachfrage schaffe.

Doch Keynes war der Auffassung, dass Zeiten großer Unsicherheit die Wirtschaft lähmen. Unternehmer investieren nicht und stellen keine Arbeiter ein. In jenen Tagen der Weltwirtschaftskrise war dies überall zu beobachten. Keynes folgerte, nicht nur der Preis oder der Lohn, wie die Neoklassiker annahmen, bestimme die Nachfrage nach Gütern und Arbeit, sondern auch die Erwartung der künftigen wirtschaftlichen Entwicklung. So nehme in schlechten Zeiten die Neigung zu, noch mehr zu sparen. Zudem passten sich laut Keynes Löhne und Preise erst sehr langsam an. Die Regierung müsse nun durch Geld-, Lohn- und Steuerpolitik die Bereitschaft zur Investition fördern. Dies gelinge, indem man Unternehmen durch staatliche Programme, etwa im Wohnungs- und Straßenbau, zu Aufträgen verhelfe. Flankiert durch die Erhöhung der Kaufkraft mittels Lohnpolitik würde die Nachfrage steigen und Unternehmer würden auch deshalb investieren.

Keynes spaltete mit seinen Ideen die Wirtschaftswissenschaften in zwei Lager: die Klassiker beziehungsweise Neoklassiker, die der Ansicht sind, dass vor allem die Angebots-, also die Unternehmerseite begünstigt werden müsse – etwa durch Steuerentlastungen und eine zurückhaltende Lohnpolitik –, und die Keynesianer, die die Nachfrageseite stärken wollen – etwa durch bessere Löhne und staatliche Konjunkturprogramme.

Winston Churchill soll einmal gesagt haben: »Wenn du zwei Ökonomen in einen Raum sperrst, bekommst du zwei Meinungen, außer wenn Lord Keynes einer der beiden ist, dann bekommst du drei Meinungen.« In der Tat stellte Keynes seine eigenen Gedanken immer wieder in Frage. Doch viele von seinen Anhängern formalisierten und ideologisierten seine Ideen gerade nach seinem Tod im Jahr 1946. Es wäre dem Freigeist Keynes sicher nicht recht gewesen.

Doch die Zeit war reif für Keynes' Ideen. In den USA begann Franklin D. Roosevelt in den Dreißigerjahren, diese teilweise umzusetzen. Obwohl Roosevelt keineswegs ein Keynesianer war, trug seine Politik der staatlichen Konjunkturprogramme und Eingriffe in die Marktmechanismen, etwa bei den Preisen, um der Wirtschaft neue Impulse zu geben, eindeutig keynesianische Züge. Die nach dem Zweiten Weltkrieg in Westeuropa auf- und ausgebauten Wohlfahrtsstaaten wurden im Geist von Keynes errichtet. Dort versuchte man, wie von ihm gefordert, »ökonomische Effizienz, soziale Gerechtigkeit und individuelle Freiheit« zu kombinieren. Noch 1972 rief US-Präsident Richard Nixon aus: »Wir sind alle Keynesianer.«

Aber Keynes' Ideen erging es wie nahezu allen anderen Gedankengebäuden. Sie wurden nur zum Teil umgesetzt und das meist auch noch modifiziert. Politiker, die seine Ideen verfochten, erhöhten zwar, wie von Keynes geraten, in wirtschaftlichen Krisenzeiten die staatlichen Investitionen, bauten diese aber in guten Zeiten nicht wieder ab. Die staatliche Lenkung der Wirtschaft war zum Teil übertrieben worden. Die Staatsdefizite stiegen, die Volkswirtschaften erstarrten zum Teil in Regelungen. Ende der Siebzigerjahre begann die Gegenbewegung, auf theoretischem Gebiet geführt von den Monetaristen um Milton Friedman, in der Politik durch Ronald Reagan in den USA und Margret Thatcher in Großbritannien.

Ausgerechnet Bananen!
Fritz Löhner-Beda (1883 – 1942)

Ein Ohrwurm der Goldenen Zwanziger! Wer ihn einmal gehört hat, wird ihn kaum vergessen, und wer, wie vielleicht jetzt beim Lesen, an ihn erinnert wird, hat sofort wieder die Melodie im Kopf, hört den Refrain: »Ausgerechnet Bananen!« In den ersten Takten mutet der Song fast wie ein Marsch an, entpuppt sich aber rasch als ein melodisch-schwungvoller Schlager mit treibendem Rhythmus. Das Orchester mit dem schwofend-optimistischen Arrangement der Zwanzigerjahre hört man gleich mit.

»Yes, we have no bananas«, so der Titel der englischsprachigen Originalfassung von 1923, ist laut Aussage von Barbara Denscher, der Biografin von Fritz Löhner-Beda, »der vielleicht erste weltweite Hit der modernen populären Musik«. Von Löhner-Beda stammt die deutsche Fassung mit dem Titel »Ausgerechnet Bananen«, die gesungen von Claire Waldoff ab 1924 im deutschen Sprachraum populär wurde. Den Inhalt der Originalversion »Yes, we have no bananas« von Irving Cohn übernahm Löhner-Beda nicht. Im Grunde blieben bei ihm nur die Bananen übrig. Erzählt wird im englischen Originaltext die Geschichte eines griechischen Händlers, der stolz darauf ist, alles, wonach gefragt wird, im Angebot zu haben. Keine Frage beantwortet er mit Nein. Weil er keine Bananen hat, antwortet er enthusiastisch: »Yes, we have no bananas, we have no bananas today!« Der deutsche Text von Fritz Löhner-Beda berichtet hingegen von einem gewissen Meier, der mit Blumen bei den Frauen landen will, aber die verlangen immer nur Bananen.

Das Lied – die Musik stammte von Frank Silver – ist ein Shimmy. Ein Tanz, der auf engstem Raum, vor allem mit Bewegungen der Schultern und der Hüften, ausgeführt wird. Der Körper wird geschüttelt. Alle Glieder sind in Bewegung, die Beine tanzen als X-Beine. Auch Hootchy-Kootchy (von cooch, mit dem Po wackeln) wird der Tanz genannt. Darin vereinen sich afrikanische Einflüsse mit der Musik der Sklaven in den USA. Josephine Bakers Tanzstil war stark davon beeinflusst, und manch einer verknüpft diesen Song unwillkürlich mit einem der großen Stars der Zwanzigerjahre.

Dass Josephine Baker ein Star wurde, noch dazu ein Star mit schwarzer Hautfarbe, und dass sie es zu jener Zeit wurde, ist ebenso verblüffend, eigentlich absurd, wie es andererseits logisch, ja völlig verständlich ist. Verblüffend und absurd ist es, weil sie in Verhältnissen geboren wurde, die ihr im Grunde nicht die geringste Chance gaben, dereinst ein großer Star zu werden. Sie wuchs in Armut auf, wurde mit 13 gegen ihren Willen verheiratet – die Ehe hielt nur wenige Wochen – und heiratete zwei Jahre später erneut. Den Namen ihres zweiten Mannes behielt sie, die als Freda Josephine McDonald geboren worden war, für ihr weiteres Leben. Josephine Baker begann ihre Karriere mit 16 Jahren in Philadelphia, trat dann in New Yorker Vaudeville-Theatern, einer Form des Varietés, auf. Dort nahm sie ein Engagement nach Paris an, wo sie im Herbst 1925 eintraf. Nahezu über Nacht wurde sie als Tanzstar berühmt. Die attraktive junge Frau mit dem strahlend warmen Lächeln tanzte fast nackt und sie tanzte wild. Sie verdrehte die Augen, Arme und Beine, schnitt Grimassen. Bis heute berühmt ist ihr Bananenröckchen, ein Ring aus Bananen, den sie um die Hüfte geschwungen trug, dazu ein verziertes Bikinioberteil. Manchmal ließ sie das auch noch weg.

Auf den ersten Blick mochte Josephine Baker das Klischee von der lustigen und tanzfreudigen Wilden bedienen, auf den zweiten Blick erwies sich ihr Tanz aber als Lebensfreude, die über Rassenschranken hinauswies, rassistische Vorurteile geradezu parodierte. Als Kind hatte sie, die uneheliche Tochter einer Schwarzen und eines Weißen – wer ihr Vater genau war, darüber streiten sich die Biografen –, schwere Rassenunruhen in New Orleans erlebt. Ihr Leben lang sollte sie Rassismus in allen seinen Formen bekämpfen.

Ihr Erfolg führte Josephine Baker zu Engagements in Europa. Als sie in Wien auftrat, kam es zu massiven rassistischen Ressentiments. Sie erhielt Auftrittsverbot. Fritz Löhner-Beda, der Texte für ihre Show geschrieben hatte, trat dem entschieden entgegen. Auch nach Berlin kam Josephine Baker. In Deutschland waren in jenen Tagen gerade dramatische und krisenhafte Zeiten zu Ende gegangen.

1922 war die Bitte der Reichsregierung an Frankreich um Aufschub bei den Reparationszahlungen abgelehnt worden. Als Deutschland in Zahlungsverzug kam, besetzten belgische und französische Truppen im Januar 1923 das Ruhrgebiet. Die Reichsregierung unter Wilhelm Cuno rief die Bevölkerung zum passiven Widerstand auf. Niemand sollte Befehlen oder Anweisungen der Besatzer Folge leisten. Die Krise der Wirtschaft verschärfte sich. Bis Ende Oktober 1923 fiel der Kurs der Reichsmark so dramatisch, dass man für einen US-Dollar 40 Milliarden Mark zahlen musste. An den Fabriktoren standen Frauen, um den Lohn ihrer Männer möglichst rasch abzuholen, weil der Preis für die nötigsten Güter stündlich verfiel. Doch mit der Einführung der Rentenmark konnte unter der neuen Regierung von Gustav Stresemann die Hyperinflation Ende 1923 praktisch von einem Tag auf den anderen beendet werden. Die Hauptinitiatoren waren Finanzminister Hans Luther und Reichswährungskommissar Hjalmar Schacht. Die Rentenmark war fest begrenzt, als Deckung galten die Grundvermögen von Industrie und Landwirtschaft. Weitere wirtschaftliche Entspannung brachte der Dawes-Plan, ein von dem amerikanischen Finanzexperten Charles Gates Dawes ausgearbeitetes Konzept, auf dessen Basis im sogenannten Londoner Abkommen die Reparationszahlungen neu geregelt wurden. Frankreich stimmte zu, seine Truppen binnen eines Jahres aus dem besetzten Ruhrgebiet abzuziehen, und der Reichstag ratifizierte den Dawes-Plan am 29. August 1924.

Nun begann eine Periode der Entspannung. Mit dem Vertrag von Locarno am 16. Oktober 1925 und mit seiner Aufnahme in den Völkerbund am 10. September 1926 durchbrach Deutschland seine Isolation. Ein wirtschaftlicher Aufschwung setzte ein. Doch die Goldenen Zwanziger, die Roaring Twenties, begannen nicht nur in Deutschland. Nach Weltkrieg, Hunger und Wirtschaftskrise verbreiteten sich nun weltweit nicht nur Zuversicht, sondern auch Aufbruchstimmung.

So wie Josephine Baker in jenen Jahren für das vitale Amerika, für die Hoffnung der Überwindung des Rassismus stand, waren der Enthusiasmus und das Aufatmen, die mit nahezu unbegrenzter Kreativität im Kulturleben der Metropolen Europas und in New York einhergingen, nicht zu übersehen. In New York stand die sogenannte Harlem Renaissance – ausgelöst von schwarzen und farbigen Intellektuellen – für eine neue selbstbewusste Identität der Afroamerikaner. Am 12. Februar 1924 wurde George Gershwins »Rhapsodie in Blue« uraufgeführt. Darin verschmolzen Jazz, moderne Musik und Elemente der klassischen Symphonie.

Berlin, eine pulsierende Metropole, war seinerzeit weltweit die drittgrößte Stadt und wie Paris für Künstler und Intellektuelle aus aller Welt einer der wichtigsten Anziehungspunkte. Die Stadt wurde zu einem Schmelztiegel der kulturellen Vielfalt und zur Heimat zahlreicher bis dahin verpönter, geächteter Lebensformen. Die »Ausgerechnet Bananen«-Sängerin Claire Waldoff, die Chansonsängerin und Königin des Kabaretts, lebte offen in einer lesbischen Beziehung. Im Jahr 1924, zu Beginn der Goldenen Zwanziger, stand Claire Waldoff auf dem Höhepunkt ihrer Karriere und Fritz Löhner-Beda, der Verfasser des deutschen »Bananen«-Textes befand sich unaufhaltsam auf dem Weg zum Zenit seiner Laufbahn als Liedtexter. 1929 erreichte er als Koautor des Librettos der Franz-Lehár-Operette »Land des Lächelns« den Gipfel. Die von Richard Tauber gesungene Version der Arie »Dein ist mein ganzes Herz« mit dem Text Löhner-Bedas wurde ein Welterfolg.

Doch im gleichen Jahr 1929 nahte das Ende der goldenen Zeiten. Der Börsenkrach im Herbst markierte den Beginn einer langjährigen

Weltwirtschaftskrise. Die Weimarer Republik fand 1933 ihr Ende mit der »Machtergreifung« Adolf Hitlers und der Nationalsozialisten.

Fritz Löhner-Beda verfasste in Österreich weiterhin Libretti und hatte damit Erfolg. Als im März 1938 deutsche Truppen in Österreich einmarschierten und Adolf Hitler in Wien den »Anschluss« seiner alten Heimat an das Deutsche Reich verkündete, glaubte Löhner-Beda, trotz seiner jüdischen Herkunft nach wie vor sicher zu sein. Er hoffte zudem auf die Fürsprache Franz Lehárs, des »Lieblingskomponisten Adolf Hitlers«. Doch Löhner-Beda irrte sich tragisch. Im März 1938 wurde er verhaftet, wenige Wochen später in das Konzentrationslager Dachau gebracht, im Herbst in das KZ Buchenwald verlegt. 1942 deportierte man ihn nach Auschwitz. Als Direktoren der I. G. Farben den erkrankten Löhner-Beda während einer Inspektion sahen, sagte einer: »Diese Judensau könnte auch rascher arbeiten«, und ein anderer fügte hinzu: »Wenn die nicht mehr arbeiten können, sollen sie in der Gaskammer verrecken.« Nach der Inspektion schlugen Lagerwachen Löhner-Beda so brutal zusammen, dass er kurz darauf starb.

Wenn du fragen musst, wirst du es nie wissen
Louis Armstrong (1901 – 1971)

»Ich liebe diese Töne«, sagte Louis Armstrong einmal. »Deshalb bemühe ich mich, dass sie richtig klingen.« Und: »Deshalb war ich viermal verheiratet. Meine Mädchen lebten nicht mit dem Horn.«

Der Jazz war einer von vielen bedeutenden Beiträgen der Vereinigten Staaten von Amerika zur Kultur des 20. Jahrhunderts. Ob in Medien wie Film, Radio, Fernsehen, Computer und Internet, bei der Fortbewegung mit dem Flugzeug oder dem Auto, bei Konsum, Werbung und Produkten, aber auch in Literatur, Tanz, Musik und Architektur – überall haben Amerikaner entscheidende Impulse gegeben.

Der Jazz aber ist vielleicht der Kulturbeitrag Amerikas, der bei Intellektuellen und Feuilletons die breiteste Akzeptanz erfuhr, vielleicht auch der »amerikanischste«. Und »wenn irgendjemand Mister Jazz war«, so Duke Ellington, »dann war es Louis Armstrong«.

Geboren wurde Louis Armstrong im Jahr 1901, zur gleichen Zeit, als der Jazz entstand. Die Wurzeln dieser neuen Musikrichtung finden sich in vielfältigen Musikstilen, die erkennen lassen, wie stark Kultur von Entwicklungen der Weltgeschichte geprägt wird. Von entscheidendem Einfluss auf die Entstehung des Jazz waren die traditionelle Musik und der Gesang der Afrikaner, die seit dem 16. Jahrhundert auf Sklavenschiffen von Afrika in den Süden der USA gebracht worden waren. Hunderttausende starben unter den grauenhaften Bedingungen während der Überfahrt. Seit Mitte des 19. Jahrhunderts brauchte man die Sklaven vor allem für die arbeitsintensive Ernte der Baumwolle. Der Reichtum der Plantagen des amerikanischen Südens gründete auf ihrer Arbeit.

Der Jazz entwickelte sich an der Wende vom 19. zum 20. Jahrhundert und war bereits in seinem Ursprung eine Musikrichtung, die Elemente schwarzer afrikanischer Musik mit weißer europäischer Musik verschmolz. Aus der afrikanischen Musik entliehen sich die Jazzmusiker die Rhythmik und das Call and Response, bei dem ein Sänger vorsingt (ruft) und der Chor antwortet. Man kennt diese Art des Vortrags vor allem vom Gospel. Aus der europäischen Musik stammten die Instrumente, die im 19. Jahrhundert nach und nach von Afroamerikanern entdeckt wurden. Auch Melodik, Harmonik und bestimmte Grundstrukturen für die Musikstücke wurden aus der europäischen Musik übernommen.

Als erster Stil des Jazz, der im Laufe des 20. Jahrhunderts zahlreiche Stilrichtungen hervorbringen sollte, gilt der New Orleans Jazz. Mit ihm wuchs Louis Armstrong auf und er selbst wurde sein bekanntester Vertreter.

Louis Armstrongs Großeltern waren noch als Sklaven geboren worden. Seine Eltern, ein Fabrikarbeiter und eine Putzfrau, trennten sich kurz nach seiner Geburt und er wuchs als Straßenjunge im alten kreolischen Viertel von New Orleans auf. Louis Armstrong musste schon als kleiner Junge von Tag zu Tag sehen, wie er überleben konnte. Er bekam Essen bei den Karnofskys, der Familie eines Kohlenhändlers, für den er schon früh arbeitete. Die Karnofskys waren Juden und selbst Außenseiter der Gesellschaft. Doch sie waren die einzigen Weißen, die ihn mit Würde behandelten. Sie schenkten ihm Zuneigung, er lernte in ihrem Haus zahlreiche Lieder kennen und erlebte, wie Menschen sich um andere Menschen kümmern. Aus Dankbarkeit und Verbundenheit trug er während seines ganzen weiteren Lebens einen Davidstern bei sich.

Als Louis eines Tages unbedingt ein altes Kornett erstehen wollte, das er im Schaufenster eines Pfandleihers entdeckt hatte, liehen ihm die Karnofskys die fünf Dollar, die er dafür benötigte. Er begann auf dem Blasinstrument zu üben, das der Trompete sehr ähnlich ist. Rasch war er ihm verfallen und versuchte so viel wie möglich von den Musikern der Stadt zu lernen. Jeden Trompeter, den er traf, bat er um Tipps. Seine ersten Musikstunden bekam er aber vom Leiter eines Heims für schwer erziehbare schwarze Jugendliche. Dorthin hatte man Louis gesteckt, nachdem er in der Neujahrsnacht 1913 begeistert mit einer Pistole in der Luft herumgeschossen hatte.

Wieder frei, traf er eines Tages mit kurzen Hosen und seinem Kornett in der Hand den bekannten Posaunisten Kid Ory, der in einem Straßenumzug spielte. Der fragte den Jungen, wem er denn das Instrument bringen wolle. Er antwortete: »Niemandem. Das ist meins.« Da ihm keiner glaubte, spielte er einfach. Er wurde sofort engagiert. Louis Armstrong spielte in wechselnden Orchestern, doch das wichtigste Orchester war für ihn das von Joe »King« Oliver, der für Armstrong wiederum zum Mentor und zu einer Art Vaterersatz wurde.

Als King Oliver 1922 nach Chicago ging, folgte ihm Armstrong, der einmal gesagt hatte, nur King Oliver könne es schaffen, dass er New Orleans verlasse. In Chicago trat er mit Oliver in dessen King Oliver's Creole Jazz Band auf. In ihren Konzerten leisteten die beiden damals mit ihren zweistimmigen Improvisationen im Zusammenspiel von Olivers Trompete mit Armstrongs Kornett für den Jazz Bahnbrechendes.

1924 heiratete Armstrong Lilian »Lil« Hardin, die Pianistin der Combo. Auf ihren Rat hin heuerte er bei der Band von Fletcher Henderson an, wo er zur Trompete wechselte und rasch zum gefeierten Solisten aufstieg. Schon 1925 verließ Armstrong die Band wieder. Nun machte er Studioaufnahmen mit Formationen, die »Louis Armstrong and his Hot Five« beziehungsweise »Hot Seven« hießen.

Jazzhistoriker sind sich weitgehend einig, dass Armstrong als Musiker so herausragend war, dass er während seiner langen Karriere – obwohl er immer mit den Jazz-Stars seiner Zeit spielte – nur zwei Ensembles hatte, die ihm einigermaßen das Wasser reichen konnten: die »Hot Five« und die »Hot Seven«. Mit ihnen schuf er legendäre Aufnahmen wie »Stardust«, »Diamonds«, »Potatoe Hat Blues«, »Muggles«, »West End Blues« und »Jeepers Creepers«.

Doch nicht nur als Trompeter war Armstrong wegweisend, auch als Sänger gab er der modernen Musik entscheidende Impulse. Frank Sinatra sagte später, dass »Gesang in der populären Musik erst durch Louis Armstrong zu einer Kunst geworden« sei. Armstrong war ein Meister des Scat-Gesangs, bei dem durch rein improvisierte Silbenfolgen, die keinerlei Wortbedeutung haben, die menschliche Stimme wie ein Instrument benutzt wird.

»Der Jazz wird so lange existieren, wie die Leute ihn mit den Füßen und nicht mit dem Verstand hören«, erklärte der amerikanische Dirigent John Philip Sousa einmal. Jazz faszinierte durch Rhythmus, überraschende Harmonien, aber auch durch Abstraktion. Die Abstraktion des Jazz faszinierte Intellektuelle. Manche begannen den Jazz zu sezieren, zu analysieren, versuchten die Musik zu erklären, zu deuten und zu beurteilen wie Mathematiker komplizierte Formeln. Wie erklärte Armstrong den Jazz? Als man ihn einmal danach fragte, soll er geantwortet haben, und man kann sich sein breites Grinsen dazu gut vorstellen: »Mann, wenn du fragen musst, dann wirst du es nie wissen.« Der überlieferte Wortlaut des Zitats variiert.

Der Aufstieg des Jazz wurde durch zahlreiche technische, gesellschaftliche und politische Entwicklungen im 20. Jahrhundert befördert. Die Prohibition von 1919 bis Anfang 1933 hatte zur Folge, dass Bars und Clubs in den amerikanischen Metropolen gegründet wurden, in denen insgeheim Alkohol ausgeschenkt wurde und in denen zahlreiche Bands spielten. Die Einführung des Radios und die Verbreitung der Schallplatte förderten die Popularisierung des Jazz. Später im Zweiten Weltkrieg brachte die Teilnahme von Jazzmusikern an der Truppenbetreuung Hunderttausenden von Soldaten den Jazz nahe.

Louis Armstrong wurde der erste große Star des Jazz, und seine Popularität reichte weit über das Genre hinaus. Selbst Menschen, die dem Jazz wenig abgewinnen können, kennen und lieben oft Armstrongs berühmte Aufnahmen »Hello Dolly« und ganz besonders »What a Wonderful World«.

Armstrong wurde auch zum Politikum. Kämpfer für eine Gleichberechtigung der Schwarzen warfen ihm Tommying vor, also wie Onkel Tom in dem Buch *Onkel Toms Hütte* eine unter Bedienung alter Klischees allzu große Anpassung und Anbiederung an die Kultur der Weißen. Die Generation der schwarzen Musiker des Bebop wie Dizzy Gillespie lehnten Louis Armstrong weitgehend ab. Spätere Generationen, wie Ende des 20. Jahrhunderts Wynton Marsalis, entdeckten Louis Armstrong als entscheidenden Impulsgeber des Jazz wieder. Und vermutlich gilt nach wie vor Miles Davis' Feststellung: »Es gibt nichts auf der Trompete, was nicht von ihm stammt, nicht mal im modernsten Jazz.«

Ihr seid eine verlorene Generation
Gertrude Stein (1874 – 1946)

Nach dem Ersten Weltkrieg veränderten sich die Salons bei Gertrude Stein. Ihr Bruder Leo, mit dem sie in der Rue de Fleurus lange Zeit zusammengewohnt hatte, war 1914 nach Florenz gezogen. Auch viele der alten Freunde und Bekannten waren nicht mehr in Paris. Vielleicht neigten sich aber auch die Zeiten der Salons endgültig dem Ende zu.

Die Salons, jene mondänen Gesellschaften, die im heranwachsenden europäischen Bürgertum des 18. Jahrhunderts populär wurden, hatten in der Belle Époque noch einmal eine Blütezeit erlebt. Die »schöne Epoche«, als deren Beginn meist die Zeit um 1885 angesetzt wird, endete unwiderruflich mit dem Ausbruch des Ersten Weltkriegs.

Begegnet waren sich in den Salons sowohl Großbürgertum, Adel und Intellektuelle als auch Tradition, moderner Zeitgeist und Avantgarde. Schon weit vor dem Krieg verbreitete sich bei diesen gesellschaftlichen Treffen eine seltsame Stimmung des Verlusts und das Bewusstsein einer vergehenden Zeit, weil die Welt sich durch Industrialisierung und Technik nach und nach unübersehbar radikal veränderte. In Paris begann der Schriftsteller und ehemalige Salonlöwe Marcel Proust mit der Arbeit an seinem epochalen mehrbändigen Romanwerk *Auf der Suche nach der verlorenen Zeit*, von dem 1912 erste Auszüge in einer Zeitschrift erschienen. Ein anonymer Ich-Erzähler spürt in langen, elegant dahinschweifenden Sätzen der Vergangenheit nach, versucht sich zu erinnern und mit allen seinen Sinnen Zugang zu der vergangenen Zeit zu finden. In der Art und Weise, mit der Proust das beschrieb, öffnete er gleichermaßen neue revolutionäre Wege für die Literatur.

Auch Gertrude Stein und ihr Bruder Leo verkörperten die Zerrissenheit der Menschen zwischen Moderne und Tradition. Gertrude Stein war das jüngste von fünf Kindern einer wohlhabenden Familie deutsch-jüdischer Herkunft und wuchs im Örtchen Allegheny in Pennsylvania in wohlbehütetem Umfeld auf. 1893 ging sie mit ihrem zwei Jahre älteren Bruder Leo nach Cambridge in Massachusetts und studierte am Radcliffe College – der Frauenhochschule von Harvard – Biologie und Philosophie, danach in Baltimore an der Johns Hopkins University Medizin und Psychologie. Seit dem Tod der Eltern – als sie 14 war, starb die Mutter, drei Jahre später der Vater – verwaltete Michael, der älteste Bruder der fünf Geschwister, mit großer Umsicht das Erbe. Der Vater, ein Geschäftsmann, war durch kluge Investitionen in Immobilien und Bahnlinien reich geworden. Michael verstand es, das Vermögen in den nächsten Jahren noch zu vermehren.

1903 gingen Gertrude und Leo nach Paris. Sie eröffneten einen Salon, der schon bald zu einem Treffpunkt der künstlerischen und literarischen Avantgarde jener Zeit wurde. Nachdem sie erfahren hatten, dass Michael in den USA mit dem Vermögen einige zusätzliche unerwartete Gewinne gemacht hatte, begannen Gertrude und Leo ab 1904 Bilder zu sammeln. Mit der Zeit bedeckten immer mehr Gemälde die Wände der Wohnung. Schließlich trugen die beiden eine der ersten bedeutenden Sammlungen moderner Kunst zusammen.

In der Rue de Fleurus begegneten sich auch zum ersten Mal jene beiden Maler, die zu den bedeutendsten und einflussreichsten des 20. Jahrhunderts zählen: Pablo Picasso und Henri Matisse. Bei einem seiner Besuche brachte Henri Matisse eine afrikanische Statuette mit, die er gerade gekauft hatte. Später kam Picasso hinzu und war sofort begeistert. Er bestellte eine Leinwand, die so groß war, dass zusätzliche Keilrahmen eingezogen werden mussten. Auf diese Leinwand malte er 1907 das Bild *Les Demoiselles d'Avignon*. Kaum ein anderes Bild beeinflusste die weitere Entwicklung der modernen Malerei im 20. Jahrhundert mehr. Es zeigt fünf nackte Prostituierte mit zum Teil maskenhaft verzerrten Gesichtern. *Les Demoiselles d'Avignon* bildete einen Höhepunkt der Hinwendung der modernen Malerei zur primitiven Kunst, auch wenn Picasso selbst den Einfluss afrikanischer Kunst negierte. Zudem wirkte es durch die Auflösung der Perspektive auf den beginnenden Kubismus, den Gertrude Stein mit ihren eigenen Texten in die Literatur zu übertragen versuchte. Dies war schon in ihren frühen Erzählungen *Drei Leben* von 1909 zu erkennen. Im gleichen Jahr, in dem Picasso die *Demoiselles* malte, lernte Gertrude Stein Alice B. Toklas kennen, eine leidenschaftliche Sammlerin von Kochrezepten. Zwischen den beiden Frauen entwickelte sich eine innige Liebesbeziehung und Partnerschaft, die erst mit dem Tod Gertrude Steins 1946 endete.

Zwischen Gertrude und Leo kam es zum Bruch. Immer hatte sie gegen die dominierende Persönlichkeit ihres Bruders ankämpfen müssen. Sie trennten sich vor dem Ersten Weltkrieg und teilten ihre Sammlung auf. Von nun an lebte Gertrude mit Alice B. Toklas allein in der Rue de Fleurus.

Nach dem Ersten Weltkrieg nahm Gertrude Stein die Tradition des Salons wieder auf. Das Grauen des großen Krieges schlug sich in der Kunst nieder. Der Dadaismus, 1916 mitten im Krieg in Zürich entstanden, lehnte alle hergebrachten Wertmaßstäbe von Gesellschaft und Kunst ab und nahm Einfluss auf Gertrude Stein. Sie indes beeinflusste die Avantgarde jener Tage mit ihrer Prosa und Lyrik. Berühmt sind die Worte »Eine Rose ist eine Rose ist eine Rose« aus dem Gedicht »Sacred Emily«. Verfasst hatte sie das Gedicht 1913, kurz vor dem Krieg, erschienen ist es 1922 in dem Buch *Geography and Plays*.

Stein wollte mit ihren Wortwiederholungen nach eigener Aussage den Kubismus der Malerei in die Literatur tragen, aber auch zeigen, dass die Wiederholung eines Wortes die Vorstellung von ihm schärft. War es vor dem Krieg vor allem die Malerei der Avantgarde gewesen, die in dem Salon in der Rue de Fleurus ihren Tempel fand, änderte sich der Schwerpunkt nach dem Krieg zugunsten der Literatur. 1919 hatte die Amerikanerin Sylvia Beach in Paris den Buchladen Shakespeare & Company eröffnet. Über sie fanden die vielen jungen Schriftsteller, die nach dem Krieg in Paris eintrafen, den Weg in Gertrude Steins Salon. Die meisten von ihnen zog es nach Paris, weil sie mit der heraufkommenden Massenkonsumgesellschaft und der empfundenen Banalisierung des Lebens in den USA nicht einverstanden waren. Neben Ezra Pound, John Dos Passos und Thornton Wilder kamen auch F. Scott Fitzgerald und Ernest Hemingway.

Es war Hemingway, der an der Spitze derer stand, die dafür sorgten, dass Steins Wort von der »verlorenen Generation« nicht verloren ging.

1926 veröffentlichte er seine ersten beiden Romane *The Torrents of Spring* (deutsch: *Die Sturmfluten des Frühlings*) und *The Sun Also Rises* (deutscher Titel: *Fiesta*). In beiden Romanen spielt der Seelenzustand der Generation derer, die im Ersten Weltkrieg gekämpft haben, eine zentrale Rolle. In *The Sun Also Rises*, das seinen Durchbruch markierte, stellte Hemingway die Worte Gertrude Steins als eines der beiden Mottos voran: »You are all a lost generation« (Ihr seid alle eine verlorene Generation).

In Hemingways 1965 posthum erschienenen Erinnerungen *A Moveable Feast* (deutscher Titel: *Paris – Ein Fest fürs Leben*) über seine Zeit in Paris von 1921 bis 1926 schildert er, wie es zu dem Satz gekommen war. Gertrude Stein hatte sich bei dem Besitzer einer Autowerkstatt über einen seiner Angestellten beschwert. Der sagte daraufhin zu diesem: »Ihr seid alle eine verlorene Generation.« Gertrude Stein bezog dies dann Hemingway gegenüber auf alle, die im Krieg gewesen waren: »Alle ihr jungen Leute, die ihr im Krieg wart. Ihr seid eine verlorene Generation […] Ihr habt vor nichts Respekt. Ihr trinkt euch selbst zu Tode.«

Das 20. Jahrhundert war ein Jahrhundert sehr verschiedener Generationen. Von einer »verlorenen Generation« wurde während des 20. Jahrhunderts nicht zu Unrecht immer wieder gesprochen. Sowohl die Soldaten der beiden Weltkriege als auch die des Korea- oder des Vietnamkriegs wurden so genannt. Brachte die erste Hälfte des Jahrhunderts vor allem Generationen hervor, die stark von den großen Kriegen geprägt waren, wurde die zweite Hälfte zu einer Epoche der Generationen, die zwar auch nicht frei waren vom Einfluss des Krieges – wie beispielsweise des Kalten Krieges –, die aber stärker von den Auseinandersetzungen und Entwicklungen der Politik und der Kultur beeinflusst wurden, wie die Beat Generation in den USA, später weltweit die 68er-Generation und in den Neunzigerjahren die Generation X.

Das Nichts nichtet
Martin Heidegger (1889–1976)

Immer wieder taucht in der bereits langen Geschichte der Philosophie jemand auf, der alles in Frage zu stellen scheint, was andere vor ihm mühsam an Erklärungen, Thesen und Denksystemen aufgebaut haben. Martin Heidegger gehörte auch dazu. Seine Ideen sollten das Denken des 20. Jahrhunderts nachhaltig beeinflussen, vor allem weil er in besonderer Weise die Frage nach Erkenntnis mit der nach dem Dasein des Menschen verknüpfte.

Was kann ich wissen, was kann ich erkennen? Diese Fragen treiben die Philosophie seit ihren Anfängen an. Die von Sokrates vor rund 2500 Jahren formulierte Feststellung »Ich weiß, dass ich nichts weiß« brachte auch die Befürchtung zum Ausdruck, dass der Mensch, so sehr er sich auch bemüht, nie alles erkennen und wissen kann. Denn je mehr man weiß, umso mehr neue Fragen stellen sich. Erkenntnis führt quasi nicht nur vom Hölzchen aufs Stöckchen, sondern in einen ganzen Wald von Bäumen mit verwirrendem Geäst.

Auch der Mensch und sein Sein gehört zu den immer wieder gestellten Grundfragen der Philosophie. Was können wir von unserem Sein überhaupt wissen? Immanuel Kant kam zu dem Schluss, dass wir Menschen nie vollkommene Erkenntnis darüber erlangen können. Aber mit der Vernunft können wir zumindest ein wenig Licht ins Dunkel bringen. Für Martin Heidegger dagegen war die Vernunft mitnichten ein probates Mittel, um den Geheimnissen des Seins auf die Schliche zu kommen. Für ihn war es das Wissen um das Nichts, das dem Menschen erst den Weg zum Erkennen öffnet.

Heidegger warf der abendländischen Philosophie vor, dass sie bislang immer nur nach dem Seienden in seiner Gesamtheit gefragt – und damit letztlich auch immer nach Gott –, darüber aber das Sein selbst vergessen habe. Dies nannte Heidegger »ontologische Differenz« oder auch Seinsvergessenheit.

Ausgerechnet über das Nichts – das »nichtende Nichts« – wollte Heidegger nun das Sein finden.

Geboren 1889 im badischen Ort Meßkirch als Sohn eines Küfermeisters und Mesners, studierte Heidegger zunächst katholische Theologie – dies mit Hilfe von Stipendien der Kirche –, wandte sich aber dann der Philosophie zu und wurde vor allem von Edmund Husserl beeinflusst, dessen Assistent er 1919 wurde. Schon Husserl wollte mit seiner Phänomenologie die Philosophie wieder zu ihren Wurzeln zurückführen. Für ihn stand das Bewusstsein zwischen dem Menschen und den Dingen.

Heidegger machte schon als junger Professor ab 1923 in Marburg auf sich aufmerksam. Viele der wesentlichen Elemente seines Denkens legte Heidegger in seinem Hauptwerk *Sein und Zeit* dar. Das Manuskript hatte er aus Vorlesungen und Vorträgen erarbeitet. Das, was er von *Sein und Zeit* veröffentlichte, war nur die erste Hälfte des geplanten Gesamtwerks. Es erschien erstmals 1927 als Band VIII des von Edmund Husserl herausgegebenen *Jahrbuchs für Philosophie und phänomenologische Forschung*.

Eng verknüpft mit Heideggers Denken ist seine ausgesprochen eigene Sprache. Es ist nicht die übliche Gelehrtensprache, die eine Vorliebe für das Passiv oder lange Wörter hat. Heideggers Sprache, die permanent mit dem Gedanken ringt, bedient sich gerne kurzer Wörter, und auf den ersten Blick scheinen sie einfach und auch einfach verständlich zu sein. Und doch trägt jeder dieser vermeintlich einfachen Begriffe nahezu ein Universum von Gedanken mit sich und macht es dem Leser von Heideggers Schriften oft sehr schwer, ihm zu folgen.

Da gibt es das »Sein«, das »Seiende«, das »Nichts«, das »Zeug«, die »Geworfenheit«, das »Mitsein«, das »In-der-Welt-sein«, um nur einige wenige Formulierungen zu nennen, die seit Heidegger, redet man von Philosophie, sofort an ihn denken lassen. Theodor W. Adorno, dessen Sprache wie Heideggers hermetisch war, sprach abwertend vom »Jargon der Eigentlichkeit«.

Heideggers Sprache kam sicher auch deshalb zustande, weil er bestimmte Bedeutungsunterschiede der Begriffe herausarbeiten wollte und musste, um das Neue seines Denkens beschreiben zu können. Sein Buch *Sein und Zeit* bezeichnet Heidegger als »Fundamentalontologie«, als Fundamental-Seinslehre.

Um sich dem Sein zu nähern, untersuchte Heidegger das Sein des Menschen, von ihm Dasein genannt. Denn unter allem Seienden sei der Mensch dasjenige, das das Sein verstehen könne. Was sind also die Grundbedingungen des menschlichen Daseins?

Sein Dasein könne der Mensch zunächst nicht bestimmen, er ist in sein Dasein »geworfen«, wie Heidegger sagt. Der Alltagsmensch lebt im Zustand der »Uneigentlichkeit« einer gewohnten Welt. Die »Eigentlichkeit« tritt erst ein, wenn der Mensch seine Existenz bewusst wahrnehme und darauf reagiere.

Das »In-der-Welt-Sein« ist für Heidegger eine Grundbestimmung des menschlichen Lebens. Man ist immer schon an einem bestimmten Ort, »geworfen in sein Da«. Dieses setzt sich für Heidegger zusammen aus der Beziehung zu Dingen und Beziehungen zu Menschen. Dinge sind für Heidegger »Zeug«, das »zuhanden« sei. Mit diesen Worten wollte Heidegger verdeutlichen, dass die Dinge nicht einfach nur da seien, sondern immer in Beziehung zu uns Menschen stehen.

Die Beziehung zu Menschen sei das »Mitsein«. Das »Mitsein« verknüpft Heidegger eng mit dem »Man«. Er macht das Wort bewusst zum Substantiv. Das »Man« sei Ausdruck der Anpassung des Menschen an Gesellschaft, Normen und Zeitgeist. Heideggers Kritik des »Man« mündet in seiner Kritik an der modernen Gesellschaft, an der Moderne schlechthin. Sie bedeutete für ihn in nahezu allen ihren Ausprägungen die Herrschaft der »Uneigentlichkeit«. Die moderne Technik, die modernen Medien, auch die Gesellschaftsform der Demokratie sah er mit großer Skepsis.

Der Mensch könne sich aber aus dem Zustand der »Uneigentlichkeit« befreien, indem er der ihm innewohnenden »Sorge« nachgibt und darüber zu einem selbstbestimmten Leben findet.

Während Aristoteles und Kant die Welt der Dinge nach »Kategorien« einteilten, nennt Heidegger seine Grundbestimmungen des Daseins »Existenzialien«. Darunter verstand er Begriffe wie »Verstehen«, »Befindlichkeit«, »Rede«. Sie zusammen fügten sich zur »Sorge«.

Mit »Sorge« meinte Heidegger die positive Seite dieses Wortes: das »Besorgen«, das »Versorgen«. Mit der Sorge verknüpft ist die Zeit, denn der »sorgende« Mensch erinnert sich an die Vergangenheit und denkt an die Zukunft. Die Zeit macht dem Menschen die Grenzen seines Daseins bewusst und er sorgt sich um sein Nicht-Sein, er hat Angst vor seinem Tod. Die Zeit ist der Horizont der Gestaltung seiner Existenz.

Heidegger lieferte in *Sein und Zeit* keine Antwort, wie der Mensch seine Existenz zu führen habe. Wichtig war für ihn nur, dass der Mensch eine Entscheidung trifft, dass er zu einem selbstbestimmten, bewussten Leben findet. Zugespitzt gesagt: Für Heidegger war nicht wichtig, *wie* sich der Mensch entscheidet, sondern *dass* er sich entscheidet.

Und bei all dem Sein, Seienden, Dasein – wie steht es um das Nichts? Heideggers »nichtendes Nichts« scheint wie eine von ihm vorgenommene Hervorhebung, wie unbegreifbar für den Menschen das Nichts sei und wie dieses Unbegreifbare den Menschen immer wieder auf sein Dasein verweise. Das Nichts ist tatsächlich für Heidegger auch nichts. Es ist nicht zu beschreiben. Es »nichtet«. Der bedeutende Vertreter des logischen Empirismus Rudolf Carnap lehnte Heideggers Aussage ab, hielt dessen Überlegungen über das Nichts für Scheinprobleme und betonte, dass mit dem Wort »nichten« ein Begriff eingeführt werde, der von Beginn an keinen Sinn ergebe. Vor allem aber kritisierte Carnap, dass Heidegger mit seinen Ideen die zentrale Bedeutung von Logik und Naturwissenschaften untergraben wolle.

Zum Nichts hatte Parmenides von Elea bereits 2500 Jahre zuvor bemerkt: »Sein ist. Nicht-Sein ist nicht.« Doch Heideggers Satz »Das Nichts nichtet« setzte sich im Diskurs der Philosophie fest. Formuliert hatte er ihn 1929 als »Das Nichts selbst nichtet« in seiner Freiburger Antrittsvorlesung »Was ist Metaphysik?«. Er verwies damit auf das, was ihn lebenslang in seiner Philosophie beschäftigte: das »Seiende in seiner vollen, bislang verborgenen Befremdlichkeit als das schlechthin Andere – gegenüber dem Nichts«.

Heidegger, der Kritiker der Technik und der Moderne, liebte das Landleben und hasste die Stadt. Er liebte die Konzentration und hasste das Ausufernde der neuen Zeit. Einen großen Teil seines Lebens verbrachte er im Schwarzwald am Hang des Feldberges in einer kargen Hütte, die er selbst gebaut hatte. Er genoss die Stille der Natur, die Almwiesen und Feldwege.

Unbestritten gilt Heidegger als der wichtigste deutsche Philosoph der Existenzphilosophie, obwohl er selbst diesen Begriff für sich ablehnte. Immer wieder verwies er darauf, dass seine Arbeiten sich mit dem Sein beschäftigten. Dennoch steht Heidegger der Existenzphilosophie eindeutig nahe. Denn hier wurde die Erfahrung der Welt durch den Menschen selbst in den Mittelpunkt gestellt.

Die Existenzphilosophie ist eine Reaktion auf die Moderne. In den Vierziger-, Fünfziger- und Sechzigerjahren war es dann Jean-Paul Sartre, der den Existenzialismus popularisierte. Sartre war über die Lektüre von *Sein und Zeit* zum Ausgangspunkt seines Denkens gekommen.

Aktionäre sind dumm und frech
Carl Fürstenberg (1850–1933)

Auch was das Bankgewerbe und die dort Handelnden betraf, hielt er mit seinem beißenden Spott nicht hinterm Berg: »Als Erstes im Bankgeschäft lernt man den Respekt vor der Null.«

Carl Fürstenberg hatte das Bankwesen von der Pike auf gelernt und war 1883 im Alter von 33 Jahren Teilhaber der Berliner Handels-Gesellschaft geworden. Bis zu seinem Tod mit 82 Jahren sollte er in den nächsten fünf Jahrzehnten die Geschicke des Instituts leiten und die Berliner Handels-Gesellschaft zu einer Großbank machen. Über Bankenkreise hinaus bekannt wurde Fürstenberg nicht nur für seine scharfe Zunge und seinen Sinn für Selbstironie, sondern auch für seine treffsicheren Pointen.

An der Börse lief ihm eines Tages ein Makler hinterher. Obwohl er Fürstenberg unablässig rief, blieb Fürstenberg nicht stehen. Schließlich holte der Makler ihn ein und bemerkte: »Ihr Gehör ist schlecht.« Worauf Fürstenberg entgegnete: »Nein, Ihr Ruf ist schlecht.«

Fürstenberg gehörte nicht zu den Hauptakteuren der dramatischen Ereignisse im Herbst 1929, in dessen Verlauf zunächst die Börse an der Wall Street in New York zusammenbrach, was schließlich die Wirtschaft nicht nur in den USA, sondern weltweit in eine Krise stürzte, die so anhaltend und tief greifend war, dass sie den Gang der Weltpolitik der nächsten Jahre maßgeblich beeinflussen sollte. Fürstenbergs berühmtes Bonmot über Menschen, die in Aktien investieren, wird immer wieder zitiert, wenn es darum geht, deren Haltung und Verhalten spöttisch auf den Punkt zu bringen: »Aktionäre sind dumm und frech«, sagte er gern. »Sie sind dumm, weil sie ihr Geld anderen Leuten ohne ausreichende Kontrolle anvertrauen. Und sie sind frech, weil sie Dividende fordern, also für ihre Dummheit auch noch belohnt werden wollen.«

Nach dem Ersten Weltkrieg hatte die Weltwirtschaft zunächst am Boden gelegen. Doch dann begann vor allem in den USA ein Wirtschaftsboom, der in den Roaring Twenties, den Goldenen Zwanzigern gipfelte. Die USA profitierten im Export von der steigenden Nachfrage im Nachkriegseuropa. New York löste London als wichtigsten Finanzplatz der Welt ab. Die Massenproduktion und ein immer intensiverer Konsum machte die Amerikaner wohlhabender. Herbert Hoover rief im Präsidentschaftswahlkampf von 1928 optimistisch aus: »Wir im Amerika von heute sind dem endgültigen Triumph über die Armut näher als jemals zuvor in der Geschichte unseres Landes.« Er wurde gewählt.

Der Börsenkrach 1929 kam überraschend. In sechs Jahren hatte sich der Dow-Jones-Index, mit dem die Entwicklung der Aktienkurse der größten US-Unternehmen gemessen wird, fast vervierfacht: vom Indexstand 100 im Jahr 1923 auf 381 kurz vor dem Crash.

Die gesamten USA wurden vom Börsenfieber erfasst. Jeder, der Aktien kaufte, schien das Richtige zu tun, ob Liftjunge, Farmer oder Friseuse. Groucho Marx, Kopf der legendären Komikertruppe Marx Brothers, hatte 1926 begonnen, mit Aktien zu spekulieren. Und egal welche er kaufte, sie stiegen und stiegen. Man konnte, so beschrieb er es seinen Memoiren, »die Augen zumachen, mit dem Finger irgendwohin auf die große Tafel stechen, und die Papiere, die man soeben gekauft hatte, begannen zu steigen.« Ein Tipp von einem Liftjungen ließ ihn beispielsweise Aktien zu 160 000 Dollar kaufen, 75 Prozent davon kaufte er auf Kredit.

Am 3. September 1929 erreichte der Dow Jones einen Höchststand von 381 Punkten. Der Markt wurde nervös. Der Anteil der auf Kredit gekauften Aktien betrug zwar »nur« zehn Prozent, aber das reichte, um später die Panik zu vergrößern. Im Oktober stiegen die Kurse kaum noch. Schon in der Woche vor dem eigentlichen Zusammenbruch begann der nötige Kapitalzufluss immer mehr zu versiegen. Nun wurden vor allem diejenigen nervös, die ihre Aktien nur mit Hilfe von Krediten erworben hatten. Erste Verkäufe setzten ein. Am Abend des 23. Oktober notierte der Dow Jones nur noch bei 305 Punkten, hatte also gegen den Höchststand Anfang September etwa 20 Prozent an Wert verloren. Am Donnerstag, dem 24. Oktober, der als Schwarzer Donnerstag in die Geschichte eingehen sollte, begann der Aktienhandel zunächst ruhig. Doch dann setzten am späten Vormittag plötzlich massive Verkäufe ein. Panik machte sich breit. »Verkaufen zu jedem Preis!« hieß nun vielfach die Order, der Handel brach mehrfach zusammen.

Eine Börsenaufsicht gab es damals noch nicht, die US-Notenbank war noch unerfahren. Sie hatte den Fehler gemacht, nur die Zinsen auf langfristige Kredite zu erhöhen, mit dem Ergebnis, dass die Anleger auf kurzfristige Kredite umstiegen. Die Folgen waren später umso verheerender. Denn die Blase blähte sich noch weiter auf, und als sie platzte, war der Effekt auf die Liquidität des Kapitalmarkts umso stärker.

Es waren Einzelne, die nun versuchten, die Situation zu retten. Der Bankier und Vizepräsident der New Yorker Börse, Richard Whitney, betrat das Parkett und orderte persönlich zahlreiche Aktien renommierter Unternehmen weit über dem aktuellen Kurs. Er wurde als Held gefeiert. Doch die Katastrophe konnte er nicht mehr aufhalten, denn aus dem Ausland kamen die Orders, zu verkaufen.

Am Abend schloss die Wall Street mit einem Dow-Jones-Index bei 299 Punkten, hatte also nur etwa zwei Prozent an Wert verloren. Auf den ersten Blick schien das nicht dramatisch, doch die Tatsache, dass mehr als viermal so viel Aktien gehandelt worden waren wie an einem normalen Börsentag, beunruhigte die Experten.

Am Freitag setzte sich die Nervosität fort, die Nachrichten erreichten nun die europäischen Börsen, die zunächst positiv reagierten, denn die Anleger dort glaubten, es werde nun wieder verstärkt

US-amerikanisches Kapital nach Europa fließen. Doch dann kam der Montag mit einem weiteren Verfall der Kurse. Viele Anleger hatten ihre Aktien auf Kredit gekauft, den der Makler gab. Und viele Kreditgeber akzeptierten allein die Aktien als Sicherheiten. Nun forderten diese – und auch Banken – ihr Geld zurück. Der Schwarze Dienstag folgte. Manche Aktien hatten am Ende des Tages 99 Prozent ihres ehemaligen Wertes verloren. Die Kurse fielen noch weitere drei Wochen, erst am 15. November begann der Index in eine Seitwärtsbewegung zu gehen.

Der renommierte Wirtschaftswissenschaftler Irving Fisher verlor durch den Börsencrash nicht nur einen Großteil seines Vermögens, das er sich mit einem von ihm selbst ersonnenen Bürokarteikartensystem erarbeitet hatte, sondern auch seine Reputation. Wenige Tage vor dem Crash hatte er noch wissen lassen: »Es sieht so aus, als habe der Aktienmarkt ein dauerhaft hohes Plateau erreicht.« Noch Monate nach dem Börsenkrach versicherte er, dass die Erholung des Marktes zum Greifen nah sei.

Doch die Kurse fielen nach zwischenzeitlich nur kurzer Erholung in den nächsten Jahren weiter. Erst Mitte 1932 erreichte der Dow-Jones-Index den Tiefpunkt. Er notierte bei 41 Punkten, nahezu auf der gleichen Höhe wie zu jenen Tagen des Jahres 1896, als der Index eingeführt worden war.

Viele verloren ihr Vermögen. Auch Groucho Marx, der letztlich 80 Prozent aller seiner Aktien auf Kredit gekauft hatte. Am Tage des endgültigen Zusammenbruchs des Marktes erhielt er einen Anruf von einem Freund und zeitweiligem Finanzberater. Der sagt nur vier Worte und legt dann auf: »Groucho, alles ist aus!«

Präsident Hoover veröffentlichte eine beruhigend gemeinte Verlautbarung nach der anderen, während die gesamten USA angesichts der sich immer rascher verflüchtigenden Vermögenswerte in immer größere Panik verfiel. Doch außer beruhigenden Reden leistete Hoover wenig, um die Krise zu meistern. Er vertraute auf die »Selbstheilungskräfte des Marktes«. Die aufkommende Wirtschaftskrise kostete ihn die Wiederwahl. Nun lag es an seinem Nachfolger Franklin D. Roosevelt, mit massiven Eingriffen in die Wirtschaft die Große Depression und eine der schwersten wirtschaftlichen und politischen Krisen der USA zu überwinden.

In Deutschland bekam die Weimarer Republik, die sich seit Mitte der Zwanzigerjahre zu erholen schien, mit der anschließenden Wirtschaftskrise ihren entscheidenden Schlag. Der wirtschaftliche Aufschwung seit Einführung der Rentenmark Ende 1923 war immer gefährdet geblieben. Vor allem US-Kredite und -Investitionen trugen zur Stabilisierung der deutschen Wirtschaft bei. Als diese nach dem Börsenkrach 1929 schlagartig versiegten, begann ein neues Desaster. 1932 gab es vermutlich acht Millionen Arbeitslose, offiziell wurden nur sechs Millionen angegeben. Die Tür zum endgültigen Aufstieg Adolf Hitlers und der Nationalsozialisten war nun weit offen.

Carl Fürstenberg starb am 9. Februar 1933, nur zehn Tage nachdem Adolf Hitler zum Reichskanzler ernannt worden war.

Der Amerikanische Traum
James Truslow Adams (1878 – 1949)

Mitten in der Weltwirtschaftskrise Anfang der Dreißigerjahre, die in den USA die Große Depression genannt wurde, prägte der amerikanische Historiker und Schriftsteller James Truslow Adams den Begriff vom American Dream. Adams hatte während des Ersten Weltkriegs dem militärischen Geheimdienst der USA angehört und nahm später an den Friedensverhandlungen in Versailles als Delegierter der USA teil.

In seinem 1931 erschienenen Buch *The Epic of America* bezeichnete er den Amerikanischen Traum als Amerikas besonderes Geschenk an die Menschheit. Er beschrieb ihn als den Traum von einem Land, das für jeden ein besseres, reicheres und erfülltes Leben biete, mit Chancen für jeden, entsprechend seinen Fähigkeiten und Leistungen.

Adams fügte hinzu, es sei ein Traum, den die höheren Schichten in Europa kaum nachvollziehen könnten, und, so räumte er ein, auch viele Amerikaner zweifelten daran. Der Amerikanische Traum sei nicht bloß ein Traum »von Autos und hohen Löhnen«, sondern der »von einer Gesellschaftsordnung«, in der jeder Mann und jede Frau in der Lage sei, das Höchste zu erreichen, wozu sie fähig sind, und von anderen als das anerkannt zu werden, was sie sind, »ungeachtet der zufälligen Gegebenheiten ihrer Geburt oder Position«.

Der Amerikanische Traum ist vielschichtig. Zweifellos gehört zu ihm der Traum vom Reichtum ebenso wie die nahezu endlose Weite des Landes, dessen Schätze nur darauf zu warten schienen, dass jemand kommt, um sie zu nutzen oder sich zu nehmen.

So sah es auch der Berliner Geschäftsmann Ludwig Max Goldberger 1902 nach einer achtmonatigen Reise quer durch die USA. Kurz vor seiner Abreise in New York von einem Journalisten der Associated Press zu seinen Eindrücken befragt, antwortete er: »Europa muss wach bleiben. Amerika ist das Land der unbegrenzten Möglichkeiten.«

Zurück in Deutschland popularisierte Goldberger seine Aussage durch seine Veröffentlichungen in der Berliner Zeitschrift *Die Woche* und in einem 1903 erschienenen Buch mit seiner Aussage als Titel. Für Goldberger lagen »die unbegrenzten Möglichkeiten« der Vereinigten Staaten vor allem in ihrem Reichtum an natürlichen Ressourcen. Goldbergers Diktum wurde im deutschen Sprachraum zum geflügelten Wort und zum Synonym für die Vereinigten Staaten.

Zweifellos, der Amerikanische Traum ist eng verknüpft mit Wachstum, Ausbreitung, Aneignung. Doch er umfasst weit mehr.

So ist er nicht zu denken ohne die Idee tatsächlich geschützter und gelebter Freiheit des Individuums. Die Puritaner, die von Anfang an wesentlich die Mentalität des allmählich entstehenden amerikanischen Volkes prägten, waren vor religiöser Unterdrückung und Verfolgung aus ihrer Heimat England und Schottland geflohen. Andere, vor allem protestantische Religionsgemeinschaften folgten: Quäker, Calvinisten, Hugenotten. Sie alle suchten ein Land, in dem sie ihre Religion frei ausüben konnten. Aber auch politisch Verfolgte suchten ein neues und besseres Leben in den USA. Es ist kein Zufall, dass an der Ende 1886 eingeweihten Freiheitsstatue aus dem Gedicht »The New Colossus« von Emma Lazarus die Worte zu lesen sind: »Gebt mir Eure Müden, Eure Armen, Eure geknechteten Massen, die frei zu atmen begehren.«

So kamen Mitte des 19. Jahrhunderts Hunderttausende Iren infolge der großen Hungersnot in Irland nach mehreren Kartoffelmissernten. Andere kamen, weil in den USA der Reichtum lockte. In Kalifornien war der Goldrausch ausgebrochen. Er war und ist Sinnbild für die größte Verheißung des Amerikanischen Traums: vom Tellerwäscher zum Millionär aufzusteigen, »from rags to riches«, wie die Amerikaner sagen.

Spätestens über die amerikanische Massenkultur strahlte der Amerikanische Traum im 20. Jahrhundert bis in die hintersten Winkel der Welt aus. Amerikanische Musik, amerikanische Konsumprodukte, amerikanischer Film. Sie erzählen von dem Land, in dem alles möglich zu sein scheint.

»Die Universalität des amerikanischen Films hat mit der universalistischen Gesellschaft dort zu tun«, erklärte der deutsche Regisseur Hark Bohm einmal über den amerikanischen Film. »Da gab es Skandinavier, da waren Latinos, Iren, Franzosen. Filme mussten für alle verständlich sein. Deshalb sind archaisch und mythisch geprägte Geschichten dort so wichtig. Sie werden von allen verstanden. Auch heutige Filmemacher wie Coppola und Spielberg sind mit mythischen Strukturen auf das Innigste vertraut.«

Die amerikanische Nation, dieses Gemisch aus vielen Völkern, ist in ihrer Universalität tatsächlich unerreicht. Denn der Amerikanische Traum ist auch ein Zurücklassen der Verkrustungen des damaligen Europa, das geprägt war von Obrigkeitsdenken und Konventionen.

Die Haltung der meisten Amerikaner zum Staat ist daher auch eine gänzlich andere als die des Europäers. Der Staat steht im Dienste aller und hat sich aber ansonsten so gut wie gar nicht in den Alltag und in die Belange seiner Bürger zu mischen und ist für viele Amerikaner im Grunde nur dazu da, die Freiheit des Einzelnen zu schützen. Dieses Versprechen trug bereits die Unabhängigkeitserklärung 1776, noch Jahre vor der Französischen Revolution.

Anders als in Europa wird vom Staat weit weniger ein sicherndes soziales Netz oder eine umfassende Versorgung gefordert. Für viele Amerikaner gilt ganz im Geiste der Puritaner: Hilf dir selbst, dann hilft dir Gott! Dieser Geist ist eng verwoben mit der amerikanischen Pioniermentalität, jedes Problem, jedes Hindernis sofort anzupacken, um es zu lösen oder zu überwinden.

Dazu gehört auch die Mobilität. Amerikaner wechseln ihre Wohnorte und ihren Job eher als Europäer. Sie sind sehr viel schneller bereit, nach Niederlagen und Katastrophen wieder aufzustehen und erneut nach Großem zu streben. Denn wer strauchelt, bekommt eine neue Chance.

Das Land, das es geschafft hatte, die Vielfältigkeit unzähliger Kulturkreise zu absorbieren und unter dem Dach einer Nation zu vereinen, brachte zuweilen wenig Verständnis auf für Sperrigkeit und Zwischentöne. In der Weltpolitik des 20. Jahrhunderts ging es den Amerikanern um das rasche Anpacken von Problemen. Langes Reden lag ihnen nicht. Erst recht nicht, wenn es um die eigene Sache ging.

Doch letztlich gelten vielleicht auch für das 21. Jahrhundert die Worte, die Winston Churchill zugesprochen werden: »Amerikaner tun am Ende immer das Richtige. Nachdem sie vorher alle anderen Möglichkeiten ausprobiert haben.«

23 Das Einzige, was wir zu fürchten haben, ist die Furcht selbst.
Franklin Delano Roosevelt (1882 – 1945)

Fast wäre es nicht zu Roosevelts Amtsantritt gekommen und dann hätte er zu diesem Anlass auch nicht die berühmten Worte gesagt: »Das Einzige, was wir zu fürchten haben, ist die Furcht selbst.«

Die Rede ist nicht von Roosevelts Krankheit. 1921 war er mit 39 Jahren plötzlich schwer an Kinderlähmung erkrankt. Mit eisernem Willen und unterstützt von seiner Ehefrau Eleanor gelang es ihm, in den nächsten drei Jahren zu genesen. Doch er blieb sein Leben lang auf schwere Beinschienen und den Gebrauch des Rollstuhls angewiesen.

Was Roosevelts Amtsantritt zum amerikanischen Präsidenten fast verhindert hätte, war ein Attentat. Ein italienischer Einwanderer schoss zwei Wochen zuvor in Miami auf ihn. Roosevelt blieb unverletzt, doch Anton Cermak, Bürgermeister von Chicago, der zu seinen Begleitern gehörte, wurde getroffen und starb.

Roosevelt stammte aus einer wohlhabenden und alteingesessenen Ostküstenfamilie. Sein Vater war ein erfolgreicher Geschäftsmann, seine Mutter kam ebenfalls aus einflussreichem Haus. Roosevelt war ein entfernter Cousin von Theodore Roosevelt und heiratete eine Nichte von ihm: Eleanor.

Als Franklin D. Roosevelt amerikanischer Präsident wurde, steckte das Land in der vermutlich tiefsten Krise, die es in Friedenszeiten je erlebt hatte. Nach dem Börsenkrach von 1929 und der wirtschaftlichen Talfahrt, die daraufhin die US-Wirtschaft und die Weltwirtschaft ergriff, hatte Roosevelts Vorgänger Herbert Hoover auf die »Selbstheilungskräfte des Marktes« vertraut. Doch diese versagten. Massenarbeitslosigkeit war die Folge. Auf dem Höhepunkt der Wirtschaftskrise zwischen 1932 und 1933 waren mehr als 15 Millionen Amerikaner arbeitslos, ein Viertel der arbeitsfähigen Bevölkerung.

Für die Menschen auf dem Land kam es besonders schlimm. Durch die Wirtschaftskrise waren die Preise für Getreide verfallen, Bauern ließen die Früchte auf den Feldern verdorren, die sie zuvor der Natur abgerungen hatten. Dann kam die Dürre. Es fehlte an Präriegras, das zuvor den Staub aufgefangen und mit tiefen Wurzeln die Erde festgehalten hatte. Dunkle Staubstürme fegten über das Land. »Staubschüssel« (Dust Bowl) nannten die Menschen die weiten Ebenen in Kanada, in den Great Plains, in Oklahoma und Arkansas. Viele Menschen wussten bald nicht mehr, wovon sie leben sollten. Schließlich hieß es, man könne im fernen Kalifornien Arbeit finden, und so machten sich viele Familien auf den langen Weg. Woody Guthries Dust-Bowl-Balladen besangen ihr Schicksal, auch der Millionenbestseller *Früchte des Zorns* von John Steinbeck erzählte von ihnen.

Aus dem Präsidentschaftswahlkampf 1932 ging Roosevelt, der sich als Gouverneur von New York den Ruf eines Reformers erworben hatte, als Sieger hervor. Er gewann als Kandidat der Demokraten die Wahl gegen den Republikaner Hoover, weil er umfassende Maßnahmen zur Überwindung der Wirtschaftskrise versprach. Zwar legte Roosevelt kein konkretes Programm vor, konnte aber die Wähler davon überzeugen, dass eine Regierung unter seiner Führung sich um die »einfachen Menschen« kümmern werde. Schon am Tag, als er zum Präsidentschaftskandidaten seiner Partei gekürt wurde, versprach Roosevelt einen »new deal for the american people«, also sinngemäß eine Neuverteilung der Karten im amerikanischen Volk. New Deal wurde zum Schlagwort seiner späteren Politik.

Für Roosevelt war die Wirtschaftskrise Aufforderung an die Regierung, diese entschlossen zu bekämpfen und den in Not geratenen Menschen zu helfen. Er umgab sich mit einem ausgesuchten Expertenteam, das als Brain Trust berühmt wurde. Kaum im Amt, setzten Roosevelt und seine Berater das Versprechen des New Deal in die Tat um. Beschäftigungsprogramme wurden auf den Weg gebracht und Hilfen für in Not geratene Farmer bereitgestellt. Arbeitslose halfen in einem freiwilligen Arbeitsdienst bei Aufforstungsmaßnahmen und bei Überflutungen. Der Staat vergab Bauaufträge für öffentliche Gebäude, Straßen und Brücken.

Roosevelt regulierte die Preise landwirtschaftlicher Erzeugnisse und schuf neue soziale Rahmenbedingungen in der Industrie, die zuvor, vor allem unter seinem Vorgänger Herbert Hoover, äußerst große Freiheiten genossen hatte. Mindestlöhne wurden eingeführt und die Wochenarbeitszeit auf 40 Stunden begrenzt, außerdem richtete Roosevelts Regierung eine staatliche Versicherung für Unfall und Invalidität ein. Zum ersten Mal saß in einem US-amerikanischen Kabinett eine Frau. Frances Perkins übernahm in dieser Zeit der Massenarbeitslosigkeit das Amt der Arbeitsministerin und erwarb sich schnell Anerkennung.

1936 bescherten die Amerikaner Roosevelt einen triumphalen Wahlsieg und wählten ihn für eine zweite Amtszeit.

Als einziger US-Präsident wurde Franklin D. Roosevelt gleich viermal ins Amt gewählt, er regierte insgesamt zwölf Jahre. Bis dahin war es eine Art ungeschriebenes Gesetz, begründet durch eine Geste des ersten US-Präsidenten George Washington, der nach zwei Amtszeiten nicht ein drittes Mal antrat, dass ein Präsident nur zwei Amtszeiten regiere. Die außergewöhnlichen politischen Umstände zur Zeit Roosevelts ermöglichten die Ausnahme. Als sich seine zweite Amtszeit dem Ende neigte, tobte der Zweite Weltkrieg und Roosevelt kandidierte ein drittes Mal. Als der Krieg fast gewonnen, aber noch nicht zu Ende war, trat Roosevelt noch einmal an. Erst 1951 wurde durch den 22. Verfassungszusatz die Begrenzung auf zwei Amtszeiten gesetzlich festgelegt.

Roosevelts Satz »Das Einzige, was wir zu fürchten haben, ist die Furcht selbst« klang auch später wieder an in seiner berühmten »Rede von den vier Freiheiten«, die er am 6. Januar 1941 zur Lage der Nation im US-Kongress hielt. Auf den vier Freiheiten, die er darin skizzierte, sollte eine zukünftige sichere und friedliche Welt aufgebaut werden. Gemeint waren die Freiheit der Rede, die Freiheit, dass jeder überall auf seine eigene Weise Gott verehren kann, die Freiheit von Not, die jeder Nation »gesunde Friedensverhältnisse für ihre Einwohner gewährt« und die Freiheit von Furcht. Die Freiheit von Furcht bedeutete für Roosevelt auch nachhaltige Abrüstung. Die Rede von den vier Freiheiten wurde zur theoretischen Basis der bald geschmiedeten Allianz gegen das Dritte Reich und nach dem Krieg für die Gründung der Vereinten Nationen.

Am 12. April 1945, seinem Todestag, hatte Roosevelt noch an dem Manuskript einer Rede gearbeitet, die er am Jefferson Day halten wollte. Darin hieß es: »Heute stehen wir der alles beherrschenden Tatsache gegenüber, dass, wenn die Zivilisation überleben soll, wir die Wissenschaft der menschlichen Beziehungen pflegen müssen – die Fähigkeit aller Völker, jeder Art, in derselben Welt zusammenzuleben und zusammenzuarbeiten, für den Frieden.«

24

Flink wie Windhunde, zäh wie Leder, hart wie Kruppstahl
Adolf Hitler (1889–1945)

Da stand er. Zu Tausenden waren sie angetreten zum Appell. Nun blickte er auf sie, sah ins weite Rund und seine Augen ruhten auf einer geometrisch geordneten uniformierten Masse. Vor ihm stand »seine« Jugend: die Hitlerjugend. Sie schien ein einziger Körper zu sein, zur Verfügung für sein Ziel.

An diesem 14. September 1935 in Nürnberg war Adolf Hitler der uneingeschränkte Herrscher eines binnen kurzer Zeit errichteten Führerstaates. Es war der siebte Reichsparteitag der Nationalsozialistischen Deutschen Arbeiterpartei (NSDAP) und der dritte Reichsparteitag, den Hitler und seine Anhänger als Machthaber in Deutschland veranstalteten.

Am 30. Januar 1933 hatte Reichspräsident Paul von Hindenburg

Hitler zum Reichskanzler ernannt. Lange hatte der greise Staatschef gezögert, den »böhmischen Gefreiten«, wie er ihn nannte, zum Regierungschef zu ernennen, doch schließlich den Einflüsterungen seiner Umgebung nachgegeben. In Not war die Republik schon seit jenem 9. November 1918, als Philipp Scheidemann sie nach der Abdankung Kaiser Wilhelms II. ausgerufen hatte. Die wenigen besseren Jahre ab Mitte der Zwanziger, die sogenannten Goldenen Zwanziger, hatten nur kurz Hoffnung auf Stabilität gegeben. Seit der Weltwirtschaftskrise ab 1929 ging es bergab. Deutschland litt bald nicht nur unter Millionen Arbeitslosen und Armut, sondern unter dem Terror rechter und linker Schlägertrupps, gesteuert vor allem von Nationalsozialisten und Kommunisten. Die Weimarer Republik wurde sturmreif geschlagen, und die Wähler entschieden sich in immer größeren Scharen für die radikalen Parteien. Die Demokratie war von zu vielen Deutschen nie wirklich angenommen worden. Autoritäts-, Obrigkeits- und Gruppendenken beherrschten Politik und Gesellschaft.

Bei der Reichstagswahl am 31. Juli 1932 wurden die Nationalsozialisten die stärkste Partei im Reichstag, bekamen jedoch nicht die absolute Mehrheit. Bei der erneuten Wahl am 6. November 1932 verloren sie viele Stimmen, blieben jedoch stärkste Partei.

Als Hitler zum Reichskanzler ernannt wurde, war die Republik mürbe. Er und seine Mitstreiter hatten viel dazu beigetragen. Nach dem Ersten Weltkrieg hatte Hitler sein Rednertalent entdeckt. Er, der aus einfachen Verhältnissen stammte, keine höhere Bildung erfahren hatte und im Zivilleben bislang vollkommen erfolglos geblieben war, beschloss in die Politik zu gehen. In der 1920 neu gegründeten rechtsradikalen Partei NSDAP stilisierte Hitler sich zum »Führer«. Durch Rücksichtslosigkeit, Machtwillen und Instinkt kamen die Nationalsozialisten nach oben. Von Blut und Boden redeten sie, von Volk und Stolz und Ehre. Diejenigen, die die NSDAP gewählt hatten, und die, die nun dazu beitrugen, dass Hitler die Regierungsgeschäfte übertragen bekam, gaben die Macht im Staat in die Hände eines Mannes, der mit seiner Gefolgschaft keinen Hehl daraus gemacht hatte, dass er die demokratische Ordnung der Weimarer Republik abschaffen wollte.

Und genau dies taten Hitler und seine Parteigänger in den nächsten Monaten, und schwer wurde es ihnen nicht gemacht. Bis Ende Juni erfolgte die Auflösung des Reichstages, danach durch eine Verordnung, unterzeichnet von Hindenburg, die Einschränkung der Presse- und Versammlungsfreiheit. Ende Februar brach eine Terrorwelle los. Der Reichstag war angezündet worden. Wer die Brandstifter waren, gilt als ungeklärt. Die Nationalsozialisten nutzten die Gelegenheit, um vor allem Kommunisten zu verhaften, zu foltern und zu töten. Seit dem 22. März 1933 ging in Dachau das erste Konzentrationslager seiner grausamen Arbeit nach. Es folgten das Ermächtigungsgesetz, das der Reichsregierung die Befugnis zur Gesetzgebung verlieh, die »Gleichschaltung« der Länder mit dem Reich, die die Landesparlamente auflöste, Boykottmaßnahmen gegen jüdische Geschäfte, Bücherverbrennungen, das Verbot der SPD. Das alles geschah in Deutschland innerhalb eines halben Jahres. Widerstand gab es kaum. Die Mehrheit der Deutschen begrüßte die eintretenden »geordneten« Verhältnisse.

Vieles von dem nun einsetzenden Wirtschaftsaufschwung gründete auf Maßnahmen, die bereits Vorgängerregierungen geplant hatten. Außerdem profitierte Hitler von einer sich verbessernden Weltwirtschaftslage. Die Arbeitslosenzahlen reduzierte das Regime durch umfangreiche Arbeitsbeschaffungsmaßnahmen. Alles wurde erkauft durch eine gigantische Staatsverschuldung. In den ersten sechs Jahren von Hitlers Regierung vervierfachten sich die Staatsschulden.

Doch die breite Bevölkerung wusste das nicht und es kümmerte sie nicht. Die »nationale Erhebung«, wie die nationalsozialistische Propaganda ihre Aufgabe nannte, machte die Deutschen nach der Schmach des verlorenen Krieges und des Versailler Vertrages wieder stolz und ließ sie optimistisch in die Zukunft blicken. Waren sie ein auserwähltes Volk, wie es ihnen die Nationalsozialisten suggerierten?

Teil der nationalsozialistischen Ideologie war ein Menschenbild, das sich aus Sozialdarwinismus, Rassismus und Antisemitismus zusammensetzte. Schon in seinem programmatischen Buch *Mein Kampf*, das er zum Teil in Festungshaft nach dem gescheiterten Putsch von 1923 diktiert hatte, hatte Hitler seine rassistischen und antisemitischen Ansichten dargelegt.

Die Deutschen gehörten für ihn der überlegenen nordischen Rasse an. Und sie mussten sich dessen bewusst sein.

An besagtem 14. September 1935 in Nürnberg brüllte Adolf Hitler daher seine Forderung an die deutsche Jugend heraus: »Der deutsche Junge muss schlank und rank sein. Flink wie Windhunde, zäh wie Leder, hart wie Kruppstahl. Wir müssen einen neuen Menschen erziehen, auf dass unser Volk nicht an den Degenerationserscheinungen der Zeit zugrunde geht.«

Das überlegene Volk, die »Herrenrasse«, wie die Nationalsozialisten sagten, musste erzogen werden zu Größe. Im Laufe der zwölf Jahre nationalsozialistischer Herrschaft entstand schließlich ein vielschichtiges System der Herrenrassenpolitik. Gefördert wurde massiv, dass gesunde deutsche Frauen möglichst viele Kinder zur Vermehrung der »deutschen Rasse« gebaren. Vor allem die Söhne wurden als Soldaten gebraucht. Hitlers Gefolgsmann, SS-Chef Heinrich Himmler, entwickelte das Projekt Lebensborn, in dem blonde und blauäugige Frauen betreut wurden und anonym Kinder zur Welt brachten, die man zur Adoption weitervermittelte. Später ließ Himmler für das Projekt in den besetzten Gebieten »arisch« aussehende Kinder verschleppen.

Während man die Herrenrasse »züchten« wollte, sollten Menschen, die ihr nicht angehörten, als »unwertes« Leben vernichtet werden. Daraus entwickelte sich schließlich das umfassende und organisierte Töten von Juden, Sinti und Roma, das »Töten durch Arbeit« von »minderwertigen Völkern« in besetzten Gebieten wie in Polen und der Sowjetunion sowie das Ermorden von Behinderten und Homosexuellen.

Zu Beginn des 20. Jahrhunderts hatten Rassefragen Hochkonjunktur. Auch in den Wissenschaften, wo 1883 von Francis Galton, einem Vetter Charles Darwins, der Begriff »Eugenik« geprägt wurde. Galton verstand unter Eugenik einen »wissenschaftlichen Ansatz«, der versuchte, durch Zucht den Anteil gut zu bewertender Gene in einer Population von Menschen zu erhöhen. In Deutschland gebrauchte man den Begriff »Rassenhygiene«.

Die Eugenik- beziehungsweise die sogenannte Rassenhygiene-Bewegung fand Anhänger nicht nur in Deutschland, sondern in Frankreich, Großbritannien und den USA. Für die Nationalsozialisten und ihre Rassenideologie kamen diese äußerst umstrittenen Ansätze gerade recht.

Einen Tag nach Hitlers Rede verabschiedeten die Nationalsozialisten am 15. September 1935 die Nürnberger Rassengesetze. Sie markierten einen weiteren Schritt in der rücksichtslosen Herausdrängung jüdischer Mitbürger aus der Gesellschaft. Juden durften keine »Arier« (der Oberbegriff, den die Nationalsozialisten für die von ihnen ernannte »Herrenrasse« gebrauchten) mehr heiraten. Juden durften keinerlei sexuelle Beziehungen mehr mit Deutschen eingehen. Am Ende des Weges stand die systematische Ermordung von sechs Millionen Juden.

Die Deutschen, die Hitler und seine Anhänger als eine genetische Einheit verstanden, was an sich schon krude genug war, hatte Hitler ausersehen für das, was für ihn der Sinn des Lebens war: Kampf! Das Volk, das er in seiner mystisch-dunklen Sicht der Welt mit seinem Kampf verband, ja das er durch Vorsehung mit seinem Schicksal verbunden glaubte, war das deutsche.

Der Titel *Mein Kampf* für Hitlers Buch, das seine Ideologie darlegte, war nur folgerichtig. Schon darin sprach er vom Kampf der Völker. Kampf war alles für ihn. Und ging der Kampf verloren, hatte die Vorsehung es so gewollt. Nach dieser Logik konnte Hitler, egal was er tat, keinen Fehler machen. Die Deutschen konnten nur siegen oder untergehen. Als der Zweite Weltkrieg verloren ging, hatte sich für ihn das deutsche Volk als das schwächere erwiesen.

Wem die Stunde schlägt
Ernest Hemingway (1899–1961)

Es ist die Liebesgeschichte zwischen dem amerikanischen Sprengstoffexperten Robert Jordan, der sich freiwillig auf der Seite der republikanischen Kräfte im Spanischen Bürgerkrieg gemeldet hatte, und der jungen Spanierin Maria. Sie gehört zu der Gruppe von Kämpfern, die ihm ermöglichen sollen, eine Brücke zu sprengen, um die Putschisten unter General Franco aufzuhalten.

Die Geschichte, die Ernest Hemingway in dem Roman *Wem die Stunde schlägt* (*For Whom the Bell Tolls*) erzählt, ist wahrscheinlich nur eine von zahlreichen Liebesgeschichten zwischen Einheimischen und Freiwilligen aus aller Welt, die in Spanien die republikanische

Sache verteidigen wollten. Doch diese fiktive Liebesgeschichte wurde berühmt, erst als Buch, dann 1943 als Film mit Ingrid Bergman und Gary Cooper.

Der Spanische Bürgerkrieg war im Juli 1936 ausgebrochen. Umstände und Verlauf sind in vielerlei Hinsicht bemerkenswert. Denn dieser Krieg markierte einen ersten Höhepunkt der Auseinandersetzungen, die Europa seit Ende des Ersten Weltkriegs in Unruhe versetzten.

Im Kern ging es in jenen Jahren zwischen den beiden Weltkriegen immer wieder um die Frage, ob die beste Staatsform eine pluralistische und offene Gesellschaft ist, in der Gewaltenteilung praktiziert wird (dies forderten die Anhänger der Demokratie), oder ob in einem Staat alle Gewalt in den Händen einer Gruppe oder sogar eines Einzelnen gebündelt sein soll (dies forderten die Befürworter sowohl faschistischer als auch kommunistischer Staatsentwürfe). Aus dem ehemals zaristischen Russland war die kommunistische Sowjetunion geworden und Wladimir Iljitsch Lenin versuchte schon früh, die Revolution zu exportieren. In Italien war hingegen Benito Mussolini 1922 an die Macht gelangt und formte das Land nach und nach in einen faschistischen Führerstaat um. In Deutschland übernahm 1933 Adolf Hitler die Regierung, rief das »Tausendjährige Reich« aus und erhob sofort den Nationalsozialismus – eine Variante des Faschismus – zur Staatsideologie. Auch in den Demokratien Europas fanden nach dem Ersten Weltkrieg faschistische und kommunistische Ideen infolge gesellschaftlicher Umbrüche und wirtschaftlicher Krisen viele Anhänger.

In das 20. Jahrhundert war Spanien als ein Weltreich im Niedergang getreten. Im Spanisch-Amerikanischen Krieg von 1898 hatte man nahezu alle bedeutenden kolonialen Besitzungen verloren. Kuba, Puerto Rico und die Philippinen mussten an die USA abgetreten werden. In Spanien verstärkten die Ereignisse die soziale und politische Zerrissenheit. Die Jahre nach der militärischen Niederlage, nach »El Desastro«, stürzten die spanische Gesellschaft in eine tiefe Krise. Von dem einstigen Weltreich blieben nur noch Enklaven und Landstriche übrig, meist in Nordafrika.

Vor allem die soziale Ungleichheit machte das Land zunehmend zu einem Pulverfass. Als das neutral gebliebene Spanien während des

Ersten Weltkriegs Rohstoffe an die Kriegsparteien lieferte, ließen die Eliten – Kirche, Großgrundbesitzer und Armee – die Arbeiter und Landarbeiter an dem daraus resultierenden Aufschwung nicht teilhaben. 1921 kam es in Marokko zur militärischen Katastrophe von Annual. Über 10 000 spanische Soldaten wurden von aufständischen Rifkabylen, Angehörigen eines Berberstamms, getötet. Nur noch die Enklaven Ceuta und Melilla konnten gehalten werden. In Spanien stimmte König Alfons XIII. 1923 einer Diktatur durch General Miguel Primo de Rivera zu, um die Staatskrise zu beenden. Reformen beruhigten in den nächsten Jahren die Lage. Doch am 12. April 1931 gewannen die republikanischen Kräfte vor allem in den großen Städten die Kommunalwahlen. Zwei Tage später, am 14. April, wurde die Zweite Republik ausgerufen (die Erste Republik hatte 1873 bis 1874 für 23 Monate bestanden). Der König verließ das Land. Der liberalkonservative Politiker Niceto Alcalá Zamora wurde Staatspräsident, eine neue Verfassung ausgearbeitet. Eine Koalition linker Parteien übernahm die Regierung. Das Land blieb zerrissen, die politisch motivierte Gewalt nahm zu. Zamora bekämpfte die Kirche und die Militärs, die von ihm als Hauptfeinde der Republik angesehen wurden. Nach den Wahlen von 1933 regierte eine Mitte-Rechts-Koalition. Dann siegte bei den Wahlen im Februar 1936 die Volksfront, ein Bündnis aus gemäßigten Republikanern, Sozialisten, Kommunisten und Anarchisten. Die Lage im Land verschärfte sich. Straßenschlachten wurden Alltag, ebenso politische Morde.

Der Spanische Bürgerkrieg begann am 17. Juli 1936 mit einer Militärrevolte der spanischen Truppen in Marokko. Schnell griff sie auf die Armee auf dem spanischen Festland über. Der Anführer und Initiator des Putsches, General Sanjurjo, starb bei einem Flugzeugabsturz auf dem Weg aus dem Exil zurück nach Spanien. Ein Triumvirat aus drei Generälen versuchte sofort das Machtvakuum zu beseitigen. Einer dieser Generäle war Francisco Franco. Er wurde rasch zum Oberbefehlshaber der nationalen und antirepublikanischen Kräfte. Hinter Franco vereinten sich Kirche, Großgrundbesitzer, Konservative und Faschisten. Aufseiten der Republikaner standen Sozialisten, Demokraten und Kommunisten. Am 18. Juli rief die kommunistische Politikerin Dolores Ibárruri, wegen ihrer leidenschaftlichen Reden

»La Pasionaria« genannt, in einer Rundfunkrede die Worte »No pasaran!« (Sie werden nicht durchkommen!) aus, die zur Parole der republikanischen Kräfte wurden. Am 20. Juli machte die republikanische Regierung mobil und begann Waffen an die Bevölkerung zu verteilen.

Franco, Sohn eines Marineoffiziers, war 1926 mit nur 33 Jahren zum jüngsten General Spaniens ernannt worden. Beim Putsch war Franco zunächst ein Zauderer gewesen. Andere Generäle trieben die Umsturzpläne voran.

Die Putschisten, denen sich die Mehrheit des Offizierskorps und der einfachen Soldaten anschloss, konnten rasch weite Teile des ländlichen zentralen Spaniens unter ihre Kontrolle bringen. Bedeutende Städte jedoch wie Madrid oder Barcelona sowie Regionen wie das Baskenland und Katalonien widersetzten sich.

Auf beiden Seiten griffen nun die beiden totalitären Strömungen jener Tage ein. Auf der Seite der nationalistischen Kräfte stand das faschistische Italien unter Benito Mussolini und das nationalsozialistische Deutschland unter Adolf Hitler. Sowohl Mussolini als auch Hitler sandten schließlich Truppen. Zunächst half Hitler mit Materiallieferungen und Flugzeugen, um Francos Soldaten aus Marokko nach Spanien zu bringen. Später kämpfte ein deutsches Expeditionskorps, die Legion Condor, aufseiten Francos. Flugzeuge der Legion Condor bombardierten 1937 den baskischen Ort Guernica, etwa 2000 Menschen kamen ums Leben.

Die Sowjetunion unterstützte die republikanischen Kräfte. Die umfangreichsten Materiallieferungen kamen von Stalin. Auch stalinistische Kader trafen ein, die erbarmungslos in den Reihen der republikanischen Kräfte gegen jene wüteten, die nicht moskautreu waren. Auf republikanischer Seite zogen außerdem etwa 35 000 Freiwillige aus aller Welt ins Feld, sie stellten die Internationalen Brigaden. Die Westmächte hielten sich mehr oder weniger aus dem Krieg heraus.

In *Wem die Stunde schlägt* verarbeitete Hemingway seine eigenen Erfahrungen als Kriegskorrespondent während des Spanischen Bürgerkriegs und seine Erlebnisse im Ersten Weltkrieg. Den Titel des Romans entnahm Hemingway einem Text des englischen Dichters John Donne (1572–1631). Hemingway stellt Auszüge aus dessen »Meditation XVII«, erschienen 1623 in *Devotions upon Emergent*

Occasions, voran: die berühmten Worte »No Man is an Island, entire of itself« (Niemand ist eine Insel, ganz für sich), was der Ursprung des geflügelten Wortes »Keiner ist eine Insel« war, und »because I am involved in mankind; and therefore never send to know for whom the bell tolls; it tolls for thee« (weil ich ein Teil der Menschheit bin, verlange ich darum nie zu wissen, wem die Glocke schlägt; sie schlägt dir).

Der Titel des Romans steht für die Opferung der eigenen Person für eine gemeinsame Sache, die man für gerecht hält. Robert Jordan, der Held von Hemingways Roman, weiß, dass er die Erfüllung des Auftrags, eine Brücke zu sprengen, nicht überleben wird. Und auch seine Kameraden gehen die Aufgabe an, in der sicheren Erwartung, dass an ihrem Ende ihr Tod stehen wird.

Das Buch erschien 1940, ein Jahr nach Endes des Bürgerkriegs. Franco hatte gesiegt und errichtete eine Diktatur. Zehntausende wurden inhaftiert, Zehntausende hingerichtet.

Während des Zweiten Weltkriegs verstand Franco es geschickt, Spanien mehr oder minder aus den Kämpfen herauszuhalten. Seinen ehemaligen Helfern bei seinem Kampf um die Macht, Hitler und Mussolini, versagte er weitgehend die Unterstützung, obwohl gerade Hitler heftig um Francos Kriegseintritt aufseiten der Achsenmächte warb.

Francisco Franco blieb bis zu seinem Tod am 20. November 1975 Diktator von Spanien. Nach seinem Tod gelang der friedliche Übergang zur Demokratie unter König Juan Carlos I.

Asien den Asiaten! 26
Japanischer Propagandaslogan

Nach dem großartigen Sieg gegen die russische Armee und Marine drängten die Generale und Berater den Kaiser, nachzusetzen. Doch der Kaiser wusste, Japan war erschöpft. Der Krieg hatte Bevölkerung und Wirtschaft alles abverlangt. Der Kaiser wollte Frieden. Die Japaner nahmen Verhandlungen mit Russland auf.

So geschah es im Mai 1905 unter Kaiser Mutsuhito. Seit Ende des 19. Jahrhunderts verfolgte Japan imperiale Machtansprüche in Ostasien. Sie mündeten darin, dass diese Region der Welt zu einem Schauplatz der Katastrophe des Zweiten Weltkriegs wurde.

Wie von Deutschland ging von Japan ein erheblicher Anteil der Schrecken des 20. Jahrhunderts aus, wie Deutschland war Japan zu Beginn des 20. Jahrhunderts eine verspätete Großmacht. Jahrhundertelang hatte das Inselreich sich mehr oder minder strikt vom Rest der Welt abgeschottet. Erst als der amerikanische Kommodore Matthew Perry 1854 mit einer Flotte von vier Schiffen in den Hafen von Tokio, dem damaligen Edo, einlief, änderte sich die Situation. Im Gepäck hatte Perry einen Brief des US-Präsidenten Millard Fillmore, in dem dieser Japan aufforderte, in Handelsbeziehungen mit den Vereinigten Staaten zu treten. Die Japaner beugten sich dem Druck. Doch die Erfahrung, der amerikanischen Macht nichts entgegensetzen zu können, hinterließ einen tiefen Schock.

Der junge Kaiser Mutsuhito hatte 1867 als 14-Jähriger den Thron bestiegen. Damit endete die über 250 Jahre dauernde Regentschaft der Shogune, Heerführer aus der Kriegerkaste der Samurai, die in ihrem Rang etwa einem Herzog entsprachen. Kaiser Mutsuhito stellte seine Regierungszeit unter das Motto Meiji, was übersetzt »erleuchtete Herrschaft« bedeutet. Traditionell bezeichnet die Devise des jeweiligen Kaisers seine Ära und bestimmt seinen Namen als Kaiser, den er nach seinem Tod verliehen bekommt. So wurde Kaiser Mutsuhito nach seinem Tod der Meiji-Tenno, sein Nachfolger Yoshihito der Taisho-Tenno (Taisho steht für »große Gerechtigkeit«) und Kaiser Hirohito wurde nach seinem Tod zum Showa-Tenno (Showa steht für »glänzende Harmonie«).

Während der Meiji-Ära hielt die Moderne in Japan Einzug. In den 44 Jahren, die Kaiser Mutsuhito regierte, erhielt das Land ein Parlament, 1889 eine Verfassung. In den nachfolgenden Jahren entwickelte sich der Staat zu einer konstitutionellen Monarchie. Zunächst zeigte der junge Kaiser zwar wenig Interesse am politischen Alltag und widmete sich lieber seinen musischen und lyrischen Neigungen, wurde dann aber nach und nach zu einer treibenden und ausgleichenden Kraft bei der Reformierung des Staatswesens.

Die Meiji-Verfassung und die Umgestaltung von Staat, Finanzwesen sowie Militär hatten preußische Reformen zum Vorbild. Um 1900 kam der Begriff von den »Preußen Asiens« auf. Die Basis für den wirtschaftlichen und technischen Aufstieg Japans zu einer der am weitesten entwickelten Industrienationen der Welt war auf Betreiben und mit tatkräftiger Unterstützung des Kaisers gelegt worden.

Die Westorientierung Japans ging allerdings auch einher mit der Übernahme von Prinzipien europäischer Außenpolitik, die in jener Zeit durch koloniale und nationalistische Züge bestimmt war.

Japan versuchte Macht auf dem asiatischen Festland zu gewinnen, zunächst auf der nahe gelegenen koreanischen Halbinsel, was zum Konflikt mit dem chinesischen Kaiserreich führte, der damaligen Hegemonialmacht in dieser Region. 1894 kam es zum Ersten Japanisch-Chinesischen Krieg. Die Modernisierung von Waffentechnik, Marine und Heeresführung zahlte sich für die Japaner nun aus, sie besiegten das rückständige chinesische Militär. Doch der neue Einfluss der Japaner führte nun zum Konflikt mit Russland, das ebenfalls seine Machtbestrebungen auf Ostasien lenkte, insbesondere auf China selbst.

Als Russland in der Mandschurei und in Korea immer selbstbewusster seinen Einfluss auszudehnen versuchte, entschloss sich der japanische Kaiser Anfang Februar 1904 zum Krieg. Mit dem Überfall auf den russischen Militärstützpunkt Port Arthur am 8. Februar 1904 begannen die Kampfhandlungen. Wie über 37 Jahre später mit dem Überfall auf Pearl Harbour begannen die Japaner den Krieg ohne Kriegserklärung. Im Herbst 1905 hatte die russische Armee nach zahlreichen blutigen Schlachten wie der Belagerung von Port Arthur oder der Seeschlacht bei Tsushima den Krieg verloren. Auf Vermittlung des amerikanischen Präsidenten Theodore Roosevelt gab Russland im Vertrag von Portsmouth im September 1905 Liaoyang und Port Arthur auf. Die südliche Hälfte der Insel Sachalin trat es an Japan ab, die Mandschurei wurde geräumt. Korea gehörte nun zum Einflussbereich Japans.

In Japan gewann immer mehr eine Denkhaltung Einfluss, die Kokutai genannt wird. Sinngemäß übersetzt beinhaltet der Begriff so etwas wie das Wesen und den Charakter des Volkes, Landes, der Gesellschaft. Der Begriff wurde wichtig für die Selbstdefinition des Reiches im Vergleich mit den Großmächten europäischer Prägung.

Zwar blieb eine genaue Bestimmung des Begriffs Kokutai aus, doch 1929 erklärte das oberste Gericht Japans, dass Kokutai sich auf die Staatsform Japans beziehe mit dem Tenno als ewigem Herrscher an der Staatsspitze. In der Folge wurden liberalere Kräfte mit Verweis auf das Kokutai mundtot gemacht. Mit der »Kampagne zur Klarstellung des Kokutai« sollten japanische Herrschaftsansprüche in Asien und der zunehmende Militarismus ihre theoretische Basis erhalten.

Im Russisch-Japanischen Krieg wurde erstmals die Losung »Asien den Asiaten!« eingesetzt. Es galt, Verbündete gegen Russland zu gewinnen. Im Grunde war es aber der Deckmantel für die japanische Expansion auf dem ostasiatischen Festland. Vor dem Hintergrund aggressiver europäischer Machtpolitik in Asien, insbesondere in China, traf das Motto auch auf Zustimmung außerhalb Japans. Der frühe chinesische Revolutionsführer Sun Yat-sen ließ sich in seinen sozialistischen Ideen früh davon beeinflussen.

Als Kaiser Mutsuhito 1912 starb, folgte ihm sein Sohn Yoshihito nach. Er war aufgrund einer Hirnhautentzündung in der Kindheit geistig und körperlich behindert. Nationalistische Kräfte und die Militärs bekamen in Japan die Oberhand und die japanische Expansion auf dem asiatischen Festland ging weiter. Bereits 1910 war Korea japanische Kolonie geworden. Nach dem Ersten Weltkrieg, in dem Japan auf der Seite der Alliierten gekämpft hatte, übernahm es die deutschen Gebiete in China.

1926 bestieg Hirohito den Kaiserthron. 1931 marschierten japanische Truppen in die Mandschurei ein, wo sie 1932 den Marionettenstaat Mandschukuo errichteten. Propagandaplakate beschworen die friedliche Einheit von Chinesen, Japanern und den Mandschu.

1937 marschierten die Japaner in China ein. Ende des Jahres verübten die japanischen Invasoren in der chinesischen Stadt Nanking ein Massaker, bei dem etwa 200 000 Zivilisten und Kriegsgefangene zum Teil grausam ermordet wurden.

Im gleichen Jahr, da diese Ereignisse stattfanden, veröffentlichte das japanische Bildungsministerium ein Buch mit dem Titel *Kokutai no hongi* (in etwa: die Prinzipien des Kokutai), von dem jeder Lehrer und Professor in Japan ein Exemplar erhielt. Das Buch predigte die Pflicht des japanischen Volkes, dem Kaiser absolut loyal zu sein. In einer gesellschaftlichen Einheit, die einer patriarchalisch geführten

Familie ähnlich ist, habe jeder Japaner Aufgaben und Pflichten zu achten und in einer Weise zur Modernisierung des Landes beizutragen, die sich in Harmonie mit den feststehenden Prinzipien befände. Die Armee habe das Kokutai zu verteidigen und all die niederzuwerfen, die sich der übergeordneten Stellung des Tenno widersetzen.

Das Buch betonte, dass diejenigen Ideen und Werte des Westens aufzunehmen seien, die dem Land »nützten«, Ideen, die Japan technologisch und in begrenztem Maße auch kulturell voranbrachten. Doch Ideen wie Gewaltenteilung, Demokratie, Meinungsfreiheit lehnte das Buch ab. Dies alles seien Ergebnisse des Individualismus, der sich nicht mit dem Wesen des Kokutai vertrage.

Im September 1940 schloss Japan den Dreimächtepakt mit Deutschland und Italien, die Welt wurde darin in »Großräume« aufgeteilt. Das Motto »Asien den Asiaten!« bekam einen neuen Schub. Parlament und Parteien spielten mittlerweile in Japan keine Rolle mehr. Nach einem gegenseitigen Neutralitätspakt mit der Sowjetunion 1941 schien das Kaiserreich den Rücken frei zu haben, um die USA aus dem pazifischen Raum herauszudrängen. Am 7. Dezember führte der japanische Angriff auf Pearl Harbor zum Eintritt der USA in den Zweiten Weltkrieg. Im Pazifik entbrannte ein blutiger Kampf, der zum Teil von Insel zu Insel geführt wurde. Die Japaner kamen immer stärker ins Hintertreffen. Die abnehmenden Aussichten auf ein gutes Kriegsende für Japan führten noch einmal zur verstärkten Rückbesinnung auf Geschichte und Mythen. Der »Götterwind« (kamikaze), Name eines Sturms, der einst Japan während der Zeit des Shogunats vor einer mongolischen Invasion bewahrt hatte, hielt nun für den tausendfachen Einsatz von Selbstmordpiloten her.

Es war längst zu spät. Doch zur Kapitulation konnte sich Japan erst durchringen, als die Amerikaner am 6. und am 9. August 1945 zwei Atombomben auf die Städte Hiroshima und Nagasaki abgeworfen hatten. Kaiser Hirohito ordnete an, die Forderung der Alliierten nach bedingungsloser Kapitulation anzunehmen. Über das Radio teilte er dies seinem Volk verklausuliert mit. Wenige Monate später, am Neujahrstag 1946, verwarf der Kaiser in einer weiteren Rundfunkrede den Anspruch, ein gottgleiches Wesen zu sein.

27 Arbeit macht frei
Motto am Eingangstor zahlreicher deutscher Konzentrationslager (ab 1933)

Betritt man das Gelände des ehemaligen Konzentrationslagers von Auschwitz durch das Eingangstor, so geht man unter den Worten »Arbeit macht frei« hindurch. Die Großbuchstaben spannen sich als Schmiedearbeit aus Eisen über das Gitter des Doppeltors. Auch an den Eingängen zahlreicher anderer Konzentrationslager wie Dachau, Theresienstadt, Sachsenhausen und Flossenbürg hatten die Nationalsozialisten die Worte anbringen lassen.

In Auschwitz steht das B des Wortes ARBEIT auf dem Kopf. Man erkennt es erst bei genauem Hinsehen. Es heißt, es sei ein versteckter Protest, der auf Initiative von Jan Liwacz zurückging, einem der Häftlinge, die den Schriftzug für das Tor schmieden mussten.

Als früheste nachweisbare Quelle für den Satz »Arbeit macht frei« gilt ein 1872 in Wien veröffentlichter Roman des deutschnationalen Autors Lorenz Diefenbach. Warum dieser Satz in antisemitischen Kreisen populär wurde, ist nicht geklärt. Doch die Bedeutung, die er durch den zynischen Einsatz durch die Nationalsozialisten erhalten hat, ist ein Beispiel für den Missbrauch von Sprache.

Für die Nationalsozialisten war die Sprache ein wichtiges Instrument auf dem Weg zur totalen Herrschaft. Vor allem auf drei Arten ge- beziehungsweise missbrauchten sie sie: Vereinfachung, Überhöhung, Verharmlosung.

Gelenkt wurde die öffentliche Sprache in erster Linie von dem ab März 1933 eingerichteten Reichsministerium für Volksaufklärung und Propaganda unter der Leitung von Hitlers treuem Gefolgsmann Joseph Goebbels, das schließlich die Kontrolle über sämtliche Medien und die Kultur des Reiches ausübte.

Die Vereinfachung gab Goebbels selbst vor, indem er Martin Luther ein Vorbild der Sprachanwendung nannte, der gesagt hatte, man müsse dem Volk aufs Maul schauen, reden, wie das Volk redet. In der Praxis zeigte die Vereinfachung sich vor allem im Fortlassen sämtlicher Differenzierungen. Es gab nur Gut oder Böse, den Freund oder den Feind, den, der zum Volk gehört, und den, der nicht dazugehört.

Besonderes Stilmittel war auch die Überhöhung. Worte wie »fantastisch«, »unerhört« oder »heilig« wurden im Zusammenhang mit der nationalsozialistischen Politik häufig gebraucht. Auch vor der Steigerung von Worten, die grammatikalisch eine Steigerung gar nicht mehr erlaubten, schreckte man nicht zurück: »einmaligste«, »totalste«, »entschiedenste«. Die Überhöhung schloss Entlehnungen aus der religiösen Sprache ebenso ein (»Wir glauben an den Führer«) wie aus dem Fundus des Mythologischen.

Ein weiteres wichtiges Kennzeichen der nationalsozialistischen Sprache war die Verharmlosung. Dies geschah durch den Gebrauch von Worten aus der einen oder anderen Fachsprache oder durch gewöhnliche Euphemismen, also Beschönigungen. Der schlimmste Euphemismus war der der »Endlösung der Judenfrage«, den man für die geplante Ermordung aller Juden erfand.

So wie die Sprache sich zwischen Vereinfachung, Überhöhung und Verharmlosung bewegte, bedienten sich die Nationalsozialisten in der Art und Weise, wie eine Rede gehalten wurde, verschiedener manipulierender Formen. In ein und derselben Rede konnte der Redner ruhig und sachlich sprechen, dann plötzlich drohen oder sogar brüllen. Adolf Hitler und Joseph Goebbels setzten ihre Zuhörer besonders gerne diesem Wechselbad aus. Auch Zynismus, Verhöhnung und Verspottung der Menschengruppen, die man beschlossen hatte kollektiv auszugrenzen, gehörte dazu.

So erklärte Joseph Goebbels in einer Rede 1942 in Nürnberg vor zustimmend lachendem Publikum: »Es wäre ja sehr unklug gewesen, wenn wir vor der Machtübernahme schon den Juden ganz genau auseinandergesetzt hätten, was wir mit ihnen zu tun beabsichtigten (Gelächter). Das war ganz gut (er wird von Beifall unterbrochen), es war ganz gut und zweckmäßig, dass wenigstens ein Teil der Juden dachte, na ganz so schlimm wird es ja nicht kommen. Die reden viel, aber es wird sich ja noch finden, was sie tun werden.«

Es »fand sich« nicht einfach nur, was die Nationalsozialisten schließlich taten, es wurde zielstrebig geplant und in die Tat umgesetzt. Und die meisten Deutschen schauten weg, schwiegen oder halfen mit. Die Ausgrenzung der Juden bekam jeder mit. Einige Wegmarken auf der Straße nach Auschwitz: Ende Januar 1933 an die Macht gekommen, erließen die Nationalsozialisten bereits im April das »Gesetz zur Wiederherstellung des Berufsbeamtentums«, das unter anderem das Herausdrängen von Juden aus der Beamtenschaft regelte. Zuvor waren am 1. April jüdische Geschäfte boykottiert worden. Dann erließ man 1935 die Rassengesetze von Nürnberg, die Juden den sexuellen Kontakt und die Heirat mit »Ariern« verboten. Im Laufe der Zeit wurde Juden das Ausüben von immer mehr Berufen verboten. Juden durften nicht mehr zum Volkseinkommen beitragen, und so schufen die Nationalsozialisten selbst die Voraussetzungen für die Vorwürfe, die sie dann gegen die Juden ins Feld führten: Sie seien – und wieder nutzte man eine besonders herablassende Wortwahl – »Parasiten«.

1938 organisierten die Nationalsozialisten vom 9. auf den 10. November die Pogromnacht gegen jüdische Einrichtungen in ganz Deutschland. Mehrere Hundert Juden wurden getötet, die meisten der über tausend Synagogen und Gebetsstuben zerstört. Etwa 30 000 in jener Nacht verhaftete Juden brachte man in die damals bereits bestehenden Konzentrationslager Dachau, Buchenwald oder Sachsenhausen. Es folgte die »Arisierung« der deutschen Wirtschaft, sprich: die vollständige Enteignung und »Ausschaltung« der Juden.

Mit dem Überfall der deutschen Wehrmacht auf Polen am 1. September 1939 begann dort nicht nur die systematische Entfernung der polnischen Intelligenzija durch Verhaftung, Vertreibung und Ermordung, sondern rasch auch die ungehemmte Verfolgung der gesamten jüdischen Bevölkerung.

Am 30. April 1940 wurde Rudolf Höß Kommandant eines der ersten deutschen Konzentrationslager in den besetzten Gebieten nahe der polnischen Stadt Oświęcim. Ihr deutscher Name: Auschwitz. Die Stadt liegt im äußersten Süden Polens, ungefähr 50 Kilometer westlich von Krakau.

Als Höß in Auschwitz eintraf, hatte man gerade einen Schienenstrang fertiggestellt, der von der knapp zwei Kilometer entfernten Hauptstrecke direkt ins Lager führte. Nun konnten die Züge mit den ankommenden Juden an einer Rampe halten, von der nur 100 Meter entfernt zwei Krematorien standen. Auf der Rampe wurden die oft in tagelanger Fahrt in Güterwaggons transportierten Juden »selektiert«. Manche waren bei der Ankunft bereits tot. Dr. Josef Mengele, der Lagerarzt ab 30. Mai 1943, bestimmte, wer zunächst weiterleben durfte und wer sofort in den Gaskammern umgebracht wurde. In die Gaskammern mussten die Kranken, die Alten, die Kinder, viele Frauen. Je nach Transport wurden bis zu 90 Prozent sofort zur Ermordung überstellt. Die, die man nicht sofort tötete, teilte man zur Zwangsarbeit ein oder quälte sie bei Mengeles oft grauenhaften medizinischen Versuchen.

Die Zwangsarbeit verfolgte das Prinzip »Vernichtung durch Arbeit«. Unter fürchterlichen Bedingungen mussten die Menschen so lange schuften, bis sie nicht mehr konnten. Dann wurden sie erschlagen oder in die Gaskammern gebracht. Juden und Angehörige von Völkern in den von Deutschen besetzten Gebieten trugen so zur Steigerung der Produktion der deutschen Rüstungswirtschaft bei. Deutsche Unternehmen bedienten sich der billigen Arbeitskräfte gerne und ausgiebig. Der Satz »Arbeit macht frei« ist die zynische Überschrift, die die Täter für dieses Verbrechen lieferten.

Die Einrichtung der Gaskammern war das Ergebnis der Suche nach einer Methode, mit der man schnell viele Menschen töten konnte und mit der man gleichzeitig die Sonderkommandos der SS psychisch weniger belastete. Am 15. August 1941 war der Reichsführer SS Himmler bei Minsk Zeuge einer Massenexekution von Juden gewesen. Seine Erlebnisse veranlassten ihn, nach anderen Tötungsarten suchen zu lassen. Die Wahl fiel nach einigem Experimentieren auf Zyklon B, ein Schädlingsbekämpfungsmittel. Zum Denken der Täter, die die Juden als »Schädlinge« sahen, passte das.

Im Herbst 1941 begann man etwa drei Kilometer vom Stammlager Auschwitz I entfernt mit dem Bau des Vernichtungslagers Auschwitz-Birkenau. Ab Juni 1942 war Auschwitz endgültig zur Tötungsfabrik geworden. An manchen Tagen ermordete man über 8000 Menschen.

Eine nochmalige Steigerung des Massenmordens begann in Auschwitz im Sommer 1944. Die meisten Opfer waren nun ungarische Juden, nachdem am 19. März die Wehrmacht in Ungarn einmarschiert war. Das Land war seit 1940 Verbündeter des Dritten Reichs gewesen. Als die Machthaber in Budapest angesichts der herannahenden Roten Armee sich entschlossen, die Seiten zu wechseln, reagierte Hitler prompt. Wie der Historiker Laurence Rees darlegt, konnte Hitler nun zwei Fliegen mit einer Klappe schlagen. Er konnte Rache nehmen, vor allem aber an Ressourcen kommen – das Vermögen der über 250 000 ungarischen Juden.

Am Ende des Dritten Reiches waren über sechs Millionen Juden dem nationalsozialistischen Vernichtungswahn zum Opfer gefallen.

28 Wir müssen uns Sisyphos als einen glücklichen Menschen vorstellen
Albert Camus (1913 – 1960)

Sein Tod passte zu seinem Denken. Mehrfach hatte Albert Camus gesagt, es gäbe nichts Absurderes, als bei einem Autounfall ums Leben zu kommen. Ebendies passierte ihm am 4. Januar 1960 als Passagier eines voll besetzten Autos. Am Steuer saß Michel Gallimard, der Neffe seines Verlegers.

Etwas Absurdes hatte auch der Unfall selbst. Gallimard versuchte auf der Landstraße einem Hund auszuweichen und setzte den Wagen gegen eine Platane, die zur einzigen Baumgruppe weit und breit gehörte. Albert Camus war sofort tot. Gallimard erlag später seinen Verletzungen, die beiden anderen Insassen Anne und Janine, Gallimards Tochter und Frau, wurden ebenfalls verletzt. Der Hund verschwand und wurde nicht mehr gesehen.

Dass der Tod des Denkers des Absurden selbst absurd war – darüber hätte Camus vermutlich gelacht und erklärt, das bestätige sein Denken nur. Der Mensch bewege sich eben im Absurden.

Das Absurde war für Albert Camus der beständige Konflikt zwischen dem nach Sinn suchenden Menschen und der Welt, die keinerlei Sinn enthält.

Camus hatte südfranzösische und mütterlicherseits spanische Wurzeln, doch die Familie lebte seit zwei Generationen in Algerien. Sein Vater war ein Fuhrmann, der aufgrund seiner Tüchtigkeit von Algier in das ländliche Mondovi geschickt worden war, um dort auf den Weingütern seiner Firma als Kellermeister zu arbeiten.

Als Albert noch nicht einmal ein Jahr alt war, brach der Erste Weltkrieg aus. Sein Vater wurde eingezogen und starb kurz darauf an einer Verletzung, die er in der Marneschlacht erlitten hatte. Die Mutter zog daraufhin mit Albert und seinem älteren Bruder Lucien zurück nach Algier in den ärmlichen Stadtteil Belcourt. Es gelang ihr durch harte Arbeit, sich und ihre Söhne durchzubringen. In der Schule entdeckte ein Lehrer, dass Albert außergewöhnlich begabt war. Nur sehr widerwillig stimmten Alberts Mutter und Großmutter zu, dass der Junge ein Gymnasium besuchen durfte. Er bestand die Aufnahmeprüfung. 1931, als er das Gymnasium abschloss, erkrankte er an Lungentuberkulose. Sein ganzes weiteres Leben sollte er daran leiden. Ein Jahr nachdem er 1933 das Studium der Philosophie an der Universität von Algier aufgenommen hatte, trat Camus der Kommunistischen Partei Algeriens bei, verließ sie aber 1937 wieder. In der Zwischenzeit hatte er eine eigene Theatergruppe gegründet.

Als der Zweite Weltkrieg ausbrach, meldete er sich als Freiwilliger bei der französischen Armee, doch man lehnte ihn wegen seiner geschädigten Lunge ab. 1940 ging Camus nach Paris, arbeitete kurze Zeit als Redakteur bei *Paris-Soir*. Trotz materieller Sorgen und des ständigen Wechsels seines Aufenthalts zwischen Frankreich und Algerien begann für Camus nun eine besonders produktive Zeit. Noch vor dem deutschen Einmarsch in Frankreich im Mai 1940 beendete er *Der Fremde*, 1941 im algerischen Oran, dem Heimatort seiner Frau, das Buch *Der Mythos von Sisyphos. Ein Versuch über das Absurde*. Vor der Küste von Oran hatte im Jahr zuvor am 3. Juli Winston Churchill zahlreiche der dort im Kriegshafen Mers-el-Kebir ankernden französischen Kriegsschiffe versenken lassen. Er fürchtete, die Schiffe könnten nach der Niederlage Frankreichs gegen die Wehrmacht in deutsche Hände fallen.

Wie Sartre formulierte Camus sein Denken, seine Ideen in weiten Teilen in belletristischer Prosa, für die er 1957 den Nobelpreis für Literatur erhielt. *Der Mythos von Sisyphos* erschien 1942 und ist neben dem 1951 veröffentlichten Essay *Der Mensch in der Revolte* Camus' philosophisches Hauptwerk.

Für Camus gab es drei Stufen für den Umgang des Menschen mit der Absurdität des Daseins. In der ersten Stufe erkennt er sie, in der zweiten nimmt er sie an, in der dritten revoltiert er gegen sie.

Dem eigentlichen Grund für die Absurdität des Daseins, dem Tod, kann der Mensch letztlich nicht entkommen. Camus zog das Schicksal des griechischen Helden Sisyphos heran. Dem wiesen die Götter die Aufgabe zu, einen Felsblock einen steilen Hang hinaufzurollen. Immer wenn er kurz vor dem Gipfel war, entglitt ihm der Stein und Sisyphos musste seine Arbeit erneut beginnen. Sisyphos' Arbeit hörte nie auf, blieb die gleiche, schien immer wieder fast getan, begann immer wieder von vorn.

Im sinnlosen Tun findet der Mensch dennoch sein Glück. Das ist das Ergebnis, zu dem Albert Camus kam. Die Revolte des Menschen besteht in der Annahme der Sinnlosigkeit seines Tuns. Indem er sich aber diesem eigentlich sinnlosen Tun zuwendet, sich ihm verschreibt, gibt der Mensch seinem Tun einen Sinn.

»Darin besteht die verborgene Freude des Sisyphos. Sein Schicksal gehört ihm. Sein Fels ist seine Sache«, heißt es bei Camus. Und: »Der absurde Mensch sagt ja, und seine Anstrengung hört nicht mehr auf.«

Die Sinnlosigkeit befreit sogar und birgt die Chance zum Glück: »Dieses Universum, das nun keinen Herrn mehr kennt, kommt ihm weder unfruchtbar noch wertlos vor. Jeder Gran dieses Steins, jedes mineralische Aufblitzen in diesem in Nacht gehüllten Berg ist eine Welt für sich. Der Kampf gegen Gipfel vermag ein Menschenherz auszufüllen. Wir müssen uns Sisyphos als einen glücklichen Menschen vorstellen.«

Der Mensch findet Sinn, indem er »sich seinem Leben zuwendet«, indem er wie »Sisyphos, der zu seinem Stein zurückkehrt, die Reihe unzusammenhängender Handlungen, die sein Schicksal werden, als von ihm geschaffen« betrachtet. Dann, so Camus, wird der Mensch Herr seines Schicksals, findet seine Bestimmung.

Das ist nicht weit entfernt vom Existenzialismus Jean-Paul Sartres, der erklärte, dass der Mensch nichts anderes sei als die Summe seiner Handlungen. Doch Camus blieb in seiner Betrachtung näher am Individuum, während Sartre mit besagter berühmter Wendung von der Summe aller Handlungen auch an eine gesellschaftliche Dimension des Menschen dachte. Camus ordnete sein Denken nicht dem Existenzialismus zu. Er nannte es »Philosophie des Absurden«.

Sartre schloss aus seiner Analyse, der Mensch müsse sich von bourgeoiser Rationalität befreien, und begann für den Marxismus zu werben. Camus hingegen war gegen jede Ideologie. Er setzte sich für das Individuum ein. Anders als Sartre, der schließlich dem Schwarz-Weiß-Schema des Denkens während des Kalten Krieges verfiel und Unterdrückung und Terror vornehmlich nur aufseiten seines politischen Gegners ortete, des Bürgertums und des Kapitals, scherte sich Camus nicht um die politische Überzeugung. Für ihn stand das Schicksal des Einzelnen und die Befreiung des unterdrückten Menschen im Mittelpunkt. In seinem konsequenten Humanismus konnte sich Camus keinem politischen Lager anschließen, obwohl er sich dem Sozialismus nahe fühlte. Camus' Ideologieferne machte ihn letztlich verdächtig für alle Seiten. Für die Linken war er ein Bourgeois, für die Rechten ein Linker. Auch weil der erklärte Marxist Sartre angesichts des Kalten Krieges den Terror Stalins rechtfertigte, kam es 1951 zum Bruch zwischen den beiden Denkern.

Camus' Werk ist immer unter dem Eindruck der Gräuel des Nationalsozialismus, aber auch des stalinistischen Terrors zu sehen. Camus setzte sich ebenso für die arabische Bevölkerung Algeriens gegen die französische Herrschaft ein wie für die Widerstandskämpfer im besetzten Frankreich während des Zweiten Weltkriegs – zeitweise gehörte er selbst der Résistance an. Auch für die Aufständischen 1953 in der DDR oder 1956 in Ungarn erhob er seine Stimme. Oft verhallte Camus' Einwurf ungehört. Insofern war er letztendlich selbst ein Sisyphos der Moral.

Das ist der Beginn einer wunderbaren Freundschaft
Textzeile aus dem Film *Casablanca* (1942)

In seiner Freizeit ging der amerikanische Berufsschullehrer Murray Burnett seinem Traum nach, ein Theaterstück für den Broadway zu verfassen. Doch er suchte noch nach der zündenden Story. 1938, auf einer Reise mit seiner Frau durch Frankreich und Österreich, fand er sie. Der Zweite Weltkrieg war noch nicht ausgebrochen, doch der sogenannte Anschluss Österreichs an das Deutsche Reich hatte Europa geschockt und die Verfolgung Oppositioneller und Juden im Lande ließ für die Zukunft Schlimmes erwarten. Viele Juden, durch die Nürnberger Rassengesetze von 1935 der Staatsbürgerschaft enthoben, flüchteten.

Beim Besuch in Wien erfuhr Murray Burnett durch Verwandte und deren Bekannte vom Schicksal derjenigen, die emigrieren wollten, es aber wegen Geldmangels nicht konnten. Er hörte von den Routen, die viele Flüchtende nahmen, wie die über die Alpen, über Marseille oder Marokko nach Lissabon und von dort in die USA.

Als Burnett und seine Frau schließlich in Südfrankreich in einer Kneipe saßen und ein schwarzer Pianist Burnetts Lieblingslied »As Time Goes By« spielte, hatte er die Idee: ein Theaterstück über Flüchtlinge in einer Bar. Zurück in den USA machte sich Burnett sofort mit seiner Koautorin Joan Alison an die Arbeit. Als die deutsche Wehrmacht ab dem 10. Mai 1940 in wenigen Wochen Frankreich zur Kapitulation zwang, verlegten Burnett und Alison die Handlung des Stückes nach Casablanca, der bedeutenden Hafenstadt in Französisch-Marokko. Die französischen Truppen dort gehörten zu der im unbesetzten Südfrankreich installierten Vichy-Regierung unter Marschall Henri Philippe Pétain, die mit dem Deutschen Reich kollaborierte.

In Casablanca, so ersannen es Burnett und Alison schließlich, spielt die Geschichte des zynischen Barbesitzers Rick, der seine ehemalige Geliebte wiedersieht. Sie ist mittlerweile liiert mit einem Führer des Widerstands. Rick kommt in den Besitz von zwei Transit-Briefen (eine Erfindung der Autoren). Sie ermöglichen die Ausreise, und Rick steht vor der Entscheidung, diese Transit-Briefe seiner ehemaligen Geliebten und ihrem neuen Mann, dem Widerstandskämpfer Victor László, zu geben oder gemeinsam mit ihr, die er noch immer liebt, das Land zu verlassen.

Am 8. Dezember 1941, dem Tag, an dem die Vereinigten Staaten in den Zweiten Weltkrieg eintraten, traf das Stück *Everybody comes to Rick's* in den Warner Brothers Studios ein. In Hollywood war man nach dem Angriff der Japaner auf Pearl Harbour einen Tag zuvor fieberhaft auf der Suche nach Filmstoffen, in denen der Krieg gezeigt und auch die eigene Sache, die Verteidigung der Demokratie, propagiert werden konnte. Als der zuständige Drehbuchprüfer Stephen Karnot zu dem Skript griff und dort beim ersten Blick auf die Liste der handelnden Personen »Gestapo Agent Strasser« las, vertiefte er sich sofort in die Geschichte. Er war begeistert. »Anspruchsvoller

Kitsch« sei das Stück, habe aber großes Erfolgspotenzial für ein »exzellentes Melodram«, wie er in seiner schnell ausgearbeiteten Synopsis für den mächtigen Warner-Boss Hal B. Wallis notierte, und es sei ein »Kinokassengarant für Bogart oder Cagney oder Raft«. Schon am 22. des Monats unterzeichneten Burnett und Alison in New York den Vertrag mit dem Studio, der ihnen für ein bislang nicht aufgeführtes Bühnenstück die damals astronomisch hohe Summe von 20 000 Dollar einbrachte. Allerdings, so merkten sie erst später, hatten sie einen Vertrag unterzeichnet, in dem sie alle weiteren Rechte abgetreten hatten.

In Hollywood gab man den Zwillingsbrüdern Julius und Philip Epstein das Skript zur weiteren Bearbeitung. Sie änderten vergleichsweise wenig an dem ursprünglichen Text. Dann arbeitete noch Starautor Howard Koch an dem Stück.

Obwohl die Epsteins und Koch am fertigen Drehbuch im Grunde nur einen vergleichsweise geringen Anteil hatten – sie hatten die Story kaum verändert und auch sehr viele Dialoge eins zu eins übernommen –, erhielten sie später zum Ärger von Burnett und Alison den Oscar für das beste Drehbuch. Den beiden eigentlichen Autoren blieb eine kaum auffallende Nennung im Vorspann: »Nach einem Bühnenstück von …«

Am Silvesterabend 1941 hatte Hal B. Wallis in einem Memorandum bestimmt, dass der Titel des Films *Casablanca* heißen sollte. Drehbeginn für den Film war der 25. Mai 1942. Das Casablanca im Film ist Studiokulisse, nichts wurde vor Ort gedreht. Nach 50 Drehtagen und anschließender Postproduktion hatte der Film am 26. November 1942 im Warner's Hollywood Theatre in New York Weltpremiere.

Die Hauptrollen des desillusionierten Rick und seiner ehemaligen Geliebten Ilsa spielten Humphrey Bogart und Ingrid Bergman. Ingrid Bergman erwärmte sich für das Filmprojekt nicht sonderlich, weil sie in Gedanken schon bei den Dreharbeiten für *Wem die Stunde schlägt* war.

Während der Dreharbeiten und der Produktion des Films ging die Weltgeschichte weiter. Der Norden Afrikas war seit Juni 1940 Kriegsschauplatz. Zunächst kämpften Truppen des italienischen Diktators Mussolini in der italienischen Kolonie Libyen gegen britische Truppen in der britischen Kolonie Ägypten. Der mit dem Deutschen Reich verbündete Mussolini wollte die Kontrolle über den Mittelmeerraum gewinnen und die britischen Streitkräfte von dem als Nachschubweg so wichtigen Sueskanal abschneiden. Im Oktober des Jahres griff Italien Griechenland an und die Briten eilten den Griechen zu Hilfe, um nach dem Fall Frankreichs wenigstens noch ein kleines Gegengewicht zu denen Achsenmächten zu bilden. Nordafrika brauchten die Briten für den Nachschub nach Griechenland.

Als eine britische Offensive zum Desaster für die Italiener wurde, schickte Hitler im Februar 1941 Unterstützung: das Deutsche Afrikakorps. Oberbefehlshaber war General Erwin Rommel. Trotz Unterlegenheit an Mensch und Material gelangen Rommel durch taktisches Geschick zunächst zahlreiche Erfolge. Die Kampfhandlungen spielten sich an einem etwa tausend Kilometer langen Küstenstreifen entlang des Mittelmeers ab. In Libyen kapitulierte die Festung Tobruk im Juni 1942 nach vielen Monaten Belagerung durch Rommels Truppen. Rommel rückte bis weit nach Ägypten vor. Zeitweise rechneten die Briten mit dem Fall Kairos. Doch vor El Alamein kam es Anfang November 1942 zur Wende. Die überlegenen Truppen der Alliierten besiegten die Achsenmächte in einer mehrtägigen Schlacht. Wenige Tage später, am 8. November, landeten britische und amerikanische Kräfte (um die 100 000 Mann) im Rahmen der Operation Torch bei Casablanca und Algier und eröffneten in Nordafrika einen Zweifrontenkrieg gegen die Achsenmächte. Am 11. November mussten die Achsenmächte Tobruk aufgeben, Ende Januar 1943 ganz Libyen. Am 13. Mai kapitulierten das Afrikakorps und die italienischen Truppen bei Tunis. Nach Stalingrad wenige Monate zuvor war dies die zweite schwere Niederlage für die deutsche Wehrmacht.

Vom 14. bis zum 26. Januar 1943 trafen sich Churchill und Roosevelt in Casablanca. Auch Stalin sollte ursprünglich teilnehmen, blieb jedoch in der Sowjetunion, wo zu jener Zeit die entscheidenden Kämpfe um Stalingrad tobten.

Den Feldzug in Nordafrika hatten die Alliierten zu diesem Zeitpunkt gewonnen. Zwar gab es noch Kämpfe in Tunesien, aber der Sieg über die deutschen und italienischen Expeditionstruppen war nur noch eine Frage der Zeit. Churchill und Roosevelt planten in Casablanca das weitere Vorgehen. Zum ersten Mal während des nun seit über drei Jahren tobenden Krieges sahen sie die Chance, groß angelegte Landungsoperationen planen zu können und damit den Kampf auf das europäische Festland zu verlagern.

Am Ende der Konferenz von Casablanca standen auch die erstmals von den Alliierten verkündeten Kriegsziele: die bedingungslose Kapitulation Deutschlands, Italiens und Japans.

Die Konferenz spiegelte auch die Zerrissenheit Frankreichs in dieser Zeit wider. Der nach der Niederlage gegen die Deutschen nach England geflohene General Charles de Gaulle hatte sich am 18. Juni 1940 mit seiner berühmt gewordenen Rundfunkansprache in London an die Spitze des Freien Frankreich gesetzt. Die Franzosen, forderte er, sollten weiter kämpfen. Die mit den Deutschen kollaborierende Vichy-Regierung in Südfrankreich kontrollierte zu jener Zeit im Wesentlichen auch noch die französischen Kolonien in Nordafrika. Erst mit der Operation Torch im November 1942 änderten sich die Machtverhältnisse. Ursprünglich dem Vichy-Regime ergebene Truppen wechselten die Seite und allmählich bekam de Gaulle Zugriff auf diese Verbände.

Das Casablanca, wie es im Film dargestellt wurde, war noch unter der Kontrolle von Vichy-Frankreich. Claude Rains spielt in dem Film Capitain Renault, den korrupten und geschmeidig-ironischen französischen Polizeichef der Stadt.

Am Ende des Films steht im nächtlichen Nebel des Flughafens das Flugzeug bereit, das Rick und Ilsa in Sicherheit und zu einem neuen gemeinsamen Leben bringen soll. Rick überlässt aber nicht nur Ilsa und Victor László die Transit-Briefe, opfert also eine mögliche gemeinsame Zukunft mit ihr zugunsten von Lászlós politischer Arbeit für den Widerstand, sondern Rick erschießt auch den deutschen Major Strasser, der den Abflug vereiteln will.

Casablanca wurde rasch ein Erfolg. Der Film zählt zu den Höhepunkten der Filmgeschichte. Viele Sätze wurden berühmt. Zwei davon fallen erst gegen Ende des Films.

Renault, der Zeuge von Ricks Schüssen auf Strasser war, lässt Rick nicht festnehmen, sondern weist seine Männer an: »Verhaften Sie die üblichen Verdächtigen.«

Der von Rick gesagte letzte Satz des Films: »Louis, ich glaube, das ist der Beginn einer wunderbaren Freundschaft«, wurde später in die letzte Einstellung, in der Rick und Renault durch den Nebel davongehen, hineingesprochen. Er war für den Kinozuschauer auch ein Hinweis auf die nun beginnende Allianz zwischen Franzosen und Amerikanern.

30 Sie starben, damit Deutschland lebe!
Völkischer Beobachter (4. Februar 1943)

Manchmal kann ein Name zum Verhängnis beitragen, und das nur, weil er eine symbolische Bedeutung hat. So erging es der Stadt Stalingrad und denen, die um sie kämpften.

Am 22. Juni 1941 hatte die deutsche Wehrmacht ohne Kriegserklärung die Sowjetunion überfallen. Zunächst eilte das gewaltige Heer aus drei Millionen Soldaten von Sieg zu Sieg. Die Rote Armee musste unter schrecklichen Verlusten immer wieder weichen. Von Anfang an führte Adolf Hitler den Krieg gegen die Sowjetunion als Vernichtungskrieg. Wie schon in Polen wüteten Sondereinsatzgruppen entsetzlich unter der Zivilbevölkerung. Doch dann kam der unaufhaltsam scheinende deutsche Vormarsch vor Moskau ins Stocken. Die verlorene Schlacht um Moskau im Winter 1941/1942 war die erste bedeutende Niederlage der deutschen Wehrmacht. Noch schlimmer aber war, dass die Blitzkriegtaktik des »Unternehmens Barbarossa« nun nicht weiterverfolgt werden konnte. Die Folgen waren gravierend. Denn für länger andauernde Kampfhandlungen fehlte es an Ausrüstung und Nachschub.

Die Wehrmacht kam im Norden der Front, die sich in den Weiten Russlands nunmehr über die nahezu unglaubliche Länge von mehr als anderthalb tausend Kilometer erstreckte, nur noch in kleinen Schritten voran. An manchen Stellen – wie vor Moskau oder vor Leningrad – wurde sie von sowjetischem Widerstand gestoppt.

Für den Frühsommer 1942 plante Hitler eine Offensive im südlicheren Teil Russlands mit der Wolga und dem Kaukasus im Visier. An der Wolga lag Stalingrad. Die Stadt spielte in den Plänen der deutschen Sommeroffensive »Blau« zunächst nur eine nebengeordnete Rolle. Hauptziel war das Erreichen des Kaukasus und vor allem die Eroberung der Ölfelder von Maikop und Grosny. In dem weit nach Osten schwingenden großen Bogen des Don wollte man die sowjetischen Kräfte vernichten und dabei war, wie es in der Weisung Nr. 41 von Adolf Hitler am 5. April 1942 hieß, »Stalingrad selbst zu erreichen oder zumindest so unter Wirkung unserer schweren Waffen zu bringen, dass es als Rüstungs- und Verkehrszentrum ausfällt«.

Am 28. Juni 1942 begann die Heeresgruppe Süd die deutsche Großoffensive. Weil Hitler die Kräfte der Roten Armee und das taktische Geschick Stalins auf dramatische Weise unterschätzte, beging er zwei entscheidende Fehler.

Der erste: Er überdehnte die russische Front völlig. Zwar rückten die deutschen Invasoren weiter vor, doch Hunger und Benzinmangel hemmten den Vormarsch zusehends. Der zweite Fehler: Hitler teilte die Kräfte seiner Armeen.

Im August spaltete er die Heeresgruppe Süd in die Heeresgruppen A und B. Die Heeresgruppe A drehte nach Süden und sollte die Ölfelder im Kaukasus in ihre Gewalt bringen, die Heeresgruppe B mit der 6. Armee unter General Paulus sollte Stalingrad erobern. Doch die sowjetische Seite hatte erkannt, dass Stalingrad im Mittelpunkt der deutschen Offensive an diesem Frontabschnitt stand.

Stalin sandte massive Armeekontingente in die Umgebung der Stadt. Nach dem ersten Schock über den deutschen Überfall im Jahr zuvor hatte er angesichts des raschen Vordringens der deutschen Wehrmacht die sowjetische Rüstungsindustrie hinter den Ural verlagern lassen. Dort produzierte man nun in den nächsten Monaten unter Hochdruck Panzer, Kampfflugzeuge, Geschütze und Granatwerfer zu Tausenden. Neue Divisionen wurden aufgestellt.

Stalin wollte aus ebenso symbolischen Gründen die Stadt, die seinen Namen trug, um keinen Preis aufgeben. Stalingrad zog sich über eine Länge von über 40 Kilometern am Ufer der Wolga entlang, maß an ihren breitesten Stellen aber nur sechs bis acht Kilometer. Als die Kämpfe begannen, waren nur noch etwa 75 000 der ursprünglich 600 000 Einwohner in der Stadt. Die Evakuierung der letzten Einwohner hatte Stalin verboten. Sogar Frauen und Kinder wurden rekrutiert, um Schützengräben auszuheben.

Am 23. August suchte die deutsche Luftwaffe Stalingrad mit einem verheerenden Luftangriff heim. Dabei starben vermutlich 40 000 Zivilisten. Die 62. Armee unter General Tschuikow versuchte standzuhalten, und bald gingen die Kämpfe in erbitterten Häuserkampf über. Man kämpfte teilweise sogar von Zimmer zu Zimmer.

Erst im November brachten die deutschen Angreifer Stalingrad mehr oder minder unter ihre Kontrolle. Im Münchner Bürgerbraukeller verkündete Hitler, Stalingrad sei zu 90 Prozent in deutscher Hand. In der Tat hielt Tschuikow zu jenem Zeitpunkt nur noch einen schmalen, nur wenige Hundert Meter breiten Streifen entlang der Wolga.

Doch dann begann am 19. November 1942 der sowjetische Gegenangriff. Und die Wucht, mit der die Gegenoffensive erfolgte, wurde von der Überlegenheit und Kampfkraft getragen, die die Rote Armee in den nächsten zweieinhalb Jahren schließlich bis nach Berlin führen sollte.

In den folgenden Tagen schlossen sowjetische Verbände in der »Operation Uranus« die besetzte Stadt in einer Zangenbewegung ein. Der Vorstoß gelang rasch. Denn die Deutschen hatten die Flanken durch unzureichend ausgerüstete Truppen verbündeter Staaten, wie etwa die 3. rumänische Armee, besetzt. Außerdem konnte die deutsche Luftwaffe aufgrund schlechten Wetters nicht in die Kämpfe eingreifen. Als die sowjetischen Truppen den Ring geschlossen hatten, begann der zweite Teil der Operation, die »Operation Kolzo« (deutsch: Ring). Man drang nun nach und nach an allen Frontabschnitten tiefer in den Kessel ein und zog damit den Ring immer enger.

Ab dem 22. November war der deutsche Oberbefehlshaber in Stalingrad, General Friedrich Paulus, mit seiner 6. Armee mit etwa 220 000 Mann eingekesselt. Er plante, nach Süden auszubrechen. Doch aus Berlin gab Hitler den Befehl, die Stadt zu halten. Er wollte Stalingrad zum Ausgangspunkt der nächsten Sommeroffensive machen, doch es ging auch um das Symbol. Die Stadt mit dem Namen seines Gegners sollte um jeden Preis gehalten werden.

Gleichzeitig hatte Hermann Göring als Chef der deutschen Luftwaffe seinem Oberbefehlshaber entgegen besserem Wissen versprochen, er könne die Armee mit der Luftwaffe versorgen und jeden Tag die benötigten Mengen Nachschub an Waffen, Munition und Verpflegung von 550 Tonnen liefern. Jedoch gelang es der Luftwaffe selbst an den besten Tagen, nur 100 Tonnen in den Kessel zu fliegen. Gegen Ende erhielt jeder Soldat nur noch 60 Gramm Brot pro Tag zugeteilt. Die meisten Soldaten starben nicht durch die Kämpfe, sondern sie verhungerten und erfroren. Die Lage im Kessel verschlechterte sich für die 6. Armee von Tag zu Tag. Mitte Dezember versuchte unter dem Befehl des Generalfeldmarschalls Erich von Manstein eine Panzerarmee von Westen vorstoßend, der 6. Armee in der »Operation Wintergewitter« zu Hilfe zu eilen. Einen Ausbruch der Eingekesselten hatte Hitler kategorisch verboten. Doch die Offensive scheiterte am massiven Widerstand der sowjetischen Kräfte. Ab dem 10. Januar drang die Rote Armee immer tiefer in den Kessel von Stalingrad ein. Ende Januar, Anfang Februar 1943 stellten die letzten Reste der 6. Armee die Kampfhandlungen ein.

General Paulus war am 31. Januar von Hitler noch zum Feldmarschall ernannt worden. Es war ein letztes Mittel des Diktators, um Paulus von der Kapitulation abzuhalten, und es war die indirekte Aufforderung, in aussichtsloser Gefechtslage Selbstmord zu begehen. Doch Paulus ging mit seinem Stab in sowjetische Gefangenschaft.

Die Schlagzeile, die am Donnerstag, dem 4. Februar 1943 auf der Titelseite des *Völkischen Beobachters*, des als Tageszeitung erscheinenden Parteiorgans der NSDAP, stand, hätte von Adolf Hitler persönlich ersonnen sein können: »Sie starben, damit Deutschland lebe!« Und darunter in der linken Spalte die Überschriften »Getreu ihrem Fahneneid« und »Zweimal die Aufforderung zur Übergabe stolz abgelehnt«.

Nach der Einkesselung wurden etwa 100 000 Mann verwundet oder kamen um. 30 000 Verwundete konnten ausgeflogen werden. Verzweifelte hängten sich an die ausfliegenden Flugzeuge, gerieten in Kriegsgefangenschaft. Insgesamt starben in Stalingrad etwa 150 000 deutsche Soldaten.

Wie viele Opfer die Sowjetunion in der Schlacht um Stalingrad zu beklagen hatte, ist nicht gesichert. Man schätzt, dass es letztlich mindestens 500 000 Menschen waren.

Nach dem Ende der Kämpfe um Stalingrad schleppten sich die deutschen Kriegsgefangenen, rund 91 000 deutsche Soldaten – manche Quellen nennen auch 110 000 –, in einer schier endlos erscheinenden schwarzen Linie im tiefen Schnee durch die russische Steppe einer fürchterlichen Leidenszeit entgegen. Nur etwa 6000 von ihnen sollten ihre Heimat wiedersehen. Die anderen starben in sowjetischen Lagern oder auf dem Fußmarsch vor Erschöpfung. An die Front nachrückende sowjetische Panzer fuhren über die Toten und Sterbenden.

Die Schlacht von Stalingrad markierte den psychologischen und auch endgültig den militärischen Wendepunkt des Zweiten Weltkriegs. Von nun an musste die deutsche Wehrmacht weichen und wurde im Verlauf der nächsten zwei Jahre nach und nach von der immer stärker werdenden Roten Armee von sowjetischem Boden verdrängt.

Hatte Deutschland den Zweiten Weltkrieg in Stalingrad verloren? Darüber streiten die Experten. Manche nennen die Schlacht um Moskau im Winter ein Jahr zuvor, für andere war der Überfall auf die Sowjetunion der Beginn eines Unternehmens, das nur verloren werden konnte. Aber war der von Hitler begonnene Zweite Weltkrieg je zu gewinnen gewesen? Der deutsche Generaloberst Ludwig Beck, der angesichts von Hitlers aggressiver Politik 1938 als Chef des Generalstabs des Heeres zurücktrat, hatte damals in Hinblick auf einen nächsten Krieg gesagt: »Dieser Krieg ist verloren, bevor der erste Schuss fällt.«

31 Wir sind Euer böses Gewissen!
Die Weiße Rose (1942)

Am 4. Februar 1943 stand an der Fassade des Hauptgebäudes der Münchner Ludwig-Maximilians-Universität in riesigen schwarzen Lettern das Wort »Freiheit«. Auch »Nieder mit Hitler!« war zu lesen. Putzfrauen versuchten die Farbe mit Bürsten und Schmierseife wieder abzuwaschen. Neben vielen anderen Studentinnen und Studenten passierten auch zwei Schwestern den Schriftzug. Beim Anblick der sich bei der Reinigung abmühenden Frauen, sagte die eine flüsternd zur anderen: »Da können sie lange schrubben, das ist Teerfarbe.«

Noch nicht einmal drei Wochen später war diese junge Frau tot. Hingerichtet mit dem Fallbeil, am gleichen Tag wie ihr Bruder Hans.

Sophie und Hans Scholl waren ab 1932 wie ihre Schwestern Inge und Elisabeth von den Eltern nach humanistisch-christlichen Werten erzogen worden. Der liberal gesinnte Vater Robert Scholl hatte sich 1932 in Ulm mit einer Kanzlei für Wirtschaftsprüfung und Steuerberatung niedergelassen.

Als ihre Kinder sich für Adolf Hitler zu begeistern begannen, waren die Eltern, die die Nationalsozialisten ablehnten, entsetzt.

Hans, der Zweitälteste, wurde Mitglied der Hitlerjugend und schloss sich 15-jährig im Oktober 1933 dem Ulmer Jungvolk, einer Untergliederung der Hitlerjugend, an. Auch Inge und Sophie wurden in der Hitlerjugend aktiv.

1936 nahm Hans als Fähnleinführer am Reichsparteitag in Nürnberg teil. Das inszenierte Massenschauspiel ließ ihn von den Nationalsozialisten abrücken, außerdem sprach der Vater zu Hause weiter über Moral, Liebe zu den Mitmenschen und über Recht. Die Kinder merkten bald, dass der Nationalsozialismus davon weit entfernt war.

Im Herbst 1937 schloss Hans sich der verbotenen Bündischen Jugend an, der nach dem Ersten Weltkrieg entstandenen Jugendbewegung, die sich an den Ideen der Pfadfinder und Wandervögel orientierte. Er wurde für mehrere Wochen inhaftiert.

Sophie gehörte zunächst dem Jungmädelbund an, dann dem Bund Deutscher Mädel (BDM). Auch sie wurde wegen Hans' Aktivitäten im Herbst 1937 für kurze Zeit festgenommen und verhört.

Als die deutsche Wehrmacht am 1. September 1939 in Polen einfiel, brach Sophie Scholl, deren Zweifel zuvor immer stärker geworden waren, endgültig mit dem nationalsozialistischen Regime. In der Zwischenzeit hatte sie den Ulmer Unternehmersohn Fritz Hartnagel kennengelernt. Die beiden verliebten sich ineinander. Sophie Scholl ließ sich zur Kindergärtnerin ausbilden, absolvierte danach Reichsarbeitsdienst und Kriegshilfsdienst. Fritz Hartnagel wurde Offizier in der Wehrmacht. Das Paar schrieb sich Briefe und konnte sich zwischenzeitlich auch immer wieder treffen. Dann wurde Fritz an die Ostfront kommandiert. In seinen Briefen schilderte er Sophie sein Entsetzen über die dortigen Vorgänge. Ende Juni 1942 schrieb er:

»Es ist erschreckend, mit welcher zynischen Kaltschnäuzigkeit mein Kommandeur von der Abschlachtung sämtlicher Juden des besetzten Russland erzählt und dabei von der Gerechtigkeit dieser Handlungsweise vollkommen überzeugt ist.«

Zur gleichen Zeit nahm Sophie Scholl an der Münchner Ludwig-Maximilians-Universität ihr Studium der Biologie und Philosophie auf. Ihr Bruder Hans studierte dort bereits seit 1939 Medizin. In den Semesterferien musste er Dienst als Sanitäter an der Front leisten. Gerade als Sophie in die Universität eintrat, begann Hans mit seinem Kommilitonen Alexander Schmorell insgeheim Flugblätter zu verteilen, die sich gegen das nationalsozialistische Regime richteten. »Vergesst nicht, dass jedes Volk die Regierung verdient, die es erträgt«, heißt es im ersten Blatt.

Um seine Schwester zu schützen, verschwieg er ihr zunächst seine Aktivitäten. Die beiden jungen Männer schickten die Flugblätter an einen ausgewählten Kreis von Personen in der Umgebung von München, an Intellektuelle, Lehrer, Freunde und Kommilitonen. Einige Blätter legten sie aus. Es waren zunächst nur wenige Exemplare, etwa hundert. Als »Verfasser« gaben sie die »Weiße Rose« an.

Bereits im zweiten Blatt wies die Weiße Rose auf die Massenmorde der Deutschen an Juden und Polen hin. Es berichtete von der Verschleppung polnischer Männer als Zwangsarbeiter in Konzentrationslager und von polnischen Mädchen in SS-Bordelle. Mahnung und Anklage: »Und wieder schläft das deutsche Volk in seinem stumpfen, blöden Schlaf weiter.«

Das dritte Flugblatt war als Aufruf an das deutsche Volk zu lesen, einen Umsturz herbeizuführen. Noch im Juli 1942 verteilten sie das vierte Flugblatt. Dessen letzter Satz lautet: »Wir schweigen nicht, wir sind Euer böses Gewissen, die Weiße Rose lässt Euch keine Ruhe!«

Dann wurden Hans Scholl und Alexander Schmorell von Ende Juli bis Anfang November 1942 nach Russland an die Ostfront abkommandiert. Ihre Erlebnisse dort überzeugten sie, den Widerstand auszuweiten.

Wann Sophie Scholl zu der Gruppe stieß, ist nicht geklärt. Irgendwann kam sie, die über ihren Bruder an der Universität in Kontakt zu weiteren Regimekritikern stand, den Aktivitäten ihres Bruders auf die Spur. Spätestens nach der Rückkehr von Hans Scholl und Alexander

Schmorell von der Ostfront gehörte sie dazu. Vielleicht hatte sie auch schon im Sommer bei der Verteilung von Flugblättern geholfen.

Im November benutzte die Weiße Rose für das fünfte Flugblatt erstmals eine Vervielfältigungsmaschine. Sie fertigten etwa 5000 oder 6000 Exemplare an. »Sollen wir auf ewig das von aller Welt gehasste und ausgestoßene Volk sein?«, hieß es in der fünften Flugschrift der Weißen Rose. »Nein! Darum trennt Euch von dem nationalsozialistischen Untermenschentum! Beweist durch die Tat, dass Ihr anders denkt! Ein neuer Befreiungskrieg bricht an. Der bessere Teil des Volkes kämpft auf unserer Seite.« Diese fünfte Flugschrift enthielt auch die von Hans Scholl formulierte Vision eines künftigen demokratischen Deutschland in einem freien Europa.

In Stalingrad wurde in diesen Tagen die 6. Armee eingekesselt. Auch Fritz Hartnagel, mittlerweile Hauptmann und mit Sophie verlobt, war unter den Soldaten. Er überlebte jedoch und kehrte nach Deutschland zurück. Das sechste und letzte Flugblatt der Weißen Rose formulierte Professor Kurt Huber, der gerade neu zur Gruppe gestoßen war.

Hatten die ersten fünf Flugblätter den Titel »Flugblätter der Weißen Rose« getragen, trug das letzte den Titel »Flugblätter der Widerstandsbewegung in Deutschland«. Die sechste Flugschrift forderte die deutsche Jugend zum Aufstand gegen das nationalsozialistische Regime auf.

Hubers Vorlesungen an der Ludwig-Maximilians-Universität besuchten die Studenten in Scharen, da er immer wieder feinsinnig-ironische Anspielungen gegen das nationalsozialistische Regime einflocht, was die Studenten mit teils tosendem Applaus quittierten.

Am 18. Februar 1943, dem Tag, an dem Joseph Goebbels im Berliner Sportpalast den »totalen Krieg« ausrief, und zwei Wochen nachdem Hans Scholl und Alexander Schmorell Widerstandsaufrufe an die Universitätsgebäude geschrieben hatten, legten Sophie und Hans Scholl im vermeintlich menschenleeren Lichthof der Münchner Universität mehrere Stapel des sechsten Flugblatts aus. In den Hörsälen fanden gerade Vorlesungen statt. Sophie Scholl warf einige Blätter von der Balustrade. Ein verhängnisvoller Fehler. Der Hausmeister sah es und lieferte die Geschwister an die Geheime Staatspolizei (Gestapo) aus.

Es folgten lange Verhöre, die Verhaftungen von Alexander Schmorell und Kurt Huber. Auch die Weiße-Rose-Mitglieder Christoph Probst und Willi Graf wurden festgenommen und verhört.

Rasch machte man Sophie und Hans Scholl mit dem jungen Familienvater Christoph Probst den Prozess. Am 22. Februar verurteilte der Volksgerichtshof unter der Leitung von Roland Freisler, dem Präsidenten dieses höchsten Gerichts für »politische Straftaten« im Dritten Reich, Hans Scholl, Sophie Scholl und Christoph Probst zum Tode. »Einer musste ja schließlich damit anfangen!«, rief Sophie Scholl vor Gericht.

Die drei wurden noch am selben Tag hingerichtet.

Bevor das Beil ihn tötete, rief Hans Scholl: »Es lebe die Freiheit!«

Alexander Schmorell, Willi Graf und Kurt Huber starben Monate später ebenfalls durch das Fallbeil.

Der Widerstand der Weißen Rose war ein Widerstand mitten aus dem Volk. Er entsprang dem tief verletzten Bewusstsein von Recht, Moral und Ethik. »Man muss etwas machen, um selbst keine Schuld zu haben«, hatte Sophie Scholl in einem Brief geschrieben. »Dazu brauchen wir einen harten Geist und ein weiches Herz. Wir haben alle unsere Maßstäbe in uns selbst, nur suchen wir sie zu wenig.«

Es gab noch andere Widerstandsgruppen im Dritten Reich: den Kreisauer Kreis, die Rote Kapelle, die Widerstandsgruppe um Carl Friedrich Goerdeler. Das böse, das schlechte Gewissen der Nation rührte sich, wenn auch nur vereinzelt, doch schließlich suchte es sich drastischere Wege und fand sie im deutschen Militär.

Im deutschen Militär hatte es während der nationalsozialistischen Herrschaft schon vergleichsweise früh Widerstands- und Umsturzpläne gegeben, so unter Generaloberst Ludwig Beck. Doch zur Umsetzung war es nie gekommen. Man fand entweder nicht die nötige Unterstützung oder es fehlte am richtigen Zeitpunkt. Und dann der Krieg: Hitler siegte und siegte. Wer würde den Putschisten folgen? Und würden die alliierten Kriegsgegner über einen Frieden verhandeln oder akzeptierten sie nur die bedingungslose Kapitulation des Deutschen Reiches? Zaghafte, insgeheim aufgenommene Kontakte ermutigten die militärischen Widerständler keineswegs.

Immer wieder wird dem Widerstand aus den deutschen Militärkreisen vorgeworfen, dass er erst aktiv wurde, als die Niederlage

Deutschlands abzusehen war. Für manche Militärs mag es darum gegangen sein, den nun erfolglosen Feldherrn Hitler zu beseitigen, um für Deutschland einen nicht ganz so schmachvollen Frieden zu erreichen. Doch es ging auch um das Gewissen und um den geleisteten Eid. Tatsächlich beriefen sich viele Wehrmachtsoffiziere auf den Eid, den sie auf ihren Führer Adolf Hitler geleistet hatten. Viele begründeten damit auch nach dem Krieg, warum sie nichts gegen die verbrecherische Kriegführung getan hatten.

Unter der Führung des Obersten Claus Schenk Graf von Stauffenberg schritten am 20. Juli 1944 einige Militärs zur Tat. Stauffenberg hatte zuvor ihre zwiespältigen Gefühle auf den Punkt gebracht: »Es ist Zeit, dass jetzt etwas getan wird. Derjenige allerdings, der etwas zu tun wagt, muss sich bewusst sein, dass er wohl als Verräter in die deutsche Geschichte eingehen wird.« Stauffenberg und seine Mitverschwörer erkannten jedoch ihre Verantwortung als Menschen. Und so kam Stauffenberg in Bezug auf einen gewaltsamen Putsch zu dem Schluss: »Unterlässt er jedoch die Tat, dann wäre er ein Verräter vor seinem eigenen Gewissen.« Mitverschwörer Generalmajor Henning von Tresckow sagte, »es kommt nicht mehr auf den praktischen Zweck an«, sondern darauf, »dass die deutsche Widerstandsbewegung vor der Welt und vor der Geschichte den entscheidenden Wurf gewagt hat. Alles andere ist daneben gleichgültig.«

Stauffenberg platzierte bei einer Lagebesprechung im Führerhauptquartier Wolfsschanze in Ostpreußen eine Bombe mit Zeitzünder in einer Aktentasche unter dem Besprechungstisch. Danach flog er rasch nach Berlin, um dort den Putsch anzuführen. Die Bombe explodierte, aber Hitler überlebte leicht verletzt. Der Umsturz scheiterte. Stauffenberg und viele seiner Mitverschwörer wurden hingerichtet. Henning von Treschkow beging Selbstmord. Der Krieg ging weiter.

32 Ich weiß, es wird einmal ein Wunder gescheh'n
Bruno Balz (1902 – 1988)

»Ich weiß, es wird einmal ein Wunder gescheh'n und dann werden tausend Märchen wahr«, heißt es im Refrain. Das Lied, das Zarah Leander mit pathetisch dunkler Stimme intonierte und das in den nächsten Jahren in Deutschland anhaltende Popularität genoss, hätte in Friedenszeiten bei einem Feuerwerk in einer Silvesternacht seine Wirkung nicht verfehlt. 1942 diente es jedoch als kühl berechnete Propaganda. Es sollte die Deutschen angesichts der schlimmen Nachrichten von den Kriegsschauplätzen aufmuntern und sie glauben lassen, sie durchlitten nur eine schwere, aber kurze Episode in einem letztlich siegreichen Krieg.

Geht man dem Schicksal des Mannes nach, der den Text verfasste, führt die Geschichte in weitere Abgründe jener Zeit. Bruno Balz liebte Männer. Männer, die Männer liebten, wurden von den Nationalsozialisten unerbittlich verfolgt. Homosexualität passte nicht in die Norm der nationalsozialistischen Ideologie von der »reinen, gesunden Herrenrasse«, in der der Mann ein Kämpfer, die Frau eine Mutter zu sein hatte. Sexualität sah man als Mittel zum Zweck der »Aufzucht« neuer »gesunder« Menschen für das »Volkswohl«.

Im Deutschland unter nationalsozialistischer Herrschaft wurde das gesamte Gesellschaftsleben und damit auch das Kulturleben dem Regime unterworfen. Keinen Lebensbereich ließ man aus. Alle, ob es Ärzte, Studenten, Lehrer, Professoren oder Autofahrer waren, wurden in nationalsozialistischen Organisationen zusammengefasst und somit kontrolliert. Schon im März 1933 war Joseph Goebbels auf Betreiben Hitlers von Reichspräsident Paul von Hindenburg zum Reichspropagandaminister ernannt worden. Goebbels kontrollierte bald die gesamte Presse, das Radio und den Film.

Wer nicht dazugehörte, weil er zum Beispiel Jude, Zigeuner, Kommunist, homosexuell oder anderweitig »unwert« war, den schloss man aus. Auch Bruno Balz.

Er war 1902 als Sohn eines Sattlers geboren worden. Als Kind war er schon kleiner als die anderen und man nannte ihn liebevoll »Floh«. Zwar begann er eine Kaufmannslehre, doch wollte er schon seit seiner

Schulzeit Texte und Lieder dichten und damit sein Geld verdienen. Erste Ergebnisse seiner Bemühungen sandte er an Berliner Zeitungen, die bald seine »Rätselgedichte« abdruckten. Um seine Musikkenntnisse zu verbessern, nahm Bruno Balz Klavierunterricht. So konnte er anders als viele Texter Noten lesen und sogar die eine oder andere Melodie selbst komponieren.

In dem Komponisten Michael Jary fand Bruno Balz ab den Dreißigerjahren einen kongenialen Partner. Jary, als Maximilian Michael Andreas Jarczyk zur Welt gekommen, hatte seinen polnischen Nachnamen abgelegt. 1933 musste er kurzzeitig untertauchen, weil der nationalsozialistisch geprägte Kampfbund für deutsche Kultur seine Musik als »kulturbolschewistisches Musikgestammel eines polnischen Juden« bezeichnet hatte. Mit der Musik von Jary und den Worten von Balz entstanden noch vor dem Krieg solche Schlagererfolge wie »Roter Mohn« oder »Das kann doch einen Seemann nicht erschüttern«.

Schon Michael Jary hatte es nicht leicht im Nationalsozialismus, doch Bruno Balz hatte es aufgrund seiner sexuellen Orientierung weit schwerer. 1936 wurde er verhaftet und saß mehrere Monate im Gefängnis. Man ließ ihn nur unter der Bedingung frei, dass sein Name künftig nicht mehr in der Öffentlichkeit erschien. 1941 verhaftete man Bruno Balz erneut. Er wurde gefoltert und ihm drohte das Konzentrationslager. Weil Michael Jary persönlich bei Joseph Goebbels intervenierte, er könne die geforderten Lieder ohne die Hilfe von Bruno Balz keinesfalls in der gewünschten Zeit abliefern, kam Bruno Balz wieder frei.

Und so wurden die Texte der beiden bekanntesten Lieder der nationalsozialistischen Propaganda während des Zweiten Weltkrieges – »Davon geht die Welt nicht unter« und »Ich weiß, es wird einmal ein Wunder gescheh'n« – von einem homosexuellen Mann geschrieben, der von der Gestapo verhaftet und gefoltert worden war. Bruno Balz verfasste sie in den ersten beiden Tagen nach seiner Freilassung aus der Haft.

Beide Lieder wurden in dem Film *Die große Liebe* von der Schauspielerin und Sängerin Zarah Leander gesungen. Die Schwedin Zarah Leander war im Dritten Reich einer der größten Stars. Ironischerweise wurde die Diva mit der dunklen Stimme eine Ikone der Schwulen, und als im Film Zarah Leander »Davon geht die Welt nicht unter!« singt und begeistert schunkelnde Wehrmachtssoldaten und SS-Männer gezeigt werden, wirkt das wie die sanfte Rache des Bruno Balz.

Der Film *Die große Liebe* war der erfolgreichste deutsche Film der NS-Zeit. 27 Millionen Zuschauer sahen ihn. Die Dreharbeiten fanden unter der Regie von Rolf Hansen ab September 1941 in Wien, Rom und Berlin statt und endeten im März 1942. Die Uraufführung war am 12. Juni 1942 in Berlin. Der Film diente der Hebung der Moral in Deutschland, das 1942 im vierten Kriegsjahr stand, in dem die Menschen Bombenalarm, Lebensmittelrationierung und zunehmend schlechte Nachrichten von der Front hinnehmen mussten. Zarah Leander spielt eine populäre Varieté-Sängerin, deren Liebe zu einem Luftwaffenpiloten vor dem Hintergrund des Krieges immer wieder auf die Probe gestellt wird. Der Film spart nicht Bedrohung und Angst aus, wie etwa das Ausharren in Luftschutzkellern oder die Sorge in der Heimat um die Männer. Er gaukelt aber vor, dass sich durch Zuversicht die Dinge zum Guten wenden.

Das Wunder geschah nicht. Die Rote Armee erreichte Berlin. Während in den Straßen der zerbombten Stadt verzweifelt gekämpft wurde, nahm sich Adolf Hitler im Bunker unter der Reichskanzlei das Leben. Am 8. Mai kapitulierte Deutschland bedingungslos.

Bruno Balz textete auch nach dem Krieg viele sehr erfolgreiche Schlager. Um dem Ruch des »Nazi-Texters« zu entkommen, musste er in der Nachkriegszeit seine sexuelle Orientierung und die daraus resultierende Verfolgung im Dritten Reich öffentlich machen. Homosexualität war jedoch nach wie vor strafbar und so unterließ man es oft, den Namen Bruno Balz im Vor- oder Abspann von Filmen zu nennen.

Er starb 1988 und verfügte in seinem Testament, dass zehn Jahre lang nicht über ihn gesprochen werden darf. Sein Lebensgefährte und Nachlassverwalter hielt sich daran. Erst allmählich wird Bruno Balz wiederentdeckt.

Wunder gescheh'n. Ich weiß, es wird einmal ein Wunder gesche

Da wir die Atombombe erfunden haben, haben wir sie auch benutzt
Harry S. Truman (1884 – 1972)

Als Franklin D. Roosevelt am 12. April 1945 starb, schöpfte Adolf Hitler im Bunker unter der Reichskanzlei im von der Roten Armee bedrohten Berlin noch einmal Hoffnung. Vielleicht würde ein neuer US-Präsident Frieden mit dem Deutschen Reich schließen, um dann gemeinsam mit der Wehrmacht gegen die Sowjetunion zu kämpfen. Er täuschte sich. Die Alliierten blieben bei der Forderung nach der bedingungslosen Kapitulation. Die war längst überfällig. Doch die Deutschen kämpften bis zuletzt in einer tragischen Mischung aus Furcht, Gehorsam und Schicksalsergebenheit. In den letzten Monaten des Zweiten Weltkrieges fielen mehr deutsche Soldaten als in allen fünf Kriegsjahren zuvor.

In den USA versanken die Menschen bei der Nachricht von Roosevelts Tod in kollektive Trauer. Roosevelt, der das Land in den zwölf Jahren seiner vier Amtszeiten durch schwere Zeiten gesteuert und den Menschen immer wieder Zuversicht und Hoffnung gegeben hatte, war zu einer Art gutmütigem Patriarchen der Nation geworden. Die Zeitschrift *Look* kaufte ein Foto, das ein knapp 17-Jähriger geschossen hatte und das die Stimmung der Menschen widerspiegelte. Es zeigt einen Zeitungsverkäufer, der in seinem Kiosk sitzt, seinen Kopf auf eine Hand gestützt hat und mit traurigem, fast verzweifeltem Gesicht vor sich hin blickt. Neben ihm am Kiosk prangt die Schlagzeile »F. D. R. DEAD«. Im Jahr darauf wurde der noch immer minderjährige junge Mann Mitarbeiter der Zeitschrift, später Filmregisseur. Mit dem 1964 erschienenen Film *Dr. Strangelove or: How I Learned to Stop Worrying and Love the Bomb* (deutsch: *Dr. Seltsam oder: Wie ich lernte, die Bombe zu lieben*) schuf Stanley Kubrick ein Meisterwerk der Filmgeschichte. Der Film war die bitterböse Satire auf eine neue Art von Bedrohung, der die Menschheit seit den letzten Tagen des Zweiten Weltkriegs ausgesetzt war. Denn die neue Waffe Atombombe, die eine verheerende Vernichtungskraft hatte, existierte nicht nur, man wusste auch, dass Menschen bereit waren, sie einzusetzen.

Den Anstoß zum Bau der ersten Atombombe hatte im Jahr 1939

der brillante Physiker Leó Szilárd gegeben, ein ungarischer Jude, der vor den Nationalsozialisten geflüchtet war. Szilárd, der sich im Laufe der Jahre zunehmend der Kernphysik zugewandt hatte und mittlerweile in den USA forschte, befürchtete, den Deutschen könnte es gelingen, eine Atombombe zu entwickeln. Man musste ihnen zuvorkommen. Szilárd formulierte einen Brief an Präsident Roosevelt und überredete Albert Einstein, diesen unter seinem Namen an den US-Präsidenten zu schicken. Der Brief war einer der entscheidenden Auslöser für die Initiierung des sogenannten Manhattan-Projekts, des Projekts zur Entwicklung einer Atombombe.

1942 wurde bei Los Alamos in der Wüste von New Mexico ein riesiger Forschungskomplex errichtet. Zum Forschungsleiter ernannte man den Physiker J. Robert Oppenheimer. Ein sowjetisches Atombombenprojekt war schon Mitte der Dreißigerjahre begonnen worden und man hatte dort die Arbeiten ab 1941 unter der Leitung von Igor Kurtschatow intensiviert.

Die Anstrengungen zum Bau der Bombe im Manhattan-Projekt erreichten solche Ausmaße, dass letztlich über 100 000 Menschen direkt oder indirekt an dem Projekt arbeiteten. Tatsächlich gelang es schließlich am 16. Juli 1945 bei dem sogenannten Trinity-Test in der Wüste, eine Atombombe zu zünden.

Wenige Monate zuvor war nach dem Tod Roosevelts dessen Vize-Präsident Harry S. Truman sein Nachfolger geworden. Truman erhielt während der Konferenz von Potsdam die Nachricht von dem erfolgreichen Test. Trinity, die erste gezündete Atombombe, war mit einer Kraft von 20 000 Tonnen des Sprengstoffs TNT explodiert, der Wüstensand um die Bombe zu Glas geschmolzen.

Truman setzte Winston Churchill noch am selben Tag in Kenntnis. Wenige Tage später informierte er während der Konferenz Josef Stalin.

Noch immer auf der Konferenz von Potsdam vertraute Truman am 25. Juli 1945 seinem Tagebuch an, er habe sich entschieden, die Atombombe einsetzen zu lassen. Allerdings lege er Wert darauf, bei der Angriffsplanung keine zivilen Einrichtungen und Zivilpersonen ins Auge zu fassen. Noch am gleichen Tag erging eine von General Handy erteilte und von Truman und Verteidigungsminister Stimson akzeptierte schriftliche Anweisung an den Befehlshaber im Pazifik,

General Carl A. Spaatz, nach dem 3. August, sobald das Wetter es erlaube, eines der nachfolgenden Ziele mit der Atombombe angreifen zu lassen: Hiroshima, Kokura, Niigata oder Nagasaki.

Es hatten zuvor noch mehr Städte zur Auswahl gestanden, darunter auch Tokio. Die Wahl für den ersten Abwurf fiel auf Hiroshima. Sie war die einzige der in Betracht gezogenen Städte, die kein Kriegsgefangenenlager hatte. Außerdem diente die Stadt als Truppensammelpunkt und Lagerort kriegswichtiger Güter. Weil die Gebäude der Stadt hauptsächlich aus Holz gebaut waren und nur im Zentrum einige Steingebäude standen, rechneten die US-Militärs mit einem verheerenden Feuersturm.

Am 26. Juli veröffentlichten die USA, Großbritannien und das von Chiang Kai-shek geführte China die gemeinsame »Erklärung von Potsdam«. Darin forderten sie die bedingungslose Kapitulation Japans. Andernfalls drohe Japan die »sofortige und völlige Vernichtung«. Von einem eventuellen Einsatz der Atombombe war keine Rede. Japan wies die Erklärung zurück.

Am 6. August 1945, also 21 Tage nach der Zündung von »Trinity«, wurde die erste Atombombe gegen Menschen eingesetzt. Ein B-29-Bomber mit dem Namen »Enola Gay« – der Pilot Paul Tibbets hatte das Flugzeug nach den beiden Vornamen seiner Mutter benannt – flog nach Hiroshima. Um 8.16 Uhr Ortszeit klinkte der Bombenschütze Thomas Ferebee die Bombe »Little Boy« über der Stadt aus. In etwa 550 Metern Höhe explodierte sie.

Mindestens 90 000 Menschen waren sofort tot. Die Stadt war zu 80 Prozent zerstört. Der Heckschütze der »Enola Gay« sah während des Rückflugs den 13 Kilometer hohen Atompilz noch in weit über 500 Kilometern Entfernung.

Truman informierte in der Nacht zum 7. August auf dem Heimweg in die USA vom Schlachtschiff *USS Augusta* über den ersten Einsatz einer Atombombe. »Das ist das größte Ereignis der Weltgeschichte«, rief er aus und drohte Japan mit einer Zerstörung, wie sie noch nie auf der Erde gesehen wurde. Doch Japan kapitulierte nicht.

Am 8. August erklärte die Sowjetunion Japan den Krieg. Stalin wollte unbedingt noch möglichst viel von der Beute abbekommen. Noch immer kapitulierte Japan nicht.

Am 9. August 1945 warfen die USA die zweite Atombombe,

»Fat Man«. Es war das Wetter, das das Schicksal der Stadt Nagasaki besiegte. Da schlechte Wetterverhältnisse angekündigt waren, wurde der Pilot des B-29-Bombers, Charles Sweeney, zwei Tage früher als ursprünglich geplant auf seine Mission geschickt. Er sollte »Fat Man« über der Stadt Kokura abwerfen. Doch der Himmel war wolkenverhangen, die Möglichkeit, das Ziel zu verfehlen zu groß. So flog Sweeney zum Ersatzziel Nagasaki.

Insgesamt kamen durch die beiden Atombomben mindestens 126 000 Menschen sofort ums Leben. Und im Laufe der nächsten Monate, Jahre und Jahrzehnte starben viele Zehntausende auf qualvolle Weise an den Spätfolgen der Strahlen.

Erst nach dem Abwurf auf Nagasaki kapitulierte Japan, wenn auch nicht ausdrücklich. Nach schweren inneren Kämpfen zwischen politischer und militärischer Führung entschied Kaiser Hirohito, wie er dann am 14. August im japanischen Rundfunk seinem Volk mitteilte, »die gemeinsame Erklärung der Mächte«, also die Potsdamer Erklärung, anzunehmen. Am 2. September 1945 unterzeichnete eine japanische Delegation in der Sagami-Bucht bei Tokio auf dem Schlachtschiff *USS Missouri* die Kapitulationsurkunde.

Nach dem Abwurf der Atombomben tat sich die US-Regierung mit der Begründung für den Einsatz schwer. Hatte man die Atombombe gezündet, nur um die Milliarden an Investitionen des Manhattan-Projektes zu rechtfertigen? Die Presseerklärung von Harry S. Truman, noch am Tag des Abwurfs der ersten Bombe veröffentlicht, legt dies nahe: »Wir haben zwei Milliarden Dollar im größten wissenschaftlichen Spiel der Geschichte gesetzt – und haben gewonnen.«

Am 9. August, als die zweite Bombe über Nagasaki gezündet wurde, sagte Truman in einer Radioansprache, die Atombombe auf Hiroshima wäre auf »eine Militärbasis« geworfen worden. In derselben Radioansprache fielen dann auch die Worte: »Da wir die Atombombe erfunden haben, haben wir sie auch benutzt.« (Having found the bomb we have used it.)

Am selben Tag veröffentlichte das Weiße Haus eine weitere Presseerklärung. Darin heißt es zum Atombombenabwurf: »Die Energie, aus der die Sonne ihre Kraft zieht, wurde auf die losgelassen, die den Krieg in den Fernen Osten brachten.« Die Presserklärung erwähnt auch, dass Deutschland versuchte, eine Atombombe zu entwickeln.

Die Gründe für den Abwurf der beiden Atombomben sind vielfältig. Doch sie sind nicht immer identisch mit den von der US-Regierung genannten. Die Verlautbarungen Trumans und der US-Regierung unmittelbar nach den Abwürfen schwankten zwischen Selbstgefälligkeit, Drohung und Rechtfertigung. Tatsächlich war einer der Hauptgründe für die Atombombenabwürfe, Japan endlich zur Kapitulation zu zwingen und damit den langen und verlustreichen Krieg zu beenden. Auch wollte man Stalin, dem äußerst selbstbewussten neuen Rivalen auf der Weltbühne, bedeuten, dass man die mächtigste Waffe der Welt in den Händen hatte und auch bereit war, sie einzusetzen. Womöglich auch gegen ihn? Die Sowjets drangen in jenen Tagen auf die gemeinsame Besetzung Japans. Aber die Amerikaner lehnten das ab. Auf welche Macht sie sich dabei stützen konnten, hatten sie nun gezeigt.

Hätte man die Bombe nicht irgendwo vor der japanischen Küste detonieren lassen können? Man hätte. Doch bis zu seinem Tod wiederholte Truman immer wieder, nicht zu bereuen, den Befehl zum Einsatz der Atombombe gegeben zu haben.

Leó Szilárd und Albert Einstein, die den Bau der Bombe angeregt hatten, waren von dem Einsatz und den Auswirkungen der Bombe entsetzt und wurden entschiedene und engagierte Atomwaffengegner. J. Robert Oppenheimer hatte sich nach dem ersten Abwurf auf Hiroshima in Los Alamos von seinen Mitarbeitern noch feiern lassen. Der zweite Abwurf schockierte auch ihn. Deprimiert sagte er zu Truman, ihm klebe Blut an den Händen. Der soll ihm ein Taschentuch gereicht und gesagt haben, dann solle er es sich abwischen.

Ende 1953 strich Dwight D. Eisenhower, mittlerweile Truman als US-Präsident gefolgt, in seiner berühmten Atoms-for-Peace-Rede vor der UN-Vollversammlung die friedliche Nutzbarmachung der Kernenergie heraus. Doch damit waren neue Gefahren für die Menschheit verbunden.

34 Alle Tiere sind gleich
George Orwell (1903 – 1950)

Im Spanischen Bürgerkrieg hatte man ihm durch den Hals geschossen. George Orwell, der sich der trotzkistischen Partido Obrero de Unificación Marxista (POUM, Arbeiterpartei der Marxistischen Einheit) angeschlossen hatte, kämpfte an der Seite seiner Kameraden mit völlig veralteten Waffen gegen die Truppen Francos.

Orwell war fasziniert davon, dass Menschen, nur mit dem Willen zur Freiheit mit Todesmut einem übermächtigen Gegner die Stirn boten. Doch als er bemerkte, dass im Hinterland der Front Parteimitglieder der POUM von moskautreuen Kommunisten verfolgt und getötet wurden, flüchtete er und verließ Spanien. *Mein Katalonien* ist das Buch, in dem Orwell 1938 seine Erinnerungen an diese Zeit festhielt.

Als Eric Arthur Blair war er 1903 geboren worden, später legte er sich das Pseudonym George Orwell zu. In ihm fand das 20. Jahrhundert einen Schriftsteller, der mit verstörender Nüchternheit und Klarheit die Mechanismen offenlegte, mit denen Menschen andere Menschen mittels einer Ideologie unterdrücken.

In seiner Jugend in Indien, wo sein Vater Dienst tat, hatte er die letzten Versuche des britischen Kolonialismus erlebt, das ehemals weltumspannende Empire zu erhalten. Sein Vater war britischer Kolonialbeamter, der die Opiumernte zu überwachen hatte und für Steuereintreibungen zuständig war. Eric Blair war ein Kind der englischen Mittelschicht. Er bekam es eingetrichtert: die Disziplin, das Herabsehen auf die unteren Schichten, den Ehrgeiz, selbst aufzusteigen, Treue zum Empire, Stolz auf die eigenen Leistungen. In der Schule wurde ihm aufgrund seiner Begabung das Schulgeld erlassen. Schließlich gab man ihm die Gelegenheit, die Eliteschule von Eton zu besuchen.

1921 ging er wieder nach Asien, diesmal nach Burma, dem heutigen Myanmar, und arbeitete dort einige Jahre bei der Polizei. Die Gewalt, die er selbst in seiner Funktion gegen die Einheimischen ausübte, rührte sein Gewissen. 1927 verließ er die Polizei und Burma. Er wollte nicht mehr Teil des britischen Kolonialsystems sein, sondern fortan als Schriftsteller arbeiten und mit den Mitteln der Kunst die

Rechte der Schwachen der Gesellschaft einfordern. Er verdingte sich in Gelegenheitsjobs und geriet selbst in bittere Armut. 1929 kehrte er nach England zurück.

Ende 1936 ging Orwell als Zeitungsreporter nach Barcelona, um über den Spanischen Bürgerkrieg zu berichten und um dort zu kämpfen. Zurück in England folgten für ihn weitere schwere Jahre. 1938 erkrankte er an Tuberkulose. Schließlich kam für ihn 1945 der Durchbruch mit dem Buch *Animal Farm* (deutsch: *Farm der Tiere*).

In dem Buch, einer Mischung aus Parabel, Märchen und Fabel, schildert Orwell, wie die Tiere einer Farm den trunksüchtigen Farmer und dessen Frau vertreiben. Aus der »Herren-Farm« wollen sie nun eine »Farm der Tiere« machen. Die Schweine übernehmen die geistige Führerschaft dieser »Revolution«. Die anschließenden Ereignisse und die handelnden Tiere weisen erstaunliche Parallelen zur Russischen Revolution auf. Das ideologische Rüstzeug für den Aufstand liefert zu Beginn des Buches das Schwein Old Major (»Alles, was zwei Beine hat, ist ein Feind« – »Alles, was vier Beine oder Flügel hat, ist ein Freund«). Old Major – er könnte für Karl Marx stehen – prophezeit, dass die Revolution eines Tages kommen werde, stirbt aber, bevor sie ausbricht. Das Schwein Napoleon (Stalin?) übernimmt nach einem Machtkampf mit dem Schwein Schneeball (Trotzki?) die Führung der Revolution. Die Verfassung, die sich die Tiere zunächst geben, enthält auch den berühmten Satz »Alle Tiere sind gleich«. Doch nach und nach übernehmen die Schweine die totale Macht und werden schließlich zu den neuen Herrschern über die anderen Tiere. Die Maxime »Alle Tiere sind gleich« verändern sie schließlich zu »Alle Tiere sind gleich, aber manche Tiere sind gleicher«.

Am Schluss beobachten die in erneuter Unterdrückung lebenden Tiere, wie die Schweine gemeinsam mit Menschen feiern, und können keinen Unterschied mehr zwischen ihnen erkennen.

Nachdem Orwell die Arbeit an dem Manuskript 1943, mitten im Zweiten Weltkrieg, beendet hatte, fand er zunächst keinen Verlag. Ein Verleger, der bereit war, das Buch zu veröffentlichen, machte nach der Intervention des britischen Informationsministeriums einen Rückzieher. Die britische Regierung wollte mitten im Krieg die verbündete Sowjetunion nicht verärgern. Ein von Orwell verfasstes kritisches Vorwort über die britische Selbstzensur wurde in den schließlich erschienenen Ausgaben kaum abgedruckt. Seit seiner Wiederentdeckung wird der Essay »Die Pressefreiheit« zum Teil als Nachwort wieder aufgenommen.

Hinter Orwells Darstellung steckte nicht nur eine vehemente Kommunismuskritik. Man findet auch Orwells Überzeugung wieder, dass Eliten, gleich welcher Art, dazu tendieren, sich abzuschotten und im Zweifelsfalle ihre Vorteile rücksichtslos gegen andere zu bewahren trachten. Denn die Revolution auf der Farm bringt keine wirkliche Veränderung, oder wie Hannah Arendt einmal bemerkte: »Die radikalsten Revolutionäre werden einen Tag nach der Revolution Konservative.« Auch die neue Elite, die intelligenten Schweine, war vor allem mit dem Ausbau und der Festigung der eigenen Macht und mit dem Kampf um die Macht untereinander beschäftigt.

1948 beendete George Orwell die Arbeit an einem Buch, das er zeitweise *Der letzte Mensch in Europa* nennen wollte. Es erhielt schließlich die Jahreszahl der Fertigstellung in vertauschter Form als Titel: *Nineteen Eighty-Four (1984)*. Das Buch handelt von einem totalitären Staat in der Zukunft. Der »Große Bruder« (Big Brother) ist in diesem Staat der »Herrscher«, eine Art »gütiger Freund« und »Aufpasser«, von dem man aber nicht endgültig weiß, ob es ihn tatsächlich gibt. Berühmt wurde der Satz »Big Brother is watching you«. Der Staat dieser vollkommenen Überwachung wird von vier Ministerien geleitet, die eine Parodie auf die »vier Freiheiten« sind, die Franklin D. Roosevelt ausgerufen hatte.

Berühmt wurde auch Orwells »Newspeak«, der »Neusprech«, die bewusste Verharmlosung, Weichspülung, Euphemisierung der Sprache. In den Ostblockstaaten waren sowohl *Farm der Tiere* als auch *1984* verboten. In der DDR konnten Orwell-Leser ins Gefängnis wandern.

1984 war nicht nur eine Anklage gegen jegliche totalitären Staatsentwürfe, sondern auch eine Warnung vor der ständigen Gefahr, der pluralistische Gesellschaften ausgesetzt sind. Denn Orwell war zwar Anti-Kommunist, doch auch ein überzeugter Sozialist. Und so kämpfte er gegen den amerikanischen Kapitalismus und für ein vereintes und demokratisch-sozialistisches Europa.

Viel Zeit blieb ihm nicht. Nur zwei Jahre nach Erscheinen von *1984* starb er an seiner langjährigen Tuberkuloseerkrankung.

Darum sage ich Ihnen: Lassen Sie Europa entstehen!
Winston Churchill (1874 – 1965)

Churchill nahm seit dem 17. Juli 1945 an der Potsdamer Konferenz teil. Mit dem sowjetischen Diktator Josef Stalin und dem neuen US-Präsidenten Harry S. Truman beriet er über das weitere Vorgehen im besiegten Deutschland und darüber, wie man das noch immer kämpfende Japan möglichst bald zur Kapitulation zwingen konnte.

Während die Konferenz andauerte, erfuhr Churchill, dass er mit seiner Konservativen Partei die Unterhauswahlen in Großbritannien verloren hatte. Der Kriegspremier hatte den Wahlkampf mit martialischer Rhetorik geführt. Im Geiste war Churchill noch immer im Krieg und Stalins Sowjetunion sah er schon als künftigen Gegner. Die Labour Party hingegen versprach den kriegsmüden Briten einen Staat, der sich um ihre sozialen Belange kümmert. Sie stellte ein besseres Gesundheitswesen, besseren Wohnungsbau und bessere Schulen in Aussicht – und wurde gewählt.

Am 27. Juli wurde Churchill von Clement Attlee als Premierminister abgelöst und einen Tag später auch als der Hauptvertreter Großbritanniens bei der Potsdamer Konferenz.

Der Weltkrieg hatte Churchill, der 1940 bei Amtsantritt 65 Jahre alt gewesen war, gesundheitlich erheblich zugesetzt. Seine besorgte Frau Clementine versuchte ihm die Entscheidung der britischen Wähler ein wenig zu versüßen, indem sie bemerkte: »Vielleicht ist das ein verkleideter Segen.« Er entgegnete nur: »Dann ist er aber sehr gut verkleidet.« Churchill dachte nicht ans Aufhören. Umgehend ließ er sich zum Oppositionsführer wählen. Sein Ziel: Die Rückkehr an die Macht.

Winston Leonard Spencer Churchill war eine der herausragenden politischen Persönlichkeiten des 20. Jahrhunderts und eine der vielschichtigsten. Er stammte aus dem britischen Hochadel. Einer seiner Vorfahren war der Duke of Marlborough (Lady Diana Spencer, die spätere Prinzessin Diana, war mit Churchill ebenfalls weitläufig verwandt). Churchills Vater war Schatzkanzler unter Königin Victoria gewesen. Churchill, in jungen Jahren ein Hasardeur, wurde schon früh berühmt als Soldat und Kriegsberichterstatter. Seinen Lebensunterhalt sollte er zeit seines Lebens vor allem durch seine erfolgreichen historischen Bücher bestreiten. 1953 erhielt er sogar den Nobelpreis für Literatur.

Auch als großes politisches Talent war der junge Churchill rasch bekannt geworden. Zahlreiche Ministerämter bekleidete er im Laufe seines Lebens. Doch immer wieder warfen ihn auch Niederlagen zurück. Viele davon waren selbst verschuldet. Mehrere Parteiwechsel irritierten Freund und Feind, sein Hang zur Dominanz und zur Selbstdarstellung ebenso. In den Dreißigerjahren, der Ära des Aufstiegs des Faschismus und des Kommunismus in Europa, geriet Churchill ins politische Abseits. Die noch vom Ersten Weltkrieg erschöpften Briten wollten nichts hören von seinen Warnungen vor Hitler und Stalin. Doch als die Beschwichtigungspolitik Neville Chamberlains endgültig scheiterte, der Zweite Weltkrieg ausbrach und Hitler zunächst an allen Fronten siegte, schien der Kämpfer und ewige Mahner Churchill plötzlich der richtige Mann zu sein, um Großbritannien in schwerer Zeit zu führen. Am 10. Mai 1940 begann Hitler seinen lange geplanten Frankreichfeldzug. Es war der gleiche Tag, an dem Churchill britischer Premierminister wurde.

Frankreich musste binnen weniger Wochen vor der deutschen Wehrmacht kapitulieren. Churchill gelang es derweil mit seinem Kriegskabinett – gebildet aus Vertretern der großen britischen Parteien, Konservativen, Liberalen und Labour –, die bis dahin völlig unterlegenen britischen Streitkräfte zu stärken. So konnten sie die Angriffe der deutschen Luftwaffe in der »Luftschlacht um England« abwehren. Hitler ließ vom Plan einer Invasion auf den Britischen Inseln ab.

Auf die Siegerstraße gelangte Großbritannien, als Hitlers Wehrmacht nach anfänglich großen Erfolgen bei dem im Juni 1941 begonnenen Russlandfeldzug im Herbst vor Moskau stecken blieb und im Dezember 1941 die Vereinigten Staaten nach dem Angriff der Japaner auf den amerikanischen Militärstützpunkt Pearl Harbor aufseiten der alliierten Briten und Sowjets in den Krieg eintraten.

Je länger der Krieg dauerte, desto stärker dominierten die gewaltigen Militärmaschinerien, über die Roosevelt und schließlich Stalin verfügten, die Machtverhältnisse in der Führungsstruktur der Alliierten. Churchill warnte zunehmend vor Stalin, Roosevelt versuchte hingegen eine taktische Verständigung mit dem Diktator zu erreichen. Er wollte Stalin zum Kriegseintritt gegen Japan bewegen.

Nach gewonnenem Krieg aller Regierungsverantwortung ledig, lenkte Churchill als Führer der Opposition seine Aufmerksamkeit auf die Zukunft des kriegszerstörten Europa. Er spielte nun die Rolle des Elder Statesman und des Weltpolitikers.

Die Nachkriegsjahre, insbesondere die Jahre 1946 und 1947, wurden zu einer Zeit, die berühmte Reden hervorbrachte. Das war nicht verwunderlich, denn es galt, den geistigen, moralischen und politischen Rahmen des Wiederaufbaus abzustecken und neuen Gefahren entgegenzutreten. Churchill, der große Redner, war natürlich dabei – er musste dabei sein. Am 3. März 1946 hielt er auf Einladung des US-Präsidenten Harry S. Truman am Westminster College in Fulton/Missouri eine Rede, die das politische Denken der nächsten Jahrzehnte stark beeinflussen sollte. Es war die Rede, die den »Eisernen Vorhang« zum Begriff und weltweit bekannt machte. Stalins Sowjetunion war für die Westalliierten längst zum Gegner geworden, der versuchte, sich in Europa eine möglichst große Einflusssphäre zu sichern und dort überall das kommunistische System zu etablieren. Der Diktator rechnete mit dem baldigen Abzug der Amerikaner aus Europa, Churchill fürchtete ihn.

Churchill hatte Stalins Taten in den Jahren zuvor nicht vergessen. Er wusste, in Stalin vereinten sich totalitärer Anspruch und Expansionsdrang. So hatte der Hitler-Stalin-Pakt 1939 es Hitler erst ermöglicht, Polen ohne die Furcht vor sowjetischem Einschreiten zu überfallen. Im Rahmen dieses Paktes war Stalin im Osten Polens einmarschiert. Die jungen Staaten des Baltikums – Lettland, Estland und Litauen – wurden von der Roten Armee auf Basis dieses Vertrages im Juni 1940 besetzt. Nun, als Sieger im Zweiten Weltkrieg, machte Stalin im Grunde dort weiter, wo er nach Hitlers Überfall auf Polen aufgehört hatte. Daher stellte Churchill in Fulton fest: »Von Stettin an der Ostsee bis Triest an der Adria hat sich ein Eiserner Vorhang über den Kontinent gesenkt.«

Churchill war überzeugt: Sollten die Amerikaner sich wieder aus Europa zurückziehen, bräche eine Zeit der sowjetischen Hegemonie über den Kontinent herein. Eine der wichtigsten Schlussfolgerungen der Rede Churchills in Fulton war daher, dass die Bildung einer westlichen Allianz gegen die sowjetische Expansionspolitik notwendig war und in diesem Rahmen vor allem eine Allianz des Britischen Commonwealth und der USA. Die Haltung der westlichen Alliierten, insbesondere der USA, gegenüber der Sowjetunion war härter geworden. Der amerikanische Diplomat George Kennan hatte das berühmt gewordene »lange Telegramm« aus Moskau gekabelt, das seit Ende Februar 1946 in Regierungskreisen in Washington kursierte. Kennan legte dar, dass aufgrund der kommunistischen Doktrin eine Zusammenarbeit nicht möglich sei, man im Gegenteil der Sowjetunion energisch entgegentreten müsse. Im September 1946 nahm der amerikanische Außenminister Byrnes in der berühmt gewordenen Stuttgarter Rede eine eindeutige Abgrenzung gegenüber der Sowjetunion in der Deutschlandpolitik vor.

Am 12. März 1947 verkündete Harry S. Truman in einer Rede vor beiden Häusern des Kongresses die sogenannte Truman-Doktrin. Im Geiste der Mahnungen George Kennans begann die US-Regierung in Bezug auf die Sowjetunion mit einer Eindämmungspolitik (Containment-Politik). Konkret ging es um die Abwehr sowjetischer Machtansprüche auf die Türkei und auf Griechenland. Die Truman-Doktrin entwarf eine eindeutige Zwei-Lager-Theorie, nach der es das Lager der freien Länder und das der totalitären (kommunistischen) Länder gab.

Der Kalte Krieg hatte begonnen, ein Begriff, den der Journalist Walter Lippmann mit seinem 1947 erschienenen Buch dieses Titels popularisierte.

Die USA ließen Taten folgen. Etwa in Deutschland. Am 5. Juni 1947 kündigte der neue amerikanische Außenminister George C. Marshall in einer Rede an der Universität von Harvard das »European Recovery Program« an, das als Marshall-Plan berühmt wurde. Damit wollten die USA in den nächsten Jahren 16 westeuropäische Staaten finanziell und wirtschaftlich unterstützen und sie in das Bündnissystem, das die USA aufbauten, einbinden.

Churchill hatte nach seiner Rede in Fulton zunächst nur wenig Zustimmung bekommen. Kühle und sogar ablehnende Stimmen waren in der Mehrzahl. Doch Churchill focht dies nicht an. Der Krieger von einst legte nun sogar mehr und mehr eine Haltung der Versöhnung an den Tag, und er verband sein Werben für ein Bündnis der pluralistischen Staaten des Westens mit der Vision eines vereinigten Europa. Zum Meilenstein wurde seine Rede vor der akademischen Jugend am 12. September 1946 in Zürich.

In einer neuen Weltordnung unter der Führung der Vereinten Nationen müssten, so Churchill, die »nennen wir sie die Vereinigten Staaten von Europa« entstehen. Der erste Schritt dazu sei die Gründung eines Rates von Europa (Council of Europe). Zudem müsse am Beginn eines sich einigenden Europa eine Partnerschaft von Frankreich und Deutschland stehen. Für Großbritannien sah er eine beobachtende Rolle. Großbritannien, die USA und die Sowjetunion, so Churchill, müssen die »Freunde und Sponsoren« des vereinten Europa sein und ihm zu seinem Recht zu leben verhelfen. Und er schloss mit den Worten: »Darum sage ich Ihnen: Lassen Sie Europa entstehen!«

Die europäische Einigung wurde in den nächsten Jahren zu einem der Hauptanliegen Churchills. Als im Mai des darauffolgenden Jahres der Europarat gegründet wurde, zunächst ein eher symbolisches Gremium, das aber hohe Strahlkraft hatte, nahm Churchill an den ersten beiden Sitzungen in Straßburg teil, der Stadt, die in den letzten Jahrzehnten mal zu Deutschland, mal zu Frankreich gehört hatte.

1957 wurden die Römischen Verträge unterzeichnet und damit die Europäische Wirtschaftsgemeinschaft (EWG) gegründet, aus der 1993 der Staatenbund der Europäischen Union (EU) hervorging.

Auge um Auge lässt die Welt erblinden   36
Mahatma Gandhi (1869–1948)

Der junge Mann in dem maßgeschneiderten Anzug war auf dem Weg von Durban nach Pretoria. Als der Schaffner kam, konnte er zwar eine gültige Fahrkarte für die Erste Klasse vorweisen, doch das nützte ihm nichts. Der Schaffner bedeutete ihm, dem dunkelhäutigen Inder, dass Menschen seiner Hautfarbe nur im Gepäckwagen mitfahren durften. Der junge Rechtsanwalt Mohandas Karamchand Gandhi, den seine Familie zur Klärung eines Rechtsstreits gerade nach Südafrika geschickt hatte, weigerte sich. Prompt warf man ihn an der nächsten Station aus dem Zug. Sein Gepäck warf man ihm hinterher.

Es war ein Schlüsselerlebnis für den jungen Mann aus Indien. Der Sohn des Premierministers einer indischen Provinz hatte in London studiert, danach als Anwalt in einer Kanzlei in Bombay gearbeitet. Jetzt, 1893, war er gerade in Südafrika eingetroffen.

Er sollte über 20 Jahre in dem Land bleiben. In dieser Zeit setzte er sich für seine zahlreichen indischen Landsleute ein, die dort in Südafrika wie die schwarze Bevölkerung von den Weißen unterdrückt wurden.

Er entwickelte seine Lehre vom gewaltfreien Widerstand, die er Satyagraha nannte. Auch fand er zu einer eigenen Form der Askese, die unter anderem Keuschheit und eine bestimmte Art der Ernährung beinhaltete. In den Fragen der Ethik, Moral und Lebensführung ließ sich der Hindu Gandhi sowohl von den Lehren seiner eigenen Religion als auch denen des Christentums und des Buddhismus beeinflussen.

Von Gandhi sind viele Zitate zur richtigen Lebensführung und zur Gewaltlosigkeit überliefert. Eines der bekanntesten ist: »Auge um Auge lässt die Welt erblinden.« Der Satz findet sich in seiner 1927 veröffentlichten Autobiografie *My Experiments with the Truth*. Er ist eng verbunden mit Gandhis Lehre des Satyagraha, was sinngemäß »die Kraft der Wahrheit« beziehungsweise »Festhalten an der Wahrheit« bedeutet. Im Satyagraha sollten das Herz und das Gewissen des Gegners angesprochen und die sonst in schweren Auseinandersetzungen übliche Spirale der Gewalt durchbrochen, der Gegner schließlich auf die eigene Seite gezogen werden. Die Hauptsäulen des Satyagraha waren Ahimsa (Gewaltlosigkeit), das Gandhi als eine der wichtigsten sowohl buddhistischen, jainistischen als auch hinduistischen Regeln übernommen hatte, und die Bereitschaft, Schmerz und Leid auf sich zu nehmen. Für Gandhi war Satyagraha keine Waffe des Schwächeren, sondern eine Waffe des geistig und moralisch Stärkeren. Er setzte es bereits in Südafrika in die Tat um.

Im Januar 1915 kehrte Gandhi nach Indien zurück, wo er wegen seiner Aktivitäten in Südafrika längst bekannt geworden war. Er wurde begeistert empfangen. In Ahmedabad baute er ein spirituelles Zentrum auf, den Harijan-Aschram, auch Sabarmati-Aschram genannt.

1919, kurz nach Ende des Ersten Weltkriegs, in dem über eine Million Inder für das Britische Empire gekämpft hatten, wurde der Drang der Inder nach Unabhängigkeit stärker. Bereits 1916 hatten die Muslimliga und der Indische Nationalkongress (INC) eine gemeinsame Erklärung verfasst, dass Indien in den Status eines Dominions zu erheben und dem Land unter der britischen Krone die Autonomie zu geben sei. Kanada, Australien und Südafrika waren bereits in diesen Status erhoben worden.

Gandhi beschritt den langen Weg in die Unabhängigkeit Indiens gemeinsam mit Jawaharlal Nehru, der 1917 Gandhis Privatsekretär wurde. Wie Gandhi war Nehru mit der britischen Kultur aufgewachsen. Von 1906 bis 1916 hatte er in England studiert, unter anderem in Cambridge und Oxford. Begeistert von Gandhi gab Nehru seine vielversprechende Anwaltskarriere auf. Nehrus Vater war Anwalt und Führer des INC, der sich aus Moslems und Hindus zusammensetzte, doch zunehmend von den Hindus dominiert wurde.

1919 begann Gandhi mit dem Kampf um die Autonomie Indiens. Er setzte auf eine Strategie der Nichtkooperation und des zivilen Ungehorsams. Die Briten reagierten mit Gewalt, die Inder darauf mit Boykott und Streiks. 1920 übernahm Gandhi die Führung des INC. Immer wieder wurde er verhaftet und hielt hartnäckig an seiner Strategie des zivilen und gewaltlosen Ungehorsams fest.

Die Erscheinung Gandhis, eines kleinen hageren Mannes mit kahlem Schädel, Schnurrbart und einer Nickelbrille, den nackten Körper in einen weißen Baumwollstoff gewickelt, an den Füßen Sandalen, prägte sich der Welt nach und nach ein. Von den zahlreichen Aktionen Gandhis, zu denen auch immer wieder Hungerstreiks gehörten, auch um die Inder zu Einigkeit und Zusammenhalt untereinander zu bewegen, sorgte vor allem der »große Salzmarsch« für weltweites Aufsehen. Im März 1930 marschierte Gandhi von seinem Aschram gemeinsam mit mehreren Dutzend Anhängern etwa 350 Kilometer zum Arabischen Meer. Dort angekommen, forderte er die Inder auf, ihr Salz künftig selbst zu gewinnen und das britische Monopol zu durchbrechen. Sie taten es und Zehntausende wurden in der Folge verhaftet.

Im gleichen Jahr übernahm Nehru den Vorsitz des INC und forderte nun die vollkommene Unabhängigkeit für Indien. Gandhi und Nehru spielten als charismatische Doppelspitze der indischen

Unabhängigkeitsbewegung jeder seine Rolle. Gandhi war der Mann, der das Spirituelle der indischen Seele aufgriff, Nehru der Intellektuelle und Macher. Gandhi und Nehru standen sowohl für die ursprüngliche Identität und die jahrtausendealte Kultur des indischen Subkontinents, sie standen für einen eigenen Weg, sie standen aber auch für den Blick in die Moderne und für die Verständigung mit anderen Kulturkreisen.

Während der Westen sich in den Dreißigerjahren zwischen den totalitären Staatsentwürfen von Kommunismus und Faschismus und der freiheitlich-liberalen Demokratie mit freier Marktwirtschaft bewegte, führte Gandhi der Welt vor Augen, dass andere bedeutende, tief in der Geschichte und in der Mentalität von Millionen Menschen verwurzelte Kulturen existierten. Gandhi zeigte, dass diese Kulturen Gesellschaft, Wirtschaft und Staat anders betrachteten als der Westen.

Dies war wichtig, weil Indien das erste Land außerhalb Europas war, das sich gegen seine Kolonialherren erhob. Von zentraler Bedeutung war Gandhis gewaltloser Widerstand. Er wurde später zum Vorbild für die amerikanische Bürgerrechtsbewegung, insbesondere für Martin Luther King.

Dennoch traf Gandhi mit seinem Denken und Handeln auf ein geteiltes Echo. Für Winston Churchill, der lange die Hoffnung hegte, das britische Weltreich retten zu können, war Gandhi »ein halbnackter Fakir«. Von Albert Einstein hingegen stammen die Worte: »Zukünftige Generationen werden kaum glauben können, dass ein Mensch aus Fleisch und Blut wie er jemals auf Erden gewandelt ist.«

Mit dem Ende des Zweiten Weltkriegs war auch das Ende des Kolonialismus besiegelt. Die europäischen Kolonialmächte waren ausgeblutet, erschöpft und auf die Not im Mutterland zurückgeworfen. Sie konnten dem Freiheitswillen der Kolonien kaum noch Widerstand entgegensetzen. So erging es auch Großbritannien mit Indien.

Im August 1947 wurde Indien in die Unabhängigkeit entlassen. Zu dieser Zeit gab es etwa 350 Millionen Inder.

Vor allem Nehru schmiedete nun den Staat, der zum Ende des 20. Jahrhunderts die größte Demokratie der Welt genannt wurde. Es gelang ihm, auf dem Subkontinent mit seinen zahlreichen und vielfältigen Völkern eine Staatsform zu installieren, in der allgemeines Wahlrecht – auch Frauenwahlrecht – gilt und in der Staat und

Religion getrennt sind. Das ist eine bedeutende Leistung angesichts der Vielfalt des Landes, das geprägt ist von Religionskonflikten, einer tiefen Kluft zwischen Arm und Reich und das bei gleichzeitig archaischen Traditionen wie etwa dem Kastensystem den Weg in die Moderne beschreitet.

Doch die Teilung ihrer Heimat in das mehrheitlich hinduistische Indien und das islamische Pakistan, verbunden mit Kriegen und Vertreibungen, konnten Nehru wie auch Gandhi nicht verhindern. Von Pakistan, das gleichzeitig mit Indien die Unabhängigkeit erlangte und das ursprünglich in West- und Ostpakistan aufgeteilt war, spaltete sich Ostpakistan ab und wurde 1971 zum unabhängigen Staat Bangladesch. Gandhi, den sie längst »Mahatma« (große Seele) nannten, setzte sich dafür ein, die Staatskasse Britisch-Indiens zwischen Indien und Pakistan fair zu teilen. Aus Zorn darüber erschoss ihn am 30. Januar 1948 ein nationalistischer Hindu.

Nehru stand zu diesem Zeitpunkt erst am Anfang der jahrzehntelangen Periode, in der seine Familie die Macht in Indien ausüben sollte. Es gibt ein Schwarz-Weiß-Bild von einem kleinen dunkelhaarigen Mädchen, das neben dem im Bett liegenden Gandhi sitzt. Sie, das einzige Kind von Jawaharlal Nehru, schaut skeptisch, Gandhi lächelt. Als sie später den Politiker und Journalisten Feroze Gandhi, der nicht mit Mahatma Gandhi verwandt war, heiratete, erhielt sie den Namen, mit dem sie in die Geschichte eingehen sollte: Indira Gandhi. Als indische Ministerpräsidentin fiel sie 1984 wie zuvor Gandhi einem Attentat zum Opfer.

Ihr Völker der Welt, schaut auf diese Stadt! 37
Ernst Reuter (1889–1953)

Wenige Monate vor Kriegsende, die Niederlage des Dritten Reiches war nur noch eine Frage der Zeit, hatten Franklin D. Roosevelt, Josef Stalin und Winston Churchill auf der Konferenz von Jalta vom 4. bis 11. Februar 1945 beschlossen, Deutschland nach dem Krieg in vier Besatzungszonen – eine amerikanische, eine britische, eine französische und eine sowjetische – aufzuteilen und das Gleiche mit der ehemaligen Reichshauptstadt Berlin zu tun. Ebenso wollte man mit Österreich und seiner Hauptstadt Wien verfahren. Im besetzten Deutschland installierte man als oberstes Regierungsorgan den Alliierten Kontrollrat.

Berlin wurde sehr schnell zum Testfall der Machtprobe zwischen Westmächten und Stalin. Es ging auch darum, wer das bessere gesellschaftliche System anbot und wer damit die Bevölkerung gewinnen konnte.

Im Dezember 1945 verschmolzen die KPD und die SPD auf Druck der Besatzer in der sowjetischen Besatzungszone zur Sozialistischen Deutschen Einheitspartei (SED). Bei den Landtagswahlen in der sowjetischen Besatzungszone vom 20. Oktober 1946 erzielte die SED zwar 47,6 Prozent der Stimmen, doch Stalin, der mit seinen Truppen auch den Ostteil Berlins besetzt hielt, sah, dass durch freie Wahlen ein kommunistisches System nur schwer zu installieren war. Vor dem Hintergrund dieser Erfahrungen führte man 1950 in der neu gegründeten DDR die nächsten Landtagswahlen nur noch mit Einheitslisten durch.

Zum 1. Dezember 1946 ordnete die sowjetische Militärregierung für ihre Besatzungszone die Schaffung einer Grenzpolizei an. Grenzanlagen entlang der gesamten Zonengrenze wurden errichtet. Reisende zwischen den Zonen der Westalliierten und der Zone der Sowjetunion mussten nun Interzonenpässe beantragen. Bald war nur noch die Sektorengrenze zwischen Ost- und West-Berlin passierbar. Immer mehr Einwohner der sowjetischen Besatzungszone nutzten diese, um in den Westen überzusiedeln. Von 1946 bis zum Bau der Mauer 1961 verließen über 2,6 Millionen Menschen die sowjetische Besatzungszone.

Im Frühjahr 1948 spitzten sich die Spannungen zwischen den vier alliierten Besatzungsmächten zu. Nachdem die Londoner Sechsmächtekonferenz (USA, Großbritannien, Frankreich und die drei Benelux-Staaten) empfohlen hatte, eine föderative Regierung in Westdeutschland einzurichten, verließ am 20. März der sowjetische Vertreter Marschall Sokolowski den Alliierten Kontrollrat und sowjetische Truppen blockierten für kurze Zeit die Grenzen zum Westteil von Berlin. Doch die eigentliche Blockade sollte erst noch folgen.

Am 20. Juni des Jahres führten die Westmächte in ihren drei Zonen die Währungsreform durch, die sie als eine der wichtigsten Voraussetzungen ansahen, um die wirtschaftliche Not in den Besatzungszonen zu überwinden. Auch über diese Frage war es zu keiner Verständigung mit der Sowjetunion gekommen.

Die sowjetische Militäradministration nahm die Währungsreform zum Anlass, die Grenzen von Westberlin zur sowjetischen Besatzungszone zu schließen. In der Nacht vom 23. auf den 24. Juni 1948 wurde die Stromversorgung eingestellt, am nächsten Morgen der Schienen-, Straßen- und Schiffsverkehr. Die Alliierten mussten nun in Westberlin nicht nur ihre Garnisonen, sondern etwa zwei Millionen Einwohner versorgen.

Berlin wurde nun zum Symbol der Freiheit, das nicht verloren gegeben werden durfte. Am 25. Juni befahl der Militärgouverneur der amerikanischen Besatzungszone, General Lucius D. Clay, die Einrichtung einer Luftbrücke. Das Überfliegen der sowjetischen Besatzungszone über Luftkorridore war den Westalliierten vertraglich erlaubt. Schon am nächsten Tag flogen die ersten Maschinen. Dank des massiven und immer besser koordinierten Einsatzes von hauptsächlich amerikanischen und britischen Transportflugzeugen konnte im Laufe der nächsten Wochen die Versorgung der Bevölkerung Westberlins gesichert werden. Die Flugzeuge gingen als »Rosinenbomber« in die Geschichte ein.

Am 9. September 1948 hielt die Sowjetunion die Blockade Westberlins seit nahezu zweieinhalb Monaten aufrecht. Die Verhandlungen im Alliierten Kontrollrat waren zum Erliegen gekommen. An diesem Tag sprach Ernst Reuter vor den Ruinen des Reichstagsgebäudes zu einer Menge von etwa 300 000 Zuhörern. Der SPD-Politiker war im Jahr zuvor zum Oberbürgermeister von ganz Berlin gewählt worden. Doch die sowjetischen Behörden hatten ihr Veto eingelegt. Daher war er in diesen Tagen offiziell nur Verkehrsdezernent, tatsächlich aber nach wie vor einer der wichtigsten Politiker des Westteils der Stadt.

Reuter erwähnte in seiner Rede Wortbrüche der sowjetischen Seite, sagte, das Symbol der SED sollen nicht der Händedruck, sondern Handschellen sein, wie sie den Berlinern angelegt wurden, und er rief aus: »Ihr Völker der Welt, ihr Völker in Amerika, in England, in Frankreich, in Italien! Schaut auf diese Stadt und erkennt, dass ihr diese Stadt und dieses Volk nicht preisgeben dürft und nicht preisgeben könnt!« Verkürzt zu dem Satz »Ihr Völker der Welt, schaut auf diese Stadt!« gingen die Worte um die Welt und wurden berühmt. In seiner Rede entwarf Reuter die Vision eines nach dem Krieg gewandelten deutschen Volkes, das den Kampf für die Freiheit aufnehmen werde, und zum Ende rief er aus: »Und Volk von Berlin, sei dessen gewiss, diesen Kampf, den wollen, diesen Kampf, den werden wir gewinnen!«

Die Luftbrücke dauerte noch bis zum 12. Mai 1949. Erst dann hob die Sowjetunion die Blockade auf. Die Westalliierten hatten bewiesen, dass sie Berlin nicht aufgeben würden.

Ein bewegtes Leben hatte der damals 59-jährige Ernst Reuter schon hinter sich. Der Sohn eines Kapitäns, der später Direktor einer Navigationsschule gewesen war, hatte seine Kindheit im ostfriesischen Leer verbracht und danach in Marburg und München Sozialwissenschaften studiert. Anschließend verdiente er sein Geld als Privatlehrer. 1912 trat Reuter der SPD bei und arbeitete in Berlin für den SPD-Parteivorstand. Zum Kriegsdienst wurde er zwangsweise eingezogen, denn er hatte als erklärter Pazifist Schriften gegen den Krieg verfasst. Als Feldjäger an der Ostfront schwer verwundet, geriet er in Kriegsgefangenschaft. Er lernte Russisch und schloss sich vor der Februarrevolution begeistert den Bolschewiki an. Lenin ernannte ihn zum Volkskommissar der Wolgadeutschen Republik. Schon im November 1918, unmittelbar nach Kriegsende, kehrte Reuter nach Deutschland zurück und engagierte sich zunächst in der KPD. Später schloss Reuter sich wieder der SPD an. Er war im Berliner Magistrat zuständig für Verkehr und wurde 1931 Oberbürgermeister von Marburg. Als die Nationalsozialisten 1933 an die Macht kamen, ging Reuter in die Türkei ins Exil und lehrte in Ankara als Professor für Städtebau. 1946 kehrte er nach Berlin zurück.

Die Berlin-Blockade war ein erster Höhepunkt des beginnenden Kalten Krieges. Die psychologischen Auswirkungen dieser konkreten Bedrohung des Westteils der Stadt, der wie eine Insel in der sowjetischen Besatzungszone lag, waren immens. Die Westalliierten verwandelten sich in den Augen der Berliner und der Westdeutschen über Nacht von Besatzern zu Schutzmächten. Auch das Selbstverständnis der Berliner wandelte sich. Nun war die Stadt nicht mehr die ehemalige Hauptstadt des Dritten Reiches, sondern Bollwerk gegen die kommunistische Bedrohung.

Auch das Bestreben, einen westdeutschen Staat zu gründen, gewann durch die Berlin-Blockade weiteren Auftrieb. Am 1. Juli 1948 forderten in Frankfurt die westalliierten Militärgouverneure die Ministerpräsidenten der Westzonen mit den sogenannten Frankfurter Dokumenten auf, die Gründung eines westdeutschen Staates voranzutreiben und eine deutsche Verfassung auszuarbeiten.

Wenige Tage später, am 10. Juli, konferierten die elf westdeutschen Ministerpräsidenten zu diesem Thema in einem Hotel bei Koblenz auf dem Rittersturz. Einigen Teilnehmern kamen schwere Bedenken, ob ihr Tun nicht die Teilung Deutschlands festschreiben würde. Es war Ernst Reuter, der aus dem eingeschlossenen Berlin hinzugekommen war und durch sein Zureden den Ausschlag gab: Nur wenn der Westen einen staatlichen Neubeginn wage, bestünde die Hoffnung, dass sich der Osten eines Tages wieder anschließe. Zwei Monate später gehörte Ernst Reuter auch dem Parlamentarischen Rat an, der das Grundgesetz erarbeitete.

13 Jahre nach der Berlin-Blockade – Deutschland war endgültig in die Bundesrepublik Deutschland (am 24. Mai 1949) und die Deutsche Demokratische Republik (DDR) (am 7. Oktober 1949) geteilt – wurde die Teilung im wahrsten Sinne des Wortes zementiert. Die Bundesrepublik gehörte mittlerweile dem westlichen Militärbündnis NATO (North Atlantic Treaty Organization) an und die DDR dem Militärbündnis Warschauer Pakt, in dem die Sowjetunion und die von ihr abhängigen Staaten Osteuropas eingebunden waren. Westberlin war nach wie vor der Fluchtpunkt zahlreicher DDR-Bürger. Die SED unter Führung ihres Generalsekretärs Walter Ulbricht versuchte, die Grenzen immer undurchlässiger zu machen, doch der Bevölkerungsverlust war dramatisch.

Auf einer Pressekonferenz am 15. Juni 1961 hakte die Korrespondentin der Frankfurter Rundschau, Annamarie Doherr, aufgrund einer Verlautbarung Ulbrichts nach. Sie fragte ihn: »Bedeutet die Bildung einer freien Stadt Ihrer Meinung nach, dass die Staatsgrenze am Brandenburger Tor errichtet wird? Und sind Sie entschlossen, dieser Tatsache mit allen Konsequenzen Rechnung zu tragen?« Ulbricht antwortete darauf: »Ich verstehe Ihre Frage so, dass es Menschen in

Westdeutschland gibt, die wünschen, dass wir die Bauarbeiter der Hauptstadt der DDR mobilisieren, um eine Mauer aufzurichten, ja? Mir ist nicht bekannt, dass eine solche Absicht besteht, da sich die Bauarbeiter in der Hauptstadt hauptsächlich mit Wohnungsbau beschäftigen und ihre Arbeitskraft voll eingesetzt wird. Niemand hat die Absicht, eine Mauer zu errichten.«

Ulbrichts letzter Satz wurde angesichts der nachfolgenden Ereignisse berühmt. Denn zwei Monate später begannen in der Nacht vom 12. auf den 13. August 1961 Sicherheitskräfte der DDR, die Grenze abzuriegeln und tatsächlich eine Mauer zu bauen, die Deutschland endgültig für die nächsten fast drei Jahrzehnte teilen und Zehntausende Familien und Freunde trennen sollte.

38 Alle Menschen sind frei und gleich an Würde und Rechten geboren
Erklärung der Menschenrechte (1948)

Bei aller Dunkelheit, Grausamkeit und Menschenverachtung, die das 20. Jahrhundert mit sich brachte, haben diese zehn Dekaden auch viele Meilensteine hinterlassen, die zu der Hoffnung Anlass geben, auf dem langen Weg in eine Welt des Friedens und der Freiheit doch einiges erreicht zu haben.

Am 10. Dezember 1948 veröffentlichten die Vereinten Nationen die *Allgemeine Erklärung der Menschenrechte*. Diese neu gegründete Organisation, in der alle Staaten Mitglied werden sollten, wollte nach ihrem Selbstverständnis über eine neue Welt wachen, in der nach den beiden verheerenden Weltkriegen dauerhafter Frieden einkehren und die Rechte jedes einzelnen Menschen geachtet werden sollten.

Dass es ein Naturrecht gebe, das für jeden einzelnen Menschen gelte, wurde schon von den Denkern im antiken Griechenland diskutiert. Die demokratischen Strukturen des Athener Stadtstaates waren erste wichtige Schritte auf dem Weg, die Rechte möglichst vieler Menschen zu gewährleisten und sie vor Willkür von Tyrannen oder Monarchen zu schützen.

Weitere bedeutende Meilensteine auf dem Weg zur Einschränkung von Willkür wurden in England getan. Dort trotzte 1215 der englische Adel dem König John (auch John Lackland beziehungsweise Johann Ohneland genannt) in der Magna Charta zahlreiche Rechte ab und erreichte damit erstmals, dass der Monarch seine Staatsgewalt teilen musste. 1628 schränkte das englische Parlament in der an König Karl I. gerichteten Petition of Rights dessen Verfügungsgewalt über seine Untertanen weiter ein. Die Petition forderte den Schutz jeder Person vor willkürlicher Verhaftung und den Schutz des persönlichen Eigentums. 1679 zwang ein weiteres Gesetz, der Habeas Corpus Act (nach dem lateinischen Anfang von Haftbefehlen: habeas corpus, deutsch: du sollst diesen Körper haben), den damaligen König Karl II., jeden Verhafteten binnen drei Tagen einem Richter vorführen zu lassen. In der Bill of Rights trat der englische König Wilhelm III. von Oranien 1689 zahlreiche seiner Rechte an das Parlament ab und verpflichtete sich, Steuern und Abgaben vom Parlament genehmigen zu lassen und dieses regelmäßig einzuberufen. Die Abgeordneten erhielten uneingeschränkte Redefreiheit und Immunität.

Immer wieder wurden und werden Einschränkungen oder Nichtgewährung von Menschenrechten mit dem Argument zu rechtfertigen versucht, der Mensch sei machtgierig und von seinen Trieben gesteuert. Für Thomas Hobbes war dies gemäß seiner Feststellung »Der Mensch ist dem Menschen ein Wolf« der Grund, einen starken Staat zu fordern, dem der Mensch seine Rechte unterordnet beziehungsweise abtritt. Im 19. Jahrhundert setzte sich eine ähnliche Argumentationslinie über Georg Wilhelm Friedrich Hegel fort, der der Entwicklung des Staatswesens den Vorzug vor den Rechten des Einzelnen gab. Die Sozialdarwinisten schließlich beriefen sich auf Charles Darwins »Kampf um das Dasein« – Darwin selbst erklärte im Übrigen, er persönlich sei kein Darwinist.

Dem Bild vom triebgesteuerten, unmündigen Menschen setzte spätestens Immanuel Kant eine Auffassung entgegen, die optimistischer war, die aber den Menschen auch forderte. Was ist der Mensch, fragte er. Ist der Mensch ein Tier, für das nur das Recht des Stärkeren gilt? Fressen oder gefressen werden? Nein, sagte Kant, der Mensch ist vernunftbegabt. Deshalb müsse er seine Vernunft einsetzen und anwenden. Auch in Kants berühmter Definition der Aufklärung klingt dies an: »Aufklärung ist der Ausgang des Menschen aus seiner selbst verschuldeten Unmündigkeit.«

In einem weiteren berühmten Satz sprach Kant von dem »moralischen Gesetz in mir« und er verknüpfte dieses nicht mit einem Gott und den ethischen Regeln einer Religion, sondern mit der menschlichen Vernunft. Das »moralische Gesetz in mir« steht in gewissem Maße für das menschliche Grundempfinden für Fairness und Würde.

Kant wusste um die Schwierigkeit, Vernunft und Moral in einer Gesellschaft umzusetzen. Doch er glaubte, dass die Menschheit sich in einem ständigen Prozess befände, der sie immer näher an die bestmögliche vernünftige Gesellschaft heranführe. Die Freiheit des einzelnen Menschen war für Kant die Grundvoraussetzung dafür, dass alle anderen Grundrechte wirksam werden konnten. Aufgabe des Staates war es, die Freiheit der Menschen sicherzustellen.

Wie das in der Praxis umzusetzen sei, hatten die vielen Schritte von der Magna Charta bis zur Bill of Rights bereits angedeutet: Der Staat selbst durfte nicht allmächtig werden. Dies ging nur durch die Teilung von Macht. Denn ein Staat konnte nur Freiheit garantieren, wenn seine eigene Macht kontrolliert wurde. Das war die Basis für das Konzept der Gewaltenteilung. Die Idee führte der Engländer John Locke im 17. Jahrhundert ein. Die Macht im Staat musste für Locke in eine gesetzgebende (legislative) Gewalt, das Parlament, und eine ausführende (exekutive) Gewalt, die Regierung, unterteilt sein. Charles de Montesquieu fügte später noch die Recht sprechende (judikative) Gewalt, die Gerichte, hinzu. Die Ideen Lockes, Montesquieus und auch Jean-Jacques Rousseaus beeinflussten sowohl die Amerikanische Unabhängigkeitserklärung 1776 mit der Forderung einer Regierung vom Volk für das Volk als auch 1791 die Erklärung der Menschen- und Bürgerrechte während der Französischen Revolution. Darin finden sich nahezu die gleichen Rechte wie später in der Erklärung der Vereinten Nationen.

Die beiden Weltkriege und die fürchterlichen Verbrechen gegen die Menschlichkeit in der ersten Hälfte des 20. Jahrhunderts machten den Entwurf einer möglichen besseren Welt dringlich. Mitten im Zweiten Weltkrieg umriss der amerikanische Präsident Franklin D. Roosevelt am 6. Januar 1941 vor dem US-Kongress in seiner berühmten »Rede von den vier Freiheiten«, was es in einer zukünftigen Welt anzustreben gelte: die Freiheit der Rede, die Freiheit eines jeden, auf seine eigene Weise Gott zu preisen, die Freiheit von Not und die Freiheit von Furcht. Bei der Nennung jeder einzelnen dieser vier Freiheiten ergänzte er, wo diese Freiheit zu gelten habe: »Überall in der Welt.«

Am 14. August 1941 traf Roosevelt sich mit dem britischen Premierminister Winston Churchill auf dem britischen Schlachtschiff *Prince of Wales* in der Placentia Bay vor Neufundland. Dieses Treffen ging als sogenannte Atlantik-Konferenz in die Geschichtsbücher ein. Die deutsche Wehrmacht war am 22. Juni in die Sowjetunion einmarschiert und rückte seitdem auf breiter Front vor, und Roosevelt und Churchill beschlossen erweiterte Waffen- und Materiallieferungen der Amerikaner an die Briten und an die Sowjetunion.

Darüber hinaus besondere Tragweite sollte ein von Roosevelt und Churchill unterzeichnetes Dokument erhalten, in dem die Fundamente der künftig gemeinsam angestrebten Weltordnung festgehalten wurden. Berühmt geworden unter dem Namen Atlantik-Charta hält diese Erklärung fest, dass beide Staaten darauf verzichten, Territorien hinzuzugewinnen, dass künftige Leitlinie ihrer Politik sein soll, dass alle Menschen die Regierungsform wählen dürfen, unter der sie leben möchten, dass alle Staaten der Welt gleichen Zutritt zu Rohstoffen und Handel bekommen, dass alle Völker der Welt auf bestmögliche Weise wirtschaftlich zusammenarbeiten, alle Menschen uneingeschränkt die Meere bereisen können und alle Völker auf Gewalt verzichten. Zweifellos wirkte in die Atlantik-Charta Woodrow Wilsons Vierzehn-Punkte-Plan aus dem Ersten Weltkrieg hinein, der damit schon damals den Grundstein für eine friedliche Nachkriegsordnung hatte legen wollen. Doch damals ging von dessen Geist nahezu alles in dem unsäglichen Vertrag von Versailles verloren.

Als am 1. Januar 1942 die Vertreter von 26 Staaten – allesamt Gegner der Achsenmächte – die Deklaration der Vereinten Nationen verabschiedeten, beriefen sie sich ausdrücklich auf die Atlantik-Charta. Zu den Unterzeichnern der ersten Stunde gehörte neben den USA und Großbritannien auch die Sowjetunion. Am 10. Dezember 1948 verkündete die Generalversammlung der Vereinten Nationen die Allgemeine Erklärung der Menschenrechte: In Artikel 1 heißt es:

»Alle Menschen sind frei und gleich an Würde und Rechten geboren. Sie sind mit Vernunft und Gewissen begabt und sollen einander im Geiste der Brüderlichkeit begegnen.«

Der weitere Verlauf des 20. Jahrhunderts hat gezeigt, dass trotz der Fortschritte immer wieder Rückschläge bei der Verwirklichung der Menschenrechte zu verzeichnen waren, sei es im militärischen Handeln einzelner Staaten, auch und gerade der großen Mächte, sei es im Verhalten reicher Staaten zu ärmeren, sei es das von Staaten zu selten geübte Festhalten an Freiheitsrechten der eigenen Bevölkerung im Falle der Bedrohung der inneren Sicherheit. Auch wann und inwieweit von der Völkergemeinschaft in die Souveränität eines Staates eingegriffen werden darf und muss, wenn dort Menschenrechte massiv verletzt werden, ist immer wieder umstritten. Dennoch ist gerade die Erklärung der Menschenrechte ein großer Erfolg für die Menschheit. Gerade weil die Menschenrechte allgemein formuliert sind und weil sie heute, Jahrzehnte nach ihrer Veröffentlichung, nicht in Frage stehen, sind sie der Maßstab für die Entwicklung auf der Suche nach dem besten Staatswesen.

39 Auferstanden aus Ruinen
Johannes R. Becher (1891 – 1958)

Der Entschluss zur Tat war gefasst. Doch es kam anders. Der 19-jährige Johannes R. Becher wollte sich gemeinsam mit seiner Geliebten Franziska Fuß das Leben nehmen. Vorbild war der Doppelselbstmord von Heinrich von Kleist und Henriette Vogel fast 100 Jahre zuvor. Becher schoss seiner Geliebten ins Herz, doch sich selbst umzubringen, gelang ihm nicht: »Ich erinnere mich zu spät daran, dass man sich am besten in den Mund schießt.« Er überlebte schwer verletzt. Sie war tot. Sein weiteres Leben lang litt Becher schwer unter den Folgen für Körper und Seele.

1911, ein Jahr nach dem tragischen Ereignis, nahm Becher das Studium der Medizin und Philosophie in München auf, brach es aber wieder ab, um Schriftsteller zu werden. Mit expressionistischer Lyrik versuchte er sich von seiner bürgerlichen Herkunft zu lösen. Das Leben blieb schwer für ihn. Während des Ersten Weltkriegs aufgrund der Verletzungen des gescheiterten Selbstmordversuchs kriegsuntauglich, wurde Becher wegen seiner Morphiumsucht immer wieder in Krankenhäuser eingewiesen.

Nach dem Krieg schloss er sich dem kommunistischen Spartakusbund, dann der Kommunistischen Partei Deutschlands (KPD) an. Als Adolf Hitler und die Nationalsozialisten die Macht in Deutschland übernahmen, flüchtete Becher über Prag, Zürich und Paris 1935 in die Sowjetunion.

In Moskau wurde er Chefredakteur einer Exilzeitschrift und Mitglied des Zentralkomitees der KPD. Auch er geriet ins Visier von Stalins Terror. Als trotzkistischer Abweichler eingestuft, durfte er ab 1936 die Sowjetunion nicht mehr verlassen. Nach Kriegsende kehrte Becher nach Deutschland zurück, ließ sich in der sowjetischen Besatzungszone nieder und wurde bereits im Juni 1945 Präsident des von den sowjetischen Besatzungsbehörden ins Leben gerufenen Kulturbundes zur demokratischen Erneuerung Deutschlands. Becher blieb bis zu seinem Tod an dessen Spitze.

Noch vor Kriegsende war in Berlin am 30. April 1945 die »Gruppe Ulbricht« eingetroffen. In Moskau ausgebildet und streng auf kommunistischer Linie arbeitend, war sie neben anderen Gruppen wie denen von Anton Ackermann in Sachsen und Gustav Sobottka in Mecklenburg dazu auserkoren worden, die Macht der Kommunisten in der sowjetischen Besatzungszone zu etablieren.

Was Stalin mit der sowjetischen Besatzungszone vorhatte, daraus machte er im Gespräch mit ausländischen Kommunisten keinen Hehl: »Die ›Westlichen‹ werden aus Westdeutschland ihren Staat machen«, erklärte der sowjetische Diktator, »und wir aus Ostdeutschland den unseren.« Doch das sollte noch nicht alles sein, was er zu erreichen hoffte: »Ganz Deutschland muss unser werden!«

Nach dieser Maßgabe handelte nun die Sowjetunion in den nächsten Jahren. Zuerst einmal wollte man das kommunistische System in der eigenen Besatzungszone errichten. Am 11. Juni 1945 trat, einen Tag nachdem die Sowjetische Militäradministration die Gründung neuer »antifaschistisch-demokratischer« Parteien erlaubt hatte, die Kommunistische Partei Deutschlands in der sowjetischen Zone an die Öffentlichkeit. Ihre Führung bestand aus der »Gruppe Ulbricht«. Die KPD sprach sich für die Schaffung einer parlamentarisch konstituierten Republik aus, die antifaschistisch und demokratisch sei. Sie betonte, es sei falsch, Deutschland das Sowjetsystem aufzuzwingen. Walter Ulbricht sagte im Vertrauen: »Es muss demokratisch aussehen, aber wir müssen alles in der Hand haben.«

Die Vorstellungen über die Zukunft des besiegten Deutschland gingen unter allen Alliierten zunächst auseinander. Noch zu Beginn der Besatzungszeit verweigerte sich Frankreich unter Charles de Gaulle jeglichem Plan, aus Deutschland jemals wieder eine politische Einheit zu bilden. Das Potsdamer Abkommen vom August 1945 sah vor, den Lebensstandard in Deutschland künftig auf europäischem Durchschnitt zu halten, was de facto bedeutete, ihn im Vergleich zum Standard vor dem Krieg abzusenken. Nach einem im Herbst 1944 verfassten Plan des US-Finanzministers Henry Morgenthau sollte Deutschland im Wesentlichen seiner Schwerindustrie entledigt, große Landstriche an die Nachbarstaaten übergeben und der Rest des Landes in einen Nord- und einen Südstaat geteilt werden, die beide vornehmlich durch Landwirtschaft und Leichtindustrie den eigenen Bedarf decken sollten. Deutschland sollte nie wieder in der Lage sein, einen Krieg führen zu können.

Hunger und Versorgungsengpässe brachten schließlich einen Politikwechsel der Westalliierten. Der amerikanische Militärgouverneur Lucius D. Clay ließ am 3. Mai 1946 alle Fabrikdemontagen und Reparationslieferungen in der amerikanischen Zone stoppen.

Die Sowjetunion hingegen begann, nachdem eine gemeinsame Reparationspolitik der Alliierten gescheitert war, rücksichtslos Industrieanlagen in ihrer Zone zu demontieren und in die Sowjetunion zu bringen. Die sowjetischen Demontagen beliefen sich schließlich vermutlich auf das Sechsfache dessen, was Stalin noch 1945 auf der Konferenz von Jalta gefordert hatte. Auch die noch jahrelang geleistete Zwangsarbeit von Millionen deutscher Kriegsgefangener betrachtete die Sowjetunion als eine Art Sühneleistung.

Argwöhnisch beobachteten die Westalliierten die recht früh in der sowjetischen Besatzungszone in Angriff genommenen gesellschaftlichen Umwälzungen. Bereits im September 1945 wurde die Verordnung über die Bodenreform erlassen, Grundbesitz über 100

Hektar entschädigungslos enteignet. Die politische Macht in ihrer Besatzungszone gab die sowjetische Militäradministration immer mehr in die Hände von moskautreuen Kommunisten. Die allerdings repräsentierten keineswegs die Mehrheit der Bevölkerung. Die ebenfalls nach Kriegsende auch in der sowjetischen Besatzungszone rasch aktiv gewordene SPD war beliebter in der Bevölkerung und war teilweise sogar »sozialistischer« als die KPD, der man ihre Nähe zur Sowjetunion übel nahm.

Nachdem die Kommunisten in Österreich und Ungarn die Wahlen verloren, merkte die Sowjetunion, dass sie sich etwas einfallen lassen musste, um in dem von ihr besetzten Teil Deutschlands ein System nach ihren Wünschen zu etablieren. Am 21. April 1946 wurden KPD und SPD zur SED zwangsvereinigt. Sowjetische Kommandanten ordneten an, in den Ortsgruppen die Vereinigung durchzuführen. Eine Urabstimmung unter den SPD-Mitgliedern in der Ostzone und in Ost-Berlin wurde verboten. In West-Berlin fand sie statt. Dort stimmten 82 Prozent gegen die Vereinigung von KPD und SPD.

Dem Parteivorstand des Zentralkomitees der SED gehörte auch Johannes R. Becher an. Ihm oblag es, auf kulturellem Gebiet die kommunistische Gesellschaft auf den Weg zu bringen.

Das Vorgehen der Sowjetunion schweißte die drei Westalliierten zunehmend zusammen. Auch die letzten Sympathien in der westdeutschen Bevölkerung hatten die Sowjets bald verspielt. Im Sommer 1946 schlug schließlich der amerikanische Außenminister James F. Byrnes vor, dass die Zonen, die dazu bereit seien, sich wirtschaftlich an die amerikanische anschließen könnten. Zunächst konnten nur die Briten gewonnen werden. Die Sowjetunion lehnte den Vorschlag rundweg ab. Amerikaner und Briten bildeten die sogenannte Bi-Zone. Das Abkommen unterzeichneten Byrnes und der britische Außenminister Ernest Bevin am 2. Dezember 1946. Der Vier-Mächte-Kontrollrat war damit faktisch ausgehebelt.

Zuvor hatte Byrnes am 6. September in seiner berühmt gewordenen Stuttgarter Rede – auch als Rede der Hoffnung bezeichnet – die endgültige Abkehr der USA vom Morgenthau-Plan erklärt und das Ziel des Aufbaus eines souveränen und demokratischen Deutschland verkündet.

Auf der Außenministerkonferenz in Moskau ab dem 10. März

1947 kam es zum endgültigen Zerwürfnis der Westalliierten mit der Sowjetunion. Zwei Tage nach Beginn der Gespräche verkündete der amerikanische Präsident Truman die nach ihm benannte Doktrin. Sie sah vor, der sowjetischen Expansion weltweit eine Eindämmungspolitik (Containment-Politik) entgegenzusetzen.

Am 3. April 1948 beschlossen die USA den Marshall-Plan. Benannt war dieser nach General George Catlett Marshall, der seit dem 21. Januar 1947 neuer US-Außenminister war. Von ihm war die Initiative für das milliardenschwere Programm ausgegangen, das vorsah, das kriegszerstörte Europa in den nächsten Jahren wieder aufzubauen. Die Sowjetunion verbot ihren Verbündeten, am Marshall-Plan teilzunehmen.

Auf dem Gebiet der drei westalliierten Besatzungszonen wurde am 24. Mai 1949 die Bundesrepublik Deutschland gegründet. In der sowjetischen Besatzungszone hatten wenige Wochen zuvor am 15. und 16. Mai Wahlen zum dritten Deutschen Volkskongress stattgefunden. Die Wahlen waren manipuliert. Doch sie schufen, wie beabsichtigt, die Voraussetzungen für die Gründung der DDR am 7. Oktober 1949. Johannes R. Becher wurde Volkskammerabgeordneter und 1954 Erster Minister für Kultur. Er verfasste in den nächsten Jahren Gedichte an die Jugend, an den Fortschritt und die politische Führung des jungen Staates sowie Lobpreisungen auf Stalin und Dankesgedichte an die Sowjetsoldaten.

Am 5. November 1949 beschloss das Politbüro der DDR, Bechers Text »Auferstanden aus Ruinen« mit einer von Hanns Eisler komponierten Melodie zur Nationalhymne der DDR zu erklären. Dort heißt es zu Beginn: »Auferstanden aus Ruinen und der Zukunft zugewandt, lass uns dir zum Guten dienen, Deutschland, einig Vaterland.« Am 6. November 1949, dem 32. Jahrestag der Oktoberrevolution, wurde sie in der Deutschen Staatsoper das erste Mal öffentlich vorgetragen.

Später, als die DDR-Führung immer stärker von der Idee einer Wiedervereinigung der beiden deutschen Staaten abrückte, wurde der Text der Nationalhymne unbequem. Anfang der Siebzigerjahre verschwand dann unter Erich Honecker der Text aus der DDR-Öffentlichkeit. In den letzten Tagen der DDR, zur Wendezeit, rief am 4. November 1989 Friedrich Schorlemmer bei der größten Demonstration jener Tage auf dem Berliner Alexanderplatz vor vermutlich über einer

Million Menschen aus: »Im Herbst 1989 sind wir auferstanden aus Ruinen und der Zukunft neu zugewandt«, und er verband damit den Appell an die Menge, die DDR nun zu reformieren. Doch es war zu spät. Elf Monate später existierte die DDR nicht mehr.

Um in Israel ein Realist zu sein, muss man an Wunder glauben
David Ben Gurion (1886–1973)

40

Es war der Vorabend des jüdischen Ruhetags Sabbat. Um Mitternacht sollte das britische Mandat für Palästina enden. Deshalb versammelte sich der Jüdische Nationalrat an jenem Donnerstag, dem 14. Mai 1948, noch vor Sonnenuntergang im Stadtmuseum von Tel Aviv. Unter einem Porträt des Gründers der zionistischen Bewegung Theodor Herzl, gerahmt von zwei Flaggen mit dem Davidstern, der künftigen Nationalflagge, verlas David Ben Gurion die Unabhängigkeitserklärung des neuen Staates Israel. Mit dem Hammer schlug er auf das Rednerpult und rief aus: »Der Staat Israel ist geboren!«

Noch in der Nacht nach der Staatsgründung marschierten Truppen der Arabischen Liga über die Grenzen in Israel ein. Ägypten, der Libanon, Syrien, Jordanien, Saudi-Arabien und der Irak erklärten dem jungen Staat den Krieg. Es begann der erste von mehreren bewaffneten Auseinandersetzungen um dieses ganz besondere Land, das die einen Palästina, die anderen Israel nannten.

Die Gründung des Staates Israel ist nicht allein als Folge des Völkermords an den Juden durch die Nationalsozialisten zu sehen, der sich in seiner Unvorstellbarkeit auch namentlich kaum fassen lässt. Oft wird er, abgeleitet aus dem Griechischen, als Holocaust bezeichnet, was sinngemäß »Brandopfer« bedeutet. Viele Juden bevorzugen das hebräische Wort Shoa für »großes Unheil«. Dieser Völkermord mit sechs Millionen Opfern hat unter den Juden den Wunsch endgültig übermächtig werden lassen, eine eigene Heimat, einen Staat zu haben, in dem sie leben können, ohne Furcht vor Pogromen, Deportation oder Diskriminierung.

Die Idee von einem »Staat der Juden« hatte sich schon Jahrzehnte vor dem Ersten Weltkrieg entwickelt. Seit Jahrhunderten lebten Juden in der ganzen Welt als Minderheiten verstreut. Als Reaktion auf den zunehmenden Nationalismus und den damit verbundenen ansteigenden Antisemitismus hatte der österreichische Jude Theodor Herzl 1897 die zionistische Bewegung gegründet, die einen Heimatstaat für alle Juden der Welt forderte.

Im November 1917 unterstützte der britische Außenminister Arthur James Balfour in einem Brief, der als Balfour-Deklaration berühmt wurde, die Gründung eines jüdischen Staates in Palästina. Nach dem Ende des Ersten Weltkriegs und der Niederlage des Osmanischen Reiches, das aufseiten der Mittelmächte Deutschland und Österreich gekämpft hatte, besetzten Frankreich und Großbritannien die weitläufigen Gebiete des Nahen Ostens. Veränderungen in den Mandatsverteilungen führten schließlich zu einer mit den späteren Staaten der Region nahezu deckungsgleichen Aufteilung: Syrien und Libanon, die unter französischem Mandat standen, und Jordanien, Palästina (das heutige Israel) und der Irak, die dem britischen Mandat zugeschlagen wurden.

Immer mehr Juden wanderten in Palästina ein. So auch David Ben Gurion. Als David Grün am 16. Oktober 1886 im polnischen Płońsk geboren, schloss sich der klein gewachsene Mann schon in jungen Jahren der zionistischen Arbeiterbewegung an. Er galt als Träumer, verfasste Gedichte, verliebte sich leidenschaftlich und lebte eine Zeit lang in Warschau. 1906 ging er nach Palästina.

Er arbeitete zunächst für einen Betrieb, der Orangen anbaute, und war dann arbeitslos. 1910 begann er für eine Zeitung der zionistischen Arbeiterbewegung zu schreiben. Erstmals benutzte er dabei den Namen Ben Gurion, was »junger Löwe« heißt. Ab 1912 studierte er in Istanbul Rechtswissenschaften und strebte zwischenzeitlich die Staatsbürgerschaft des Osmanischen Reiches an, verwarf sein Vorhaben aber angesichts antisemitischer Ausschreitungen. Er wurde 1915 wegen seiner politischen Aktivitäten ausgewiesen und ging schließlich nach New York. Zunehmend überzeugt, dass die Juden ein eigenes Land und einen eigenen Staat haben müssten, beteiligte er sich noch während des Ersten Weltkriegs am Aufbau der Jüdischen Legion innerhalb der britischen Streitkräfte. Doch als er in

Palästina eintraf, war der Krieg zu Ende. Er engagierte sich nun weiter in der jüdischen Arbeiterbewegung und wurde 1920 Vorsitzender der von ihm mit begründeten jüdischen Dachgewerkschaft Histadrut. Er machte sich einen Namen als eher gemäßigter Vertreter des Zionismus, unterstützte aber auch eindeutig militante jüdische Gruppierungen. Bis zu Beginn des Zweiten Weltkriegs folgten noch weitere jüdische Einwanderungswellen nach Palästina. Die Konflikte mit den Palästinensern, den arabischen Einwohnern Palästinas, verschärften sich. Eine mögliche Lösung schien eine Teilung des Gebietes von Palästina in einen arabischen und einen jüdischen Teil zu sein. Doch ein erster Versuch, diese Idee durch die britische Peel-Kommission umzusetzen, scheiterte bereits 1937. Während die jüdische Seite dem Plan letztlich zustimmte, lehnten ihn die Araber ab.

Nach Ende des Zweiten Weltkriegs kam die Frage jedoch erneut auf die Tagesordnung, diesmal bei den neu gegründeten Vereinten Nationen (UNO).

Am 29. November 1947 stimmten zwei Drittel der Generalversammlung der UNO für den UN-Teilungsplan. Rund 56 Prozent des Landes sollte an den neu zu gründenden jüdischen Staat gehen. Dazu gehörte der Küstenstreifen und die Negev-Wüste. Das Territorium des jüdischen Staates hätte aus drei großen Teilen bestanden, verbunden durch exterritoriale Straßen. Ebenso wollte man das Gebiet des palästinensischen Staates gestalten. Auch dieser hätte drei Teile gehabt, die durch Straßen verbunden gewesen wären. Die Vereinten Nationen empfahlen, dass die Städte Jerusalem und Bethlehem wegen der dortigen bedeutenden religiösen Stätten für die Juden und Muslime unter internationale Kontrolle gestellt werden sollten.

Die Araber lehnten den Plan ab. Sie bestritten das Existenzrecht für einen Staat Israel. Doch in dem gleich nach der Unabhängigkeitserklärung ausgebrochenen Krieg konnten sich die israelischen Streitkräfte nicht nur behaupten, sondern sogar erhebliche Gebietsgewinne für den jungen Staat erreichen. Es kam zu Vertreibungen der arabischen Einwohner, die ihre Häuser, Dörfer und Ländereien verloren. Israel war nun größer, als es der UN-Teilungsplan vorgesehen hatte.

Am 25. Februar 1949 wurde David Ben Gurion in seinem 63. Lebensjahr der erste Premierminister Israels. Mit dem Kranz aus weißem zerzausten Haar um seinen wuchtigen Kopf sah er aus wie eine biblische Gestalt. Das *Time Magazine* sah in ihm »teils einen Washington, teils einen Moses«. 1953 trat er zurück und ging in den von ihm mit gegründeten Kibbuz Sde Boker in der Negev-Wüste, um nach den Wahlen von 1955 erneut Ministerpräsident zu werden. Nach wie vor regierte er in einem Land, das umgeben war von Feinden. »Um in Israel ein Realist zu sein, muss man an Wunder glauben«, sagte er in einem Interview für *CBS* am 5. Oktober 1956.

Weitere Kriege sollten folgen. Im Sechstagekrieg von 1967 besetzte Israel nach einem Präventivangriff, der dem massiven Aufmarsch arabischer Armeen und der Schließung der Straße von Tiran durch ägyptische Streitkräfte (Israels einziger Zugang zum Roten Meer und wichtig für den Ölimport) folgte, die Sinai-Halbinsel, den Gasastreifen, das Westjordanland und die Golanhöhen. Außerdem Ost-Jerusalem. Israelische Soldaten beteten nun an der Klagemauer.

Nach diesem Krieg begann der Aufbau jüdischer Siedlungen vor allem im Westjordanland, dem Gazastreifen und auf den Golanhöhen, die 1981 von Israel annektiert wurden. Die jüdischen Siedler, oft mit national-konservativem und orthodoxem Hintergrund, argumentieren meist, es sei Land, das ihnen von Gott versprochen sei. Der israelischen Sicherheitspolitik kommt entgegen, dass diese besetzten Länder mit jüdischen Siedlungen als eine Art Puffer für das Stammland Israel dienen. In allen diesen Jahren haben sich die Lebensbedingungen der Palästinenser stets verschlechtert. Viele von ihnen leben im Gazastreifen, einem hoffnungslos überbevölkerten Landstrich am Mittelmeer, sowie im Westjordanland.

Die Schaffung eines eigenen palästinensischen Staates neben dem Staat Israel scheiterte bislang immer wieder an der Frage nach dem Status der Stadt Jerusalem. Der Tempelberg in Jerusalem ist für Juden der wichtigste heilige Ort, hat aber auch für Muslime eine sehr große religiöse Bedeutung. Zu Beginn des 21. Jahrhunderts wartet der Nahe Osten noch immer auf Frieden, und radikale Bewegungen sowohl auf israelischer als auch auf palästinensischer Seite torpedieren jeden möglichen Kompromiss.

Ich suche nicht, ich finde
Pablo Picasso (1881 – 1973)

Ein Mann soll Pablo Picasso eines Tages vorgeworfen haben, seine Kunst sei unrealistisch. Daraufhin habe Picasso ihn gefragt, ob er ihm denn irgendeine Kunst zeigen könne, die realistisch sei. Der Mann reichte ihm ein Foto seiner Frau. Picasso warf einen Blick darauf und bemerkte: »Dann ist Ihre Frau also fünf Zentimeter groß, zweidimensional, hat keine Arme, keine Beine, keinerlei Farbe, sondern nur Abstufungen von Grau?«

Picassos immense Bedeutung für die Kunst des 20. Jahrhunderts wird trotz seiner hohen Reputation noch immer eher unter- als überschätzt. Seine Werke, seine Bilder, seine Zeichnungen und seine plastischen Arbeiten erweiterten nicht nur das menschliche Sehen, sondern erweiterten auch den Blick der Menschen auf die Welt.

Für Picasso war klar, ein Bild war Ausdruck des Individuums, das dieses Bild schuf. Deshalb waren alle Formen, die Picasso fand, das Ergebnis seiner Subjektivität.

»Bäume – ich male sie nie nach der Natur. Meine Bäume, das bin ich«, betonte er einmal und: »Ich werde Formen schaffen, die es ohne mich nicht gibt, die es ohne mich nicht geben würde.«

Der Sohn eines Zeichenlehrers und Malers zeigte schon früh seine außergewöhnliche Begabung. Nachdem er bereits mehrfach nach Paris gereist war, ließ er sich dort 1904 nieder. Die Geschwister Leo und Gertrude Stein, die gerade mit dem Sammeln von Kunst begonnen hatten, gehörten zu den ersten Käufern und Sammlern seiner Bilder. Picasso fürchtete stilistische Erstarrung: »Der Stil ist für einen Maler der schlimmste Feind.« Deshalb bediente er sich im Laufe seines langen Schaffens nicht nur zahlreicher verschiedener Stile, sondern schuf auch neue wie etwa den Kubismus, der seine Motive in geometrische Grundstrukturen zerlegte und die Perspektive auflöste.

Obwohl er – für einen Künstler der Moderne nicht selbstverständlich – schon zu Lebzeiten durch seine Werke Ruhm und Reichtum gewann, steht Picasso doch auch beispielhaft dafür, wie lange Revolutionen brauchen können. Festzumachen ist dies an seinem Gemälde *Les Desmoiselles d'Avignon*. Picasso malte das fast quadratische, in

Höhe und Breite um die 2,40 Meter spannende und alle bisherigen Sehgewohnheiten widersprechende Bild von fünf Prostituierten im Frühjahr 1907. Nach seiner Fertigstellung kannten es lange Jahre nur einige Freunde und Bekannte, und viele von ihnen verstörte sein Anblick. André Breton beschrieb es zwar als den »Kern von Picassos Labor«, doch Henri Matisse war von dem Bild geschockt. André Derain befürchtete, Picasso könne bald Selbstmord begehen, und Picassos langjähriger Gönner Leo Stein brach, als er das Bild sah, in hysterisches Gelächter aus. Erst 1916 konnte *Les Desmoiselles d'Avignon* für nur kurze Zeit öffentlich gesehen werden. Doch erst als das Bild über 32 Jahre nach seiner Entstehung ins Museum of Modern Art in New York kam, begann es die Wertschätzung zu erfahren, die es schließlich in den Rang einer der Ikonen der Malerei des 20. Jahrhunderts erhob. So verstörend das Bild für die einen war, so befreiend war es für andere, und für viele gilt es als ein Wendepunkt der Malerei schlechthin.

Picassos Gesamtwerk ist nicht nur Ergebnis des Versuchs einer vollkommen unverstellten und unmittelbaren Wiedergabe des inneren und äußeren Sehens. »Ich möchte das Stadium erreichen, wo niemand mehr sagen kann, wie eins meiner Bilder entstanden ist ... ich will, dass es nichts weiter als Gefühl ausstrahlt«, bekannte er.

Der wohl berühmteste Satz Picassos »Ich suche nicht, ich finde« legt das Wesen seiner Kunst offen. Der Satz ist Titel eines seiner Gedichte, die er in seine Notizbücher hineinschrieb. Suchen bedeutet, nach etwas Vorgefasstem Ausschau zu halten. Wer sucht, hat eine Vorstellung davon, was er finden will oder zu finden hofft. Oder in Picassos Worten: »Suchen – das ist Ausgehen von alten Beständen und ein Finden-Wollen von bereits Bekanntem im Neuen.« Dagegen: »Finden – das ist das völlig Neue! Das Neue auch in der Bewegung. Alle Wege sind offen und was gefunden wird, ist unbekannt. Es ist ein Wagnis, ein heiliges Abenteuer!« Und schließlich: »Dieses Offensein für jede neue Erkenntnis im Außen und Innen: Das ist das Wesenhafte des modernen Menschen, der in aller Angst des Loslassens doch die Gnade des Gehaltenseins im Offenwerden neuer Möglichkeiten erfährt.«

Weil Picasso weder ein Problem noch eine Fragestellung formulierte, suchte er auch nach keiner Lösung. Er antwortete aus seiner

Person heraus mit seiner Kunst auf seine Umgebung. Insbesondere diese Haltung macht Picasso zu einer zentralen Figur für das Denken der Moderne, die den Blick und die Empfindung des Individuums in den Mittelpunkt rückt.

Aus seinem radikalen Individualismus, seiner kompromisslosen Subjektivität entsprang auch Picassos politisches Verständnis. Er nahm sich heraus, dass seine politische Einstellung von seiner Wahrnehmung der Welt als Künstler bestimmt wurde. Er wusste, dass ihn das zum Teil zu naiven Ansichten und Forderungen verführte. Doch in seinen Augen war jeder Mensch berechtigt, aus seinem Blickwinkel und aus seinen Erfahrungen der Welt Forderungen an das Leben, an die Gesellschaft und an die Politik zu stellen.

Der 1936 ausbrechende Spanische Bürgerkrieg erschütterte ihn sehr. Picasso betrachtete ihn nicht nur als dunkle Stunde seiner Heimat, sondern auch als eine Auseinandersetzung um einen Entwurf der Welt schlechthin. Im Dezember 1937 erklärte er, dass der, »der mit geistigen Werten lebt und umgeht, angesichts eines Konflikts, in dem die höchsten Werte der Humanität und Zivilisation auf dem Spiel stehen, sich nicht gleichgültig verhalten kann«. Im gleichen Jahr malte er sein berühmtes großformatiges Bild *Guernica*. In scharfen Schwarz-Weiß-Kontrasten klagen angst- und schmerzverzerrte Gesichter von Menschen und Tieren die Bombardierung der baskischen Stadt Guernica durch die deutsche »Legion Condor« an.

Eine berühmt gewordene Anekdote erzählt, dass zur Zeit der deutschen Besatzung von Paris im Zweiten Weltkrieg ein kunstinteressierter Wehrmachtsoffizier den damals schon weltbekannten Pablo Picasso in dessen Atelier aufsuchte. Der Soldat erblickte einige Skizzen von *Guernica*.

»Haben Sie das gemacht?«, fragte er den Maler.

»Nein, Sie«, antwortete der.

Nach Kriegsende zog Picasso in die Provence. In seiner Kunst blieb er der, der ewig Neues fand. Doch er blieb auch politisch. 1944 war er in die Kommunistische Partei Frankreichs eingetreten. Mit seinen berühmt gewordenen Tauben als Motiv kämpfte er für den Frieden. 1951 malte er vor dem Hintergrund des Koreakrieges das Bild *Massaker in Korea*. Es stand in der Tradition berühmter Erschießungsszenen, die bereits Francisco de Goya und Édouard Manet gemalt hatten. Doch Picasso drohte in der Atmosphäre des Kalten Krieges sowohl vom französischen Staat als auch von kommunistischer, insbesondere sowjetischer, Seite instrumentalisiert zu werden.

Er schaffte es, unabhängig und dem Entdeckungsgeist eines jungen Menschen verhaftet zu bleiben. 1956, Picasso war nun in seinen Siebzigern, sagte er angesichts von Bildern, die Kinder gemalt hatten: »Als ich im Alter dieser Kinder war, konnte ich zeichnen wie Raffael; aber ich brauchte ein Leben lang, um so zeichnen zu lernen wie sie.«

Picasso wurde 91 Jahre alt. Er malte bis zuletzt und bis zuletzt fand er neue Formen des Ausdrucks.

42 Es gibt kein richtiges Leben im falschen
Theodor W. Adorno (1903 – 1969)

»Nach Auschwitz ein Gedicht zu schreiben, ist barbarisch.« Dieser provozierende Satz richtete sich nicht gegen die Lyrik, sondern gegen die Verdrängung. Und Verdrängung fand im Deutschland der Nachkriegszeit statt, als man sich der jüngsten deutschen Vergangenheit noch nicht zu stellen wagte. Die Taten, die Deutsche begangen hatten, waren beispiellos in der Menschheitsgeschichte: Angriffs- und Vernichtungskriege, grausame Unterdrückung anderer Völker und bis ins Detail organisierter industriell betriebener Massenmord. In dem Satz Theodor W. Adornos schwingt nicht nur das Entsetzen über diese Taten mit, sondern auch darüber, dass es das sogenannte Volk der Dichter und Denker war, das diese Taten begangen hatte, ein Volk, das noch zu Beginn des 20. Jahrhunderts führend in vielen Wissenschaften war und zahlreiche Nobelpreisträger hervorgebracht hatte.

Adorno hatte jüdische Wurzeln. Geboren 1903 als Theodor Wiesengrund, übernahm er später den Mädchennamen seiner Mutter. Sie war das einzige Kind eines korsischen Generals des Deutsch-Französischen Krieges von 1870/1871, der als Kriegsgefangener beim Freigang in Frankfurt eine junge Einheimische kennengelernt hatte. Den Namen des Vaters, eines jüdischen Weinhändlers, verkürzte Adorno zum W.

Adornos Kindheit war glücklich. Er wuchs als Einzelkind auf, hochbegabt übersprang er mehrere Schulklassen und erfuhr von der Mutter, die europaweit als Koloratursopran auftrat, und deren Schwester, einer Pianistin, eine umfassende musikalische Ausbildung. In Frankfurt studierte er Philosophie, Soziologie, Psychologie und Musikwissenschaften. Schon früh lernte er bedeutende Männer seiner Zeit kennen, den Feuilletonisten Siegfried Kracauer, den Komponisten, Maler und Dichter Arnold Schönberg, den Kulturphilosophen Walter Benjamin und den Komponisten Alban Berg, bei dem er später in Wien Komposition studierte.

Adorno habilitierte 1931 an der Frankfurter Universität in Philosophie, doch zwei Jahre später, nach dem Machtantritt der Nationalsozialisten, entzog man ihm die Lehrbefugnis. Anfangs glaubte Adorno noch an ein rasches Ende des neuen Regimes, ging dann aber mit seiner Frau 1938 über Großbritannien nach New York ins Exil.

Auch Max Horkheimer, Leiter des 1923 in Frankfurt gegründeten Instituts für Sozialforschung, war wie viele andere seiner Mitarbeiter in die USA emigriert. Dort hatte er an der Columbia Universität von New York erneut ein Institut für Sozialforschung aufgebaut. Adorno erhielt eine Stelle.

Das Institut für Sozialforschung war die Geburtsstätte der Kritischen Theorie, die oft auch Frankfurter Schule genannt wird. Sie vertritt, in unorthodoxer Auslegung, die Ideen des Marxismus, der insbesondere unter Einbezug der Psychoanalyse in die Praxis umzusetzen sei. Die Kritische Theorie richtet sich sowohl gegen marxistische Dogmatik als auch gegen die bürgerliche Gesellschaft. Neben Horkheimer und Adorno gehörte Herbert Marcuse zu den Hauptprotagonisten.

1942, mitten im Zweiten Weltkrieg, folgte Adorno Horkheimer nach Kalifornien. Dort arbeitete er mit ihm an dem Buch *Dialektik der Aufklärung*. Dieses berühmte und viel diskutierte Hauptwerk der Kritischen Theorie, das erstmals 1947 in Amsterdam erschien, vertritt die These, dass die Instrumentalisierung der Vernunft durch die Aufklärung schließlich in einer neuen Barbarei gipfele. Denn die Aufklärung habe mit dem Versuch, die Natur zu beherrschen, die Entmythifizierung der Welt vorangetrieben und die Technologisierung begünstigt. Die Menschen würden sich als »technologisch erzogene Massen« erneut totalitären Ideologien und neuen Formen der Despotie unterwerfen.

Für Adorno lebte das Individuum in einer »vermassten«, »verwalteten Welt« und war dadurch unfrei. Die »Vermassung« war für Adorno der Hauptgrund allen Übels, und er sah sie überall. Weil Auschwitz trotz Aufklärung, trotz Massenmedien, trotz Voranschreitens von Naturwissenschaften und Technik geschehen war, gelangte er zu dem – sicher fragwürdigen – Umkehrschluss, dies sei nicht *trotz*, sondern *wegen* alldem geschehen. Ein Grundzug der »Beschaffenheit der Menschen« in unserer Gesellschaft, so Adorno, sei die menschliche Kälte. Diese Kälte habe Auschwitz erst ermöglicht und sie bestätige sich darin, »dass alle zusahen und keiner sich regte«.

Adornos Kritik kann man auch als den Reflex der verletzten Seele eines hochintelligenten und sensiblen Ästheten begreifen. Er war elitär und verzweifelte immer wieder daran, dass die Menschheit nicht das Gleiche erstrebte wie er. Kunst, die die Massen begeisterte, war dem Bildungsbürger Adorno verdächtig. Jazz war für ihn minderwertig. Auch die Musik der Protestbewegung in den Sechzigerjahren lehnte er ab, sie war für ihn kommerzielle Massenkultur.

Nach dem Krieg nahmen Horkheimer und Adorno wieder ihre Arbeit in Frankfurt auf. Das Institut für Sozialforschung öffnete seine Pforten erneut 1950 mit Hilfe finanzieller Mittel seitens der amerikanischen Besatzer. Man hoffte damit zur Demokratisierung Deutschlands beizutragen. Viele der Studenten waren zunächst ehemalige Wehrmachtssoldaten.

Adorno blieb der verletzte Schöngeist, der an der Welt, wie sie war, litt. Er wollte das Individuum retten. Das Zitat »Es gibt kein richtiges Leben im falschen« verweist auf dieses Kernanliegen. Der Satz ist in Adornos Werk *Minima Moralia. Reflexionen aus dem beschädigten Leben* zu lesen. Das Buch erschien 1951. Diese während Adornos Emigration geschriebene Sammlung von Aphorismen und anderen kurzen Texten ist Max Horkheimer gewidmet. Adorno übt darin Kritik an der bürgerlichen Gesellschaft. Ihr Antrieb, ständig mehr erreichen zu wollen, führe zur Produktion um der Produktion willen. Dabei vergesse die Gesellschaft das Ich, das Individuum. Der Satz »Es gibt kein richtiges Leben im falschen« steht im Zentrum von Adornos Gesellschafts- und Menschheitsklage.

Adornos Denken war befruchtend für den Protest und die Veränderungen durch die 68er-Bewegung. Wie der »68er« und spätere deutsche Außenminister Joschka Fischer einmal sagte: »Wir wollten ein richtiges Leben im falschen führen.«

Als Studenten in den Sechzigerjahren das Institut für Sozialforschung besetzten, das er mittlerweile leitete, war Adorno tief getroffen. Anstatt sich mit den Protestierenden direkt auseinanderzusetzen, rief er die Polizei.

War das Handeln der Studenten in diesem Angriff auf Adorno eine Antwort aus einer kalten Gesellschaft, wie er es einmal beschrieben hat? »Der Herdentrieb der sogenannten Lonely Crowd, also der einsamen Menge, das ist eine Reaktion darauf, ein sich Zusammenrotten von Erkalteten, die die eigene Kälte nicht ertragen, aber auch nicht sie ändern können.«

Suicide is painless
Mike Altman (geb. 1955)

Korea heißt »Land der Morgenstille«, und es scheint, als ob das Leid, das dieses Land im 20. Jahrhundert erfuhr, immer wieder in der Stille der Jahrzehnte unterzugehen drohe.

Zu Beginn des Jahrhunderts war Korea nach dem Sieg Japans im Japanisch-Russischen Krieg von 1904 bis 1905 unter japanische Hegemonie geraten. Für Japan war Korea nichts als eine Kolonie und ein Brückenkopf von der japanischen Großmacht zum asiatischen Festland.

Als sich während des Zweiten Weltkriegs die Niederlage Japans allmählich abzuzeichnen begann, sicherten die Alliierten Korea die Unabhängigkeit zu. Nach der Kapitulation Japans besetzten zunächst sowjetische Truppen den Norden und amerikanische Truppen den Süden des Landes. Die Grenze bildete vorläufig der 38. Breitengrad.

Im Norden begannen kommunistische Kräfte unter der Führung von Kim Il-sung mit einer tief greifenden Umgestaltung des Staats- und

Gesellschaftswesens. Im Süden errichteten die USA eine vorläufige Militärregierung. Ähnlich wie in den besetzten Teilen Deutschlands begann auch in Korea ein Auseinanderdriften der Besatzungszonen.

Schon 1946 scheiterten Verhandlungen zwischen den USA und der Sowjetunion über eine provisorische gesamtkoreanische Regierung. Die USA übergaben die Angelegenheit an die Vereinten Nationen, die Wahlen für ganz Korea anberaumten. Doch die Sowjetunion boykottierte den Beschluss und so fanden nur im Süden Wahlen statt. Im August 1948 wurde dort die Republik Südkorea unter Präsident Rhee Syng-man gegründet. Im Norden folgte am 9. September die Gründung der Demokratischen Volksrepublik Korea. In den folgenden Monaten zogen sowohl die Sowjetunion als auch die USA ihre militärischen Kräfte von der koreanischen Halbinsel ab.

In jenen Tagen war die strategische Situation für die Vereinigten Staaten im Pazifik äußerst heikel. Im besetzten Japan herrschte bittere Not, die Anstrengungen, die zerstörte Wirtschaft wieder in Gang zu bringen, hatten bislang nur zu geringen Erfolgen geführt. Der äquivalent zum Marshall-Plan in Europa installierte Dodge-Plan schien nicht zu greifen. Zudem hatte sich die militärische Lage drastisch verändert. Seit 1949 wusste man, dass auch die Sowjetunion im Besitz der Atombombe war. Anfang 1950 schlossen die Sowjetunion und China ein Abkommen über gegenseitige Wirtschafts- und Militärhilfe. Auch in Nordkorea arbeiteten China und die Sowjetunion in jener Zeit Hand in Hand. Schließlich marschierte Kim Il-sung mit seiner Armee, nach Absprache mit Stalin und Mao Zedong, im Süden Koreas ein.

Die USA reagierten sofort. Präsident Truman beschloss schon am ersten Tag des Krieges, am 25. Juni 1950, militärisch einzugreifen. Im UN-Sicherheitsrat erreichten die USA, dass das Vorgehen Nordkoreas sofort verurteilt wurde. Dies gelang, weil die Sowjetunion in diesen Tagen den Sicherheitsrat boykottierte, um die Aufnahme der Volksrepublik China und den Ausschluss Taiwans aus der UNO durchzusetzen. Rasch bildete man eine UNO-Streitmacht unter der Führung der USA. Die USA stellten fast die Hälfte der kämpfenden Soldaten. 40 Prozent der Truppen waren Südkoreaner, nur etwa zehn Prozent stammten aus anderen UN-Nationen, vor allem aus Großbritannien, Australien und Kanada.

Drei Monate nach Beginn der nordkoreanischen Invasion hatten die Truppen Kim Il-sungs fast die gesamte koreanische Halbinsel erobert. Im südöstlichsten Winkel konnten die UNO-Verbände nur mit großer Mühe die Stadt Pusan und ihre Umgebung als Brückenkopf halten.

Dies war die Ausgangssituation, als der Oberbefehlshaber der UN-Truppen, der amerikanische General Douglas MacArthur, am 15. September bei Incheon nahe Seoul im Rücken der nordkoreanischen Streitkräfte landete. Nordkorea war nun zum Rückzug gezwungen und nahm in nur zwei Wochen die Frontlinie bis auf die alte Demarkationslinie zurück. Truman gab dem Drängen MacArthurs nach, weiter nach Norden vorzustoßen, die UNO-Resolution als Auftrag interpretierend, ganz Korea zu »befreien« und als einen demokratischen Staat zu vereinen. Warnungen der Chinesen, die ihre Sicherheit bedroht sahen, wurden ignoriert.

Als die UN-Truppen im November den Yalu, den Grenzfluss nach China, erreichten, begann eine gewaltige Gegenoffensive chinesischer Truppenverbände. Sie warfen die UN-Truppen wieder hinter die alte Demarkationslinie zurück und eroberten sogar Seoul. Als die UN-Truppen daraufhin zum Gegenangriff antraten, drängten sie Chinesen und Nordkoreaner auf die Linie zurück, die die Ausgangsposition zu Beginn des Krieges markiert hatte.

Die fürchterlichen Militärmaschinerien der Kombattanten hatten fast zweimal die Halbinsel überrollt und das Land fast völlig zerstört. Vermutlich eine Million Chinesen und knapp eine Million Koreaner waren dem Krieg zum Opfer gefallen, manche Schätzungen sprechen sogar von insgesamt bis zu dreieinhalb Millionen Toten.

Ab Frühjahr 1951 bemühte sich Truman gemäß seiner Aussage »Wir versuchen einen Weltkrieg zu verhindern, nicht ihn zu beginnen« um einen Waffenstillstand.

Doch General Douglas MacArthur begann Trumans Politik der Eindämmung des Krieges zu torpedieren. Er forderte den Einsatz von Atomwaffen gegen China und reiste nach Taiwan, um dort die Nationalchinesen unter Chiang Kai-shek zu einem Kriegseintritt gegen die chinesische Volksrepublik zu bewegen. Im April enthob Truman den General seines Kommandos. MacArthur, überzeugt, derjenige zu sein, der die Welt vor dem Kommunismus retten müsse, kämpfte jedoch weiter gegen Truman, setze seine große Popularität gegen die schwindende Akzeptanz des Präsidenten ein. 1952 bemühte sich MacArthur vergeblich darum, zum republikanischen Präsidentschaftskandidaten ernannt zu werden. Kandidat wurde stattdessen ein anderer General: Dwight D. Eisenhower. Er gewann nach dem Verzicht Trumans auf eine weitere Kandidatur gegen den demokratischen Kandidaten Adlai Stevenson. Um MacArthur wurde es still.

Am 27. Juli 1953 wurde schließlich in Panmunjeom an der Grenze der beiden koreanischen Staaten das Waffenstillstandsabkommen unterzeichnet. Die Grenzen, die der Waffenstillstand festschrieb, waren im Wesentlichen dieselben wie zu Beginn des Krieges.

Noch zu Beginn des 21. Jahrhunderts befanden sich die beiden Staaten Südkorea und das kommunistische Nordkorea offiziell im Kriegszustand.

Wenn manche Historiker die Jahrzehnte des Kalten Krieges den Dritten Weltkrieg nennen, dann liefert der Koreakrieg mit Sicherheit eines der stärksten Argumente dafür. Experten setzen die Zahl der Opfer in ähnlicher Höhe an wie die des Vietnamkriegs. Und doch erscheint der Koreakrieg in der Geschichte des 20. Jahrhunderts oft nur als Fußnote, zuweilen wird er auch »der vergessene Krieg« genannt.

Das Waffenstillstandsabkommen wurde in den USA in der breiten Öffentlichkeit nur widerwillig angenommen. Angesichts der über 54 000 gefallenen US-Soldaten empfanden die Menschen das Erreichte als niederschmetternd. Die antikommunistische Kampagne und Hetzjagd des republikanischen Senators Joseph McCarthy bekam Zulauf.

In Südkorea regierten fortan vor allem Militärregimes. Erst in den späten Achtzigerjahren wurde das Land zur Demokratie. 1987 fanden die ersten demokratischen Parlamentswahlen statt.

In Nordkorea etablierte sich ein kommunistisches Regime, das seine Bevölkerung bis heute mit eiserner Hand im Griff hält. In dem nahezu perfekten Überwachungsstaat mit permanenter Propagandaberieselung, mit Radios in Plattenbauwohnungen, die nur leiser gestellt werden können, aber nicht auszuschalten sind, baute man um den stalinistisch agierenden Staatsführer Kim Il-sung einen grotesk-bizarren Personenkult auf, den nach seinem Tod sein Sohn Kim Jong-il als Nachfolger weiterführte.

Um den Koreakrieg wurde es bald still und vor allem für Europäer und Amerikaner rückte das Land wieder in weite Ferne. Eine gewisse mediale Verarbeitung der Ereignisse entwickelte sich erst knapp 20 Jahre nach Ende der Kampfhandlungen. 1970 kam der Film *M*A*S*H.* in die Kinos. Die zynische Satire unter der Regie von Robert Altman erzählt episodisch von den Erlebnissen in einem mobilen chirurgischen Feldlazarett (Mobile Army Surgical Hospital – M.A.S.H.) während des Koreakriegs. Aus dem erfolgreichen Film kreierte man eine Fernsehserie, die über zehn Jahre von Ende 1972 bis Januar 1983 mit großem Erfolg im US-Fernsehen ausgestrahlt wurde. Berühmt wurde auch der Titelsong des Films: »Suicide is painless«. Zu einer einschmeichelnden Melodie wird von den Vorzügen des Selbstmords erzählt. Die Melodie stammt von Johnny Mandel. Den Text hat der damals erst 14 Jahre alte Mike Altman, Sohn des Regisseurs, verfasst. Laut Aussage seines Vaters habe sein Sohn dadurch mehr Geld mit dem Film verdient als er selbst.

Der Tod eines einzelnen Mannes ist eine Tragödie, aber der Tod von Millionen ist nur eine Statistik
Josef Stalin (1879 – 1953)

Der Tod *dieses* einzelnen Mannes war bezeichnend für sein Leben. Furcht und Schrecken begleiteten alle Menschen um ihn herum bis zu seinem letzten Atemzug.

In der Nacht zum 1. März 1953 hatte Josef Stalin in seiner Datscha noch mit einigen seiner Mitstreiter gegessen und getrunken. Er war bester Laune. Der Alkohol tat sein Übriges. Alle hatten wieder über seine Scherze gelacht. Keiner hätte gewagt, es nicht zu tun. Dann, irgendwann in der Nacht, seine Gäste waren gegangen, brach er vom Schlag getroffen zusammen, als er sich ein Glas Wasser holen wollte.

Seine Bediensteten hatten die strikte Order, seine Räume am Morgen erst zu betreten, wenn sie von ihm gerufen wurden. Gegen Mittag wurden sie unruhig. Doch sie wagten nicht, nach ihrem Dienstherren zu sehen. Erst als es wieder Nacht geworden war, fassten ein Leibwächter und die Wirtschafterin den Mut und klopften an seine Tür. Als keine Antwort kam, öffneten sie. Stalin lag bewusstlos auf dem Boden.

Ärzte wurden eilig gerufen. Die sahen rasch, dass es für den Diktator keine Hoffnung mehr gab. Dies zu sagen aber wagten sie nicht. Auf dem Diwan, auf dem er gewöhnlich zu schlafen pflegte, dämmerte Stalin dem Tod entgegen. Das Politbüro versammelte sich in der Datscha. Eine eiserne Lunge wurde geholt, um ihn zu beatmen, Blutegel im Nacken angesetzt, kalte Kompressen angelegt. Am späten Abend des 5. März stellten die Ärzte den Tod des Diktators fest.

Geboren worden war Josef Stalin als Iosseb Bessarionis Dschughaschwili im georgischen Gori als Sohn eines freigelassenen Leibeigenen und der Tochter eines ehemaligen Leibeigenen aus dem Volk der Osseten. Stalin, der einzige Überlebende von mehreren Geschwistern, wuchs als Einzelkind auf. Wie seine Mutter litt er unter der Brutalität und der Trunksucht seines Vaters, der die Familie schließlich verließ. Iosseb wurde hart und gefühllos und verinnerlichte ein tiefes Misstrauen gegen jeden, der auf irgendeine Art Macht über ihn ausüben konnte. Dem wachen Jungen gelang es, als Bester seiner Klasse die Schule abzuschließen, und er erhielt daraufhin die Gelegenheit, ein orthodoxes Priesterseminar in Tiflis zu besuchen. Dort kam er nicht nur in Kontakt mit antizaristischen Ansichten, für die die Anstalt ein Zentrum war, sondern bald auch mit marxistischen Kreisen. Mit 18 Jahren schloss er sich einer sozialistischen georgischen Organisation an. Als er immer öfter im Priesterseminar fehlte, schloss man ihn dort aus. Er wurde Berufsrevolutionär, trat der Sozialdemokratischen Partei Russlands bei, organisierte Streiks und Demonstrationen, wurde festgenommen und in die Verbannung geschickt. Von dort floh er – immer wieder – zurück nach Russland und immer wieder nahm man ihn fest und schickte ihn zurück in die Verbannung. Zu jener Zeit nannte er sich »Koba«, nach dem Helden einer georgischen Erzählung, der für die Unabhängigkeit des Landes kämpfte. Nach der Spaltung der Sozialdemokratischen Partei schloss er sich den radikalen Bolschewiki unter Lenin an. In den nächsten Jahren organisierte er Überfälle und Erpressungen, war der Mann fürs Grobe. 1912 stieg er in das Zentralkomitee der Bolschewiki auf. Nun nannte er sich Stalin (der Stählerne). Nach der Februarrevolution von

1917 ging er nach Sankt Petersburg und arbeitete dort für die Parteizeitung *Prawda*. Bei der Oktoberrevolution spielte Stalin keine große Rolle. Zunächst hatte er sogar noch eine Politik der Zusammenarbeit mit der Provisorischen Regierung unter Kerenski betrieben. Doch als der aus dem Exil zurückgekehrte Lenin jegliche Zusammenarbeit mit der Kerenski-Regierung ablehnte, sogar als Verrat bezeichnete, schwenkte Stalin auf Lenins Kurs um.

1922 wurde Stalin Generalsekretär der Kommunistischen Partei. Der schwer kranke Lenin hatte in seinem Testament kurz vor seinem Tod 1924 geschrieben: »Genosse Stalin hat, nachdem er Generalsekretär geworden ist, eine unermessliche Macht in seinen Händen konzentriert, und ich bin nicht überzeugt, dass er es immer verstehen wird, von dieser Macht vorsichtig Gebrauch zu machen.« Er wollte, dass Stalin, der »zu grob« sei, »entfernt« werde. Für Lenin waren Trotzki als der talentierteste und Bucharin als der beliebteste Kandidat die möglichen Nachfolger.

Gegen Lenins letzten Willen gelang es Stalin, bis 1929 die alleinige Macht zu gewinnen. Nun begann der Personenkult. Stalin stellte seinen Namen zunehmend in eine Reihe mit den »Heiligen« des Kommunismus, mit Marx, Engels und mit Lenin.

Auf dem Land hatte Stalin längst die breit angelegte Vernichtung der russischen Bauern auf den Weg gebracht. Sie wurden als Kulaken (Wucherer und Schwindler) diffamiert. Auf dem Höhepunkt der Enteignungen galten bereits Bauern, die nur eine Kuh besaßen oder einen Knecht hatten, als Kulaken. Sie wurden zwangskollektiviert, deportiert und ermordet. Obendrein fielen im Rahmen der Zwangskollektivierungen zwischen 1927 und 1934 dem Hunger als Waffe – insbesondere 1932/1933 an der Wolga und in der Ukraine – vermutlich weit über sieben Millionen Menschen zum Opfer. Manche Schätzungen sprechen von bis zu 15 Millionen Opfern während der stalinistischen Zwangskollektivierung.

Tschistka ist der russische Begriff für das euphemistische Wort »Säuberung«, das für die Terrorperiode gebraucht wird, die auf Geheiß Stalins schon 1921 einsetzte, dann zwischenzeitlich wieder abflaute. Zwischen 1936 und 1939 initiierte Stalin die sogenannte Große Säuberung (Bolschaja Tschistka), die den gesamten Staatsapparat erfasste, wie in den berüchtigten Moskauer Schauprozessen.

Noch einmal starben weit über eine Million Menschen in Lagern, bei Hinrichtungen und unter der Folter.

Stalin handelte kaltblütig. Zahlen auf Erschießungsbefehlen erhöhte er willkürlich. Mit einem Federstrich schickte er Tausende in den Tod. Während Stalins Herrschaft verschwanden und starben Millionen im Gulag, einem weitverzweigten System von Straflagern, über die Fläche der ganzen Sowjetunion verteilt. Sie waren bereits unter Lenin aufgebaut worden.

Alle Menschen des Vielvölkerstaates Sowjetunion hatten sich Stalins Willen zu beugen. Ganze Bevölkerungsgruppen ließ er in Lager oder in unwirtliche Gebiete des riesigen Reiches – meist nach Sibirien – deportieren: Russlanddeutsche, Balten, Kosaken.

Der Satz »Der Tod eines einzelnen Mannes ist eine Tragödie, aber der Tod von Millionen ist nur eine Statistik« wird Stalin immer wieder zugeschrieben. Ein Beleg dafür, dass er ihn tatsächlich einmal gesagt oder geschrieben hat, fand sich bislang trotz sorgfältiger Suche russischer Historiker nicht. Doch dieser Satz passt so gut zu Stalin, dass man über den fehlenden Nachweis gerne hinwegsieht.

Als Hitler im Juni 1941 die Sowjetunion überfiel, hatte sich die Führungsschicht der Roten Armee von der Großen Säuberung noch nicht erholt. 1938 waren mehrere Dutzend Armeekommandeure liquidiert worden, weil sie angeblich an einer Verschwörung gegen Stalin beteiligt gewesen waren. Der immer wachsame und misstrauische Diktator hatte sich zwar keine Illusionen über Hitler gemacht, doch mit dem Angriff hatte er zu diesem Zeitpunkt nicht gerechnet. Als man ihm die Nachricht von Hitlers Überfall auf die Sowjetunion brachte, soll er einen Nervenzusammenbruch erlitten haben und eine Woche nicht mehr ansprechbar gewesen sein. Als Stalin wieder handlungsfähig war, rief er den »Großen Vaterländischen Krieg« aus und führte die Sowjetunion letztlich zum Sieg. Die Menschenleben der eigenen Soldaten zählten dabei nicht. Wer an der Front vor den Deutschen flüchtete, wurde sofort erschossen. Tausenden erging es so.

Nach dem Zweiten Weltkrieg kam es 1949 bis 1951 erneut zu »Säuberungen«. Diesmal vor allem gegen Intellektuelle (»Westler«) und Juden.

Der Personenkult um Stalin erreichte Ausmaße, die Stalin wie ein gottähnliches Wesen erscheinen ließen. Ähnliche Personenkulte gab es nur um Hitler und später um Mao Zedong sowie den nordkoreanischen Diktator Kim Il-sung.

Stalins Tochter Swetlana Allilujewa wurde zu dem Sterbenden auf dessen Datscha in Kunzewo gerufen. Sie kommentierte sein Ende: »Vater starb schrecklich und schwer. Gott gibt den Gerechten einen leichten Tod.«

A Star is born
Filmtitel (1954)

Erst fragten die Leute nach dem Mädchen mit dem Lockenhaar (»The girl with the curls«). Später nannte man sie »Little Mary«, bis sie dann als Mary Pickford einer der ersten großen Stars des Films wurde.

Das 20. Jahrhundert war ein Jahrhundert der Stars. Zwar hatte auch schon das 19. Jahrhundert etwa im Theater, in der Oper oder in der Musik Berühmtheiten gekannt, die man mit Fug und Recht als Stars bezeichnen kann. Doch beschränkte sich deren Bekanntheit meist nur auf einen Kreis von Kennern, auf eine Nation oder einen Kulturkreis. Es fehlte noch an Massenmedien, die alle Bevölkerungsschichten und unterschiedlichen Kulturkreise gleichermaßen erreichten, wie Radio, Schallplatte und Film, und die schließlich jene Stars schaffen sollten, die sowohl ein Professor in Norwegen, eine Frau in Kalkutta oder ein kleiner Junge in Japan kannte.

Der Begriff des Stars ist eng mit dem zu Beginn des 20. Jahrhunderts aufkommenden Filmgeschäft verbunden. In der Anfangszeit des Films zeigten die Kinos nur Einakter. Sie beschränkten sich beim Erzählen einer Geschichte nur auf eine Filmrolle und auf die dadurch zur Verfügung stehende Zeit von etwa zwölf Minuten. Anfangs wurden Filme sowohl in Guckkästen als auch auf der Leinwand gezeigt. In den Guckkästen konnte nur ein Zuschauer den Film betrachten. Weil der Zuschauer meist fünf Cent – einen Nickel – als Preis für das Gucken des kurzen Filmchens einwerfen musste, hießen die Guckkästen Nickelodeons.

Schließlich setzte sich schon kurz nach dem ersten Jahrzehnt des Jahrhunderts die Leinwand durch. Ihre Vorteile lagen in der imposanten Größe des Bildes und im gemeinschaftlichen Erlebnis. Außerdem ließen sich durch das größere Publikum höhere Einnahmen und höhere Gewinne erzielen. All das förderte auch das Erzählen von Geschichten und die Investition in aufwendigere Filme. Da aber zunächst nur äußerst banale Geschichten erzählt wurden, mieden klassische Schauspieler das Genre. Auch beschränkte sich die Darstellung auf Mimik und Gestik. Denn die Filme hatten noch keine Tonspur.

Stars zu schaffen, war anfangs auch nicht im Interesse der Filmproduzenten gewesen. Denn man hätte ihnen womöglich mehr Gage zahlen müssen. Das änderte sich, als um etwa 1910 das Publikum sich allmählich mit bestimmten Schauspielern in den immer noch sehr simplen und kurzen Geschichten zu identifizieren begann.

Das Starsystem entstand schließlich auf eine äußerst kuriose Weise. Carl Laemmle war 1884 als 17-Jähriger aus dem schwäbischen Örtchen Laupheim in die Vereinigten Staaten ausgewandert und hatte 1906 mit seinen Ersparnissen aus Jobs als Buchhalter und später als Geschäftsführer einer Textilfabrik den Einstieg in das Geschäft der Nickelodeons gewagt. Eigentlich hatte er ein Billiggeschäft eröffnen wollen, einen »Five and Dime«, also einen Laden, in dem man nur Artikel zu fünf oder zehn Cent erstehen konnte. Als er aber die ersten Filme sah, war er von dem neuen Medium begeistert. 1909 gründete er seine eigene Filmproduktionsgesellschaft, die Independent Motion Picture Company (IMP). Von Anfang an musste er sich massiv – häufig auch vor Gericht – gegen das monopolartige Konsortium Motion Pictures Patents Company wehren, zu dem unter anderen die Firma Biograph von Thomas Alva Edison und das Unternehmen des französischen Filmproduzenten Charles Pathé gehörten.

Nachdem bereits die Filmproduktionsfirma Kalem damit begonnen hatte, Porträts und Poster von ihren Schauspielern zu verbreiten, verfiel Laemmle 1910, nachdem er die Schauspielerin Florence Lawrence von Biograph hatte abwerben können, auf eine besonders dreiste Idee. Um die Schauspielerin weithin bekannt zu machen, verbreitete er die Nachricht, Lawrence sei bei einem Straßenbahnunfall ums Leben gekommen. Wenig später aber platzierte er eine Anzeige, in der er erklärte, Feinde hätten die Gerüchte vom Ableben des IMP-

Girls in die Welt gesetzt. Florence Lawrence sei wohlauf und der nächste Film mit ihr in der Hauptrolle komme bald in die Kinos. Auf diese Weise soll er den ersten richtigen Filmstar durch einen Werbetrick ins Bewusstsein der Öffentlichkeit gebracht haben.

Der erste für das Starsystem prägende Star war jedoch Mary Pickford. Die Zuschauer verlangten nach immer neuen Filmen mit der zu Beginn ihrer Karriere noch 14-Jährigen. »Little Mary« hatte 1912 bereits in über 100 Einaktern gespielt und wechselte bald von Filmgesellschaft zu Filmgesellschaft. Ihre Gage stieg dabei in für damalige Verhältnisse unermessliche Höhen. 1917 verdiente sie bereits 300 000 Dollar pro Film. 1919 gründete sie mit ihrem späteren Ehemann, dem Leinwandstar Douglas Fairbanks sen., gemeinsam mit dem Starregisseur des frühen Films D. W. Griffith und dem anderen ganz großen Star jener Tage, Charlie Chaplin, die Filmgesellschaft United Artists.

Die amerikanische Filmindustrie konzentrierte sich im Zuge des Aufbaus großer Filmstudios in Hollywood auf das Starsystem. Von den Zwanzigerjahren bis zu den Fünfzigerjahren entstand eine amerikanische Filmindustrie, die gleichzeitig zu den großen Filmstudios auch ein Starsystem aufbaute. Die Stars in jener Zeit wurden von den Filmstudios gemacht. Im Starsystem schloss ein Schauspieler einen exklusiven Vertrag mit einem Studio ab. Das Studio bezahlte den Schauspieler für die Laufzeit des Vertrags, meist zwischen fünf und sieben Jahre. Es schuf das Image des Schauspielers, veränderte, wenn es sein musste, sogar seine Biografie. Die größeren Stars bekamen Drehbücher, die ihnen auf den Leib geschrieben waren. In den Fünfzigerjahren endete dann das Starsystem und man ging auf Verträge von Film zu Film über.

Der Begriff des Stars übertrug sich rasch auch auf Berühmtheiten aus anderen Massenmedien. Es gab bald Radiostars, Fernsehstars und Stars aus der Musikbranche, die durch die Plattenindustrie berühmt wurden. Vor allem durch das Aufkommen einer ausgeprägten Jugendkultur wurden sie zu einflussreichen Vorbildern und Identifikationsfiguren. In den Vierzigerjahren war bereits der junge Frank Sinatra zu einem Teenageridol geworden, in den Fünfzigerjahren entwickelte sich die Beliebtheit Elvis Presleys zu einem Massenphänomen, dem dann in den Sechzigerjahren die Beatles folgten.

Der Titel des US-Films *A Star is born* aus dem Jahr 1937 wird immer wieder zitiert, wenn ein neuer Star in den Medien erscheint. Der Film selbst setzte sich sehr ironisch mit dem Starsystem auseinander. Er wurde noch zweimal neu verfilmt.

46 Fünfzig Jahre Fortschritt in fünf Jahren
Juscelino Kubitschek de Oliveira (1902 – 1976)

Schluss mit der Sehnsucht! So hieß sinngemäß übersetzt der Titel des Songs »Chega de saudade«, den die brasilianische Sängerin Elizete Cardoso 1958 aufnahm.

Saudade, so nennt man auch das tief in der brasilianischen Seele verwurzelte Gefühl vom Leiden an sich selbst und an der Welt. Es ist das brasilianische Pendant zum Blues oder zum portugiesischen Fado. Das Lied nun, das der Saudade eine Absage erteilte, gilt heute als der erste Song des Bossa nova, jener in Brasilien entstandenen Musik, die zum Ausdruck eines modernen, urbanen Lebensgefühls von Raffinesse und Leichtigkeit wurde. Geschrieben hatten das Lied zwei der bedeutendsten Köpfe des Bossa nova: Antonio Carlos Jobim, der die Musik komponiert, und Vinícius de Moraes, der den Text verfasst hatte. Von ihnen stammt auch der berühmteste Song des Bossa nova: »The Girl from Ipanema«.

Der Bossa nova brachte vor allem in den Sechzigerjahren ein Stück brasilianische Kultur in den Alltag der USA und Europas. Er war eine Mischung aus brasilianischem Rhythmus und Saudade – trotz des Titels seines ersten Songs. Bossa nova, das war Aufbruch und Melancholie zugleich.

Es ist kein Zufall, dass der Bossa nova Ende der Fünfzigerjahre entstand, einer Zeit des Aufbruchs. Während in vielen Teilen der Welt, vor allem in Europa und Japan, die Anstrengungen dem Wiederaufbau galten, entwickelte das bevölkerungsreichste und größte Land Südamerikas den Ehrgeiz, durch eine einzige große Kraftanstrengung in der Moderne anzukommen.

Schon in den Dreißigerjahren hatte Getúlio Vargas als Staatspräsident einen Versuch unternommen, Brasilien zu modernisieren. Er war nach einem Verfall der Kaffeepreise 1930 durch einen von ihm angeführten Armenaufstand und mit Unterstützung der Militärs an die Macht gekommen und hatte seine »wohlwollende Diktatur« eingeführt.

Mit dem aus Portugal, der ehemaligen Kolonialmacht, entlehnten Konzept des »Estado Novo« (Neuer Staat), versuchte Vargas als »Vater der Armen« soziale und wirtschaftliche Reformen umzusetzen und die Lage der Arbeiterschicht zu stärken. Er beschnitt die Rechte der Großgrundbesitzer und erhöhte den Dirigismus des Staates in der Wirtschaftspolitik. Tatsächlich aber offenbarte der Staatsentwurf des »Estado Novo«, ebenso wie sein Vorbild in Portugal unter dem Diktator António de Oliveira Salazar, eindeutig faschistische Züge. Vargas ließ 1935 und 1938 Aufstände niederschlagen und machte aus seinen Sympathien für Hitler und Mussolini keinen Hehl. Trotz seiner Politik blieb das Verhältnis mit den USA gut. Während des Zweiten Weltkriegs trat Brasilien auf Druck der USA im August 1942 auf alliierter Seite in den Krieg ein. Vargas gelang es, ein für Brasilien günstiges Abkommen bezüglich der brasilianischen Staatsschulden auszuhandeln.

Im Oktober 1945 zwang das Militär Vargas zum Rücktritt, 1950 wählte das Volk ihn aber wieder ins Amt. Vier Jahre später erneut zum Rücktritt gezwungen, nahm er sich das Leben.

1955 kandidierte Juscelino Kubitschek de Oliveira für das Amt des Staatspräsidenten von Brasilien. Sein für einen Brasilianer ungewöhnlicher Name »Kubitschek« ist die Eindeutschung des Namens seiner Mutter, die tschechischer Abstammung war und eigentlich Kubíček hieß. Geboren wurde er 1902 in der Stadt Diamantina im brasilianischen Bundesstaat Minas Gerais, der Stadt, in der im 17. Jahrhundert die ersten Edelsteine außerhalb Asiens gefunden wurden. Er studierte Medizin und wurde 1934 Abgeordneter im Landesparlament seines Heimatstaates. 1937 war er aufgrund des von Staatspräsident Getúlio Vargas zunehmend mit diktatorischer Gewalt regierenden Regimes gezwungen, zunächst wieder als Mediziner zu arbeiten. 1939 wurde Kubitschek de Oliveira dann Bürgermeister von Belo Horizonte, der Hauptstadt von Minas Gerais, und 1955 schließlich Gouverneur des Staates.

Mit dem Slogan »Fünfzig Jahre Fortschritt in fünf Jahren« gewann Kubitschek die Präsidentschaftswahl und wurde Ende Januar 1956 vereidigt. Während seiner Präsidentschaft betrieb er eine Politik, die als Variante des Estado Novo bezeichnet werden kann. Auch Kubitschek verschrieb sich einer besonderen Mischung aus Populismus, Nationalismus und wirtschaftlicher Lenkung. Dazu gehörte auch der Versuch, den massiven amerikanischen Einfluss auf die Wirtschaft Brasiliens zurückzudrängen. Brasilien sollte binnen kürzester Zeit zu den modernen Industriestaaten aufschließen. Er versuchte, Investoren aus dem Ausland mit Anreizen wie niedrigen Steuern und Importerleichterungen in das Land zu locken. In Kubitscheks Amtszeit fallen der Aufbau der brasilianischen Automobilindustrie und die Ausweitung des Straßennetzes.

Die Zeit zwischen 1945 und 1964 wird in Brasilien als die Zweite Republik bezeichnet. Bereits 1891, als die erste Republik gegründet wurde, hatte man den Plan in der brasilianischen Verfassung verankert, eine neue Hauptstadt zu bauen. Schon damals hatte man ein Gelände im brasilianischen Urwald dafür vorgesehen. Die neue Hauptstadt sollte im Herzen des riesigen Landes liegen, weit entfernt von den konkurrierenden Metropolen Rio de Janeiro und São Paulo.

Erst Juscelino Kubitschek nahm den Aufbau der neuen Hauptstadt Brasília in Angriff. Brasília ist nur ein Beispiel zahlreicher im 20. Jahrhundert errichteter Planhauptstädte, die am Reißbrett entwickelt und binnen weniger Jahre auf zuvor meist unberührtem Gelände errichtet wurden, wie Canberra in Australien, Islamabad in Pakistan und Neu-Delhi in Indien. Im Oktober 1956 begannen die Bauarbeiten für die neue Hauptstadt. Im April 1960 waren die wichtigsten Gebäude und Einrichtungen fertiggestellt und die neue Kapitale eingeweiht.

Die Stadtplanung oblag Lúcio Costa. Costa liebte den modernen Stil von Le Corbusier und er wollte ihn mit den Elementen der traditionellen brasilianischen Architektur verbinden. Seinen Plan von Brasília nannte Costa »Plano Piloto« (Pilot-Plan). Dem Grundriss des Stadtplans lag der eines Flugzeugs zugrunde, wobei die Flügel in einer großen ausholenden u-förmigen Bewegung nach vorn ragten, gleich den Schwingen eines großen Vogels. Das Regierungsviertel sollte seine Lage in der »Pilotenkanzel« haben.

Um die Architektur der Gebäude kümmerte sich der deutschstämmige Oscar Niemeyer. Roberto Burle Marx sorgte für das Landschaftsdesign. Costa griff immer wieder auch in Details der gesamten Stadtplanung ein, und während er sich an der entstehenden Stadt begeisterte, nahm Niemeyer, der dort solch erstaunliche Bauten wie die Kathedrale, den Präsidentensitz oder das Kongressgebäude schuf, letztlich eine distanzierte Haltung ein. Die Stadt war weitläufig und in großen Teilen leer. Eine urbane Atmosphäre stellte sich nur schwer ein.

Dennoch, Brasília war eines der besonders beeindruckenden Zeichen für ein neues, modernes und selbstbewusstes Brasilien. Und einer der Väter dieses modernen Brasilien war Kubitschek de Oliveira. Die Jahre des Aufbruchs wurden gekrönt, als 1958 Brasilien zum ersten Mal die Fußballweltmeisterschaft gewann und diesen Erfolg vier Jahre später wiederholen konnte.

Den Wirtschaftsboom Brasiliens finanzierte Kubitschek mit Hilfe der Notenpresse. Der Preis war eine dramatisch steigende Inflation, hinzu kam der Verfall des Weltmarktpreises für Kaffee. Kubitscheks Gegner variierten seinen alten Slogan und sprachen von »Fünfzig Jahren Inflation in fünf Jahren«.

Die Unzufriedenheit im Land schlug sich in der Präsidentenwahl des Jahres 1960 nieder. Der Populist und Exzentriker Jânio Quadros gewann mit einem Erdrutschsieg und löste Kubitschek im Januar 1961 ab.

Wohlstand für alle!   47
Ludwig Erhard (1897–1977)

»Wirtschaftswunder« ist ein Begriff, der auch über den deutschen Sprachraum hinaus bekannt wurde. Tatsächlich steht er für den überraschend schnellen wirtschaftlichen Wiederaufstieg der am 24. Mai 1949 gegründeten Bundesrepublik Deutschland. Zwar erhielt der junge Staat massive Hilfe durch den Marshall-Plan, doch weit weniger als Großbritannien oder Frankreich, die mehr als das Doppelte bekamen. Dennoch waren in der Bundesrepublik der Aufschwung und das Wirtschaftswachstum außergewöhnlich, dies auch vor dem Hintergrund, dass das Land weit stärker zerstört war als die anderen westeuropäischen Länder. Die Infrastruktur lag danieder. Es fehlte an arbeitsfähigen Männern. Zudem demontierten die Amerikaner, Briten, Franzosen und vor allem die Sowjets in ihren Besatzungszonen zahlreiche Industrieanlagen. Auch wurden im Westen Deutschlands etwa neun Millionen Vertriebene aus dem ehemaligen Osten des Deutschen Reiches und aus Polen und Tschechien aufgenommen.

Ob und wie das Wirtschaftswachstum im Nachkriegsdeutschland möglich war, darüber hatte sich ein Mann bereits vor Ende des Krieges Gedanken gemacht. Ludwig Erhard war Wirtschaftswissenschaftler, der durch seine Expertisen schon kurz vor Kriegsende aufgefallen war. Er hatte als Artillerist im Ersten Weltkrieg gekämpft und war 1918 bei Ypern an der Westfront schwer verwundet worden. Danach nahm er ein Studium der Betriebswirtschaft an der Handelsschule in Nürnberg auf und wechselte 1922 an die Universität von Frankfurt am Main, wo er außerdem noch Nationalökonomie und Soziologie studierte. Anschließend arbeitete Erhard als Geschäftsführer im Unternehmen seiner Eltern. Er wechselte in die Konsumforschung und machte sich 1942 mitten im Zweiten Weltkrieg mit seinem eigenen »Institut für Industrieforschung« in Nürnberg selbstständig. Kurz vor Ende des Krieges verfasste Erhard 1944 die Denkschrift *Kriegsfinanzierung und Schuldenkonsolidierung*. Darin machte er keinen Hehl daraus, dass er den Krieg für Deutschland als verloren betrachtete, und stellte Überlegungen darüber an, wie ein Nachkriegsdeutschland wieder zu wirtschaftlicher Stabilität finden könnte.

1945 und 1946 war Erhard in Bayern Minister für Handel und Gewerbe. 1947 erhielt er eine Honorarprofessur für Rechts- und Staatswissenschaften in München und im gleichen Jahr betraute man ihn mit der Leitung einer Expertenkommission, die eine Währungsreform vorbereiten sollte. Im März 1948 übertrug man Erhard die Verantwortung für die gesamte Wirtschaftspolitik der Besatzungszonen der Westalliierten. Als Vorsitzender der »Sonderstelle Geld und Kredit« bereitete er die Währungsreform von 1948 vor. Doch erst fünf Tage vor der geplanten Durchführung, mit der die Deutsche Mark in den drei westlichen Besatzungszonen eingeführt wurde, informierten ihn die Alliierten. Daraufhin ließ Erhard einen Tag vor der Währungsreform über das Radio mitteilen, dass Zwangsbewirtschaftung und Preisbindung aufgehoben seien. Als ihm der amerikanische Militärgouverneur Lucius D. Clay vorhielt, er habe eigenmächtig Vorschriften verändert, entgegnete Erhard: »Ich habe sie nicht verändert, ich habe sie abgeschafft.«

Die Währungsreform und die Freigabe der Preise waren ausschlaggebende Impulse für die bald einsetzende Periode beständigen wirtschaftlichen Wachstums in den Besatzungszonen der Westalliierten und der 1949 daraus hervorgegangenen Bundesrepublik. Hinzu kamen die Gelder des Marshall-Plans und eine weltweit bessere Konjunktur für Exportgüter, so zum Beispiel infolge des Koreakrieges, der die Kapazitäten der amerikanischen Industrie band.

Nach der ersten Bundestagswahl 1949 trat Ludwig Erhard als Bundeswirtschaftsminister in das Kabinett des ersten deutschen Bundeskanzlers Konrad Adenauer ein. Erhard wurde zu einem der wichtigsten und erfolgreichsten Politiker der jungen Bundesrepublik. Seine Wirtschaftspolitik, die unter dem Begriff Soziale Marktwirtschaft die Rahmenbedingungen für das sogenannte Wirtschaftswunder setzte, bestand insbesondere in der Umsetzung der Ideen der ökonomischen Vordenker Walter Eucken und Alfred Müller-Armack.

Der Ökonom Walter Eucken lehrte an der Universität von Freiburg und hatte dort als der führende Kopf der sogenannten Freiburger Schule Ansätze für eine freie und zugleich soziale Wirtschaft erarbeitet. Weil er und seine Mitstreiter diese unter anderem in einem Jahrbuch namens ORDO veröffentlichten, wurde die Denkschule auch Ordoliberalismus genannt. Alfred Müller-Armack lehrte an der Universität von Köln. Er prägte erstmals den Begriff der Sozialen Marktwirtschaft.

Die Idee der Sozialen Marktwirtschaft sieht vor, dass der Staat jenen Rahmen setzt und garantiert, in dem Wirtschaft sich frei entfalten kann. Der Staat habe die Wirtschaft weder zu lenken noch zu planen, doch er habe die Aufgabe, Regeln festzulegen und diese zu schützen, sodass kein Marktteilnehmer das freie Spiel der Kräfte einschränken oder behindern könne. Aktiv habe der Staat am Wirtschaftsleben nicht teilzunehmen. Ludwig Erhard fasste das in dem berühmten Satz zusammen: »Ich bin der Meinung, dass ebenso wie der Schiedsrichter nicht mitspielen darf, auch der Staat nicht mitzuspielen hat.« Der Satz stammt aus Erhards 1957 erschienenem Buch *Wohlstand für alle*.

Wohlstand für alle, das war es, was die Menschen in der neu gegründeten Bundesrepublik Deutschland tatsächlich zu erleben schienen. Erklärte Absicht Erhards war es, eine Gesellschaft zu schaffen, in der nicht nur eine kleine ausgewählte Schicht am wirtschaftlichen Wachstum teilhabe. Denn eine Gesellschaft, die in eine »dünne Oberschicht, welche sich jeden Konsum leisten konnte« und in eine »quantitative sehr breite Unterschicht mit unzureichender Kaufkraft« zerfalle, benannte Erhard gleich zu Anfang seines Buches als »überkommene Hierarchie«. Eine »neue Wirtschaftsordnung« sollte »die Voraussetzung dafür schaffen«, dass »endlich auch das Ressentiment ›arm‹ gegen ›reich‹ überwunden werden konnte.«

In der Sozialen Marktwirtschaft sollte eine dynamische und nachhaltige Entwicklung der Wirtschaft durch die Vorteile des freien Spiels der Marktkräfte über Angebot und Nachfrage, über freie Preisfindung und Wettbewerb sichergestellt werden. Gleichzeitig sollte es aber auch ein staatliches Interesse an sozialer Fairness geben. Die Idee der Sozialen Marktwirtschaft sah zwei wesentliche Gefahrenpunkte für eine Gesellschaft, die einem vollkommen freien Spiel der Marktkräfte überlassen wurde. Der erste Gefahrenpunkt sei das Streben mächtiger Unternehmen, die Konkurrenz möglichst auszuschalten. Kartell- und Monopolbildung galt es zu vermeiden, deshalb setzte Erhard, gegen den massiven Widerstand der deutschen Unternehmer, das bundesdeutsche Kartellgesetz, das sogenannte Gesetz gegen Wettbewerbsbeschränkungen, durch. 1957 wurde es verabschiedet. Der zweite Gefahrenpunkt für eine Gesellschaft sei die Vernachlässigung des Gemeinschaftsinteresses und die alleinige Vorherrschaft von Einzelinteressen. Erhard warnte immer wieder vor einem erstarkenden Lobbyismus.

Ludwig Erhard setzte das Konzept der Sozialen Marktwirtschaft politisch gegen massive Widerstände durch. In den ersten Jahren der Bundesrepublik stieß er auf Ablehnung in den Besatzungsbehörden, aber auch und besonders in seiner eigenen Partei, der CDU. Die hatte mit ihrem 1947 verabschiedeten Ahlener Programm das Tor zu einem »christlichen Sozialismus« aufgestoßen. Darin formulierte die Partei eine klare Absage an einen Staatssozialismus, ebenso aber auch ihre

Ablehnung des Kapitalismus (»Das kapitalistische Wirtschaftssystem ist den staatlichen und sozialen Lebensinteressen des deutschen Volkes nicht gerecht geworden«). Beeinflusst von der christlichen Soziallehre forderte man für »das deutsche Volk eine Wirtschafts- und Sozialverfassung«, die »dem Recht und der Würde des Menschen entspricht, dem geistigen und materiellen Aufbau unseres Volkes dient und den inneren und äußeren Frieden sichert«. Das Ahlener Programm forderte unter anderem die Verstaatlichung des Bergbaus, weitreichende Wirtschaftsplanung und -lenkung sowie eine erweiterte Kontrolle des Geldwesens. 1949 gelang Erhard ein parteipolitisches Einlenken. Die CDU bekannte sich in den »Düsseldorfer Leitsätzen« zur Sozialen Marktwirtschaft.

Das Wirtschaftswunder führte die Bundesrepublik Deutschland bis Ende der Fünfzigerjahre in einem beispiellosen Aufstieg auf den weltweit zweiten Platz der stärksten Wirtschaftsnation der Welt, hinter den USA. Auch der rasche Aufstieg Japans und Österreichs wurden als Wirtschaftswunder bezeichnet. Erhard lehnte den Begriff jedoch für Deutschland ab. Für ihn war der Aufschwung das Ergebnis der Politik der Sozialen Marktwirtschaft.

Trotz aller Erfolge musste Erhard das Konzept beständig verteidigen. Denn die gegenseitigen Verflechtungen im sogenannten Rheinischen Kapitalismus führten zu einer informellen und finanziellen Machtballung zwischen Industrie und Politik. Die großzügige Sozialpolitik Adenauers, insbesondere die Rentenreform von 1957, lehnte Erhard ab. Er sah in den Wohltaten, die in jenen Tagen garantiert wurden, eine unschätzbare Belastung für künftige Generationen.

Zu Beginn der Sechzigerjahre warnte Erhard vor wachsendem Materialismus und Egoismus in Deutschland: »Der Deutsche entfaltet in der Stunde der Not höchste Tugenden. Die Frage bleibt, ob er im gleichen Maße den Stunden des Glücks gewachsen ist.«

Als der mittlerweile 87-jährige Adenauer, gedrängt von seiner Partei, 1963 zurücktrat, folgte ihm Erhard in das Amt des Bundeskanzlers. Viele, vor allem Adenauer, trauten ihm das Amt von Anfang an nicht zu. Tatsächlich wird Erhards Amtszeit als Kanzler als eine der schwächsten in der Geschichte der Bundesrepublik angesehen. Ironie des Schicksals: Der ab 1949 einsetzende und sich ununterbrochen bis 1966 entfaltende dynamische Wirtschaftsaufschwung kam ausgerechnet dann ins Stocken, als Ludwig Erhard Bundeskanzler war. Im November 1966 trat er zurück. Ihm folgte der CDU-Politiker Kurt Georg Kiesinger an der Spitze einer Großen Koalition von CDU und SPD.

48 Der große Sprung nach vorn
Mao Zedong (1893–1976)

Fortschritt! Industrialisierung! China sollte die längste Zeit das Land der Bauern gewesen sein. Und Mao Zedong, der Vorsitzende der Kommunistischen Partei Chinas und damit der mächtigste Mann des Landes, glaubte, das sei binnen weniger Jahre zu erreichen. Es bedürfe nur einer harten Hand und der Anwendung der Lehren des Kommunismus. Und die besagten, dass die Wirtschaft geplant werden konnte, ja musste.

Im Rahmen des zweiten Fünf-Jahres-Plans für die chinesische Wirtschaft sollte die bis dahin hoffnungslos rückständige Industrie und Landwirtschaft Chinas in die Moderne geführt werden. Berühmt-berüchtigt wurde die ab Mai 1958 umgesetzte Kampagne als »Der große Sprung nach vorn«.

Das Ziel an sich war begrüßenswert, doch die katastrophale Planung und inkompetente Umsetzung durch die kommunistische Führung machten China nicht zu einer Wirtschaftsmacht, sondern führten letztlich zu einer Hungerkatastrophe mit Millionen von Toten.

Mao wollte vor allem die Stahlproduktion steigern. Das war ein wesentlicher Teil seines Programms, China als Weltmacht zu etablieren, denn je mehr Stahl, desto mehr Schlachtschiffe. Doch anstatt große Stahlöfen zu bauen, errichtete man überall im Land unzählige kleine Stahlöfen, oft in Handarbeit und aus Lehm. Zahlreiche Bauern wurden dafür von ihren Feldern abgezogen.

Gleichzeitig versuchte man in großem Stil die Landwirtschaft zu kollektivieren. Doch weil dies überhastet geschah, konnten die Kollektive erst spät oder nur unzureichend ihre Arbeit aufnehmen. Aufgrund von Versorgungsmängeln verzehrten die Menschen sogar das Saatgut mit Erlaubnis der Partei. Als dann das Wetter ungünstig ausfiel, kam es in den Jahren 1961 und 1962 zu einer fürchterlichen Hungersnot. Die Schätzungen der Toten in diesen Jahren reichen von 20 bis zu 40 Millionen.

Die Beweggründe für Mao, den »Großen Sprung nach vorn« zu initiieren, waren unterschiedlich. Er wollte seine Macht in der Partei sichern und sich vom Kommunismus der Sowjetunion emanzipieren, die als Mutterland der kommunistischen Revolution für Mao zunehmend zum ideologischen und machtpolitischen Rivalen wurde. Vor allem lehnte Mao die von Nikita Chruschtschow eingeleitete Politik der Entstalinisierung ab. Er hielt sie für eine Gefahr für die Revolution. Offiziell ließ Mao den »Großen Sprung nach vorn« als ein Unternehmen darstellen, das China dazu verhelfen sollte, die kapitalistischen Länder bald an Macht, Reichtum und Fortschrittlichkeit zu überholen. Inoffiziell, so seine Biografen Jung Chang und Jon Halliday, strebte Mao nach der Herrschaft über die Welt.

Mao war 1893 in der Provinz Hunan in einem kleinen, landschaftlich sehr schönen Tal namens Shaoshan geboren worden. Maos Vater hatte es als Bauer durch Fleiß und Ehrgeiz zu Reichtum gebracht. Mao war der dritte Sohn, der geboren wurde, aber der erste, der das Säuglingsalter überlebte. Mao, so wie er meist kurz und knapp genannt wurde, war sein Nachname. Sein Vorname war Zedong oder (wie in der alten Umschrift) Tse-tung. Dieser Vorname bedeutet sinngemäß »der auf den Osten scheint«. Maos Mutter war die siebte Tochter und hieß nur Siebte Tochter Wen. Man hatte ihre Füße noch zu Lotusfüßen gebunden, dem alten chinesischen Schönheitsideal entsprechend.

Unter der liebevollen Obhut seiner Mutter, die er tief verehrte, aber auch behütet von Onkeln, Tanten und Großeltern verlebte Mao eine glückliche Kindheit. Er erhielt Unterricht von Privatlehrern, las viel und erwies sich als außergewöhnlich begabt. Doch sein Vater wollte, dass er auf dem Hof half, was Mao geschickt zu umgehen wusste. Es kam darüber immer wieder zu Streit, sein Vater schlug ihn und Mao wehrte sich. Später während der Kulturrevolution sagte Mao, er hätte es seinem Vater gewünscht, brutal von den Roten Garden misshandelt zu werden.

Mao liebte die chinesische Sprache, Geschichte und Literatur. Er verfasste Gedichte. Nur Zahlen oder wirtschaftliche Fragen waren nicht im Geringsten Maos Sache. Beim »Großen Sprung nach vorn« sollte sich das auf tragische Weise bewahrheiten.

Zur Zeit der Republikanischen Revolution in China von 1911 bis 1912 erwachte Maos Interesse an der Politik. Bis 1908 hatte sich die mächtige Kaiserinwitwe Cixi noch jeglichen Reformen im Land widersetzt. Als sie 1908 starb, kam der minderjährige Pu Yi als Kaiser auf den Thron. Aber der Verfall der Mandschu-Dynastie war nicht mehr aufzuhalten. Nach dem Sturz des letzten Kaisers wurde am 1. Januar 1912 die Republik China ausgerufen. Sun Yat-sen, Gründer der chinesischen Nationalpartei Guomindang, übernahm das Amt des Übergangspräsidenten.

Mao war auf eigenen Wunsch in eine weiterführende Schule eingetreten und veröffentlichte bald erste politische Artikel. 1918 ging er nach Peking und arbeitete als Hilfsbibliothekar an der Peking-Universität, einer Art chinesisches Harvard. Nach der Gründung der Kommunistischen Partei Chinas (KPCh) 1920 in Shanghai wurde Mao 1923 ins Zentralkomitee gewählt. Zunächst war die KPCh in die Guomindang integriert, da diese als eine Art chinesische Einheitsbewegung alle politischen Ansichten vereinen wollte. Doch der integrierende Guomintang-Führer Sun Yat-sen starb 1925 und zwischen seinem Nachfolger Chiang Kai-shek und der KPCh kam es 1927 zum Bruch. Der Bürgerkrieg begann.

Maos Taktik im Kampf gegen Chiang Kai-shek und ab 1937 auch gegen die japanische Invasionsarmee bestand im Ausweichen und überraschenden Zuschlagen. Mao hatte erkannt, dass er mit seinen im Vergleich zum Gegner sehr schwachen Kräften nur Erfolg haben konnte, wenn er sich die Unterstützung der Bevölkerung sicherte. In China war das vor allem die Landbevölkerung, die Bauern. Seine Rebellen sollten sich »wie ein Fisch im Wasser« im Land bewegen können. Durch diese Maxime wurde Mao zum Vorbild für die Guerilla-Kämpfer des 20. Jahrhunderts. Obwohl die Bauern für seine politischen Ziele wichtige Partner sein sollten, wurden sie von Maos Leuten auch immer wieder geplündert.

Der jahrelange grausame Kampf fand im sogenannten Langen Marsch in den Jahren 1934 und 1935 seinen Höhepunkt. Über Tausende von Kilometern mussten sich die Kommunisten vor den Guomindang quer durch das ganze Land unter großen Entbehrungen und Opfern zurückziehen. Von den 100 000 Kämpfern zu Beginn überlebten nur 10 000. Mao war längst zu einem der wichtigsten Köpfe der Partei aufgestiegen. Nun setzte er sich gegen Zhou Enlai durch und wurde zum unbestrittenen Anführer der chinesischen Kommunisten. 1937 schlossen sich die KPCh und die Guomindang wieder kurzzeitig zusammen. Es galt, die japanische Invasion zurückzuschlagen. Doch nach Japans Niederlage 1945 brach der Bürgerkrieg zwischen KPCh und Guomindang erneut aus. Er endete erst Ende 1949 mit dem endgültigen Sieg von Maos Kommunisten. Chiang Kai-shek floh mit den Resten seiner Armee nach Taiwan und gründete dort die Republik China.

Mao rief in Peking die Volksrepublik aus. Zhou Enlai wurde Premierminister des neuen Staates, doch der starke Mann war und blieb Mao. Welchen Wert er dem militärischen Kampf beimaß, bringt seine Maxime »Die Macht kommt aus den Gewehrläufen« zum Ausdruck. Und die Gewehrläufe hatten letztlich zu helfen, das Bewusstsein der Bevölkerung zu ändern, was das zentrale Ziel Maos war. Denn erst durch ein anderes Bewusstsein änderten sich nach seiner Ansicht die gesellschaftlichen Verhältnisse und nicht unbedingt durch veränderte Produktionsverhältnisse. Hier war er weit von Marx und Lenin abgerückt.

Dem »Großen Sprung nach vorn« ging ab Anfang 1957 die »Hundert-Blumen-Bewegung« voran. Auch sie hatte Mao ins Leben gerufen. Am 27. Februar zitierte er in einer Rede das Sprichwort: »Lasst hundert Blumen blühen!« Alle sollten sich fortan freimütig äußern können. Die Zensur wurde gelockert, denn Mao wollte angeblich wissen, ob es Kritik gab und wo Verbesserungsmöglichkeiten lagen. Nachdem immer mehr Menschen es wagten, Kritik zu üben, ließ Mao das Projekt stoppen. Hunderttausende »Feinde des Volkes«, vor allem Intellektuelle, wurden verhaftet, kamen in Umerziehungs- oder Arbeitslager.

Als der »Große Sprung nach vorn« 1962 sein Ende fand, kam es in der Partei zu Richtungskämpfen, dem sogenannten »Kampf zweier Linien«. Maos auf Mobilisierung der Massen gerichtetes Konzept stand gegen ein Entwicklungsmodell, das dem sowjetischen ähnelte. Letzteres vertrat unter anderen Deng Xiaoping.

Der Machtkampf zwischen beiden Entwürfen gipfelte 1966 in der von Mao initiierten Kulturrevolution. Erneut griff Mao zum Mittel von Terror und Gewalt, um seine Macht zu sichern. Diesmal mobilisierte er die Jugend und nutzte sie, um gegen alle vermeintlichen Feinde der Volksrepublik vorzugehen. Die Roten Garden, zusammengesetzt aus Jugendlichen, Schülern und Studenten, begannen systematisch, Lehrer, Professoren, Vorgesetzte zu demütigen, zu quälen, zu misshandeln und zu ermorden.

Ursprünglich als Machtdemonstration gegen Maos parteiinterne Gegner gedacht, wurde die Kulturrevolution zu einem brutalen Feldzug gegen die chinesische Kultur und gegen das chinesische Volk. Das Motto war, die »Vier Alten« zu beseitigen: Das waren alte Bräuche, alte Gewohnheiten, alte Kultur und altes Denken. Nicht nur Gelehrte und Intellektuelle wurden gezielt verfolgt, sondern auch jene Parteikader und Verwaltungsbeamte, die das Land nach Maos verheerendem »Sprung nach vorn« wieder in halbwegs ruhige Bahnen zu lenken versuchten. Der ohnehin schon um Mao betriebene und von ihm gezielt geförderte Personenkult nahm noch größere Formen an.

Erst mit Maos Tod im Jahr 1976 fand die Kulturrevolution ihr offizielles Ende. Mao hatte ein neues, geeintes und mächtiges China geschaffen. Menschenleben zählten nichts für ihn auf dem Weg dorthin. Seine Variante des Kommunismus, der sogenannte Maoismus, einer Mischung aus Marxismus, Leninismus und chinesischer Philosophie, lieferte ihm dabei die Instrumente für Machterwerb, Machterhalt und Machtausübung. Seine Biografen Jung Chang und Jon Halliday eröffneten ihre 2005 erschienene Biografie mit der Feststellung, Mao sei »verantwortlich für über 70 Millionen Tote in Friedenszeiten – kein anderer politischer Führer des 20. Jahrhunderts reicht hier an ihn heran«.

Das Grauen, das Grauen!
Joseph Conrad (1857–1924)

In der 1902 erstmals als Buch erschienenen Erzählung *Herz der Finsternis* (*Heart of Darkness*) fährt der Erzähler Kapitän Marlow den Kongo hinauf in das Landesinnere. Marlow soll einen Elfenbeinhändler namens Kurtz finden, der sich tief im Urwald von den Eingeborenen als Gottheit verehren lässt. Die Reise wird zum Albtraum. Das Klima und das Leid der unterdrückten Eingeborenen stürzen den Protagonisten in eine tiefe persönliche Krise. Während Marlow schließlich seine Grenzen als Mensch erkennt, stirbt der maßlose Kurtz auf der Rückfahrt. Seine letzten Worte sind: »Das Grauen, das Grauen!«

Der Autor der Erzählung Joseph Conrad stammte aus polnischem Adel und hieß eigentlich Józef Teodor Konrad Nalecz Korzeniowski. Konrad hatte sich bereits als 16-Jähriger der Seefahrt verschrieben und war seitdem über die Meere gefahren. Die von ihm beschriebene Fahrt geht zurück auf die Reise, die er selbst 1890 als Kapitän eines Dampfschiffes auf dem Fluss unternommen hatte.

In *Herz der Finsternis* beschrieb Joseph Conrad auch die Schrecken zu jener Zeit, als der belgische König Leopold II. den Kongo als seinen Privatbesitz annektiert hatte und auch die Menschen dort als sein persönliches Eigentum betrachtete. Die Grausamkeit, mit der er die Einwohner unterdrücken ließ, um seinen Reichtum durch Kautschuk, Kupfer, Kaffee und Diamanten zu mehren, wurden 1908 als sogenannte Kongogräuel bekannt. Internationaler Druck zwang Leopold, das Land an den belgischen Staat abzutreten. Millionen von Kongolesen fanden während der belgischen Gewaltherrschaft den Tod. Zu Beginn des Ersten Weltkriegs war die ursprüngliche Bevölkerung von etwa 20 Millionen auf zehn Millionen zurückgegangen.

Zu dieser Zeit war fast die gesamte Fläche des afrikanischen Kontinents unter der Kolonialherrschaft europäischer Mächte. Nur das Kaiserreich Äthiopien und der von ehemaligen amerikanischen Sklaven geschaffene Staat Liberia waren unabhängig. Das Ende des Ersten Weltkriegs brachte keinen Fortschritt auf dem Weg zur Unabhängigkeit. Die Deutschen verschwanden zwar als Kolonialmacht, doch die Gebiete, die sie aufgeben mussten, wurden von den europäischen Siegermächten Frankreich und Großbritannien übernommen. Nach Ende des Zweiten Weltkriegs kam in Afrika nur ein einziger unabhängiger Staat hinzu: Ägypten.

Doch nun stand wieder die Frage auf der Tagesordnung, was aus den afrikanischen Ländern und ihren Völkern werden sollte. Der Zweite Weltkrieg hatte die ehemals nahezu allmächtig erscheinenden Kolonialmächte stark geschwächt. Von besonderer Bedeutung für die Entwicklung der nächsten Jahre war der Kalte Krieg. Dieser Konflikt zwischen den beiden aus dem Zweiten Weltkrieg hervorgegangenen konkurrierenden Weltmächten USA und Sowjetunion strahlte weltweit aus und beeinflusste die Staatenbildung und -entwicklung in Afrika, Asien, Mittel- und Südamerika.

Am 14. August 1952 veröffentlichte der französische Demograf und Soziologe Alfred Sauvy in der Zeitschrift *L'Observateur* den Artikel »Trois mondes, une planète«. Darin formulierte er in Anlehnung an den Begriff vom »Dritten Stand«, der während der Französischen Revolution das Volk bezeichnete, den Ausdruck »Dritte Welt« für jene Länder, die, wie er es ausdrückte, »ignoriert, ausgebeutet und missachtet« waren.

Drei Jahre später trafen sich vom 18. bis 24. April 1955 im indonesischen Bandung Vertreter von 23 afrikanischen und sechs asiatischen Staaten mit dem Ziel, gemeinsam auf ein Ende des Kolonialismus hinzuwirken, und beschlossen, sich als »Dritte Welt« zu bezeichnen. Der Begriff diente der Abgrenzung von der Ersten und der Zweiten Welt. Als Erste Welt galten die Staaten der westlichen Industrieländer und als Zweite Welt bezeichnete man die Staaten des Ostblocks. Umstritten war die Einteilung des Planeten in drei Welten von Anfang an. Doch hob eine solche Kategorisierung die unterschiedlichen Entwicklungsstände in der Welt auch in ein neues Bewusstsein.

Der Vordenker der Entkolonialisierung, Frantz Fanon (1925–1961), setzte in seinem 1961 erschienenen Buch *Die Verdammten dieser Erde* die Dritte Welt mit den kolonisierten und unterentwickelten Ländern auf der Erde gleich. Für ihn, der im Algerienkrieg (1954–1962) bei der algerischen Unabhängigkeitsbewegung mitwirkte, lag gegen Ende seines Lebens die Zukunft Afrikas im bewaffneten Aufstand der afrikanischen Massen.

Als die Kolonialzeit in Afrika ab Mitte der Fünfzigerjahre allmählich endete, weil immer mehr Staaten nach und nach in die Unabhängigkeit entlassen wurden, schienen viele der neu entstandenen afrikanischen Staaten aufgrund ihres Reichtums an Rohstoffen bessere Voraussetzungen zu haben als ihr Pendant in Asien. Doch die Hoffnungen auf bessere Zeiten im Zuge staatlicher Unabhängigkeit wurden in den meisten Fällen enttäuscht. Jahrzehntelang war die afrikanische Bevölkerung von staatlicher Verwaltung und Willensbildung ausgeschlossen worden, nun fehlten den neu entstandenen Staaten die Bürger, die einen Staat führen und verwalten konnten. Hinzu kamen andauernde Abhängigkeiten von den ehemaligen Kolonialmächten. Auch wurde Afrika, ähnlich wie Ostasien, zum Schauplatz von sogenannten Stellvertreterkriegen zwischen den beiden Kontrahenten des Kalten Krieges, Ostblock und westliche Welt. Viele an Rohstoffen reiche Länder erlebten durch Terrorherrschaft einen langen Niedergang, so Uganda durch Idi Amin, oder Simbabwe durch Robert Mugabe.

Doch die größte Tragödie ist wohl die des an Bodenschätzen so reichen Kongo. Wie andere afrikanische Staaten wurde auch der Kongo unter chaotischen Begleitumständen in die Unabhängigkeit entlassen. 1959 zogen sich die Belgier ohne große Vorbereitungen zurück und hinterließen ein Land im Chaos. Eine zentralstaatliche Gewalt konnte sich kaum entwickeln. Als der belgische König Baudouin 1960 zu den Unabhängigkeitsfeiern in den Kongo kam, pries er in seiner Rede in völliger Missachtung vergangener Gräuel die »uneigennützige« belgische Herrschaft über das Land. Ein Kongolese entriss ihm auf der Fahrt in einem offenen Wagen den Säbel und rannte damit davon. Das Foto ging um die Welt.

Der Kongo blieb unter dem Einfluss seiner ehemaligen Kolonialmacht und geriet außerdem zwischen die Fronten der Weltmachtinteressen von USA und Sowjetunion. Der erste kongolesische Ministerpräsident, Patrice Lumumba, Verfechter eines selbstbewussten Afrika, wurde 1961 unter grausamen Umständen ermordet. Ende 1965 putschte sich Joseph-Désiré Mobutu an die Macht und errichtete eine jahrzehntelange grausame Diktatur in dem Land, das sich mittlerweile Zaire nannte. Erst 1997 wurde sein Regime gestürzt, das ihn durch Ausbeutung und Korruption zu einem der reichsten Männer der Welt gemacht hatte. Bereits im Vorjahr hatten die Unruhen in den östlichen Nachbarländern Ruanda und Burundi auf Zaire übergegriffen. 1994 wurden Hunderttausende Tutsi von rivalisierenden Hutu im Völkermord von Ruanda ermordet. Der Osten Zaires wurde zum Flüchtlingsgebiet für viele entwurzelte Afrikaner auf der Flucht. Das Grauen im Kongo bekam eine neue Dimension.

Der kongolesische Rebellenführer Laurent-Désiré Kabila, der seit Jahrzehnten gegen Mobutu gekämpft hatte, konnte in Folge des Chaos den Diktator stürzen. Selbst an der Macht, gelang es Kabila aber nicht, das nun allmählich zerfallende Land zu stabilisieren. Die Hauptgründe lagen in der zunehmenden Einmischung fremder Mächte. Wieder wurden die Bodenschätze, vor allem Diamanten, Gold und Erdöl, dem Kongo zum Verhängnis.

Ab 1998 entsandten afrikanische Staaten wie Angola, Ruanda und Burundi ihre Truppen in den Kongo. Der Tschad, der Sudan und westliche Staaten wie die USA und Frankreich versuchten Einfluss auszuüben, Söldner kämpften, einzelne Regionen fielen in die Hände von sogenannten Warlords, deren Truppen zum Teil aus zwangsrekrutierten Kindersoldaten bestanden. Kabila wurde 2001 ermordet. Im Amt des Staatspräsidenten folgte ihm sein Sohn Joseph. Er ließ Friedenstruppen der Vereinten Nationen ins Land und versuchte die verfeindeten Regionen des Kongo zu befrieden. Mit dem Waffenstillstand von Goma am 23. Januar 2008 zwischen der Zentralregierung Joseph Kabilas und mehreren Kriegsfürsten war der seit 1998 tobende Konflikt vorerst beendet. Der Kongokrieg, wie er allgemein genannt wird – manche sprechen auch vom Afrikanischen Weltkrieg –, hat nach Schätzungen weit mehr als fünf Millionen Tote gefordert, mehr als jede andere bewaffnete Auseinandersetzung seit dem Zweiten Weltkrieg.

Fragt nicht, was euer Land für euch tun kann, sondern fragt, was ihr für euer Land tun könnt
John F. Kennedy (1917–1963)

Der 20. Januar 1961 war ein klarer Tag, der Himmel wolkenlos und die Luft kalt und frostig.

Der erst 43-jährige John Fitzgerald Kennedy stand am Mikrofon und mit jedem seiner Worte stob sein Atem in einer weißen Wolke von ihm fort. Es war die Antrittsrede des jüngsten Präsidenten, den die Vereinigten Staaten von Amerika je gehabt hatten, und des ersten US-Präsidenten katholischen Glaubens.

Wie ein Zeichen für die neue Zeit, die nun anzubrechen schien, war John F. Kennedys Rede auch die erste Amtseinführung eines amerikanischen Präsidenten, die das Fernsehen in Farbe übertrug. Und wie ein Zeichen für die vergehende alte Zeit sah man auf dem Fernsehbild unter den Anwesenden auf der Tribüne hinter dem neuen Präsidenten einige Zuhörer, die noch den feierlich-traditionellen Zylinder als Kopfbedeckung trugen.

Der jugendlich wirkende Mann mit der Haartolle sprach gleich zu Anfang seiner Rede aus, dass dieser Tag »ein Ende wie auch einen Beginn« symbolisiere und dass heute die Fackel an eine neue Generation von Amerikanern übergeben werde – »geboren in diesem Jahrhundert, geprägt vom Krieg, diszipliniert durch einen harten und bitteren Frieden«.

Wenige Wochen zuvor, am 8. November 1960, war John F. Kennedy mit einer nur hauchdünnen Mehrheit vor seinem Konkurrenten, dem Republikaner Richard Nixon, gewählt worden. Nach den konservativen Fünfzigerjahren mit dem ehemaligen Weltkriegs-General Dwight D. Eisenhower als republikanischem Präsidenten, hatte sich Amerika für den Weg in eine neue Zeit entschieden.

Als Kennedy auf den Stufen des Kapitols in Washington stand und zur amerikanischen Nation sprach, wollte er bewusst das Zeichen für den Aufbruch geben, für die New Frontier, die Neue Grenze. Dies war das Motto, das er seiner Politik, in Anlehnung an Franklin D. Roosevelts wirtschafts- und sozialpolitischen New Deal der Dreißigerjahre, gab. Gleichzeitig wollte er aber auch einen neuen Akzent setzen in Bezug auf die Haltung eines jeden Einzelnen zum Staat.

Theodore Sorensen, enger Berater Kennedys (»meine intellektuelle Blutbank«) und auch Verfasser seiner Reden, war der Ansicht, eine Antrittsrede müsse möglichst kurz und prägnant sein. Und so dauerte die Ansprache Kennedys nicht einmal 15 Minuten. Doch in diese 15 Minuten hatten Kennedy und Sorensen so viele prägnante Sätze eingeflochten, dass die Rede Jahrzehnte später immer wieder zitiert wurde.

Die Menschen hielten, so sagte Kennedy in die Mikrofone, »in ihren sterblichen Händen die Macht, alle Formen menschlicher Armut zu beseitigen«, aber auch jene, »alle Formen des menschlichen Lebens« auszulöschen.

Kennedy skizzierte seine Vorstellung der USA. »Freund und Feind« sollten wissen, dass dieses Land alles auf sich nehmen werde, um die Freiheit überall in der Welt zu verteidigen und die Armut zu bekämpfen. Dies tue man nicht, um Zustimmung zu erhalten oder weil es sonst der Kommunismus übernehme, sondern weil es richtig sei. Denn »wenn eine freie Gesellschaft nicht den vielen helfen kann, die arm sind, dann kann sie nicht die wenigen schützen, die reich sind.«

In einer freien Gesellschaft, in einer freien Welt zu leben, so das immer wiederkehrende Motiv in Kennedys Rede, habe nicht nur mit Rechten, sondern auch mit Pflichten zu tun. »Fragt nicht, was euer Land für euch tun kann, sondern fragt, was ihr für euer Land tun könnt.« Dieser zentrale Satz wurde von Kennedy selbst in die in großen Teilen von Theodore Sorensen verfasste Rede eingefügt, war jedoch nicht seine ureigenste Erfindung. Er entlehnte den Satz aus einer Rede des berühmten amerikanischen Verfassungsrichters Oliver Wendell Holmes junior (1841–1935) im Jahr 1888.

Der Satz wurde berühmt und er steht zentral für das Versprechen und den Anspruch, für den nicht nur John F. Kennedy, sondern die gesamte Kennedy-Familie eintrat. Der Mythos der Kennedys wird gespeist durch die Aura der Familie, um die sich unzählige Geschichten und Legenden ranken. Da war der irischstämmige Patriarch Joseph P. Kennedy, der durch unbändigen Ehrgeiz und dank manch zweifelhafter Geschäfte zu großem Reichtum kam, etwa durch verbotenen Handel mit Alkohol während der Prohibitionszeit. Er hatte unter Franklin D. Roosevelt in den Jahren 1937 bis 1940 als amerikanischer Botschafter in London gedient. Schon damals hatte das Familienoberhaupt den Ehrgeiz, dass einer seiner vier Söhne einst Präsident der USA werden sollte. Als der älteste Sohn Joseph Patrick junior während des Zweiten Weltkriegs fiel, rückte der Nächstälteste, John Fitzgerald, nach. Jack, wie er von Freunden und Familie genannt wurde, wurde ebenso streng erzogen wie seine Geschwister. Der Wettbewerb untereinander war hart und er wurde von den Eltern immerzu angefacht und angestachelt: Ein Kennedy hatte immer der Sieger, der Erste zu sein. Ein Anspruch, an dem später viele des weitläufigen Familienclans zerbrachen.

Auch John F. Kennedy diente im Zweiten Weltkrieg. Noch nicht einmal 30-jährig zog er ein Jahr nach Kriegsende als Abgeordneter der Demokratischen Partei in das Repräsentantenhaus ein. 1952 gelang es ihm, als Senator von Massachusetts gewählt zu werden. Im Jahr darauf heiratete er Jacqueline Bouvier, die Tochter eines New Yorker Börsenmaklers. Jacqueline, genannt Jackie, sollte später als First Lady für Frauen in aller Welt zum stilistischen Vorbild werden. 1956 versuchte Kennedy die Kandidatur zur Vizepräsidentschaft zu erringen, verlor jedoch. 1960 setzte er sich schließlich gegen Lyndon B. Johnson durch, wurde Präsidentschaftskandidat und siegte in der Wahl gegen Richard Nixon.

Bereits drei Monate nach seiner Amtseinführung musste Kennedy die erste schwere Krise seiner Präsidentschaft meistern. Unter seinem Amtsvorgänger Dwight D. Eisenhower war durch die CIA eine Invasion von Exilkubanern auf Kuba zum Sturz von Fidel Castro geplant worden. Sie fand Mitte April 1961 statt. Etwa 1500 Kämpfer landeten in der Schweinebucht im Süden Kubas. Doch die Landung wurde zum Desaster und die meisten Invasoren gerieten in kubanische Gefangenschaft. Die Beziehungen zu Kuba verschlechterten sich, Castro lehnte seine Politik noch stärker an die Sowjetunion an. Ab Mitte 1962 begann die Sowjetunion heimlich, Mittelstreckenraketen auf Kuba zu stationieren, die mit atomaren Sprengköpfen bestückt werden konnten. Spionageflugzeuge der USA fotografierten die Stellungen. Die Amerikaner forderten den Abzug der Raketen. In der ab Mitte Oktober schwelenden Kubakrise stand die Welt in einem bedrohlichen Poker zwischen Kennedy und dem sowjetischen Staatschef Nikita Chruschtschow zeitweise am Rande eines Atomkriegs. Schließlich lenkten die Sowjets ein.

Auf den Bau der Berliner Mauer reagierte Kennedy zögerlich und unangemessen. Erst als der Berliner Regierende Bürgermeister Willy Brandt ihm einen Brief schickte, handelte er, indem er seinen Vizepräsidenten Lyndon B. Johnson nach Berlin beorderte. Es dauerte zwei Jahre, bis Kennedy 1963 persönlich die Stadt besuchte und dort seine berühmten Worte »Ich bin ein Berliner!« ausrief.

Innenpolitisch gelang es Kennedy, sein Land in Aufbruchstimmung zu versetzen. Das Schlagwort »New Frontier« stand für den Aufbruch zu einer neuen, freien, toleranten Gesellschaft. Spektakuläres Ziel für diese neue Gesellschaft war der Wunsch, noch in den Sechzigerjahren einen Menschen auf dem Mond zu landen. Dieser Traum wurde wahr. Nur erlebte Kennedy es nicht mehr. Am 22. November 1963 wurde er auf einer Wahlkampfreise in Dallas, Texas, während der Fahrt in einem offenen Wagen durch mehrere Schüsse ermordet.

Durch seinen plötzlichen, frühen und tragischen Tod wurde Kennedy zum Mythos. Sein Name steht bis heute für sein außerordentliches Charisma, aber vor allem das Versprechen, das mit ihm verbunden war. Kennedys politische Bilanz fällt, faktisch betrachtet, eher bescheiden aus. Nicht allein weil seine Präsidentschaft durch seinen jähen Tod unvollendet blieb und er in einer möglichen zweiten Amtszeit vielleicht noch einiges mehr von dem umzusetzen vermocht hätte, was er angekündigt hatte. Während der noch nicht einmal drei Jahre, in denen er sein Land regierte, verstrickten sich die USA mehr und mehr in den Vietnamkrieg, lavierte Kennedy zuweilen unentschlossen in der Bürgerrechtsfrage, packte er außerdem von ihm erwartete Reformen nur zögerlich an. Bei der Beurteilung seiner Präsidentschaft muss jedoch auch berücksichtigt werden, dass Kennedy gegen starke konservative Kräfte im Kongress zu kämpfen hatte, nicht nur gegen die oppositionellen Republikaner, sondern auch gegen zahlreiche konservative Demokraten.

Der Mythos lebt von Kennedys Vision von einem partnerschaftlichen, offenen, fairen und freien Amerika in einer neuen gerechteren Welt, wie er es in seiner Antrittsrede umrissen hat, einer Welt, in der die Starken Verantwortung übernehmen und die Schwachen sich sicher fühlen können. Dass die Verwirklichung dieser Vision ihre Zeit braucht, darauf hatte er auch an jenem 20. Januar 1961 hingewiesen: »All das wird nicht in den ersten hundert Tagen vollendet sein. Es wird auch nicht in den ersten tausend Tagen vollendet sein und nicht in der Amtszeit dieser Regierung und vielleicht auch nicht einmal zu unseren Lebzeiten auf diesem Planeten. Aber lasst uns beginnen.«

Die Geschichte wird mich freisprechen! 51
Fidel Castro (geb. 1926)

Sie schienen zu wenige zu sein für den Kampf, den sie aufnehmen wollten, aber zu viele für das Schiff, das sie am 25. November 1956 bestiegen. Die etwas mehr als 80 Revolutionäre drängten sich im mexikanischen Tuxpan auf die Motor-Yacht *Granma* und stachen Richtung Kuba in See.

Die See war so stürmisch, dass sie nahezu die gesamte Ausrüstung außer den Waffen und der Munition über Bord werfen mussten, damit das Schiff nicht kenterte. Am 2. Dezember landeten sie schließlich im Osten der Insel. Das erste Gefecht überlebten nur 22 der Revolutionäre, darunter ihr Anführer, der Kubaner Fidel Castro, sein Bruder Raúl und ein argentinischer Arzt namens Che Guevara. Doch nur noch zwölf von ihnen gelang es, sich gemeinsam im Dschungel des Berglands zu verstecken. So begann die »Revolution der Bärtigen«, ein Guerillakampf, den von Anfang an Romantik umwehte. Wenige mutige Idealisten kämpften gegen eine korrupte Diktatur unter dem Joch des Diktators General Fulgencio Batista.

Zur unumstrittenen Identifikationsfigur der Guerillakrieger wurde der 1926 in einem kleinen Ort im Osten Kubas geborene Fidel Alejandro Castro Ruz , ein charismatischer und redegewandter Hüne mit dunklem Vollbart. Wie seine vier Geschwister war er das uneheliche Kind eines Sohnes spanischer Einwanderer aus Galicien, der sich vom kleinen Angestellten einer Zuckerfabrik zu einem reichen Großgrundbesitzer hochgearbeitet hatte. Fidel Castros Vater besaß eine Plantage, ein Hotel und mehrere Handwerksbetriebe.

Mit seinem jüngeren Bruder Raúl besuchte Fidel das Jesuitenkolleg in Santiago de Cuba. Schon in jungen Jahren geriet er immer wieder in Konflikt mit den Autoritäten. Einmal soll er als 13-Jähriger versucht haben, die Plantagenarbeiter seines Vaters zu einem Streik zu bewegen. 1945 nahm Fidel Castro das Studium der Rechtswissenschaften an der Universität von Havanna auf. Er engagierte sich politisch als Studentenführer und kämpfte gegen Rassendiskriminierung und die als korrupt eingestufte Regierung von Carlos Prío Socarrás. 1947 versuchte Castro mit 3000 Kämpfern den Diktator Rafael Trujillo in der Dominikanischen Republik zu stürzen. Doch die Schiffe wurden abgefangen, Castro sprang ins Meer und entzog sich der Verhaftung, indem er die drei Meilen zur Küste schwamm. Nach seinem Studium ließ er sich in Havanna als Anwalt nieder und wurde in den nächsten Jahren als Wortführer gegen den amerikanischen Einfluss auf Kuba bekannt.

Kuba war vor der Revolution ein in weiten Teilen armes Land. Reichtum kam vom Zuckerrohr, von dem aber nur einige wenige Großgrundbesitzer und Unternehmer profitierten. Die breite Bevölkerung lebte vom kargen Lohn als Zuckerrohrschnitter. Viele Menschen hausten in den Slums der großen Städte. Die Hauptstadt Havanna war ein beliebtes Ziel für Reiche aus den USA. Sie frönten dem Glücksspiel, das in den USA weitgehend verboten war. Die meisten Kasinos und Bordelle waren in den Händen der amerikanischen Mafia.

Eigentlich wollte Castro bei den für das Jahr 1952 geplanten Wahlen antreten, doch der Putsch durch General Batista veränderte die Lage. Die Wahlen wurden abgesagt, Batista errichtete ein von den USA gestütztes Regime und Castro begann, sich auf den bewaffneten Widerstand vorzubereiten. Am 26. Juli 1953 versuchte er mit 129 Mitstreitern die Moncada-Kaserne in Santiago de Cuba zu erstürmen. Der Coup misslang und endete in einem Blutbad. Der fliehende Castro wurde in den Bergen festgenommen. Am 16. Oktober kam es zum Gerichtsverfahren. In seiner Verteidigungsrede rief er aus: »La historia me absolverá!« (Die Geschichte wird mich freisprechen!) Der Mythos Castro begann.

Das Gericht verurteilte Castro zu 15 Jahren Haft in dem berüchtigten Gefängnis auf der Insel Isla de Pinos (heute: Isla de la Juventud). In Streichholzschachteln ließ er Verlautbarungen nach draußen schmuggeln, die seinen Namen auf Kuba immer bekannter machten. Aufgrund öffentlichen Drucks und den Bemühungen der einflussreichen Familie seiner Frau kam Castro bereits nach zwei Jahren im Rahmen einer Amnestie wieder frei. Wenige Wochen nach seiner Freilassung gründete er die Bewegung M-26–7 (auch »Bewegung des 26. Juli« genannt). Der Name nahm Bezug auf den Angriff auf die Moncada-Kaserne am 26. Juli. Anfang Juli 1955 ging er mit mehreren Dutzend Kämpfern nach Mexiko ins Exil. Dort sollte der bewaffnete Befreiungskampf Kubas vorbereitet werden. In dieser Zeit schloss sich ein gewisser Ernesto Guevara Serna den Revolutionären an. Guevara war gebürtiger Argentinier und Sohn einer wohlhabenden Familie. Nach Abschluss seines Medizinstudiums war er zunächst nach Guatemala und dann 1954 nach Mexiko gegangen. Weltweit bekannt wurde Guevara in den nächsten Jahren unter seinem Spitznamen Che. Er war vermutlich dem argentinischen Ausdruck für »Kumpel« oder »Freund« entlehnt. Oder aber der Name ging auf die Aufforderung »He!« zurück, ausgesprochen als »Che!«, was so viel bedeutet wie »Hör zu!«. Eine Aufforderung, die Guevara im Gespräch oft gebrauchte.

Als Castro und seine Kämpfer nach der Fahrt auf der *Granma* am 2. Dezember 1956 auf Kuba gelandet waren und die Soldaten Batistas ihre Gruppe im Gefecht aufgerieben hatten, lieferte ihnen die Rebellenbewegung in den kubanischen Städten neue Waffen. Auch neue Kämpfer kamen in die Berge. Es folgte ein Guerillakampf, aber auch ein Kampf um die Herzen der Bevölkerung, den vor allem Che Guevara führte. Er gewann die Bauern für die Revolutionäre. Ihm gelang es aber auch, durch geschickte Politik in den Medien, die Zustimmung in den USA für das Regime des kubanischen Diktators Batista immer weiter zu schwächen. Ein spektakulärer Coup gelang den Rebellen, als sie im Februar 1958 den fünffachen Formel-1-Weltmeister Juan Manuel Fangio für einen Tag entführten, wodurch Fangio nicht an einem von Batista veranstalteten Autorennen teilnehmen konnte. Fangio sprach nach seiner Freilassung von der guten Behandlung, die er erfahren hatte, und die Rebellen, deren Existenz Batista zuvor noch bestritten hatte, gelangten in die Weltpresse.

Schließlich stellten die USA ihre Unterstützung für Batista ein.

Zur Jahreswende von 1958 auf 1959 gelang es Che Guevara mit einer von ihm geführten Gruppe Guerilleros, die Stadt Santa Clara im Herzen Kubas zu erobern. In einer groß angelegten Offensive rückten sie anschließend auf Santiago de Cuba und auf die Hauptstadt Havanna vor. In der Neujahrsnacht des Jahres 1959 floh Batista in die Dominikanische Republik.

Nach dem Sieg der Revolution wurden zahlreiche Anhänger, Soldaten und Beamte Batistas verhaftet, zum Teil in Schauprozessen abgeurteilt und hingerichtet.

Die politische Richtung Castros schien zunächst noch weitgehend unbestimmt, doch bald schälte sich eine sozialistisch-kommunistische Zielsetzung heraus. Nichtkommunisten wurden aus der zuvor politisch noch recht breiten Revolutionsbewegung herausgedrängt. Schon zu Beginn des Jahres 1959 begann man mit Landreformen, Enteignungen und Verstaatlichungen. Die USA protestierten, denn es waren amerikanische Vermögenswerte in erheblichem Maße betroffen. Schließlich nahm Kuba Handelsbeziehungen zur Sowjetunion auf. Im Juni 1960 wurde sämtliches US-Vermögen auf Kuba entschädigungslos enteignet, am 3. Januar 1961 brach die USA unter US-Präsident Eisenhower die diplomatischen Beziehungen zu Kuba ab.

Der Konflikt zwischen den USA und Kuba zog sich durch das weitere 20. Jahrhundert. Der amerikanische Geheimdienst CIA unterstützte Exilkubaner im April 1961 bei der missglückten Invasion in der Schweinebucht. Castro erklärte Kuba am 1. Mai 1961 zur sozialistischen Republik. Im Herbst kam es aufgrund der Stationierung von atomar nutzbaren Mittelstreckenraketen durch die Sowjetunion auf Kuba zu einer Krise, die an den Rand des Atomkriegs führte.

Die USA führten fortan einen massiven Wirtschaftskrieg gegen die Insel. Das Land verarmte. Dennoch gelang es Castro, ein vielfach bewundertes Bildungs- und Gesundheitssystem zu errichten.

Doch Castros Regime entwickelte sich schnell zu einer Diktatur, in der Regimekritiker unterdrückt, inhaftiert und gefoltert wurden. Castro selbst rechtfertigte die harte Hand, mit der er Kuba regierte, immer wieder mit der Bedrohung einer amerikanischen Invasion. Als gelte es, der Welt den permanenten Kriegszustand vor Augen zu führen, trug Castro fast immer eine olivgrüne Uniform. Die CIA versuchte ihn mehrfach zu töten. In den Siebzigerjahren übernahm Kuba das sowjetische System der Planwirtschaft und Zehntausende kubanische Soldaten kämpften in Angola und Äthiopien aufseiten kommunistischer Kräfte. Castro war der Máximo Líder, der »höchste Führer«, und verbreitete seine Sicht der Welt in ausschweifenden Reden, die bis zu acht Stunden dauern konnten.

Als zur weltpolitischen Wendezeit von 1989/1990 die Wirtschaftshilfe und Öllieferungen der Sowjetunion ausblieben, weil die kommunistischen Staaten des Ostblocks zerfielen, gingen Wirtschaftskraft und Lebensstandard auf Kuba massiv zurück. Daraufhin rief Castro für diese Krise 1991 eine »Sonderperiode« aus.

Mitte 2006 erkrankte Castro und gab seine Amtsgeschäfte nach fast 50 Jahren als am längsten amtierender Regierungschef des 20. Jahrhunderts an seinen Bruder Raúl ab. Am 19. Februar 2008 kündigte Castro an, vom Präsidentenamt zurückzutreten und auch die Armeeführung aufzugeben. Seine Ämter übernahm Raúl.

Das globale Dorf
Marshall McLuhan (1911 – 1980)

52

Der kanadische Kommunikationswissenschaftler und Medientheoretiker Marshall McLuhan sah die Welt auf eine ganz besondere Weise. Auch wer ihn nicht kennt, hat vermutlich schon seine beiden berühmtesten Sätze »Das globale Dorf« und »Das Medium ist die Botschaft« gehört, sie vielleicht selbst hin und wieder benutzt.

Herbert Marshall McLuhan wurde 1911 im kanadischen Edmonton geboren. Sein Vater war ein hochintelligenter Mann, dem es aber an Ehrgeiz fehlte. Zunächst hatte er als Immobilienmakler gearbeitet, später verkaufte er Versicherungen. Die Mutter, eine rastlose und dominante Person, trat als Vortragskünstlerin in Theatern und in Kirchen auf. Marshall McLuhan studierte im kanadischen Manitoba und im englischen Cambridge. Später lehrte er an verschiedenen Universitäten in den USA und in Kanada. McLuhan war ein begnadeter Verkäufer in eigener Sache. Zeit seines Lebens hatte er lukrative Beraterverträge und ergatterte immer wieder bedeutende Forschungsaufträge. Seine Ideen, die er in zahlreichen erfolgreichen Büchern darlegte und die längst als Klassiker gelten, machten ihn weit über seine Zunft hinaus bekannt.

Was ein Medium war, davon hatte McLuhan eine ganz besondere Vorstellung. Medien waren für ihn nicht nur Bücher, Zeitschriften, das Radio, der Film und das Fernsehen, sondern etwas, das die menschliche Wahrnehmung der Welt und den Alltag der Menschen verändert. Daher war für ihn beispielsweise die Eisenbahn ein Medium oder das Geld, das Rad, die Schrift oder das Flugzeug.

Ein Medium bestimme den Blickwinkel, aus dem die Menschen die Welt wahrnehmen. Außerdem werde es selbst zu einer Botschaft. »Denn die ›Botschaft‹ jedes Mediums oder jeder Technik«, bemerkte McLuhan 1964 in seinem Buch *Understanding Media* (deutsch: *Die magischen Kanäle*), »ist die Veränderung des Maßstabs, Tempos oder Schemas, die es der Situation des Menschen bringt.«

So sei die Erfindung des Buchdrucks eine frühe Form der späteren Massenproduktion gewesen und sie förderte die Linearität der Wahrnehmung, die durch den Prozess des Lesens dem Menschen vertraut ist: Wort für Wort, Zeile für Zeile. Jedes Medium stehe für das Bedienen bestimmter Sinne. Insofern würden Medien sich meist nicht gegenseitig verdrängen.

Mit den Möglichkeiten der Darstellung im elektronischen Zeitalter würden nun aber in der menschlichen Wahrnehmung einst geschlossene Systeme – wie das Buch mit seiner Linearität oder das Bild mit seiner Visualität – vermischt. Damit gehe einher, dass man, statt Einzelprobleme zu studieren und zu hinterfragen, auf das Ganze blicke. Früher habe man gefragt, was ein Bild bedeute. Niemand habe aber gefragt, »was eine Melodie, ein Haus, ein Kleid bedeute«. Man habe noch eine ganzheitliche Auffassung von Funktion, Form und Struktur gehabt, die aber im »Zeitalter der Elektrizität« von der Betrachtung des Einzelnen auf eine Betrachtung des Ganzen übergegangen sei.

McLuhan sah als selbst ernannter Beobachter des Übergangs vom Zeitalter der Druckmedien zum Zeitalter elektronischer Medien auch die Chance, dass die Menschen ihre Sinne wieder stärker einsetzten. Denn das Zeitalter der Schrift habe vielen Sinnen zu wenig Raum gegeben. Diese kämen nun im sogenannten Elektronischen Zeitalter wieder zu ihrem Recht.

Die Beobachtungen und Schlussfolgerungen McLuhans trugen einen gewissen Optimismus mit sich, was Medien für das Erschließen der Welt und des Lebens durch den Menschen leisten könnten. Doch er warnte auch: Oft verstellten die überwältigenden »Inhalte« der Medien den Blick auf ihr Wesen. »Das Medium ist die Botschaft«, ist insofern ein Hinweis darauf, dass die Art des Mediums den Inhalt vorgibt. Wie ein Medium wirkt, wird davon bestimmt, wie es von den Sinnen wahrgenommen wird. Medientheorie sei daher auch Wahrnehmungstheorie.

1962 erschien McLuhans Buch *The Gutenberg Galaxy*. Darin beschrieb er die Entwicklung der Medien und die damit einhergehende Art der Informationsabgabe und -aufnahme durch den Menschen. Die Epoche vor der Schrift, so McLuhan, war zwangsläufig von mündlicher Informationsvermittlung geprägt. Mit der Erfindung des Alphabets kam es zum ersten großen Umbruch, gefolgt von der »Gutenberg-Galaxis«, in der durch die Erfindung des Buchdrucks das Buch vorherrschend wurde. Sie wurde abgelöst durch die »Marconi-Galaxis«, also durch das Zeitalter der drahtlosen Kommunikation, das schließlich in eine vernetzte Welt führt, in der jeder mit jedem Kontakt aufnehmen kann. McLuhan kam zu dem Schluss: »Die neue elektronische Interdependenz formt die Welt zu einem globalen Dorf.«

McLuhan war ein begeisterter Leser der Werke von James Joyce. In dem 1939 erschienenen *Finnegans Wake* ist in Anlehung an »urbi et orbi« (Lateinisch für: »der Stadt und dem Erdkreis«) der von Joyce verballhornte Satz »urban and orbal«, also sinngemäß »städtisch und weltweit«, zu lesen. Und an anderer Stelle kann man noch lesen: »the urb, it orbs«. Hier sieht auch McLuhans Sohn, wie er auf der Webseite zu McLuhan bemerkt, die mögliche Inspiration seines Vaters.

Im globalen Dorf sah McLuhan Tendenzen für eine kollektive Rückkehr zur Stammeskultur dank elektronischer Medien. Denn sie nutzten weit mehr Sinne als das Buch und sie durchbrachen dessen Linearität.

Das globale Dorf barg für McLuhan auch Gefahren. Denn ähnlich wie es im realen Leben in einem Dorf zu Gruppenzwang und Gruppenkontrolle sowie Ausgrenzung des Andersdenkenden kommen konnte, sah er im globalen Dorf den drohenden Verlust von Individualität und den Missbrauch durch Regierungen, um Pluralität und Demokratie zu unterdrücken.

Mit dem globalen Dorf ahnte McLuhan zu Beginn der Sechzigerjahre, einer Zeit, in der es noch keinen Personal Computer gab und das Internet noch Jahrzehnte entfernt war, bereits Entwicklungen voraus, die zu Beginn des 21. Jahrhunderts nicht nur Medienwissenschaftler, sondern auch Medienmacher, Mediennutzer, Politologen und Philosophen beschäftigen. Durch E-Mail, Mobilfunk und Satellitenortung ist heute theoretisch jeder auf der Erde von jedem zu erreichen – wie in einem Dorf eben.

Fünf Jahre nach *The Gutenberg Galaxy* veröffentlichte McLuhan 1967 gemeinsam mit Quentin Fiore, der das Buch gestaltete, *The Medium is the Massage*, auf Deutsch: *Das Medium ist die Massage*. Eigentlich sollte das Buch *The Medium is the Message* (*Das Medium ist die Botschaft*) heißen. Doch in den Korrekturfahnen stand plötzlich dieser Druckfehler und McLuhan fand ihn witzig und beließ es dabei. In dem Buch sagte McLuhan die Entwicklung des Internets binnen einer Frist von 20 Jahren voraus. McLuhan unterschied zudem – angeregt von den Begriffen »Hot Jazz« und »Cool Jazz« – zwischen »heißen Medien« und »kalten Medien«. Unter »heißen Medien« verstand McLuhan den Film, die Fotografie, das Radio und auch das Buch. Diese Medien seien detailreich, verfügten über große Informationsfülle und verlangten vom Nutzer keinerlei aktive Ergänzung. Außerdem benötige man nur eine geringe Aufmerksamkeitsspanne, um sie zu konsumieren. »Kalte Medien« hingegen forderten die aktive Teilnahme des Nutzers. Dazu gehörten für McLuhan alle Kommunikationsmedien wie Telefon und später Internet und E-Mail. Doch auch Cartoons, Fernsehen und die Sprache zählte er dazu.

McLuhan war und ist ein äußerst umstrittener Denker. Nicht nur seine Art der Kategorisierung von medialen Phänomenen oder seine oft überraschenden Assoziationen, sondern auch seine eigenwillige essayistische Art, in seinen Texten und Büchern seine Ideen darzulegen, befremden manchen Leser. Widerspruch erregte er vor allem mit seiner Haltung, dass die Weiterentwicklung der Medien nicht nur negativ sei, sie nicht nur zu Verdummung und Abstumpfung der

Menschen und zum Verfall der Kultur führe. McLuhan sah auch die Chancen in einer Medienwelt, die zunehmend alle Sinne der Menschen zu bedienen versuchte.

Wir haben uns schrecklich geirrt 53
Robert McNamara (geb. 1916)

Robert Strange McNamara ist sein Name in voller Länge. Strange, sein Zwischenname, bedeutet ins Deutsche übersetzt so viel wie »fremd«, aber auch »seltsam«, und das scheint fast wie ein halb belustigtes, halb betrübtes Augenzwinkern zum Leben dieses besonders begabten, einfallsreichen und zeitweise sehr mächtigen Mannes zu sein, der in der Geschichte des 20. Jahrhunderts einige Spuren hinterlassen hat, die an manch erschreckender Wegmarke liegen.

Der aufgeweckte Sohn eines Verkaufsmanagers in einem Schuhgroßhandelsunternehmen studierte an der Universität von Berkeley Wirtschaft und Philosophie. Nach dem Studium arbeitete er zunächst bei der Wirtschaftsprüfungsgesellschaft Price Waterhouse und lehrte dann ab 1940 mit 24 Jahren als jüngster und bestbezahlter Assistenzprofessor an der Business School der Harvard University. Im Rahmen eines Lernprogramms, das Armeeoffiziere mit analytischen Herangehensweisen von Managern vertraut machen sollte, kam Robert McNamara schließlich in Kontakt mit der amerikanischen Luftwaffe. Der Zweite Weltkrieg tobte und McNamara entschloss sich, dem Militär seine Fähigkeiten zur Verfügung zu stellen. Er wurde Anfang 1943 Soldat und versuchte als Stabsoffizier im Rang eines Hauptmanns die Effizienz der von der amerikanischen Luftwaffe im Pazifikraum durchgeführten Bombardierungen zu steigern, vor allem die der B-29-Bomber unter General Curtis LeMay. McNamara war auch involviert in die von LeMay durchgeführte Bombardierung Tokios mit Brandbomben, bei der in einer Nacht über 100 000 Menschen starben.

Nach dem Krieg ging McNamara zur Ford Motor Company. Dort war er zunächst für Finanzanalyse zuständig. Anfang November 1960 wurde er der erste Präsident der Firma, der nicht zur Ford-Familie gehörte. Doch schon kurz darauf fragte ihn der neu gewählte US-Präsident John F. Kennedy, ob er in seine Regierung eintreten wolle, und so wurde McNamara im Januar 1961 Verteidigungsminister der USA. Rasch arbeitete er sich in die neue Aufgabe ein und wurde in den nächsten Jahren zu einer der politischen Schlüsselfiguren des eskalierenden Vietnamkonflikts.

Als John F. Kennedy sein Amt im Januar 1961 antrat, schloss er sich der Domino-Theorie an, die sein Amtsvorgänger Dwight D. Eisenhower 1954 aufgestellt hatte. Sie besagte, dass, sollte ein Land an den Kommunismus verloren gehen, die Gefahr bestünde, dass von diesem Land aus auch das benachbarte von kommunistischen Kräften übernommen wird, die Länder also gleich aufgereihten Dominosteinen nacheinander »umkippen«.

Die politische Entwicklung in Fernost seit Ende des Zweiten Weltkriegs schien die Domino-Theorie zu bestätigen. 1949 hatte Mao Zedong in China die Volksrepublik ausgerufen, 1950 versuchte Kim Il-sung vom Norden Koreas aus das ganze Land unter den Kommunismus zu zwingen und löste damit den Koreakrieg aus. In Vietnam waren im kurz nach dem Zweiten Weltkrieg ausbrechenden Indochinakrieg (1946–1954) die Franzosen von den kommunistischen Vietminh, der von Ho Chi Minh geführten Befreiungsbewegung, geschlagen worden. Die Franzosen hatten versucht, ihre alte Kolonie, die sich für unabhängig erklärt hatte, wieder unter ihre Kontrolle zu bringen. Auf der Indochinakonferenz 1954 in Genf wurde Vietnam in Nord- und Südvietnam geteilt. Im Norden entstand ein kommunistischer Staat, im Süden ein westlich orientiertes Staatsgebilde. Dieses erwies sich als äußerst schwach, da die politischen Führungen rasch wechselten und schließlich sogar eine von den USA gestützte Militärregierung die Macht übernahm.

Südvietnam versank nach und nach in Korruption und Chaos. Immer offensiver agierte zudem die kommunistische Rebellenarmee der Vietcong, die von Nordvietnam intensiv unterstützt wurde. Seit die Franzosen sich zurückgezogen hatten, verstärkten die Amerikaner ihre Anstrengungen, Südvietnam auch militärisch zu stützen. Der zunehmende Druck von Nordvietnam und dem Vietcong führte bald zu einer immer stärkeren militärischen Verstrickung der USA.

Der zu Beginn seiner Amtszeit außenpolitisch unerfahrene Kennedy musste binnen kürzester Zeit das Desaster der misslungenen Invasion in der kubanischen Schweinebucht bewältigen und machte im Juni 1961 bei dem Gipfeltreffen in Wien auf den sowjetischen Parteichef Nikita Chruschtschow nicht den sichersten Eindruck. Dann wurde kurz darauf im August 1961 auch noch die Berliner Mauer gebaut. Nun ging es um die Glaubwürdigkeit und die vermeintliche Stärke der USA unter der Führung des Präsidenten John F. Kennedy.

Berlin wollte Kennedy um jeden Preis halten. Selbst um den Preis eines Atomkriegs, wie er seinen Mitarbeitern laut der Historikerin Barbara Tuchman anvertraute.

Vietnam lag Kennedy und allen amerikanischen Regierungen vor und nach ihm bei Weitem nicht so stark am Herzen. Doch auch hier ging es um Glaubwürdigkeit. Während der Regierungszeit Kennedys erhöhte sich die Präsenz amerikanischer Soldaten von einigen Hundert auf nahezu 17 000.

Für Kennedys Verteidigungsminister McNamara hieß es, das klare Ziel zu formulieren, auch »Vietnam muss gegen den Kommunismus gehalten werden.« In einem Memorandum schlug er den Einsatz von US-amerikanischen Bodentruppen vor. 205 000 Mann seien erforderlich. Doch Kennedy wollte im Grunde in Vietnam keine Eskalation, und kurz vor seiner Ermordung am 22. November 1963 hatte er beschlossen, die Truppen bis 1965 komplett abzuziehen. Sein Nachfolger Lyndon B. Johnson aber intensivierte das amerikanische Engagement in Vietnam.

Am 8. März 1965 landeten erste reguläre amerikanische Truppen in Da Nang. Der Oberbefehlshaber der amerikanischen Truppen in Vietnam, General William Westmoreland, hatte darauf gedrängt. Ende des Jahres waren bereits 165 000 amerikanische Soldaten im Land.

Die gewaltige Militärmaschinerie der USA konnte jedoch der Guerillataktik der Nordvietnamesen und der südvietnamesischen Rebellen der FNL (Front National de Libération) nicht Herr werden. Der Vietnamkrieg wurde zum Lehrbeispiel eines sogenannten asymmetrischen Krieges: Der schwächere Gegner weicht immer wieder aus und meidet die traditionelle Kriegführung wie etwa das Kämpfen in einer offenen Schlacht. Wie konnten in einem solchen Krieg den eigenen Truppen und der amerikanischen Öffentlichkeit Erfolge vermittelt werden? McNamara verfocht die Strategie der »body counts«.

Die Anzahl gegnerischer Leichen zeigten nach seiner Ansicht den zunehmenden Erfolg der USA. Denn auf eroberte Gebiete konnte man nicht verweisen.

Überraschend empfahl McNamara im November 1967, die Stärke der US-amerikanischen Truppen einzufrieren, die Bombardierung Nordvietnams aufzugeben und den Krieg zu Lande nur noch vom südvietnamesischen Militär führen zu lassen. Präsident Johnson lehnte dies kategorisch ab.

McNamara bekannte nun, die von ihm verfolgte Strategie für den Krieg sei gescheitert, seine Politik, in der er den Krieg in Vietnam jahrelang entschlossen befürwortet hatte, falsch gewesen. Am 29. November trat McNamara zurück, verbunden mit der Ankündigung, dass er Chef der Weltbank werde.

Ende 1967 kämpften 485 000 amerikanische Soldaten in Vietnam, Ende 1968 schließlich 535 000.

Im Januar 1968 erschütterte die Offensive der Nordvietnamesen und des Vietcong zu Beginn des vietnamesischen Neujahrsfests Tet den kaum noch vorhandenen Glauben an einen Sieg oder an ein »Licht am Ende des Tunnels«, von dem General Westmoreland gesprochen hatte. Obwohl die Tet-Offensive der FNL und den Nordvietnamesen verheerende Verluste eintrug, bedeutete sie psychologisch die Wende des Krieges.

Es kam zu ersten Friedensverhandlungen in Paris. Am 31. März 1968 verzichtete Johnson auf die Kandidatur für eine weitere Amtszeit. Der neue US-Präsident Richard Nixon erbte die verfahrene Situation in Vietnam, und auch er sollte sich schwertun, bis schließlich nach weiteren Hunderttausenden von Opfern 1973 die USA aus dem Krieg ausschieden und dieser 1975 mit dem Sieg der Nordvietnamesen und der FNL endete. Ganz Vietnam wurde kommunistisch. Etwa zweieinhalb Millionen Menschen hatten ihr Leben verloren, davon fast 60 000 amerikanische Soldaten.

In seinem 1995 erschienenen Buch *Vietnam. Das Trauma einer Weltmacht*, in welchem er die US-amerikanische Politik während des Vietnamkriegs reflektierte, gestand Robert McNamara unter anderem ein: »Wir haben uns geirrt, schrecklich geirrt. Und wir sind künftigen Generationen eine Erklärung schuldig, warum das so war.«

Three quarks for Muster Mark
James Joyce (1882 – 1941)

Das 20. Jahrhundert ist auch in Bezug auf die Suche der Menschen nach den Grenzen des Seins eine Epoche, in der neue Türen geöffnet, neue Wege beschritten wurden.

Den Dimensionen der Erfahrungswelt des Menschen spürte der irische Schriftsteller James Joyce nach wie kaum ein anderer. Für sein epochales Buch *Ulysses* von 1922 hatte er den ehrgeizigen und selbstbewussten Satz formuliert, dass man Dublin anhand des Buches jederzeit wieder aufbauen könne. Und schon in seinem ersten Roman, dem 1916 erschienenen *Das Leben eines Künstlers als junger Mann*, hatte Joyces Alter Ego Stephen Dedalus auf seinem Geografiebuch notiert: Stephen Dedalus – Elementarklasse – Clongowes Wood College – Sallins – County Kildare – Irland – Europa – Die Welt – Das All.

Als habe man Joyces Assoziationskette aufgegriffen, führt der berühmte Kurzfilm *Powers of 10* (deutsch: *Zehn hoch*) von Charles und Ray Eames aus dem Jahr 1977 den Zuschauer auf eine Reise zwischen der kleinsten und der größten dem Menschen damals bekannten Dimension. Beginnend mit einem Blick aus der Vogelperspektive auf ein junges Paar beim Picknick am Ufer des Michigansees in Chicago fährt die Kamera mit einer Geschwindigkeit in die Höhe, dass sich die Seitenlängen des betrachteten Quadrats alle zehn Sekunden verzehnfachen. Vom Ausgangspunkt des Quadratmeters, auf dem das Paar liegt, erfasst der Blick schon bei etwas mehr als 10 hoch 3 Metern, also einem Quadratkilometer, die Stadt und das Ufer des Sees, und bei 10 hoch 7 Metern sieht man bereits die Erde als Kugel. Dann bei 10 hoch 14 Metern ist das Sonnensystem nur noch ein Punkt im All. Bei 10 hoch 16 Metern ist man knapp ein Lichtjahr von der Erde entfernt. Bei 10 hoch 21 verlassen wir die Galaxie, die wie eine gigantische Wolkenspirale aussieht. Wir sind nun 100 000 Lichtjahre von der Erde entfernt. Die Reise in die Weite endet an den Grenzen des bis dahin bekannten Alls, bei 10 hoch 24 Metern.

Im Zeitraffer kehrt die Kamera dann zu dem Paar am Seeufer zurück. Jetzt wird jeder Schritt zehnmal kleiner sein als der vorherige. Bei etwa einer Seitenlänge von einem Quadratmillimeter »dringt«

die Kamera dann in die Haut ein. Bei 10 hoch -15 ist man bereits, wie es im deutschen Kommentar des Films heißt, durch »unendliche Leere wie im All« in den Kern des Atoms und zu seinen 6 Protonen und 6 Neutronen vorgedrungen, in »das Universum des Atoms«. Und schließlich erkennt man, dargestellt als kleine vibrierende Farbpunkte, die Quarks.

Von dem amerikanischen Architekten und Designer Charles Eames stammen die Worte: »Letztendlich verbindet sich alles miteinander.« Und tatsächlich lassen sich zwischen den Quarks und einem der wunderlichsten Bücher der modernen Weltliteratur erstaunliche Bezüge und Verknüpfungen feststellen.

Hatten sich im Zweiten Weltkrieg einige führende Wissenschaftler vor allem damit beschäftigt, Raketen zu entwickeln und die schlimmste aller Waffen, die Atombombe, zu bauen, wandte sich die Physik zu Beginn der Fünfzigerjahre den Fragen nach dem Leben zu. Kennzeichnend für den Wandel war, dass es ein Schüler des als »Vater der Atombombe« genannten Robert Oppenheimer war, der den Weg in diese neue Richtung wies. Willis E. Lamb hatte bei Oppenheimer promoviert, sich eingehend mit der Feinstruktur des Wasserstoffatoms beschäftigt und dort Verschiebungen beobachtet. Diese sogenannte Lamb-Verschiebung markierte den Beginn einer intensiven Forschungsarbeit. Man erforschte die kosmische Strahlung, also die Teilchenstrahlung, die aus dem Weltall auf die Erde trifft, entdeckte weitere subatomare Teilchen, die kleiner waren als ein Atom, und drang damit vor zu der Frage, wie das Universum entstanden sei.

Auf dem Feld der theoretischen Physik forschte man mit Hilfe der Quantenmechanik und der Relativitätstheorie nach dem Zusammenspiel und der Funktionsweise dieser Teilchen. In der experimentellen Physik suchte man darüber hinaus nach immer wieder neuen Bausteinen des Lebens.

Die Suche nach Teilchen verlief immer nach dem gleichen einfachen Prinzip. Man beschleunigte ein Teilchen und ließ es in sehr hoher Geschwindigkeit auf ein anderes prallen. Dann beobachtete man, welche »Trümmerteile« dabei auseinanderstoben. Angefangen hatte es 1911 mit Charles Thomson Rees Wilsons Teilchendetektorprinzip.

Im Laufe der Jahre bauten Forscher immer größere und leistungsfähigere Geräte zur Teilchenzertrümmerung, und sie entdeckten immer mehr Teilchen und jedes schien aus weiteren noch kleineren Teilen zu bestehen. Es schien wie bei einer nicht endenden Matroschka zu sein, der russischen Holzpuppe, in der sich, wenn man sie öffnet, immer wieder eine etwas kleinere befindet.

Da man zudem unaufhörlich Teilchen fand, die in Art und Verhalten äußerst verschieden waren, konnte man sie bald kaum noch klassifizieren, geschweige denn ein Schema erstellen, das ihre Beziehungen zueinander darlegte. Manche Teilchen sind besonders flüchtig, existieren nur für allerkürzeste Zeiträume, andere sind besonders schwer. Einige Teilchen werden erst durch Zerfall zu einem anderen.

Der 1929 geborene Physiker Murray Gell-Mann versuchte eine Klassifizierung. Er erklärte, alle Hadronen – jene Teilchen, die einer starken Kernkraft unterliegen wie zum Beispiel Protonen und Neutronen – würden aus noch kleineren Teilchen bestehen. 1964 stellte er für diese Teilchen den Begriff »Quark« vor, fast zur gleichen Zeit wie George Zweig den Begriff »Ace« vorschlug. Quark setzte sich durch. Quarks gelten als die elementaren Bestandteile der Materie. Auf der Suche nach den kleinsten Teilen ist man damit vorläufig an einem Endpunkt angelangt.

Gell-Mann beschreibt in seinem Buch *Das Quark und der Jaguar*, dass er auf den Begriff lediglich aufgrund des Klangs gekommen sei. Er sprach es »Kwork« aus.

Gefunden hatte er die Bezeichnung in einem der seltsamsten Werke der modernen Weltliteratur. Als begeisterter Leser von James Joyce griff Gell-Mann immer wieder sporadisch zu dessen Büchern. Als er eines Tages wieder einmal in Joyces verstiegenem Werk *Finnegans Wake* schmökerte, stieß er auf den Satz »Three Quarks for Muster Mark«. Dort geben Meeresvögel drei »quarks« von sich, und da Gell-Mann seinerzeit davon ausging, dass die neu gefundenen Teilchen ebenfalls drei an der Zahl waren, passte dieser Hinweis. Dass die Aussprache bei Joyce sicher eine andere war, um sich auf »Mark« reimen zu können, störte Gell-Mann nicht sonderlich.

Bald teilte man die Quarks in sechs Kategorien ein: up, down, strange, charm, top und bottom. Diese Kategorien nannte man Flavours (Geschmäcke). Darüber hinaus unterschied man noch drei Farben: Rot, Blau und Grün.

Aus den Quarks und anderen Teilchen wie Bosonen und Leptonen baute man ein sogenanntes Standardmodell. Dies sollte die subatomare Welt erklären. Es geriet allerdings äußerst komplex und blieb zudem unvollständig, denn Fragen zu Gravitation und Masse wurden nicht hinreichend beantwortet.

Die Suche der Physik nach Einfachheit, nach den elementaren Bausteinen des Lebens, sowie der Versuch, mit Hilfe einer Weltformel die Dimensionen in einem einheitlichen Modell zu erfassen, scheinen bislang keinen Erfolg zu haben.

Die Superstringtheorie ist der neuste Versuch, sich der Weltformel zu nähern. Extrem kleine Teilchen werden diesem Ansatz zufolge als vibrierende Energiestränge gesehen. Sie schwingen in für den Normalsterblichen unvorstellbaren zweistelligen Dimensionen. Insgesamt ist diese Theorie so kompliziert, dass sie bislang mehr Fragen als Antworten liefert.

55 Ich habe einen Traum
Martin Luther King Jr. (1929–1968)

Der Arbeitstag in Montgomery/Alabama an jenem Donnerstag, dem 1. Dezember 1955 war zu Ende und Rosa Parks wollte nach Hause. Sie nahm den Bus.

Mit dem Bus zu fahren war in jenen Tagen für Schwarze wie Rosa Parks im amerikanischen Süden allerdings nicht nur kompliziert, es war auch demütigend.

In den vier vorderen Sitzreihen der Busse durften nur weiße Fahrgäste Platz nehmen. Schwarze Fahrgäste hatten sich mit den Sitzen der mittleren und hinteren Sitzreihen zu begnügen. In Montgomery waren die Busfahrer berechtigt, die Zone der Sitzreihen der Weißen auszudehnen, wenn die vorderen Sitze bereits besetzt waren.

Auch an diesem 1. Dezember waren nach mehreren Stationen so viele Weiße eingestiegen, dass einige stehen mussten. Der Busfahrer forderte nun die Schwarzen in den Mittelreihen auf, ihre Plätze für die Weißen frei zu machen. Die drei schwarzen Männer, die dort außer Rosa Parks saßen, standen auf. Doch Rosa Parks tat es nicht. Sie rückte sogar auf den Fensterplatz. Auch als der Busfahrer ihr damit drohte, die Polizei zu rufen, stand sie nicht auf.

In ihrer Autobiografie bekannte Rosa Parks später, sie sei an diesem Tag nicht nur körperlich müde gewesen, sondern sie sei müde gewesen, immer wieder nachzugeben. Rosa Parks wurde verhaftet und die Dinge nahmen ihren Lauf.

Aus Rosa Parks' Weigerung, ihren Platz zu räumen, entstand der Montgomery-Bus-Boykott. Zum Leiter des Boykott-Komitees wurde der erst 26-jährige Pfarrer Martin Luther King Jr. ernannt. Er war gerade in die Stadt gezogen. Der Sohn eines Baptisten-Pfarrers hatte Theologie studiert und nun eine Pfarrstelle in Montgomery angetreten. Angebote für Pfarreien, die in sozial weniger schwierigen Gegenden der USA lagen, hatte er ausgeschlagen und stattdessen diese Stelle im tiefen Süden des Landes gewählt. Schon damals war er beeinflusst von Mahatma Gandhis Lehre vom gewaltfreien Widerstand.

Der über ein Jahr dauernde Boykott rief weltweite Aufmerksamkeit hervor und Martin Luther King wurde über die Grenzen der USA hinaus bekannt. Die Stadt Montgomery traf der Boykott hart, denn die Busse wurden vor allem von Schwarzen benutzt. Diese organisierten sich nun in Fahrgemeinschaften und fuhren in Taxis, die von schwarzen Taxifahrern chauffiert wurden. Zudem zogen die Bürgerrechtsaktivisten vor Gericht, um die Rassentrennung in Bussen für illegal erklären zu lassen. Dies tat das zuständige Bezirksgericht am 19. Juni 1956 mit Verweis auf ein Urteil des Obersten Gerichtshofs aus dem Jahr 1954, das die Rassentrennung in Schulen der USA für nicht legal erklärt hatte. Auch die Rassentrennung in den Bussen Montgomerys sei demnach rechtswidrig. Und als der Oberste Gerichtshof das Urteil des Bezirksgerichts bestätigte und dessen Entscheidung auch umgesetzt wurde, stellte man den Boykott schließlich ein.

Die Ereignisse von Montgomery waren der Beginn der großen Zeit der Bürgerrechtsbewegung (Civil Rights Movement) in den USA, deren Ziel die Emanzipation der Afroamerikaner war. Sie ging einher mit einer verstärkten Auseinandersetzung schwarzer Amerikaner mit ihrer Identität. Religion, Herkunft, Aussehen: Alles kam auf die Tagesordnung. Und überall klang auch die Sehnsucht nach Stolz und nach Würde mit. Die afroamerikanischen Menschen spalteten sich über diese Fragen zum Teil tief. So meinte die afroamerikanische Bewegung Nation of Islam, dass die Weißen ein Werk des Teufels und die Schwarzen ein auserwähltes Volk seien. Besser bekannt als Black Muslims forderte sie im Rahmen eines »schwarzen Nationalismus« einen Staat für die »Schwarzen Amerikas«. Ihr bekanntester Anführer, Malcolm X, war ein Gegner des gewaltlosen Widerstands, für den Martin Luther King warb. Malcolm X propagierte die »Selbstverteidigung« der Schwarzen. Für Malcolm X war King ein »Onkel Tom«, ein weiterer Schwarzer, der den Weißen zu Diensten sei. 1964 brach Malcolm X mit der Nation of Islam und wurde ab 1966 zu einem der wichtigsten Sprecher des Black Power Movement.

Der Begriff »Black Power« wurde von dem afroamerikanischen Schriftsteller Richard Wright 1954 geprägt, der ein Buch mit diesem Titel veröffentlichte. In der neuen Bewegung sammelten sich nun diejenigen afroamerikanischen Stimmen, denen Martin Luther Kings Verständigungskurs nicht weit genug ging. Im Black Power Movement artikulierte sich nicht nur ein schwarzer Nationalismus, sondern auch der schwarze Stolz: Black Pride.

Die Bewegung war auch unter Afroamerikanern umstritten. Viele sahen in ihr einen neuen Rassismus entstehen, diesmal von Schwarzen gegen Weiße. Doch letztlich ging es nun nicht mehr nur um den Kampf gegen politische und wirtschaftliche Benachteiligung der Afroamerikaner, sondern auch um die Identität und den Stolz der Schwarzen. Zu einem der zentralen Slogans wurde deshalb »Black is beautiful«. Dieser Satz war bereits über ein Jahrhundert alt, als er im Zusammenhang mit Black Power und Black Pride weltweite Bekanntheit erlangte. Geprägt hatte ihn John Sweat Rock (1825–1866) in einer Rede 1858 in Boston. Rock war einer der ersten Afroamerikaner, der einen medizinischen Abschluss errang. Er hatte auch Rechtswissenschaften studiert, arbeitete als Anwalt und kämpfte in der Bewegung zur Abschaffung der Sklaverei.

Zum erwachenden Stolz auf das eigene Erscheinungsbild gehörte in den Sechzigerjahren, dass immer weniger Afroamerikaner versuchten, ihre Haare zu glätten. Der sogenannte Afrolook wurde sogar unter Weißen populär. Black is beautiful: Die schwarze Hautfarbe sollte nicht mehr als Stigma wahrgenommen werden. Denn mittlerweile war es sogar unter Afroamerikanern zu einer Art internem Rassismus gekommen. Afroamerikaner mit hellerer Haut grenzten sich beispielsweise bei sogenannten Paper Bag Parties ab. Eintritt erhielt dort nur, wessen Haut heller oder gleich hell war wie der Farbton einer braunen Einkaufstüte. Black is beautiful wurde zum neuen Slogan auch für das Black Arts Movement, das nicht nur das Erbe einer uralten afrikanischen Kultur wieder für die Kunst entdeckte, sondern die zeitgenössische Kunst für Schwarze als politisches Instrument nutzte. In der Musik wurden Curtis Mayfields »We're a Winner« und James Browns »Say it Loud, I'm Black and I'm proud!« zu Hymnen dieser Bewegung.

Zum Höhepunkt des Black Movement sowie der Bürgerrechtsbewegung wurde der Marsch auf Washington. Eine Viertelmillion Menschen, darunter Zehntausende Weiße, versammelten sich am 28. August 1963 vor dem Washington Memorial. Unter den Rednern war auch Martin Luther King und er hielt eine der berühmtesten Reden des 20. Jahrhunderts. »I have a dream!«, rief er den Menschen zu. Dieser Traum, den King mit melodischer Stimme und im Rhythmus eines Gospels vortrug, war der, dass seine »vier Kinder eines Tages in einer Nation leben werden, in der sie nicht nach ihrer Hautfarbe, sondern nach ihrem Charakter beurteilt werden.«

Der Traum, von dem King sprach, beschränkte sich nicht nur auf Rassenfragen. Kings Traum war der einer Gesellschaft, in der alle Menschen tatsächlich einen gleichen Wert erfahren, »schwarze Menschen und weiße Menschen, Juden und Heiden, Katholiken und Protestanten«. Er fasste letztlich zusammen, was die Menschen in den Sechzigerjahren besonders bewegte und was den Geist dieses besonderen Jahrzehnts prägte. Es war die konkrete Hoffnung, die Voraussetzungen für das Miteinander der Menschen auf eine fairere Basis zu stellen. Es war der Traum von einer Gesellschaft, in der auf keinen Menschen mehr herabgesehen wird – erst recht nicht aufgrund der Zugehörigkeit zu einer bestimmten Gruppe oder Rasse –, der Traum einer Gesellschaft, in der jeder seine Chance bekommt, egal welches Geschlecht, welche sexuelle Orientierung, welche Hautfarbe, welche Herkunft, welche Überzeugung oder welchen Glauben er hat.

Dieser Traum bewegte viel. Für die Gleichberechtigung der Schwarzen wie auch der Frauen wurde viel erreicht. In den USA und der EU wurden im Geiste dieser Zeit Antidiskriminierungsgesetze geschaffen.

Die Bürgerrechtsbewegung war erst der Anfang eines langen Weges, auf dem der Sieg des Afroamerikaners Barack Obama im Rennen um die Präsidentschaftskandidatur der US-Demokraten im Juni 2008 einen weiteren wichtigen Meilenstein markiert. Martin Luther King erlebte viele Erfolge der Bürgerrechtsbewegung nicht mehr. Ein Attentäter erschoss ihn am 4. April 1968.

56 In Zukunft wird jeder einmal für fünfzehn Minuten berühmt sein
Andy Warhol (1928–1987)

Die vermeintlich zerbrechlichsten sind manchmal die stärksten. Andrew Warhola, Sohn eines armen Farmerehepaars, das aus einem Dorf in der heutigen Slowakei in die Vereinigten Staaten ausgewandert war, erlitt im Alter von acht Jahren einen Nervenzusammenbruch, vermutlich aufgrund von Komplikationen nach einer Scharlacherkrankung. Die Krankheit führte auch zu Pigmentstörungen, sodass Warhol lange für einen Albino gehalten wurde. Er wurde hypochondrisch und entwickelte eine ausgeprägte Furcht vor Ärzten und Krankenhäusern. Weil er viel Zeit im Bett verbringen musste, war er unter seinen Altersgenossen ein Außenseiter. Er hörte Radio, zeichnete und sammelte Bilder von Filmstars, die er um sein Bett herum aufhängte.

1945 begann Warhol in Pittsburgh in der School of Fine Arts am Carnegie Institute of Technology, der heutigen Carnegie Mellon University, Gebrauchsgrafik zu studieren, machte 1949 einen Abschluss in Malerei und Design und zog nach New York. Zunächst lebte er dort zeitweise in bitterer Armut und schlug sich mit allerlei Gelegenheitsjobs durch. Er begann als Illustrator für Zeitschriften und als Grafiker in der Werbung zu arbeiten und hatte damit bald Erfolg.

Anfang der Fünfzigerjahre entwickelte Warhol erste Techniken, die seine späteren Siebdruckarbeiten vorwegnahmen. Er zeichnete verschiedene Motive und kopierte sie. Dann lud er Freunde ein, die seine Bilder »ausmalten«. Gegen Ende des Jahrzehnts gehörte er zu den bestbezahlten Gebrauchs- und Werbegrafikern in New York. Seine Arbeiten stellten einen bewussten Kontrast zu dem damals vorherrschenden abstrakten Expressionismus dar. Warhol griff Motive des Alltags auf oder bildete Comicfiguren ab. Als er feststellte, dass unabhängig von ihm auch der Maler Roy Lichtenstein Comics als Vorlagen für seine Ölgemälde nutzte, beschloss Warhol, einen neuen Weg zu beschreiten. Während Lichtenstein die Ästhetik der »Massenware« Comic auf das Unikat eines Ölgemäldes übertrug, wandte Warhol sich nun der Ästhetik der Wiederholung und der seriellen Fertigung zu. Beide Künstler wurden so zu wichtigen Protagonisten der Pop-Art.

Das Serielle in Warhols Werk spiegelte nicht nur das Wesen der Massenkonsumgesellschaft wider, die nach dem Zweiten Weltkrieg in den Boomjahren der Fünfzigerjahre neue Dimensionen erreichte. Warhols Arbeiten waren auch Ausdruck für die Banalisierung des Bildes selbst. Die Art, *wie* etwas dargestellt wurde, überlagerte und verdrängte zunehmend den Inhalt des Übermittelten.

Bei Warhol fand das Serielle als eine speziell im 20. Jahrhundert bevorzugte Form der Darstellung ihren Höhepunkt. Pablo Picasso schuf Bilderserien, die die Abstraktion von Bild zu Bild fortsetzten, Henri Matisse fertigte Folgen von Zeichnungen, die immer neue Linienführungen bei der Darstellung ein und desselben Gegenstandes oder Modells ausloteten. Warhol aber schuf Serielles in einer neuen Dimension, denn er imitierte im Grunde die industrielle Massenproduktion. In seinen Siebdrucken bildete er ein und dasselbe Bild großformatig nebeneinander ab. Er griff bekannte Abbildungen auf und »überdehnte« sie, indem er ihnen durch das Großformat eine vermeintlich größere Bedeutung zuwies.

Das Medium und seine Rolle im Massenmedienzeitalter bekam durch Warhol eine neue Rolle in der Kunst. Im Grunde könne man alles mit einer Bedeutung versehen. Aber die Bedeutung konnte erst durch die Darstellung selbst entstehen, durch die Art des Auftritts, bei Warhol konkret durch die Wiederholung und die großformatige Abbildung.

Mitte der Sechzigerjahre sorgten Warhols Brillo-Boxes für Aufsehen. Er stellte Nachbildungen des Waschpulvers Brillo aus (Siebdrucke auf Holzkisten). Auch in seinen Arbeiten auf Leinwand zeigte Warhol großformatige Siebdrucke mit teilweise sich auf der Leinwand überlappenden Wiederholungen des Motivs. Er zeigte Marilyn Monroe, Elektrische Stühle, Elvis Presley, Campbell-Suppendosen.

Warhols Werk beinhaltet auch die Suche nach dem Einzigen, nach dem Individuellen in einer Welt der Massenmedien. Es ist zugleich ein Befragen des Mythos. Verkommt dieser in einer Welt der Massenmedien oder kann er sich behaupten, weil Menschen immer träumen werden?

1963 gründete Warhol »The Factory«. Er begann experimentelle Filme zu drehen. Ein Film zeigt zum Beispiel acht Stunden lang das Empire State Building in der gleichen Einstellung. Der Film *Sleep* zeigt den Dichter John Giorno im Schlaf. Warhol bezog in seine Filme oft und gerne das Gefolge ein, das sich in der Factory um ihn versammelt hatte und über das er in stiller und egomanischer Art herrschte.

1968 gab Andy Warhol das Statement ab: »In the future, everyone will be famous for 15 minutes.« (In Zukunft wird jeder einmal für 15 Minuten berühmt sein.) In dieser Aussage verdichtete sich Warhols Sicht von einer Welt, die von Medien beherrscht wird, die von einer Sensation zur nächsten hastet und in der die Aufmerksamkeitsspanne des Publikums nur noch sehr kurz ist. Für seine Kunst schlug sich die Aussage in dem Konzept von »Warhol Superstar« nieder. Er präsentierte Personen aus seinem Umfeld wie »Stars« und spiegelte damit im Grunde die Abhängigkeiten der Mediengesellschaft wider: Die Stars werden bekannt, während ihr »Macher«, wie ein Studio oder ein Fernsehsender – in diesem Falle Warhol –, sie für seine Interessen benutzt. Mit den »Warhol Superstars« konnte Warhol in Filmen, Happenings und Bildern allem nachgehen, was ihn faszinierte und was seine Welt ausmachte, wozu auch gleichgeschlechtliche Liebe und das Experimentieren mit Drogen gehörte.

Interviewer überraschte Warhol immer wieder mit Antworten, die im Grunde ins Nichts führten. Weder erklärten sie seine Arbeiten noch ihn selbst: »Ich glaube, ich bin von allem beeinflusst«, sagte er. Oder: »Alles ist Kunst.« Warhol machte sich auch immer wieder einen Spaß daraus, seine Aussagen zu verändern. Auch sein wohl berühmtester Satz musste dafür herhalten: »In der Zukunft werden 15

Leute berühmt sein« oder »In 15 Minuten wird jeder berühmt sein« oder »In Zukunft hat jeder seine 15 Minuten an Berühmtheit.«

Am 3. Juni 1968 verübte die radikale Feministin Valerie Solanas ein Attentat auf ihn. Sie traf ihn mit mehreren Schüssen. Er überlebte, doch ein Trauma blieb. Auch mit dem Attentat spielte Warhol in der Öffentlichkeit. Er ließ sich mit seinen verheilten Schusswunden von dem Starfotografen Richard Avedon ablichten.

Kaum ein Künstler hat sich so radikal selbst inszeniert wie Andy Warhol. Mit ihm als Person setzten sich die Medien intensiver auseinander als mit seiner Kunst. Der Superstar Warhol mit seiner Perücke aus wasserstoffblondem, langem Haar bezog seine Faszination daraus, dass er eine seltsame Mischung aus einem blass-schüchternen Mann und einer glamourösen Diva darstellte. Er war ein scheuer und introvertierter Mensch, der die Öffentlichkeit suchte. Eine schweigsame Sphinx, die nur zu beobachten schien, die es aber liebte zu manipulieren und Macht auszuüben. Bedeutung und Bedeutungslosigkeit schienen sich in seiner Welt nicht auszuschließen, sondern wie durch ein Wunder zu vereinen. Vielleicht war Andy Warhol daher letztlich sogar ein unfreiwilliger Philosoph.

All You Need Is Love
John Lennon (1940–1980), Paul McCartney (geb. 1942)

Nach der Ermordung von John F. Kennedy am 22. November 1963 waren die USA traumatisiert. Wenige Monate später brachten vier junge Männer eine Welle aus Trost und Verheißung über das Land. Diese vier jungen Männer waren keine Politiker, sie waren Musiker und sie nannten sich die Beatles.

Es schien mit einem Mal, als ob die neue Zeit, deren Beginn Kennedy versprochen hatte, trotz seines tragischen Todes tatsächlich angebrochen sei, und die vier jungen Männer aus der britischen Arbeiterschicht schienen wie ihre Apostel. Es war, als wollten sie allen sagen: »Alles ist möglich. Gemeinsam könnt ihr es schaffen.«

Sie wurden zum Vorbild für Tausende Jugendliche in der ganzen

Welt, die wie die Beatles zu Gitarre und Schlagzeug griffen und eigene Bands gründeten.

Als die Beatles am 9. Februar 1964 in der Ed Sullivan Show auftraten, saßen über 70 Millionen der damals 191 Millionen Amerikaner vor den Fernsehgeräten. Es war die bis dahin größte Zuschauerzahl in der US-Geschichte. Es heißt, die Zahl der Verbrechen im Land wäre für die Dauer der Show drastisch zurückgegangen.

Auf den ersten Blick schienen die frühen Songs der Beatles ganz einfache Lieder zu sein, doch sie waren im Grunde eine raffinierte, neue Variante des Rock 'n' Roll. Das Stampfende, Aufwühlende, das auf- und herausfordernd Treibende des Beats, der sich eng an den aus dem Blues und dem Rockabilly stammenden Rhythmus anlehnte, ging einher mit der Melodik europäischer Musik.

Die direkte Ansprache der Songs war für die damalige Welt elektrisierend. »I Want to Hold Your Hand« riss die Menschen so stark mit, dass der Dichter Allen Ginsberg meinte, der Song habe das gesamte Leben in den USA verändert und eine neue Ära eingeläutet. Die Wucht, mit der die Beatles die Welt verzauberten, war verblüffend und raubte selbst strengen Kulturkritikern den Atem. »Die Beatles explodierten geradezu in eine ermattete Welt hinein. Sie waren der Stoff, aus dem die Schreie gemacht wurden«, urteilte der Discjockey Bob Wooler.

Am 31. März 1964 belegten sie mit fünf Songs die ersten fünf Plätze der amerikanischen Top Ten. Die Zeichen der Zeit standen auf Umbruch und Aufbruch. Die Hippie-Bewegung erfasste die Jugend. Allen Ginsberg prägte 1965 den Begriff Flower-Power. Im Zuge von Bürgerrechts-, Studenten- und Frauenbewegung, von sexueller Befreiung und der Verbreitung von Drogen entstand ein geistiges Klima, in dem alles möglich schien, in dem man zumindest glaubte, alles ausprobieren zu können. In dieser Atmosphäre grenzenloser Kreativität waren die Beatles eine Art Hohepriester. Der amerikanische Komponist Aaron Copland stellte einmal fest: »Möchtest du die Sechzigerjahre kennen, spiele die Musik der Beatles.«

Sie setzten die Maßstäbe in der Rock- und Popmusik und sie revolutionierten sie. Die Beatles wandelten sich im Studio immer stärker zu Soundtüftlern und nach den herausragenden Alben *Rubber Soul* und *Revolver* veröffentlichten sie im Sommer 1967 *Sgt. Peppers Lo-*

nely Hearts Club Band, ein Konzeptalbum, das zu einem Meilenstein der Musikgeschichte wurde.

Der Sommer des Jahres 1967 ging als »Summer of Love« in die Geschichte ein und er markierte Höhe- und Wendepunkt der Hippie- und Flower-Power-Bewegung. Eröffnet wurde das denkwürdige Jahr bereits durch die berühmten Worte »Turn on, tune in, drop out!« des Vorkämpfers der psychedelischen Drogen Timothy Leary am 17. Januar während des Great Human Be-in im Golden Gate Park von San Francisco. Leary war die Idee für diesen Slogan unter der Dusche gekommen, nachdem ihm Marshall McLuhan geraten hatte, irgendeinen griffigen Satz zu finden, um sein Anliegen zu popularisieren. Drogen wie LSD, Cannabis und psychedelische Pilze (Magic Mushrooms) wurden nahezu selbstverständlich konsumiert. Auch die Beatles sprachen ihnen ausgiebig zu und ihre Erfahrungen verarbeiteten sie in ihrer Musik.

Sgt. Peppers Lonely Hearts Club Band wurde in seiner musikalischen Vielfalt und Komplexität auch weltweit als Meilenstein gesehen. Viele Kritiker schrieben, die Rockmusik könne von nun an nicht mehr so sein wie zuvor. Die Beatles waren nach ihrem alle bisherigen Dimensionen sprengenden kommerziellen Erfolg auch künstlerisch die unangefochtenen Herrscher.

Am 25. Juni, wenige Wochen nach Erscheinen von *Sgt. Peppers Lonely Hearts Club Band*, traten die Beatles im Rahmen der zweistündigen Fernsehsendung Our World auf, bei der die britische BBC die Federführung hatte. In dieser ersten weltweit live per Satellit ausgestrahlten TV-Show sollten sie Großbritannien repräsentieren.

Man rechnete mit nahezu 400 Millionen TV-Zuschauern. Die Beatles beschlossen, hierfür einen neuen Song zu schreiben, die Fernsehübertragung zeigte, wie sie ihn im Studio aufnahmen. Mit »All You Need Is Love« soll sich John Lennon, so will es die Überlieferung, gegen Paul McCartneys nostalgiegeprägtes »Your Mother Should Know« im immerwährenden Konkurrenzkampf durchgesetzt haben. Lennon soll den Song in extrem kurzer Zeit und sozusagen auf den letzten Drücker geschrieben haben.

Am 14. Juni begannen die Aufnahmen, nicht in den legendären Abbey Road Studios, sondern in den Olympic Studios in Barnes/ London. Am 24. Juni 1967, einen Tag vor der Fernsehsendung, probten sie nach einem Pressetermin am Vormittag noch einmal den Auftritt. Am Tag darauf war es so weit: Im mit Luftschlangen und Ballons geschmückten Studio One der Abbey Road Studios fand die Live-Übertragung statt. Außer den Beatles versammelten sich neben einem feierlich gekleideten Orchester auch zahlreiche Freunde und Bekannte der Gruppe als Background-Chor. Unter ihnen Mick Jagger, Keith Richards, Keith Moon, Graham Nash und Marianne Faithfull. Zum Halbplayback (einige Parts des Instrumentalteils wurden per Band dazugespielt) wurde »All You Need Is Love« im wahrsten Sinne des Wortes welturaufgeführt.

»All You Need Is Love« steckt voller Zitate. Der Song beginnt mit den ersten Takten der Marseillaise (der französischen Nationalhymne) und endet mit Zitaten von »In The Mood« von Glenn Miller, »Greensleaves« und verschiedener anderer Beatles-Songs. Neben dem Songtitel hat sich auch die Anfangszeile aus »All You Need is Love« in das Bewusstsein der Nachwelt eingeprägt: »There is nothing you can do that can't be done.«

George Martin, der Produzent der Beatles, kommentierte später: »Wenn *Sgt. Pepper* die definitive Hippie-Sinfonie war, dann war ›All You Need Is Love‹ die Hippie-Hymne par excellence.« Der Manager der Beatles, Brian Epstein, sagte, der Song »könne nicht missverstanden werden«. Doch später werteten viele Musikkritiker und Biografen den Song als banal und selbstverliebt. Nach dem Ende der Hippiebewegung wurde er sogar als typisch für die »Naivität« seiner Zeit gesehen, die die Welt schlichter gezeichnet hätte, als sie sei. Insbesondere in den materialistischen Achtzigerjahren wurde die Liedzeile »All You Need Is Love« willkommene Zielscheibe für Zyniker. Doch der Beatles-Biograf Mark Heertsgaard weist darauf hin, dass dabei der »Unterschied zwischen dem Oberflächlichen und dem Utopischen« übersehen werde. Lennon war Künstler und Poet, seine Aufgabe bestand nicht in der Ausarbeitung von Konzepten zur Lösung politischer Probleme. Der Satz »All You Need Is Love« mache vielmehr darauf aufmerksam, dass Liebe ein wesentlicher Bestandteil allen Handelns sein müsse. Und Liebe sei eng verknüpft mit gegenseitigem Verstehen – nicht nur zwischen zwei Menschen, sondern auch in der Politik.

»Ich glaube immer noch an Liebe, Friede und gegenseitiges Verstehen«, sagte Lennon, der sich immer als Visionär und Utopist sah, in einem seiner letzten Interviews. Nur wenige Stunden vor seiner Ermordung durch einen geistig verwirrten Attentäter am 8. Dezember 1980 sagte er: »Die Sechzigerjahre zeigten uns eines: unsere Möglichkeiten und unsere Verantwortung. Die Antwort war es nicht, allenfalls die Spur einer Möglichkeit.«

»All You Need Is Love« gehört sicher nicht zu den besten Songs der Beatles. Doch die Textzeile ist heute immer noch ein viel zitiertes Markenzeichen für diese einflussreichste Band der Musikgeschichte.

John Lennon sah den Summer of Love später ernüchtert: »Alle zogen sich schick an und nichts änderte sich.« Der Beatles-Schlagzeuger Ringo Starr urteilte etwas gnädiger: »Die Welt versuchte sich zu ändern; sie hat es nicht geschafft, aber sie hat einen kleinen Schritt gemacht.«

Sozialismus mit menschlichem Antlitz
Alexander Dubček (1921–1992)

Der Summer of Love endete und es folgte das magische Jahr 1968. In den Gesellschaften von Ost und West brach sich endgültig jener Geist Bahn, der in den Jahren zuvor entstanden war und der von dem Wunsch genährt wurde, Verkrustungen zu überwinden. Der Ost-West-Konflikt, der Vietnamkrieg, der Kampf gegen Rassentrennung, die Frauenbewegung riefen nach neuen Antworten, die vor allem die Jugend jener Tage in der gesellschaftlichen Realität nicht zu finden vermochten.

Im Westen wurden vor allem die Studenten zu Vorkämpfern für die Suche nach Alternativen. Sie demonstrierten in Berlin, in Berkeley, in Paris. Das Jahr 1968 war auch ein Jahr der Straßenschlachten und ein Jahr der Gewalt. Es wurde überschattet von der Ermordung Martin Luther Kings am 4. April, der Ermordung Robert Kennedys am 5. Juni und den Ereignissen in der Tschechoslowakei im August mit zahlreichen Toten in Prag.

Die Tschechoslowakei hatte in der wirtschaftlich schwachen Phase zu Beginn der Sechzigerjahre auch im Vergleich zu den anderen Staaten des Warschauer Paktes schlecht abgeschnitten. Die noch immer streng stalinistische Führungsriege der das Land beherrschenden Kommunistischen Partei hielt gemäß Moskauer Vorgaben an einem starren Planwirtschaftssystem fest. Ab 1963 meldeten sich verstärkt Stimmen, die Reformen forderten. Um den Wirtschaftstheoretiker Ota Šik, den Leiter der Prager Akademie der Wissenschaften, bildete sich eine Gruppe von Wissenschaftlern und Politikern, die erkannten, dass radikale Reformen unumgänglich waren.

Šik forderte statt der Planwirtschaft eine »sozialistische Marktwirtschaft«. Eine immer lebhaftere Diskussion entwickelte sich. Die Parteiführung versuchte zwar, kritische Intellektuelle wie Pavel Kohout und Václav Havel in die Schranken zu weisen, doch in der Öffentlichkeit erhielten sie eine immer breitere Zustimmung.

Am 31. Oktober 1967 ließ die Parteiführung Studentenproteste gegen die Zustände in ihren Wohnheimen gewaltsam niederschlagen. Die Spannungen zwischen konservativ-stalinistischen und reformerischen Kräften stiegen nicht nur im Land, sondern auch in der Partei selbst. Die Flügelkämpfe zwischen Reformern und Stalinisten gipfelten schließlich darin, dass der erst 46-jährige Alexander Dubček den Staats- und Parteichef Antonín Novotný am 5. Januar 1968 als Generalsekretär der Kommunistischen Partei der Tschechoslowakei (KSČ) und damit als Parteichef und höchster Politiker des Landes ablöste. Antonín Novotný behielt noch einige Zeit das für die Machtausübung kaum bedeutende Amt des Staatspräsidenten. Ein Machtwechsel hatte stattgefunden, wenn auch in engem Rahmen. Denn die Reformer waren trotz allem von Moskau abhängig und sie mussten in der eigenen Partei gegen einen mächtigen stalinistischen Flügel ankämpfen.

Im Februar 1968 hob Dubček die staatliche Zensur auf. In der Atmosphäre jener Tage führte das rasch zu einer umfassenden und immer offener geführten Diskussion über die künftige tschechoslowakische Gesellschaft. Beeinflusst von diesem Diskurs war dann auch das Reformprogramm, das unter dem Schlagwort »Prager Frühling« bekannt wurde und dessen Basis das am 5. April vorgestellte Aktionsprogramm der KSČ bildete. Dieses formulierte als Ziele Wirtschaftsreformen, Meinungsfreiheit, eine Neuausrichtung der Kommunistischen Partei in der Gesellschaft und eine Aufarbeitung des Stalinismus.

In einer Rundfunkansprache sagte Dubček in diesen Tagen, man habe sich der Aufgabe verschrieben, in der Tschechoslowakei »eine sozialistische Gesellschaft mit menschlichem Antlitz aufzubauen, die zutiefst demokratisch, sozial gerecht und modern orientiert sein soll«.

Obwohl die Resonanz auf das Aktionsprogramm seiner Partei in der breiten Öffentlichkeit kühl ausfiel, da man es als die Erfüllung von Mindestforderungen betrachtete, wurde das Schlagwort vom »Sozialismus mit menschlichem Antlitz« rasch populär.

In den Führungszirkeln der sogenannten sozialistischen Bruderstaaten formierte sich indessen zunehmender Widerstand gegen die neue politische Linie in der Tschechoslowakei. Im März rügten die Führungen der Sowjetunion, Ungarns, Polens, Bulgariens und der DDR Dubček bei einem Treffen in Dresden. In den nächsten Monaten folgten weitere Treffen, jedoch ohne Dubček. Der Druck, die Reformen zu stoppen, wurde verstärkt. Während sich das Drohpotenzial erhöhte, bekam der Prozess in der Tschechoslowakei seine eigene Dynamik.

Im Juni 1968 erschien in zahlreichen tschechoslowakischen Zeitungen das »Manifest der 2000 Worte« oder auch »Zweitausend Worte, die an Arbeiter, Landwirte, Beamte, Künstler und alle gerichtet sind«. Verfasser war der Schriftsteller Ludvík Vaculík. Zahlreiche Intellektuelle hatten die Schrift unterzeichnet. Sie übte scharfe Kritik an der KSČ, insbesondere auch an ihrer Rolle im laufenden politischen Prozess des »Prager Frühlings«, forderte weitere Reformen und sprach unter anderem auch von den »Irrtümern des Sozialismus«.

In der Bevölkerung, vor allem in der Arbeiterschaft, die sich bis dahin vergleichsweise zurückgehalten hatte, stieß die Schrift auf große Zustimmung. Doch die Kommunistische Partei lehnte deren Inhalt ab. Im Ergebnis radikalisierten sich beide Lager: die Konservativen als Befürworter des Primats der Kommunistischen Partei und die Reformer als Befürworter eines radikalen Wechsels im Gesellschaftssystem fort vom Staatssozialismus sowjetischer Prägung.

Die sowjetische Führung in Moskau hatte den Amtsantritt Dubčeks zunächst begrüßt. Man erwartete von ihm, dass er die Unzufriedenheit kanalisieren und schließlich beseitigen könne. Mittlerweile aber hatte man das Vertrauen in seine Regierung zunehmend verloren, obwohl er nach wie vor zwischen den Lagern zu vermitteln versuchte. Konnte Dubček die Lage in der Tschechoslowakei tatsächlich in den Griff bekommen? Seine Regierung hatte nicht vor, aus dem System des Warschauer Pakts auszuscheren. Bei seinen Reformen berücksichtigte er immer auch den wachsenden Argwohn der »sozialistischen Bruderländer«, nicht nur aus taktischen Gründen, sondern weil Dubček nach wie vor überzeugter Kommunist war.

Das »Manifest der 2000 Worte«, das bald 10 000 Menschen unterzeichnet hatten, wurde zu einem der Tropfen, die schließlich das Fass zum Überlaufen brachten. Nicht in der Tschechoslowakei, sondern in den Führungszirkeln der argwöhnisch nach Prag blickenden »Bruderstaaten«. Im Mai, das »Manifest« war noch nicht erschienen, hatte man sich zu einer Geheimkonferenz getroffen. SED-Chef Walter Ulbricht plädierte vehement für ein militärisches Eingreifen. Er fürchtete, die Forderungen nach Freiheit könnten auf die DDR übergreifen. Doch noch konnte sich der sowjetische Parteiführer Leonid Breschnew zu einem solchen Schritt nicht durchringen. Als das Manifest erschien, war er verärgert und forderte ein unmittelbares Verbot der Schrift. In einem nächtlichen Telefonat gelang es Dubček, die Wogen wieder zu glätten. Aber es war schon zu spät. Auf der Konferenz der Warschauer-Pakt-Staaten in Bratislava am 3. August hieß es zwar, man habe sich geeinigt, doch die Militärintervention war längst beschlossen.

In der Nacht vom 20. auf den 21. August überschritten Truppen aus fünf Staaten des Warschauer Paktes die Grenze zur Tschechoslowakei. Sowjetische Fallschirmjäger stürmten in Prag das Gebäude der KSČ. Die Parteiführung wurde verhaftet. Staatspräsident Svoboda appellierte an die Bevölkerung, keinen Widerstand zu leisten, doch die Menschen gingen auf die Straßen und stellten sich den sowjetischen Panzern entgegen. Berühmt wurde das Foto von dem jungen Mann, der in Bratislava mit aufgerissenem Hemd und nackter Brust vor einem Panzer steht. Die Prager verdrehten Straßenschilder, sodass sich Panzerkolonnen verfuhren. Zeitungen und Fernseh- und Radiosender berichteten so lange weiter, bis Redaktionen und Studios von den Invasoren besetzt wurden.

Die verhaftete Prager Regierungsmannschaft wurde nach Moskau gebracht. Dubček musste dort das sogenannte Moskauer Protokoll unterzeichnen, die Kapitulation der Reformen und des »Prager Frühlings«. Am 17. April 1969 wurde Alexander Dubček in seinem Amt abgelöst und Gustáv Husák neuer Generalsekretär der tschechischen kommunistischen Partei. Husák übernahm 1975 auch das Amt des Staatspräsidenten.

Die am 12. November 1968 bekannt gemachte Breschnew-Doktrin begründete die Aktionen der Staaten des Warschauer Paktes im Nachhinein. Sie erlaubte den sozialistischen Staaten im Einflussbereich der Sowjetunion nur eine »begrenzte Souveränität«.

Der politische Widerstand litt in der Tschechoslowakei in den nachfolgenden Jahren zwar ebenso unter Depressionen wie in den anderen Staaten des Ostblocks, doch immer wieder meldeten sich Oppositionelle zu Wort. Sie wurden über die Grenzen des Landes bekannt, wie 1977 die Intellektuellen und Bürgerrechtler, die die Charta 77 veröffentlichten, in der sie die Menschenrechtsverletzungen in der Tschechoslowakei anprangerten. Sprecher der Bewegung war der Schriftsteller Václav Havel.

Im Jahr des Zusammenbruchs der sozialistischen Staatsgebilde des Warschauer Pakts gelang auch in der Tschechoslowakei der Umbruch.

Als Beginn der sogenannten Samtenen Revolution wird meist der 17. November 1989 gesehen. Nach Studentendemonstrationen in Prag, die infolge des gewaltsamen Einschreitens der Sicherheitskräfte Hunderte Verletzte gefordert hatten, wuchs eine Protestwelle im Land, die zu immer größeren Demonstrationen führte.

Schließlich waren in Prag nach wenigen Tagen Hunderttausende Menschen auf den Straßen. Ein Bürgerforum gründete sich, Streiks begannen. Das Ende der sozialistischen Republik kam nun schnell. Am 28. November nahmen Bürgervertreter bereits Verhandlungen mit der Regierung auf, am Tag darauf einigte man sich, die Führungsrolle der Kommunistischen Partei aus der Verfassung zu streichen. Am 5. Dezember begann man den Zaun an der Grenze zu Österreich zu entfernen, am 29. Dezember wählte man Václav Havel zum Staatspräsidenten. Wenige Monate später wandelte sich das Land zur Republik und am 8. Juni fanden die ersten freien Wahlen statt.

Alexander Dubček wurde während der Samtenen Revolution rehabilitiert und am 28. Dezember zum Präsidenten des neuen tschechischen Parlaments gewählt. Am 1. September 1992 verletzte er sich bei einem Autounfall so schwer, dass an dessen Folgen am 7. November starb.

Wenige Wochen nach seinem Tod teilte sich am 1. Januar 1993 die Tschechoslowakei in die Republiken Tschechien und Slowakei.

59 Die schweigende Mehrheit
Richard Nixon (1913 – 1994)

Er hatte es so oft versucht und war immer wieder gescheitert. Letztlich aber wählten die Amerikaner ihn doch noch in das Amt, nach dem er so lange gestrebt hatte. Richard Milhous Nixon, eine der widersprüchlichsten Persönlichkeiten, die je amerikanischer Präsident waren, hatte schon eine bewegte politische Karriere hinter sich, als er 1968 die Wahl zum 37. US-Präsidenten gewann. In seine Regierungszeit fielen tief greifende Veränderungen in der amerikanischen Innen- und Außenpolitik und die erste tiefe Erschütterung des Vertrauens der amerikanischen Bevölkerung in die Integrität ihrer politischen Führung.

Geboren 1913 als Sohn eines armen Zitronenfarmers in Yorba Linda in Kalifornien, war der Lebensweg Richard Nixons von Anfang an der eines ehrgeizigen Aufsteigers. Seine Mutter, eine Quäkerin, erzog ihn im Sinne streng evangelikaler Werte. Nixon studierte Rechtswissenschaften, wurde Anwalt und begann nach dem Dienst als Soldat im Zweiten Weltkrieg seine politische Karriere. Er kandidierte für die Republikaner bei den Kongresswahlen in Kalifornien und zog in das Repräsentantenhaus ein. Im aufkommenden Kalten Krieg und der antikommunistischen Hysterie der anbrechenden McCarthy-Ära machte sich Nixon rasch einen Namen als unnachgiebiger Kommunistenjäger. Mit immer neuen Tricks und Finten klagte er vor allem Politiker aus dem Lager der Demokraten an, eine oft allzu nachgiebige Haltung gegenüber dem Kommunismus zu vertreten. Im Fall des ehemaligen Roosevelt-Mitarbeiters Alger Hiss ging Nixon sogar so weit, ihn der Spionage für die Sowjetunion zu bezichtigen. Der Fall wurde nie ganz geklärt. Am Ende aber erhielt Hiss wegen Meineids eine Haftstrafe von fünf Jahren und Nixon einen Sitz im Senat.

1952 zog er als Vizepräsidentschaftskandidat an der Seite von Dwight D. Eisenhower in den Wahlkampf. Eisenhower wurde Präsident, Nixon sein Stellvertreter. Im Wahlkampf geriet Nixon zwischenzeitlich in Erklärungsnöte. Er hatte in seiner Zeit als Senator private Geldspenden entgegengenommen, konnte aber in einem geschickt inszenierten Auftritt im Fernsehen den Vorwurf der Bestechlichkeit entkräften.

In den beiden Amtszeiten Eisenhowers pflegte Nixon weiter das Bild des unnachgiebigen Antikommunisten. 1960 kandidierte er für das Amt des Präsidenten gegen John F. Kennedy und verlor äußerst knapp. Diesmal wurde ihm das Fernsehen zum Verhängnis. Denn vor allem das TV-Duell mit dem charismatischen Kennedy trug nach Ansicht vieler Beobachter dazu bei, dass Nixon die Wahl verlor. Nach der Niederlage versuchte er 1962 Gouverneur von Kalifornien zu werden. Zum wiederholten Mal bediente sich »Tricky Dick« im Wahlkampf unsauberer Mittel. Er verlor. Ende des Jahres gab er seinen Rückzug aus der Politik bekannt. Die Schuld an seinem Scheitern gab er jedoch der feindlich gesonnenen Presse.

Er arbeitete als Anwalt an der Wall Street, unterstützte 1964 den Republikaner Barry Goldwater im Wahlkampf und meldete sich zu den Präsidentschaftswahlen 1968 überraschend in der politischen Arena zurück. Erneut bewarb Nixon sich um das Amt des US-Präsidenten. Und diesmal wurde er nicht nur nominiert, er gewann auch die Wahl. Der Wolf schien Kreide gefressen zu haben. Nixon präsentierte sich als Fürsprecher der »vergessenen Amerikaner«, der »schweigenden Mehrheit«. Doch er profitierte auch davon, dass Robert Kennedy im Juni des Jahres bei einem Attentat ermordet worden war. Viele hatten ihn als den Favoriten in der nächsten Präsidentschaftswahl gesehen. Die Demokraten nominierten schließlich Vizepräsident Hubert Humphrey, der nur knapp gegen Nixon verlor.

Die Hauptherausforderung bei Nixons Amtsantritt war der Vietnamkrieg. Er war mittlerweile so unpopulär, dass Lyndon B. Johnson wegen seiner Vietnam-Politik darauf verzichtet hatte, für eine zweite Amtszeit anzutreten.

Nixon entwickelte rasch einen eigenen Stil in der Amtsführung. Er verließ sich vor allem auf seinen Beraterstab und versuchte die üblichen Institutionen, wie den Kongress, in dem die Demokraten die Mehrheit hatten, zum Teil aber auch sein eigenes Kabinett weitgehend aus der Entscheidungsfindung herauszuhalten. Nixon trat mit ehrgeizigen Zielen an. Innen- und wirtschaftspolitisch wollte er konservative mit modernen Zielen vereinen. Die wirtschaftliche Dynamik machte Rückschritte, Inflation und Arbeitslosigkeit stiegen, nicht zuletzt aufgrund der Ausgaben für den Vietnamkrieg, was auch den Dollar zusätzlich belastete. Für eine Wiederbelebung der Wirtschaft setzte Nixon sogar auf staatliche Lenkungsmaßnahmen, die zum Teil beeinflusst waren von den Ideen John Maynard Keynes'.

In Vietnam versuchte er durch die sogenannte Nixon-Doktrin eine »Vietnamisierung« des Krieges zu erreichen. Die amerikanischen Streitkräfte sollten schrittweise aus dem Land abgezogen werden und die südvietnamesische Armee den Kampf gegen die kommunistischen nordvietnamesischen Kräfte allein weiterführen. Gleichzeitig versuchte Nixon durch ausgedehnte Bombardierungen der vietnamesischen Nachbarländer Laos und Kambodscha, die als Nachschub- und Rückzugsgebiete genutzt wurden, die Nordvietnamesen zu schwächen.

Trotz der teilweise verwerflichen Mittel, derer sich Nixon zur Durchsetzung seiner Ziele bediente, steht seine Regierungszeit auch für das intensive Bemühen um politische Entspannung im Kalten Krieg. Nixon war 1972 der erste US-Präsident, der sowohl die Sowjetunion als auch China besuchte. Berühmt wurde die sogenannte Ping-Pong-Diplomatie. China lud amerikanische Tischtennisspieler ein und Premierminister Zhou Enlai begrüßte sie »als Freunde«. Mao Zedong hoffte, die USA als Partner gegen die rivalisierende Sowjetunion zu gewinnen.

Im Verhältnis zur Sowjetunion versuchte Nixon vor allem das atomare Wettrüsten einzudämmen, indem er sich verstärkt um Abrüstungsverträge bemühte. So konnten 1972 der SALT-Vertrag (Vertrag zur nuklearen Rüstungsbegrenzung) und der ABM-Vertrag (Vertrag zur Begrenzung von Raketenabwehrsystemen) abgeschlossen werden.

Innenpolitisch allerdings ist mit der Regierung Richard Nixons ein moralischer Tiefpunkt der amerikanischen Gesellschaft und des politischen Systems der USA verbunden. Das Vertrauen der Amerikaner in ihren Präsidenten schwand. Die Proteste nahmen zu und Nixons Administration ging mit Prozessen und Polizei- und Militäreinsätzen gegen Bürgerrechtler und Vietnamgegner vor.

Am 4. Mai 1970 feuerte die vom Gouverneur von Ohio herbeigerufene Nationalgarde in der Kent State University auf Studenten, die gegen den Einmarsch in Kambodscha demonstrierten. Vier wurden getötet. Das Foto von einem verzweifelt schreienden Mädchen, das vor dem von einer Kugel dahingestreckten leblosen Körper eines Studenten kniet, während Vorbeigehende die Situation noch gar nicht zu verstehen scheinen, traf die Seele einer Nation, die merkte, dass der Krieg nun im eigenen Land angekommen war.

Die »schweigende Mehrheit« wählte Nixon 1972 trotzdem für eine zweite Amtszeit. Das Land war gespalten. Nixons Gegner, der demokratische Senator George McGovern, hatte seine Wähler nicht mobilisieren können. Nixon gewann mit einer überwältigenden Mehrheit. Immer mehr aber entwickelte sich seine Administration zum krassen Beispiel, wie sich eine politische Führung auch in pluralistischen Staaten von der Öffentlichkeit entfernen kann. Viele Werte der Demokratie, etwa der, auf Minderheiten Rücksicht zu nehmen, waren der Regierung Nixon fremd. Lagerdenken, Abschottung, rücksichtsloser Einsatz einmal gewonnener Macht prägten das Vorgehen.

Im Laufe des Wahlkampfes hatte das »Komitee zur Wiederwahl des Präsidenten« unter Leitung des früheren Justizministers John Mitchell ein besonderes Budget für Charles »Chuck« Colson eingerichtet, einst Berater des Präsidenten, nun Mann fürs Grobe. Ein Teil von Colsons Budget war auch für sogenannte schwarze Projekte vorgesehen. Dazu gehörte das Beschaffen geheimer Dokumente der Demokraten, eine Verleumdungskampagne gegen den demokratischen Vizepräsidentschaftskandidaten Edmund Muskie, die Suche nach belastendem Material gegen Edward Kennedy.

Beim Einbruch in das Wahlkampfhauptquartier der Demokraten in dem Bürokomplex Watergate in Washington wurden die fünf Einbrecher auf frischer Tat ertappt. Schnell wurden Verbindungen zum »Komitee zur Wiederwahl des Präsidenten« vermutet. Nixons Umfeld versuchte die Angelegenheit abzuwiegeln, doch Carl Bernstein und Bob Woodward, zwei junge Reporter der Tageszeitung *Washing-*

ton Post, witterten einen Skandal und recherchierten verbissen weiter. Durch ihre Enthüllungen und nachfolgend durch Untersuchungen eines Ausschusses des Senats stieß man im Umfeld Nixons unter anderem auf Vertuschungen, Behinderung der Justiz und verschiedenartigen anderen Amtsmissbrauch. Nixon, so kommentierte *Der Spiegel* im August 1974, »lieferte, dank seiner narzisstischen Gier, jedes seiner Worte für die Geschichte festzuhalten, auch selbst noch die Tonbandbeweise für Missetaten wie Inkompetenz von der Wirtschaft bis zur Kunst«.

Um einem drohenden Amtsenthebungsverfahren zuvorzukommen, trat Nixon am 9. August 1974 zurück. In mehreren Gerichtsverfahren wurden einige von Nixons Mitarbeitern zu Haftstrafen verurteilt. Nixon selbst entkam einem Verfahren. Sein Vizepräsident Gerald Ford wurde neuer Präsident der USA. Ford schien nun genau das einzulösen, was Nixon für sich reklamiert, aber nie umzusetzen vermocht hatte: der Vertreter des Mittelklasse-Amerikaners zu sein, der »schweigenden Mehrheit«.

60 Eine Frau braucht einen Mann, wie ein Fisch ein Fahrrad braucht
Irina Dunn

In den Kontaktanzeigenteilen deutscher Zeitungen schlichen sich gegen Ende des Jahrhunderts Rubrikenüberschriften ein, die hießen »Fisch sucht Fahrrad« oder »Fahrrad sucht Fisch«. Da suchten einmal Frauen Männer und dann Männer Frauen. Wer nicht wusste, wie es zu diesem eher abstrusen Slogan gekommen war, dem konnte man den scherzhaften Spruch zitieren, von dem er abgeleitet war: »Eine Frau braucht einen Mann, wie ein Fisch ein Fahrrad braucht.« (A woman needs a man, like a fish needs a bicycle.)

Wollte man aber erfahren, von wem dieser Satz stamme, wusste meist niemand eine Antwort. Der Satz kam aus dem Englischen, so wurde vermutet. Und die Worte stammten angeblich von der Frauenrechtlerin Gloria Steinem.

Tatsächlich aber kristallisierte sich im September 2000 heraus, dass Gloria Steinem nicht die Urheberin war. Sie selbst stellte das in einem Brief richtig, der im amerikanischen *Time Magazine* erschien. Dort erklärte sie, Urheberin sei die Australierin Irina Dunn, mittlerweile Autorin und Politikerin. Erstmals formuliert habe sie den Satz 1970 als Studentin an der Universität von Sydney. Er war ihr in den Sinn gekommen, als sie ein philosophisches Buch gelesen hatte. Dort stand: »Man needs God like fish needs a bicycle.« (Der Mensch braucht Gott, wie ein Fisch ein Fahrrad braucht.) Anschließend habe sie den von ihr abgewandelten Satz auf zwei Toilettentüren geschrieben, die als Plätze für Graffiti beliebt waren, eine in der Universität von Sydney, eine andere in einer Bar. Steinem schließt mit den Worten: »Dunn verdient die Ehre, einen solch populären und dauerhaften Ulk über die alte Idee geschaffen zu haben, dass die Frau den Mann stärker brauche als umgekehrt.«

Der ernste Kern, den dieser Satz birgt, ist das Verlangen der Frauen nach Selbstbestimmung und Unabhängigkeit. Der im Laufe der Jahre so oft bemühte Begriff der Emanzipation schwingt unüberhörbar mit. Er stammt von dem lateinischen Wort emancipare, das den Moment beschreibt, in dem ein Mann seinen Sklaven oder seinen erwachsenen Sohn durch Auflegen der Hand in die Eigenständigkeit entließ.

Die Forderung, dass Frauen die gleichen Rechte haben sollen wie Männer, ist nicht erst im 20. Jahrhundert aufgekommen. Doch gerade in diesem Jahrhundert gab es von Beginn an besonders viele und schließlich auch erfolgreiche Kämpfe von Frauen für die Gleichberechtigung.

Ein Foto vom Mai 1914 kann als exemplarisch gelten: Ein Polizist hebt eine zierliche Frau hoch und trägt sie in Begleitung von zwei Männern fort. Man sieht, wie diese Frau ihre ohnmächtige Wut herausschreit. Entstanden ist diese Aufnahme bei einer der vielen Verhaftungen der Emmeline Pankhurst.

Emmeline Pankhurst war im 20. Jahrhundert die erste große Kämpferin für Frauenrechte. Sie und ihre Mitstreiterinnen hatten sich auf die Fahnen geschrieben, das Wahlrecht für die Frauen durchzusetzen. Man nannte diese Frauen Suffragetten, abgeleitet von dem französischen Begriff »suffrage«, zu Deutsch: »Wahlrecht«. Emmeline Pankhurst kämpfte im gewaltlosen Widerstand mit Hungerstreiks und Protesten. Doch die Bewegung radikalisierte sich, bis der Ausbruch des Ersten Weltkriegs die Forderungen der Suffragetten erst einmal in den Hintergrund drängte. 1918 dann durfte Emmeline Pankhurst schließlich die Einführung des Wahlrechts für Frauen in Großbritannien erleben.

Im weiteren Verlauf des 20. Jahrhunderts konnten noch mehr entscheidende Erfolge erzielt werden. Vor allem im Sog der großen gesellschaftlichen Umwälzungen der Sechzigerjahre erreichten die Frauenrechtlerinnen einen Durchbruch für die Emanzipation der Frauen, gleichzeitig waren sie ein wichtiger Teil und Motor der politischen Umwälzungen und Ereignisse.

Zunächst aber übte nach dem Zweiten Weltkrieg vor allem Simone de Beauvoirs 1949 erschienenes Buch *Le Deuxième Sexe* (*Das andere Geschlecht*) starken Einfluss auf die breiter werdende Frauenbewegung aus. Berühmt wurde de Beauvoirs Satz »Man wird nicht als Frau geboren, man wird es« (»On ne naît pas femme, on le devient«).

Ein weiteres bedeutendes Buch der Frauenbewegung veröffentlichte 1963 die Amerikanerin Betty Friedan mit *The Feminine Mystique* (deutsch: *Der Weiblichkeitswahn*). Sie legte in ihrer Studie dar, dass die Vorstellung von der behüteten amerikanischen Hausfrau die amerikanischen Frauen in ein »bequemes Gefängnis« gebracht habe, aus dem sie sich ihren Weg selbst bahnen müssten. Auch die Medien nährten dieses Bild von der Welt aus Kindern, Küche, Kirche, an dem sowohl Männer als auch Frauen festhielten.

Der Durchbruch der Bewegung für die Emanzipation der Frau in den Sechzigerjahren ging einher mit der Bürgerrechtsbewegung. Auch die Einführung der Antibabypille hatte ebenfalls weitreichende Konsequenzen, denn sie eröffnete den Frauen neue Möglichkeiten auf dem Weg zur sexuellen Selbstbestimmung. Doch in der Emanzipationsbewegung ging es nicht nur um die künftige Rolle der Frau, sondern auch um die des Mannes.

Im Zuge der politischen Umwälzungen der 68er gelang es der Frauenbewegung in Deutschland zunehmend, die Frauen aus der materiellen Abhängigkeit vom Mann zu befreien und ihnen mehr Eigenständigkeit zu verschaffen. Zuvor durften Frauen beispielsweise in der Bundesrepublik Deutschland nur ein Bankkonto eröffnen, wenn sie die schriftliche Erlaubnis ihres Ehemannes vorlegten.

. Eine Frau braucht einen Mann, wie ein Fisch ein Fahrrad brauc

In den Siebzigerjahren erreichte der Ruf nach einer stärkeren Selbstbestimmung der Frau noch eine andere Dimension. Frauenrechtlerinnen forderten das Recht auf den eigenen Körper ein.

»Mein Bauch gehört mir!« wurde zum provozierenden Slogan. Im deutschen Wochenmagazin *Stern* vom 6. Juni 1971 bekannten 374 Frauen – unter ihnen zahlreiche bekannte Schauspielerinnen und Models – öffentlich: »Wir haben abgetrieben!« Die Kampagne ging einher mit der Forderung, Schwangerschaftsabbruch nicht mehr generell unter Strafe zu stellen, sondern unter bestimmten Voraussetzungen zuzulassen.

Konservative reagierten schockiert auf die Pille, auf die sexuelle Revolution, auf das Recht auf Abtreibung und die Forderungen nach sozialer und beruflicher Emanzipation. Es grassierte die Angst, dass die tradierte Rolle der Frau als Mutter und Hausfrau, als Hüterin der Familie und Stütze ihres Mannes nun endgültig nicht mehr zu halten sei. Die Frau schien der gesellschaftlichen Kontrolle zu entgleiten. Und sie schien sich nicht mehr in ihrem Bezug zum Mann, zur Familie definieren zu wollen.

Eben dieses Streben nach Befreiung kommt auch, humorvoll verpackt, in dem Satz »Eine Frau braucht einen Mann, wie ein Fisch ein Fahrrad braucht« zum Ausdruck.

In den Kontaktanzeigen, die den Satz vom Fisch und dem Fahrrad zitieren, ist die Emanzipation in gewisser Weise an ein Ziel gelangt. Denn dort braucht ein Fisch doch ein Fahrrad. Aber dieser Fisch sucht aus freien Stücken, sucht aus emotionalen, nicht aus materiellen Gründen. Man begegnet sich auf Augenhöhe.

Houston, wir haben ein Problem
James Lovell (geb. 1928)

Am 21. Juli 1969 betrat Neil Armstrong als erster Mensch den Mond und sprach die berühmten Worte: »Dies ist ein kleiner Schritt für einen Menschen, ein riesiger Sprung für die Menschheit.«

Nach diesem Erfolg ging die amerikanische Weltraumbehörde

NASA rasch daran, weitere Mondmissionen im Rahmen des Apollo-Programms folgen zu lassen. Schon im November desselben Jahres startete Apollo 12 mit dem Ziel einer erneuten Landung auf dem Mond. Auch diese Mission war erfolgreich.

Am 11. April 1970 machte sich Apollo 13 auf den Weg. James Lovell war als Kommandant auserkoren worden, als fünfter Mensch den Mond zu betreten. Mit ihm zusammen auf die Reise gingen Fred Haise, der das Landemodul steuern sollte, und John Swigert, der das Kommandomodul flog. Lovell war in der noch immer jungen Raumfahrt ein vergleichsweise erfahrener Astronaut. Der Flug mit der Apollo 13 war bereits seine vierte Mission.

Knapp 56 Stunden nach dem Start, die Apollo-13-Mission war mit Kommando- und Servicemodul sowie angekoppeltem Landemodul dem Mond bereits näher als der Erde, spürten die Astronauten plötzlich einen Schlag. Ein Warnlicht blinkte auf.

Lovell meldete in die Kommandozentrale nach Houston: »We've had a problem here.« Dort antwortete Jack Lousma: »This is Houston. Say again, please.« Daraufhin Lovell erneut: »Houston, we've had a problem.« Der Ausspruch wurde zum geflügelten Wort.

Man vermutete zunächst einen Instrumentenfehler. Erst als Jim Lovell aus dem Fenster der Kapsel schaute, begann er zu ahnen, wie groß der Schaden und wie dramatisch die Situation war. Im Servicemodul war es zu einer Explosion gekommen. Der Grund dafür war ein Thermostat im Sauerstofftank gewesen, das man vergessen hatte auszutauschen. Als Jack Swigert auf Anweisung der Bodenkontrolle einen Ventilator in Gang setzte, explodierte der Tank. Die Explosion riss auch ein Leck in den daneben befindlichen zweiten Sauerstofftank. Lovell sah beim Blick aus der Kapsel, dass Sauerstoff in großen Mengen ins All entwich. Es ging um Leben und Tod und es würde sehr schwer, wenn nicht sogar unmöglich werden, die Astronauten lebend wieder zur Erde zurückzubringen.

Nun hieß es zu rechnen und zu überlegen, wie die Mannschaft zu retten war. Man beschloss, den Kurs nur leicht zu ändern, den Mond zu umrunden und danach sofort Richtung Erde zu fliegen. Die Besatzung kletterte in die Mondlandefähre. Obwohl sie eigentlich nicht für drei Personen ausgelegt war, hatten sie dort genug Sauerstoff. Probleme bereiteten allerdings die Stromversorgung und die Lufttreinigung. Mit Hilfe von allerlei Utensilien, darunter Spucktüten und Kartenmaterial, und unter Anweisungen des Bodenpersonals bastelten die Astronauten einen Adapter für den CO_2-Filter. Auf dem Weg um den Mond herum wurde den noch immer verbundenen Kapseln (Kommandomodul, Landemodul und Servicemodul) ein Schub durch das Triebwerk des Landemoduls gegeben, um die Rückkehr zur Erde zu beschleunigen. Kurz vor Ende des Fluges kletterte die Mannschaft zurück in die Kommandokapsel, die seit der Explosion außer Betrieb genommen worden war. Die Elektronik sprang wieder an. Dann koppelten die Astronauten das Servicemodul ab und schossen ein Foto aus der Kommandokapsel. Es zeigt die schweren Schäden der Explosion, die weit aufgerissene Wand des Moduls.

Die Besatzung der Apollo 13 kehrte schließlich wohlbehalten auf die Erde zurück. Die Umstände der Mission und die erstaunliche Rettungsaktion ließen die Apollo-13-Mission als »erfolgreichen Fehlschlag« in die Geschichte der Raumfahrt eingehen. Im Rahmen des Apollo-Programms folgten bis Ende 1972 noch vier weitere Mondlandungen.

Die Raumfahrt im 20. Jahrhundert hob die Welt der Entdeckungsreisen in eine neue Dimension. Die Weite der Erde war mehr oder minder erforscht und die fortschreitende Technik erlaubte dem Menschen im Laufe des Jahrhunderts, seinen Traum von der Reise ins All zu verwirklichen.

Neben der romantischen Vorstellung von einer atemberaubenden Reise, verbunden mit der Entdeckung anderer Welten, ist mit der Raumfahrt auch die Frage verknüpft, ob die Erde der einzige Planet ist, auf dem höheres Leben möglich sei. Und letzten Endes schwingt bei der Weltraumforschung immer die Idee mit, für die Menschheit eine zweite mögliche Heimat finden zu können.

Vorangetrieben wurde die Raumfahrt aber auch von zerstörerischen Absichten. Zu Beginn der Dreißigerjahre hatte der junge Ingenieur Wernher von Braun in geheimer Mission an einem Raketenprojekt für die deutsche Reichswehr gearbeitet. In der Sowjetunion führte der ebenfalls junge Raketenpionier Sergej Koroljow Raketentests durch. Der Terror Stalins verschonte aber auch Koroljow nicht. Ein Rivale behauptete, Koroljow betreibe Sabotage. 1938 wurde er in ein Lager gesteckt, eines der schlimmsten des Gulag.

Dann brach 1939 der Zweite Weltkrieg aus und es war das nationalsozialistische Deutschland, das die ersten Raketen in großem Stil baute. Eine V2 flog 1942 knapp 90 Kilometer hoch und kam dem Weltraum sehr nahe. 1944 und 1945 setzten die Deutschen die V2 (V steht für Vergeltungswaffe) gegen alliierte Großstädte ein. Vor allem in London und in Antwerpen kamen dadurch Tausende ums Leben.

Unmittelbar nach Ende des Zweiten Weltkriegs wurde die Rivalität zwischen USA und Sowjetunion im Kalten Krieg fortgeführt. Die Raketentechnik wurde dabei für etwaige künftige militärische Konflikte interessant. Nach der Kapitulation des Deutschen Reiches brachten die Amerikaner Wernher von Braun und 100 weitere deutsche Ingenieure in die USA. Sie sollten dort Raketen für die US-Armee bauen. Und so entwickelte von Braun die V2 schließlich zur Jupiter-Rakete weiter.

In den Fünfziger- und Sechzigerjahren beschleunigte sich vor dem Hintergrund des Ost-West-Konflikts die Entwicklung der Raumfahrt. Ein entscheidendes Datum markiert der Start des sowjetischen Satelliten Sputnik 1 am 4. Oktober 1957. Noch in der Nacht auf den 5. Oktober unterlegte der US-amerikanische Sender NBC das Ereignis mit den bedeutungsschwangeren Worten: »Hören Sie nun den Ton, der für immer das Alte vom Neuen trennt.«

Der Sputnik 1, was so viel heißt wie Wegbegleiter oder Gefährte, war eine kleine Kugel von nicht einmal 60 Zentimeter Durchmesser. Die Signale, die ein darin enthaltener Sender funkte, während er seine Bahn in der Umlaufbahn der Erde drehte, konnten die Menschen weltweit über Radio hören. Schon einen Monat nach Sputnik 1 startete Sputnik 2 mit der Hündin Laika an Bord.

Der sogenannte Sputnikschock reichte tief, er war mehr als nur die vordergründige Demonstration der Überlegenheit sowjetischer Technik. Für die Amerikaner ging es um Leben und Tod. Schon im August des Jahres hatte die Sowjetunion den ersten erfolgreichen Test einer Interkontinentalrakete gemeldet und Nikita Chruschtschow, der nach Stalins Tod 1953 neuer erster Mann in der Sowjetunion geworden war, erklärte, es sei möglich, Raketen in jeden Teil der Erde zu schicken.

Der Sputnikschock half, dass die Amerikaner sich in der Entwicklung der Raketentechnik reorganisierten. Lyndon B. Johnson, damals noch aufsteigender Politiker, warnte: »Bald werden die Russen Bomben aus dem Weltraum schmeißen wie Kinder Steine von Autobahnbrücken.«

Die konkurrierenden Programme von Heer, Marine und Luftwaffe mussten harmonisiert werden. Präsident Eisenhower bevorzugte das Raketen-Programm der Marine namens Vanguard. Er wollte amerikanische Raketen nicht von ehemaligen Waffenbauern Hitlers anfertigen lassen. Wernher von Braun war Chef des Programms des Heeres. Brauns Zeit kam, als unter dem Druck der Ereignisse der eilige Start einer Vanguard-Rakete der Marine im Dezember des Jahres zum Desaster wurde. Sie explodierte kurz nach dem Abheben. Am 31. Januar 1958 startete dann der Satellit Explorer. Die Trägerrakete hieß Juno und war eine umgetaufte Jupiter-Rakete.

Eisenhower unterzeichnete im gleichen Jahr den National Defense Education Act, der eine Bildungsoffensive beförderte. Milliarden von Dollar wurden in den darauffolgenden Jahren in das amerikanische Bildungssystem investiert. Und so wurden durch den Sputnikschock technischer Fortschritt und Bildung zu neuen »Waffen« im Kalten Krieg.

Im Wettlauf um die Eroberung des Weltraums gingen die sowjetischen Tüftler in den nächsten Jahren immer wieder in Führung. Ihr nächster großer Triumph folgte am 12. April 1961. Juri Gagarin flog in einer Wostok-Raumkapsel knapp zweieinhalb Stunden durch das All und umrundete dabei einmal die Erde. Drei Wochen später startete mit Alan Shepard der erste Amerikaner ins All.

Erneut folgten nur wenige Wochen, bis am 25. Mai 1961 US-Präsident John F. Kennedy das Ziel ausrief, noch in diesem Jahrzehnt Amerikaner sicher auf den Mond und wieder zur Erde zurück zu bringen. Er verband dies mit dem Appell an den rasch zu weckenden Pioniergeist seiner Landsleute: »Nicht, weil es einfach, sondern weil es schwierig ist.«

Doch zunächst hatten die Sowjets weiter die Nase vorn. 1963 schickten sie mit Walentina Tereschkowa die erste Frau in den Weltraum, ein Jahr später die erste dreiköpfige Mannschaft, 1965 gelang ihnen der erste Weltraumspaziergang. Ein weiteres Jahr später konnte die Sowjetunion die erste weiche Landung eines Satelliten auf der Mondoberfläche melden. Doch schließlich gelang den Amerikanern der von Kennedy angestrebte große Triumph. Am 21. Juli 1969 betraten die amerikanischen Astronauten Neil Armstrong und Edwin Aldrin als erste Menschen den Mond.

Die Rivalität zur Sowjetunion blieb bestehen, doch 1975 kam es zwischenzeitlich zur ersten größeren Zusammenarbeit zwischen den beiden Großmächten im Apollo-Sojus-Projekt. In den nächsten zwei Jahrzehnten gingen die USA und die Sowjetunion dann wieder getrennte Wege. Die USA entwickelten das Shuttle-Programm, die Sowjetunion die Raumstation Mir. Nach dem Zusammenbruch der Sowjetunion fanden die USA und Russland im Shuttle-Mir-Programm wieder zusammen. Seit Beginn des Baus der Internationalen Raumstation (ISS) im Jahr 1998 arbeiten nicht nur die USA und Russland, sondern auch Kanada, Japan, Brasilien und zahlreiche europäische Staaten an einer gemeinsamen Station im All, die ständig bemannt ist.

62 Macht kaputt, was euch kaputt macht!
Ton Steine Scherben (1970)

Ralph Möbius war aufgewachsen, ohne je eine Heimat dort zu finden, wo seine Familie wohnte. Zu schnell galt es, wieder umzuziehen. Sein Vater, ein Ingenieur in einem großen deutschen Konzern, wurde in immer neue Gegenden der Bundesrepublik versetzt. So lebten die Möbius' im Laufe der Jahre in Berlin, in Oberbayern, in Nürnberg, Mannheim, Stuttgart und schließlich im hessischen Rodgau-Nieder-Roden. Ralph war ein aufgeweckter Junge, er war unstet und lebenshungrig. Seine Mutter überredete er, die Schule abbrechen und eine Lehre in einem Fotostudio beginnen zu dürfen.

Auch die Familie von Ralph Peter Steitz war in die Neubausiedlung in Nieder-Roden gezogen. Der fragte den 16-jährigen Ralph Möbius, ob er nicht in seiner Band mitspielen wolle. Das war 1966. Im Jahr darauf gingen sie nach Berlin. Aus zahlreichen Musik- und Theaterprojekten entwickelte sich schließlich 1970 die Band Ton Steine Scherben.

Ralph Möbius nannte sich bald Rio und trug damit den Vornamen, mit dem er berühmt wurde. Er experimentierte mit dem Namen und legte sich kurzzeitig das Pseudonym Rio de Galaxis zu. Erst Ende der Siebzigerjahre, als er eine Filmrolle übernahm, wurde er zu Rio Reiser, was er schließlich auch in seinen Personalausweis eintragen ließ. Vorbild war die Figur Anton Reiser aus dem gleichnamigen Roman von Karl Philipp Moritz vom Ende des 18. Jahrhunderts. Das Buch handelt von einem begabten und empfindsamen jungen Mann, der der Welt des Kleinbürgertums entfliehen will.

Der Name der Band entstand laut Rio Reiser nach einem Zitat des Troja-Entdeckers Heinrich Schliemann: »Was ich fand, waren Ton, Steine, Scherben.« Gründungsmitglied Kai Sichtermann, Bassist der Gruppe, hingegen erklärte, der Name sei ein Produkt einer Ideensuche gewesen und man habe sich dafür von dem Namen VEB (Volkseigener Betrieb) Ton, Steine, Scherben anregen lassen.

In einem Tonstudio in Berlin-Kreuzberg nahm die Band ihre ersten Songs auf: »Macht kaputt, was euch kaputt macht!« und »Wir streiken«.

Vom 4. bis 6. September 1970 fand auf der Ostseeinsel Fehmarn das Love-and-Peace-Festival statt. Jimi Hendrix, der zwölf Tage später in London starb, hatte dort einen seiner letzten Auftritte. Am letzten Tag auf Fehmarn trat auch Ton Steine Scherben auf, damals noch unter dem Namen Rote Steine. Weil die Veranstalter sich mit der Tageskasse davonmachten, ohne Bands und Konzerthelfer zu bezahlen, ging das Veranstaltungsbüro und schließlich auch noch die Bühne zu den Klängen von »Macht kaputt, was euch kaputt macht!« in Flammen auf. Es war das erste Mal, dass der Song für Aufsehen sorgte.

Das Lied wurde im Kollektiv für das Theaterstück »Rita & Paul« der Theatergruppe Hoffmanns Comic Teater geschrieben, bei der Rio Reiser und seine beiden älteren Brüder Peter und Gert auch als Schauspieler auftraten. Der Titel des Songs stammt von Norbert Krause, der auch offiziell als Autor des Gesamttextes gemeldet wurde. Er warf ihn eines Tages bei der gemeinsamen Arbeit an dem Lied in die Runde.

»Macht kaputt, was euch kaputt macht!« wurde zu einer der Hymnen der Protestbewegung jener Tage, die eine der Strömungen war, die sich aus der 68er-Bewegung entwickelten. Der Text war von einem frühen Song von Rio Reiser inspiriert, der beeinflusst war von Bob Dylans »Subterranean Homesick Blues«.

Die Dynamik, mit der sich die 68er-Bewegung weltweit ausbreitete, gründete zum großen Teil auf von Land zu Land sehr verschiedenen Problemen. In den USA wurden die Beendigung des Vietnamkriegs und die Überwindung des Rassismus zu zentralen Forderungen einer immer breiter werdenden Protestbewegung. In Deutschland speiste sich diese Bewegung zunächst aus einer Melange von Forderungen nach Reformen der Hochschulen und Widerstand gegen die geplante Notstandsgesetzgebung der Großen Koalition aus CDU/CSU und SPD unter Bundeskanzler Kurt Georg Kiesinger (CDU). Diese sah für den Fall eines Ausnahmezustands unter anderem den Einsatz der Bundeswehr und die Aufhebung des Brief- und Postgeheimnisses vor. In die immer lauter werdenden Proteste spielte auch die mangelnde Auseinandersetzung mit den deutschen Verbrechen während des Zweiten Weltkriegs mit hinein. Hinzu kam die Suche nach anderen Gesellschaftsformen, dem Aufbrechen einer als bürgerlich-konservativ verkrustet empfundenen Gesellschaft. Weil wegen der Großen Koalition im Bundestag nur die verhältnismäßig kleine Fraktion der FDP die Opposition bildete, wurde die immer aktiver werdende linke Opposition Außerparlamentarische Opposition (APO) genannt.

Obwohl die APO sehr vielschichtig war, radikalisierte sie sich in weiten Teilen. Die Gründe lagen in einem sich verschärfenden innenpolitischen Klima. Einen nicht unwesentlichen Beitrag dazu lieferte die konservative Presse, allen voran der Axel-Springer-Verlag mit seinem Massenblatt *BILD*. Zudem kam es bei Demonstrationen immer wieder zu überzogener Gewalt, auch vonseiten der Polizei. Die Studentenbewegung hingegen nahm in ihrer Radikalität zunehmend autoritäre Formen an. Vorlesungen wurden gestört, bis sie abgebrochen werden mussten, politisch Andersdenkende niedergebrüllt. Selbst Sympathisanten, einmal in Verdacht geraten, nicht ganz der allgemeinen Linie folgen zu wollen, wurden mit zum Teil kruden Mitteln bekämpft.

Der Tod von Benno Ohnesorg führte zur Eskalation zwischen den Lagern. Ein Polizist erschoss den Studenten am Rande einer Demonstration gegen den Besuch des persischen Schahs Mohammad Reza Pahlavi am 2. Juni 1967 in Berlin. Der Verlauf der Demonstration war von Beginn an skandalös gewesen. Mitglieder des iranischen Geheimdienstes hatten mit Holzlatten auf die zunächst gewaltlosen Demonstranten eingeprügelt. Erst spät griff die Polizei ein, und dann aufseiten der Iraner. Der Polizist, der Benno Ohnesorg erschossen hatte, wurde noch im November desselben Jahres von der Anklage wegen fahrlässiger Tötung freigesprochen.

Am 11. April 1968 schoss in Berlin ein junger Hilfsarbeiter auf den populären Studentenführer Rudi Dutschke. Dutschke erlitt schwere Gehirnverletzungen und entkam nur knapp dem Tod.

Einige Radikale der APO beschlossen in den Untergrund zu gehen und den Staat mit Gewalt zu bekämpfen. Es entstanden erste Terrorgruppen. Andreas Baader und Gudrun Ensslin legten mit anderen am 2. April 1968 Brände in zwei Frankfurter Kaufhäusern. Die bekannte Journalistin Ulrike Meinhof gehörte zu denen, die am 14. Mai 1970 dem inhaftierten Baader gewaltsam zur Flucht verhalfen. Baader, Meinhof und Ensslin gründeten kurz darauf die linksextremistische Terrorgruppe Rote Armee Fraktion (RAF) und ließen sich gemeinsam mit anderen Gruppenmitgliedern militärisch in Jordanien in einem Lager der Al-Fatah, einer Gruppe der Palästinensischen Befreiungsbewegung, PLO, ausbilden. Zurück in der Bundesrepublik stahlen sie zahlreiche Fahrzeuge und überfielen mehrere Banken. Bald ging die RAF zu Bombenanschlägen über, insbesondere auf Einrichtungen der US-Armee in der Bundesrepublik. Es gab Tote. Nach und nach gelang es, führende RAF-Mitglieder festzunehmen. 1975 begann in einem für diesen Anlass errichteten Gebäude in der Justizvollzugsanstalt Stuttgart-Stammheim der Prozess gegen Ulrike Meinhof, Gudrun Ensslin, Andreas Baader und Jan-Carl Raspe. Sie wurden schließlich wegen Mordes zu lebenslanger Haft verurteilt.

Am 5. September 1977 entführten Mitglieder der RAF den deutschen Arbeitgeberpräsident Hanns-Martin Schleyer. Bei der Entführung ermordeten sie die Leibwächter und den Fahrer Schleyers. Nach einigen Wochen entführte dann ein palästinensisches Kommando die Lufthansa-Passagiermaschine Landshut, um den Forderungen der Schleyer-Entführer nach Freilassung der inhaftierten RAF-Mitglieder Nachdruck zu verleihen. Mehrere Tage mussten die Geiseln Todesangst, Hitze und Durst ertragen. Hanns-Martin Schleyer befand sich über sechs Wochen in der Gewalt seiner Entführer und fürchtete um sein Leben.

Die Bundesregierung unter Führung von Bundeskanzler Helmut Schmidt wollte den Forderungen der Terroristen jedoch auf keinen Fall nachkommen. Man hatte dies schon einmal getan und einige Terroristen freigelassen, nachdem der Berliner CDU-Politiker Peter Lorenz Ende Februar 1975 von der Terrorgruppe Bewegung 2. Juni (benannt nach dem Todestag Benno Ohnesorgs) der RAF entführt worden war. Längst hatte man das damalige Nachgeben als den Beginn einer Erpressbarkeit des Staates erkannt und bereits bei der Geiselnahme in der Deutschen Botschaft in Stockholm Ende April 1975 den Forderungen des RAF-Kommandos nicht nachgegeben.

Als nun im sogenannten Deutschen Herbst 1977 die entführte Lufthansa-Maschine auf dem Flughafen der somalischen Hauptstadt Mogadischu Zwischenstation machte, stürmte in der Nacht zum 18. Oktober die GSG 9, eine Spezialkommando-Einheit des Bundesgrenzschutzes, die Maschine, tötete fast alle Terroristen und befreite die Geiseln. Noch in der gleichen Nacht begingen Andreas Baader, Gudrun Ensslin und Jan-Carl Raspe in ihren Zellen in Stammheim Selbstmord. Den von seinen RAF-Entführern ermordeten Hanns-Martin Schleyer fand man einen Tag später im Kofferraum eines abgestellten Autos.

Die Entführer Hanns-Martin Schleyers gehörten bereits zur zweiten Generation der RAF. Auf ihr Konto gingen außerdem – ebenfalls im Jahr 1977 – die Ermordung des Bankiers Jürgen Ponto sowie des Generalbundesanwalts Siegfried Buback. Auch die nachfolgende dritte Generation verübte ab Mitte der Achtzigerjahre Anschläge und Morde. Am 20. April 1998 verkündete die RAF schließlich, dass sie sich auflösen werde.

Rio Reiser deutete später in seinen Erinnerungen an, die RAF habe den Auftrag zu dem Lied gegeben, das »Keine Macht für niemand!« wurde. Doch sie habe es dann abgelehnt. Es sei nicht brauchbar für den Guerillakampf.

Als Ton Steine Scherben sich 1985 auflösten, waren sie nicht nur als Stimme der linken Szene, sondern auch durch die Qualität ihrer Texte und Musik als Band längst zum Mythos geworden. Rio Reiser begann eine Solokarriere. Er hatte Erfolg. Und das war nötig, denn die

Band, die sich immer geweigert hatte, dem Kommerz zu folgen, hatte Hunderttausende D-Mark Schulden angehäuft. Es war auf gewisse Weise Rio Reisers persönliche Art, die Rudi Dutschke zugeschriebene Parole vom »Marsch durch die Institutionen« zu vollziehen. Seine Platten vertrieb nun eine große Plattenfirma. Doch obwohl ihm viele Stimmen aus dem linken Lager vorwarfen, er verrate die Sache, er sei ein Knecht des Kapitals geworden, blieb er sich treu.

Der Romantiker Reiser war auch fähig, die Realität zu erkennen und sich mit ihr zu arrangieren, ohne letztlich die eigene Integrität als Künstler und Mensch preiszugeben. Seine beiden musikalischen Karrieren konnte er mit ironischer Distanz kommentieren. War für ihn die erste mit Ton Steine Scherben auch ein Benutztwerden als »politische Musikbox«, charakterisierte er die zweite Karriere mit »musikalisch auf den Strich gehen«.

Seine Musik, seine Texte, seine politische Haltung und sein Tun waren die des linksalternativen Kämpfers geblieben. Rio Reiser engagierte sich bei den Grünen (sie machten seinen Song »Alles Lüge« von 1986 zum Wahlkampflied), trat dann nach der Wende und der deutschen Wiedervereinigung in die aus der DDR-Staatspartei SED hervorgegangene PDS ein. Rio Reiser starb 1996 im Alter von 46 Jahren. Sein großer Einfluss auf die deutsche Rockmusik wird erst seit Beginn des 21. Jahrhunderts allmählich entdeckt.

Die Grenzen des Wachstums
Club of Rome (1972)

Als 1972 die Studie *The Limits to Growth* (deutsch: *Die Grenzen des Wachstums*), in der es um die Zukunft der Weltwirtschaft ging, veröffentlicht wurde, traf sie vor allem in den Industrieländern auf eine interessierte Öffentlichkeit. Als Buch wurde die Studie ein Weltbestseller.

Auftraggeber war der Club of Rome, eine 1968 gegründete Vereinigung, in der Persönlichkeiten aus Wirtschaft, Wissenschaft und öffentlichem Leben nach dem Prinzip wissenschaftlicher Akademien mit handverlesenen Mitgliedern interkulturell für das Wohl der Menschheit und der Welt wirken sollten. Verfasser der Studie waren Experten des Jay W. Forrester Instituts in Massachusetts, insbesondere der Ökonom Dennis L. Meadows und seine Frau, die Umweltwissenschaftlerin Donella Meadows. Mit Hilfe von Computersimulationen hatte das Forscherteam des Instituts verschiedene Szenarien durchgespielt und dabei Einflussgrößen wie Rohstoffvorräte, Bevölkerungswachstum, Effizienzsteigerungen in der Landwirtschaft und Intensität des Umweltschutzes variiert. Die meisten Szenarien wiesen in den nächsten Jahrzehnten zunächst unauffälliges Wachstum der Bevölkerung und der Wirtschaft aus. Doch dann, um das Jahr 2030, registrierten die Forscher in ihrer Projektion signifikante Veränderungen, was sie folgern ließ, dass um jene Zeit mit einem weltweiten Kollaps zu rechnen sei, wenn die Menschheit ihr Wirtschaftswachstum auf gleiche Weise erzeuge wie bisher. Der Kollaps entstehe aus einem Zusammenspiel von Überbevölkerung, erschöpften Rohstoffvorkommen, ausgelaugten Böden, Überfischung und Umweltverschmutzung.

Die Meadows und ihr Team kamen zu dem Schluss, dass nur sofortige und massive Maßnahmen zur Geburtenkontrolle und im Umweltschutz dies abwenden könnten. Erstmals tauchte der Begriff »Nachhaltigkeit« in dem heute verstandenen Zusammenhang auf: Die Nutzung nachwachsender Ressourcen eines Systems, sodass dieses in seinem Bestand nicht gefährdet wird.

Mit dem Buch *The Limits to Growth* – als Autoren fungierten neben den Meadows noch Jørgen Randers und William W. Behrens III. – drangen Themen in die breite Öffentlichkeit, die von nun an aktuell bleiben und in ihrem Kern die Menschheit in das 21. Jahrhundert begleiten sollten. Die Grenzen des Wachstums beschrieben im Grunde nichts anderes als die Grenzen des Lebensraums Erde.

Natürlich waren schon mit Beginn des Zeitalters der Industrialisierung erste Szenarien entworfen worden, die pessimistische Prognosen über die Zukunft enthielten. Während der Übervater der Gründungszeit der Wirtschaftswissenschaften, der Schotte Adam Smith, in seinem berühmten Werk *An Inquiry Into the Nature and Causes of the Wealth of Nations* (deutsch: *Untersuchung über Wesen und Ursachen des Reichtums der Völker*) 1776 noch eine hauptsächlich optimistische Sicht eingenommen hatte, formulierte der Engländer Thomas Robert Malthus bereits 1798 in seinem Buch *An Essay on the Principle of Population* Sorgen über die Zukunft der Entwicklung der Welt. Malthus machte auf den Zusammenhang von wirtschaftlicher Entwicklung und Bevölkerungswachstum aufmerksam. Die Bevölkerung wachse schneller als die Menge der zu ihrer Ernährung notwendigen Nahrungsmittel. Er prognostizierte Hunger, Elend, Arbeitslosigkeit, Kriege. Malthus forderte daher sexuelle Enthaltsamkeit als Mittel, die Katastrophe abzuwenden. Zu Malthus' Zeit, in der optimistischen Ära der Industriellen Revolution, hatten seine Thesen einen Sturm der Entrüstung zur Folge. Doch die von Malthus formulierten »Grenzen des Wachstums« wurden nicht vergessen. Charles Darwin ließ sich von ihm bei der Ausarbeitung seiner Evolutionstheorie beeinflussen. Und auch in den Erkenntnissen der Studie des Club of Rome ist Malthus' Warnung präsent.

Doch der Lauf der Dinge schien ein anderer zu sein, als von den Meadows und ihrem Team vorhergesagt worden war. So führte steigender Wohlstand auch zu einem Rückgang von Bevölkerungswachstum, die Preise für Nahrung fielen, eine Nahrungsverknappung fand in industrialisierten Staaten nicht statt. Auch kam es in den letzten Dekaden des 20. Jahrhunderts nach der Ölkrise von 1973 nicht zu dem vom Club of Rome prognostizierten Anstieg der Energie- und Rohstoffpreise, abgesehen von zeitweiligen, durch politische Krisen bedingten Einflüssen. Zeitweise verzeichnete man bei Rohstoffen sogar massive Preisrückgänge. Die vorhergesagte Erschöpfung bestimmter Rohstoffvorkommen blieb aus, teils weil der Fortschritt der Technik Ressourcen einsparte oder auf andere Rohstoffe auszuweichen half. Zudem wurden auch neue Vorkommen entdeckt. Gleichzeitig wurde Dennis Meadows in der Öffentlichkeit nun als Gegner des Wirtschaftswachstums gesehen. Doch Meadows verstand sich keineswegs als Fürsprecher eines Nullwachstums, sondern als ein »Apostel eines qualitativen Wachstums«.

Nur allmählich veränderte sich das Bewusstsein. Die norwegische Ministerpräsidentin Gro Harlem Brundtland erhielt 1983 von den Vereinten Nationen den Auftrag, mit einer von ihr geleiteten Kommission langfristige Perspektiven für eine Entwicklungspolitik zu finden, die gleichzeitig die Umwelt schont. Der Brundtland-Bericht griff das Konzept der »Nachhaltigkeit« in seinem Abschlussbericht von 1987 auf und integrierte es in das Konzept der »Nachhaltigen Entwicklung«.

In *Die neuen Grenzen des Wachstums*, dem 1992 erschienenen Nachfolgeband der Club-of-Rome-Studie von 1972, wurden neue Erkenntnisse berücksichtigt, die Prognose blieb allerdings ähnlich düster wie in der ersten Untersuchung.

Zu Beginn des 21. Jahrhunderts veränderte sich die Situation bei den weltweiten Ressourcen. Einhergehend mit der sich dynamisierenden Globalisierung nach dem Ende des Kalten Krieges und dem Aufstieg Chinas und Indiens als Wirtschaftsmächte explodierten die Rohstoffpreise. Die Knappheit der Ressourcen rückte mit einem Male wieder in das Blickfeld. Dies fiel zusammen mit der Erkenntnis, dass die zunehmende Überbevölkerung des Erdballs und die Bedrohung des Lebensraums Erde durch eine sich abzeichnende schleichende Erderwärmung nach wie vor aktuell waren.

2004 folgte ein sogenanntes 30-Jahre-Update der Club-of-Rome-Studie. Sollte sich die Welt mit gleicher Dynamik weiterentwickeln, wurde dort prognostiziert, würde der Kollaps der Welt im Jahr 2030 eintreten. Unterm Strich aber, so heißt es dort mehr oder minder, sei es im Grunde schon zu spät. Selbst bei Durchführung ehrgeiziger Maßnahmen käme es bis spätestens 2100 durch Überbevölkerung, Umweltzerstörung und Klimaveränderung zum Zusammenbruch.

In einem *Zeit*-Interview hatte Meadows im Jahr zuvor gesagt: »Wir haben 30 Jahre verloren.«

64 Scheiße noch mal, Allende ergibt sich nicht!
Salvador Allende (1908–1973)

Für die Chilenen hatte das Datum des 11. September schon knapp drei Jahrzehnte vor den Anschlägen auf das Pentagon und das World Trade Center eine tragische Bedeutung bekommen.

An jenem Tag im Jahr 1973 beendete ein Militärputsch die Demokratie und zwang das Land für viele Jahre unter die Herrschaft einer Militärdiktatur. An jenem Tag endete für viele Chilenen auch endgültig der Traum von einem Staat, in dem ein demokratischer Sozialismus verwirklicht wurde. Er starb mit dem Tod des Präsidenten Salvador Allende Gossens.

Allende war der erste auf demokratischem Weg gewählte Präsident weltweit, der eine marxistische Überzeugung hatte. Etwas mehr als zwei Jahre nach der gewaltsamen Beendigung des Prager Frühlings 1968 in der Tschechoslowakei wurde sein Amtsantritt im Herbst 1970 zu einer neuen Hoffnung der Linken, und das, obwohl er für manche Revolutionäre eigentlich nicht den richtigen Stallgeruch besaß. Vielen Anhängern der reinen marxistischen Lehre schien er ein verkappter Bourgeois zu sein.

Allende stammte aus einer namhaften Familie des chilenischen Großbürgertums, war ein Liebhaber und Sammler von Keramik und moderner Kunst, Eigner einer Segelyacht und Besitzer von Rennpferden. 1908 in Valparaiso geboren, studierte er Medizin und promovierte. 1933 gehörte er zu den Gründern der Sozialistischen Partei Chiles, von 1939 bis 1942 Gesundheitsminister Chiles, wurde er 1945 in den Senat gewählt. Allende war ein gewiefter Politiker und er hatte Charisma. Mit einer dicken dunklen Hornbrille und einem gepflegten grauen Schnurrbart wirkte der untersetzte elegante Mann wie ein Grandseigneur. Sozialisten, Kommunisten und mehrere kleinere linke Parteien einigten sich kurz vor Weihnachten 1969 auf ihn als Präsidentschaftskandidaten und unterstützten ihn in dem sehr heterogenen Bündnis Unidad Popular.

Bei der Präsidentschaftswahl am 4. September 1970 erhielt Allende zwar die meisten Stimmen, konnte aber mit 36,3 Prozent Stimmanteil nur knapp eine relative Mehrheit auf sich vereinen. Der für das konservative Lager angetretene Jorge Alessandri folgte mit 34,9 Prozent. Radomiro Tomic, der Kandidat der Christdemokraten, hatte 27,9 Prozent der Wählerstimmen auf sich vereinen können.

Nun war es Aufgabe des chilenischen Parlaments, den Präsidenten zu wählen. Schon in dieser Phase gab es erste Versuche, einen Präsidenten Allende auf illegale Weise zu verhindern. Der amerikanische Konzern ITT bot der amerikanischen Regierung im September 1970 eine Million Dollar Unterstützung, sollte sie einen Amtsantritt Allendes noch abwenden.

Am 25. Oktober 1970 fiel der verfassungstreue General René Schneider einem Mordanschlag zum Opfer. Der amerikanische Geheimdienst CIA hatte bei der Vorbereitung geholfen. Ganz Chile war von dem Komplott geschockt. Zwei Tage später stimmten die Christdemokraten, als größte Partei im Parlament, einer Präsidentschaft Allendes zu. Allende garantierte im Gegenzug in einigen Verfassungszusätzen, Armee, Polizei, Bildungseinrichtungen, Pressefreiheit und die Freiheit der Parteien nicht anzutasten. So hatte Allende schon zu Beginn seiner Regierung nur einen sehr begrenzten Handlungsspielraum, eine sozialistische Gesellschaft aufzubauen. Er regierte mit einem Parlament, in dem er keine Mehrheit hatte, die Wohlhabenden des Landes waren nicht bereit, auf ihre Vorteile zu verzichten, die chilenische Wirtschaft war zudem in hohem Maße von ausländischen – vor allem US-amerikanischen – Investoren abhängig, Allendes eigene Klientel, die Linke, neigte zur gewaltsamen Durchsetzung ihrer Ziele, das Militär seinerseits drohte, auf jede Gewaltanwendung mit noch härteren Mitteln zu antworten.

Auf beiden Seiten schürten die unversöhnlichen Kräfte den Konflikt, während diejenigen, die einen Ausgleich suchten, an Einfluss verloren.

1971, im ersten Jahr von Allendes Präsidentschaft, erholte sich die kriselnde Wirtschaft. Und das, obwohl Allende in diesem Jahr bereits einige kostenintensive Sozialprogramme in Angriff nahm. Es gab bald täglich einen halben Liter Milch für jedes Kind unter 15 Jahren. Ein preiswertes Einheitsbrot wurde eingeführt, Löhne und Gehälter erhöht, wichtige Güter des täglichen Bedarfs blieben im Preis stabil.

Allende wollte den Sozialismus mit den Mitteln der Demokratie erreichen. Darin unterschied er sich von anderen marxistischen Revolutionären, die er bewunderte, wie Fidel Castro, Che Guevara und Ho Chi Minh. Allendes Vorhaben, das Land im sozialistischen Sinne umzugestalten, brachte ihm breite Unterstützung in der Bevölkerung ein. Doch eine absolute Mehrheit hatte er nie hinter sich.

Die extremen Linken versuchten die Gelegenheit zu nutzen, das Wirtschafts- und Gesellschaftssystem Chiles vollkommen zu verändern. Auf der anderen Seite taten die Extremen unter den politischen Gegnern Allendes ihrerseits ihr Möglichstes, das Land zu destabilisieren. Allende wurde immer mehr zum Gefangenen der Extremisten unter Freunden und Feinden.

Nachdem seine Regierung bereits mit Billigung der Christdemokraten die Kupferindustrie verstaatlicht hatte, wollten die extremen Linken mit den Verstaatlichungen fortfahren. Eifrige Volksfrontjuristen fanden schließlich ein Dekret aus dem Jahr 1932, als Chile für 100 Tage eine sozialistische Republik gewesen war. Dieses erlaubte es, Unternehmen zu enteignen, die »lebensnotwendige Güter« herstellten oder mit ihnen handelten. Auch holte man eine Arbeitsrechtsbestimmung hervor, die staatliche Interventionen bis zur Enteignung ermögliche, sofern eine Mehrzahl der Arbeitnehmer eines Unternehmens dies wünschte. Diese Bestimmungen wurden immer häufiger angewandt, selbst dann, wenn Allendes Regierung dies nicht wollte.

Die Unternehmer versuchten Allendes Politik immer vehementer zu attackieren. Gleichzeitig forderte die Arbeiterschaft nachdrücklich ihre Rechte ein. So streikten die Bergarbeiter der verstaatlichten Kupferindustrie Dutzende Male, weil sie nicht auf ihre hohen Löhne verzichten wollten.

Zweifellos hatte Allendes Wirtschaftspolitik einen erheblichen Anteil an den zunehmenden Spannungen, aber auch die extreme Linke, von den USA durchgesetzte Wirtschaftssanktionen, Druck amerikanischer Unternehmen und der Verfall des Kupferpreises auf dem Weltmarkt ließen das Land in die Krise schlittern. Das Staatsdefizit und die Inflation stiegen. Im Oktober 1971 bekannte Allende: »Wir haben keinen einzigen Dollar mehr.«

Streiks von Anhängern aller Lager waren nun an der Tagesordnung. Nicht nur Bauern und Arbeiter streikten, sondern auch Unternehmer. Die Gewalt eskalierte. Straßenschlachten tobten, rechte Terrorgruppen verübten Hunderte von Anschlägen.

1972 wandten sich die Christdemokraten endgültig von Allende ab. Sie warfen ihm vor, das Land zu einem zweiten Kuba zu machen. Im Herbst des Jahres spitzte sich die Situation weiter zu. Allende empfing seinen Freund Fidel Castro zum Staatsbesuch. Vor allem durch die Einbindung der Militärs konnte Allende die Lage noch einmal entspannen. Er ernannte den loyalen und demokratisch gesinnten General Carlos Prats zum Innenminister.

Bei den Wahlen im Frühjahr 1973 gewann die Volksfront Stimmen hinzu, doch die absolute Mehrheit hatte die Opposition. Sie verfügte jedoch nicht über die erforderliche Zwei-Drittel-Mehrheit, um Allende abzusetzen. Am 22. August 1973 warf der chilenische Kongress Allende in einer Abstimmung Verfassungsbruch vor. Drei der vier Oberbefehlshaber der chilenischen Teilstreitkräfte traten daraufhin von ihren Ministerposten zurück, die sie erst zweieinhalb Wochen zuvor angetreten hatten. Auch ihre Posten als Oberbefehlshaber gaben sie ab. Der ebenfalls zurückgetretene Chef des Heeres, General Carlos Prats, schlug General Augusto Pinochet als seinen Nachfolger vor, und Allende folgte dem Rat.

Doch Allendes Regierung stand zunehmend alleine da. Auch eine Reise in die Sowjetunion brachte ihm keine Hilfe. Der sowjetische Staatschef Leonid Breschnew verweigerte ihm Wirtschaftshilfe. »Ich habe den Dolch im Rücken«, sagte Allende bitter.

Bereits im Juni des Jahres war ein Putschversuch eines Panzerregiments vereitelt worden. Doch der nächste, der entscheidende Putsch folgte drei Monate später. Er begann im Morgengrauen des 11. September 1973. Marinesoldaten brachten die Hafenstadt Valparaiso unter ihre Kontrolle. Um 6.20 Uhr wurde Allende durch das Telefon geweckt und von den Ereignissen unterrichtet. Sofort versuchte er mit dem gerade erst von ihm ernannten Oberbefehlshaber der Streitkräfte Augusto Pinochet in Kontakt zu treten. Doch der war nicht zu erreichen. Allende fuhr unter Polizeischutz in die Moneda, einen im spanischen Kolonialstil erbauten Palast, früher die chilenische Münzanstalt und mittlerweile Amtssitz des chilenischen Präsidenten. Die Moneda steht im Zentrum Santiago de Chiles und sollte im Verlauf der späteren dramatischen und tragischen Ereignisse noch ein wichtiger Schauplatz werden.

Dort erhielt Allende um 8.20 Uhr einen Anruf der Putschisten. Ein Luftwaffengeneral forderte ihn auf, zurückzutreten, und bot ihm an, ihn mit seiner Familie außer Landes fliegen zu lassen. Ein Flugzeug stehe bereit. Doch Allende lehnte ab: »Ein chilenischer Präsident flüchtet nicht.« Kurz zuvor hatten die Putschisten bereits über das Radio erklärt, dass Präsident Allende seines Amtes enthoben und das Kriegsrecht ausgerufen sei. Sich selbst bezeichneten sie als Militärregierung. Nun war klar, dass General Augusto Pinochet den Putsch anführte. Um 8.30 Uhr umstellten Panzer die Moneda.

Allende erklärte über den Radiosender Portales: »Ich werde nicht zurücktreten. Ich werde es nicht tun, solange ich lebe.«
Eine halbe Stunde später wurde der Sender bombadiert. Trotz der Anordnung der Putschisten an alle Sender, ihre laufenden Programme einzustellen, gelang es Allende, über *Radio Magellanes* seine letzte Rede an das Volk zu halten. Über Santiago kreisten Hubschrauber. Die Bevölkerung war aufgefordert worden, die Häuser nicht zu verlassen. Wer sich widersetzte, dem drohte die Erschießung. Um 9.30 Uhr stellten die Militärs Allende ein Ultimatum. Er habe mit seinen Anhängern und Beschützern die Moneda bis 11.00 Uhr zu verlassen und sich zu ergeben, ansonsten drohe der Beschuss durch die Luftwaffe. Allende lehnte erneut ab. Kurz vor Ende des Ultimatums verließen zwei seiner Töchter und einige Bedienstete das belagerte Gebäude. Doch die Männer der Präsidentenwache und einige Vertraute blieben. Dann, um 12 Uhr, überflogen zwei Kampfjets die Moneda und begannen sie zu bombardieren. Auch Panzer schossen. Dichter Rauch stieg aus dem Gebäude auf, Feuer loderte aus Fenstern. Hubschrauber schossen auf umliegende Gebäude, überall dorthin, wo jemand hinter einem Fenster zu sehen war. Eine halbe Stunde später versuchten die Putschisten, die Moneda zu stürmen. Doch es gelang ihnen erst um 14.00 Uhr, das Gebäude unter Kontrolle zu bringen. Kurz zuvor hatte Allende seine Leute angewiesen, sich zu ergeben. Er selbst zog sich in den »Saal der Unabhängigkeit« zurück. Die letzten Worte, die man von ihm hörte, waren: »Scheiße noch mal, Allende ergibt sich nicht.«

Seinem Freund Fidel Castro hatte er einmal gesagt: »Vor dem Ablauf meiner Amtszeit werde ich die Moneda nur auf einem Weg verlassen – in einem Sarg aus Pinienholz.« Es war schließlich ein Gewehr, das Castro ihm geschenkt hatte, mit dem Allende an jenem Tag seinem Leben ein Ende setzte. Er ging in einen verlassenen Raum des Palastes, setzte sich in einen Stuhl, dann fiel der Schuss.

Das berühmt gewordene letzte Foto vom lebenden Salvador Allende zeigt ihn, wie er flankiert von Leibwächtern aus einer großen Tür heraustritt. Angespannt beobachten sie den Himmel, die umliegenden Häuser. Allende trägt ein Gewehr und einen Armeehelm.

Als der Putsch in Chile schließlich geglückt war, wurden zwei Drittel der Einwohner Südamerikas von repressiven antikommunistischen und antidemokratischen Militärregimes beherrscht.

In der Auseinandersetzung zwischen dem System des Kommunismus unter Führung der Sowjetunion und den pluralistischen Gesellschaften unter Führung der USA ist der Sturz Allendes ein dunkles Kapitel der Außen- und Machtpolitik der USA. Die US-Regierung unter Richard Nixon hatte den Putsch eindeutig gefördert. In welchem Ausmaß, darüber streiten die Historiker. Fakt ist: Eine Demokratie war mit brutalen Mitteln zerstört worden.

Das Vorgehen des Militärs unter der Führung Pinochets gegen die eigene Bevölkerung war nicht zu rechtfertigen. Selbst politische Kräfte, die angesichts des zunehmenden Chaos im Land einen Putsch unterstützt hatten, waren bald entsetzt. Die Militärs verhafteten, folterten und töteten politische Gegner. Erst Ende der Achtzigerjahre gelang Chile die Rückkehr zur Demokratie. 1990 löste schließlich der Christdemokrat Patricio Aylwin als Kandidat eines breiten Mitte-Links-Bündnisses nach freien Wahlen Pinochet als Staatspräsidenten ab. Pinochet wurde für die Verbrechen während seiner Diktatur nie verurteilt.

65 That's Lucy in the sky with diamonds
Julian Lennon (geb. 1963)

Eines Tages im Jahr 1966 kam der kleine Julian Lennon vom Kindergarten nach Hause und brachte ein Bild mit, das er dort gemalt hatte. Sein Vater John Lennon betrachtete es. Das Bild zeigte ein Mädchen, umgeben von lauter glitzernden, sternähnlichen großen Objekten. John Lennon fragte seinen Sohn, was das sei. »Das ist Lucy im Himmel mit Diamanten«, antwortete er. Lucy O'Donnell war ein Mädchen, das mit Julian den Kindergarten besuchte und das ihn zu jener Zeit besonders faszinierte. John Lennon nahm immer wieder Anregungen aus dem Alltag auf und verarbeitete sie in den Texten seiner Songs. Er experimentierte in diesen Tagen mit Marihuana und LSD. Bob Dylan hatte Lennon und seine Bandkollegen mit den Drogen bekannt gemacht. Während der Arbeiten am Album *Sergeant Peppers Lonely Hearts Club Band* war Lennon, bis dahin uneingeschränkter

Chef der Band, in einer Lebenskrise. Paul McCartney, zu jener Zeit in angeregtem Austausch mit der Londoner Avantgarde, übernahm mehr und mehr das Zepter bei den Studioaufnahmen. Dennoch gelangen Lennon für das Album, das 1967 erschien, einige seiner einprägsamsten Songs und Texte. Dazu gehörte auch der von »Lucy in the Sky with Diamonds«.

Der Einfluss von Drogen war sowohl in der Musik als auch in dem von Lewis Carolls *Alice im Wunderland* inspirierten wunderlichen Text des Liedes nicht zu leugnen. Als den Beatles allerdings unterstellt wurde, »Lucy in the Sky with Diamonds« sei ein mehr oder minder versteckter Hinweis auf LSD, protestierte Lennon und erzählte die Geschichte von dem Bild Julians. Es nützte nichts. Die BBC weigerte sich, den Song zu senden, und letztlich blieb das Kürzel LSD unweigerlich mit »Lucy in the Sky with Diamonds« verbunden. Der Song wurde ein Klassiker der Rockmusik.

Sieben Jahre später erfüllte sich in Afrika für einen Mann ein Traum, den er bereits als kleiner Junge geträumt hatte. Donald Johansons Vater war gestorben, als er erst zwei Jahre alt war. In Hartford, der Hauptstadt des US-Bundesstaates Connecticut, wuchs der Junge daher zu Beginn der Fünfzigerjahre in ärmlichen Verhältnissen auf. Eines Tages, er war mittlerweile acht, lernte Donald einen Nachbarn kennen, der immer mit seinem Hund spazieren ging: »Sein Hund stellte mich ihm vor«, sagte er über die erste Begegnung. Der Nachbar hieß Paul Lazer und er war Professor für Anthropologie. Der Professor und Donald freundeten sich an. Der Junge begeisterte sich nicht nur für die zahlreichen Bücher im Haus des Gelehrten, sondern auch für die Geschichten, die er von seinen Erlebnissen im fernen Afrika, etwa in Tansania oder Malawi, zu erzählen wusste. Für den Jungen wurde der Gelehrte zu einem Vaterersatz. Er verfiel der Anthropologie und Jahre später ging er auch nach Afrika und begann dort nach Überresten von Urmenschen zu graben.

Mit seinem Kollegen Tom Gray fand Donald Johanson schließlich am 30. November 1974 bei Hadar in einem unwirtlichen Gebiet am Fluss Awash in Äthiopien das Skelett eines fast 3,2 Millionen Jahre alten Hominiden. Die beiden Forscher gehörten in jenen Tagen einer französisch-amerikanischen Expedition unter Führung des Geologen Maurice Taieb an.

Nahezu ein Jahr zuvor hatten die Forscher in der Nähe bereits das obere Ende eines Schienbeins und das untere Ende eines Oberschenkelknochens gefunden. Sie waren überzeugt, dass diese über drei Millionen Jahre alten Knochen zu einem Urmenschen gehörten, der aufrecht gehen konnte. Nun, an jenem Morgen des 30. November 1974, suchte Johanson gemeinsam mit dem Postdoktoranden Tom Gray an einem Hang etwa zehn Kilometer vom Lager entfernt. Gegen Mittag stießen die beiden Männer auf weitere Knochen. Als sich schließlich herausstellte, dass man zusammenhängende Fragmente von Armen, Beinen und Rumpf eines Urmenschen entdeckt hatte, war den Forschern bewusst, dass sie einen außergewöhnlichen Fund gemacht hatten. Im Lager feierte das Forscherteam den Erfolg. Den ganzen Abend lief bei ausgiebigem Genuss alkoholischer Getränke von einem Tonband immer wieder das gleiche Lied. Es war »Lucy in the Sky with Diamonds«.

Irgendwann in der Nacht kam die Frage auf, wie man den Fund nennen solle. Johanson schlug nach eigener Aussage vor, diesen nicht »partielles Australopithecus-Skelett von Fundort 288« zu nennen, sondern ihm den Namen Lucy zu geben.

Das Skelett von Lucy befindet sich heute im Nationalmuseum Äthiopiens.

Der Zeitpunkt, zu dem Lucy gefunden wurde, markierte auch eine Zeitenwende für Äthiopien. Zweieinhalb Monate zuvor hatten die Militärs geputscht. Unter der Führung des Offiziers Mengistu Haile Mariam begannen sie das Land kommunistisch umzugestalten.

Die Militärs hatten nicht irgendeine Regierung gestürzt, sondern den äthiopischen Kaiser Haile Selassie. Ras – sein königlicher Titel – Tafari Makonnen – so sein Geburtsname – galt als Auserkorener Gottes und als der 225. Nachfolger König Salomons. Im fernen Jamaika war in den Dreißigerjahren eine christliche Bewegung entstanden. Die Anhänger dieser Bewegung glaubten, dass durch Haile Selassie eine Prophezeiung des Gründers der Back-to-Africa-Bewegung, Marcus Garvey, wahr geworden war. Er hatte in den Zwanzigerjahren die Krönung eines »mächtigen Königs« in Afrika vorausgesagt. Als das mit Haile Selassie 1930 in Äthiopien geschah, bildete sich in Jamaika die Heilserwartungsbewegung der Rastafari. Anders als viele Muslime, Juden und Christen warteten sie nicht mehr auf das erneute

Erscheinen des Messias. Für die Rastas war Haile Selassie die Inkarnation Gottes auf der Erde.

Die Rastafari-Bewegung wurde in den Siebzigern über die gerade entstandene Reggae-Musik und ihren wichtigsten Protagonisten Bob Marley weltweit bekannt. Laut Marley heißt Reggae »Musik des Königs«, hat also Einflüsse von Ras und Rastafari. Andere sagten, der Name Reggae sei abgeleitet von streggae, einem jamaikanischen Slangwort für »leichtes Mädchen«. Auch die Dreadlocks und die ungestutzten Bärte der Rastafari sowie der Gebrauch von Cannabis, das die Rastas oft für rituelle Zwecke rauchen, wurden von der Jugendkultur aufgenommen.

Im Juni 1980 erschien ein besonderer Tourist auf den Bermudas: John Lennon. Die Beatles hatten sich zehn Jahre zuvor aufgelöst, Lennon seit fünf Jahren keine Musik mehr veröffentlicht. Er hatte Marihuana im Gepäck und ließ seinen Assistenten ein Haus in einer Bucht mieten. Der Assistent kaufte auch einen Radiorekorder und Musikkassetten. Lennon stieß auf eine Kassette mit Musik von Bob Marley. Er legte sie ein, rauchte dazu einen Joint und erzählte seinem Assistenten, dass er dieses Album erstmals während eines LSD-Trips gehört hatte.

Plötzlich erklang die Textzeile »we got to keep on living, living on borrowed time«. Lennon war wie elektrisiert. Das würde der Titel eines neuen Liedes werden: »Living on borrowed time«. Wenige Monate später erschien mit *Double Fantasy* seine erste Langspielplatte seit Jahren. Kurz darauf, am 8. Dezember 1980, wurde er von einem geisteskranken Attentäter erschossen. Der Song »Borrowed Time«, der auf *Double Fantasy* nicht zu hören war, wurde erst vier Jahre nach Lennons Tod als seine letzte Single veröffentlicht.

66 Anything goes!
Paul Feyerabend (1924 – 1994)

Der Schüler hört dem Lehrer zu und lernt von ihm. Doch zuweilen kommt es vor, dass ein Schüler, der besonders gut von seinem Lehrer lernt, einen eigenen Kopf hat und das Gelernte so umsetzt, wie es nicht im Sinne des Lehrers war. So geschehen im antiken Athen, als der Schüler Aristoteles sich anschickte, die Ideenwelt seines Lehrers Platon auf den Kopf zu stellen, sodass dieser schließlich seufzte: »Aristoteles hat gegen mich ausgeschlagen, wie es junge Fohlen gegen ihre Mutter tun.«

Mehr als zwei Jahrtausende später ging im Jahr 1952 ein junger Österreicher nach London, um dort bei einem Denker zu studieren, den er zunächst bewunderte und gegen den er später noch heftiger »ausschlagen« sollte, als es ehedem Aristoteles gegen Platon getan hatte. Der Name des jungen Studenten war Paul Karl Feyerabend, der Name des Lehrers Karl Raimund Popper.

Feyerabend hatte ab 1946 zunächst Theaterwissenschaft in Weimar studiert. Im Jahr darauf ging er zurück nach Wien und widmete sich dort der Geschichte, Astronomie und Mathematik. Er lernte den Philosophen Victor Kraft kennen und nahm an dessen philosophisch-naturwissenschaftlichem Diskussionskreis teil. In dieser Runde traf er Ludwig Wittgenstein, von dem er zeit seines Lebens begeistert sein sollte.

Ursprünglich hatte Feyerabend, nachdem ihm ein Stipendium gewährt worden war, bei Ludwig Wittgenstein in Cambridge studieren wollen. Doch der war im Vorjahr am 29. April 1951 verstorben, und so entschied sich Feyerabend, zu Popper an die London School of Economics zu gehen.

Popper hatte die philosophische Denkschule des Kritischen Rationalismus begründet. Diese forderte, dass jede Theorie auf ihre Richtigkeit überprüfbar sein musste. Das bestenfalls Erreichbare für eine Theorie war laut Popper, dass sie ihrer Überprüfung standhielt. Das hieß auch, dass jede Theorie im Grunde vorläufig ist. Sie gilt, bis sie widerlegt wird.

Die Vernunft war für Popper äußerst wichtig. Kritik erntete Popper, weil man ihm vorwarf, dass sein Denksystem auf der Ausschließlichkeit der von ihm definierten Vernunft beharrte. Und gerade das forderte Feyerabend heraus. Denn er verstand etwas anderes unter Vernunft als Popper.

Feyerabend war zunächst ein Anhänger von Poppers Haltung. Doch dann entfloh er dem nach seiner Ansicht allzu starren und wenig kreativen Gerüst Poppers und schließlich der gesamten gängigen Philosophie seiner Tage. Vernunft, so Feyerabend, durfte weder in einer Ideologie, in einer Tradition noch in einem Denkgerüst definiert sein. Feyerabend nannte Popper später unter anderem »Ayatollah Popper«, weil dieser abtrünnige Schüler ächtete und äußerst allergisch auf Kritik an seiner Philosophie reagierte.

Nach einem ersten Lehraufenthalt an der Universität von Bristol ging Feyerabend in die USA, wo er 1958 das Angebot annahm, ein Jahr an der Universität von Berkeley in Kalifornien zu verbringen. In Berkeley wurde er 1959 Professor für Philosophie und die Stadt sollte ihm schließlich für drei Jahrzehnte als Hauptwohnsitz dienen, obwohl Feyerabend während seines gesamten Lebens ein rastloser Mensch blieb, der immer wieder weltweit Gastprofessuren annahm.

In Kalifornien änderte sich Feyerabends Sicht auf das Leben und auf die Philosophie. Die Atmosphäre jener Tage beeinflusste sein Denken. Er war beeindruckt von der beginnenden Flower-Power-Bewegung, von den Studenten, denen er begegnete, und ließ sich von den unkonventionellen Ideen anstecken, die in Diskussionsrunden auf ihn einströmten. 1964 gründeten Studenten der Universität von Berkeley die Bewegung Free Speech Movement, die bis in das nachfolgende Jahr hinein durch ihre Protestaktionen für Aufsehen sorgte und großen Einfluss auf die Bürgerrechtsbewegung hatte. Feyerabend war überzeugt davon, er könne sich nicht anmaßen, diesen jungen Menschen zu sagen, wie sie zu denken hätten. Stattdessen machte er sich einen Namen als unkonventioneller Universitätslehrer und als origineller Wissenschaftstheoretiker. Doch sein Lehrstil und seine zunehmend querdenkerischen Ansichten schufen ihm auch Feinde.

1970 veröffentlichte Feyerabend einen Aufsatz mit dem Titel »Against Method«. 1974 folgte das Buch, das 1975 in Deutschland unter dem Titel *Wider den Methodenzwang* erschien. Feyerabend führte darin einen Generalangriff gegen jegliche Methodologie in der

Wissenschaft. Berühmt wurde die Kernaussage des Buches durch das darin propagierte Schlagwort »Anything goes!«. Feyerabend forderte, dass die Wissenschaft sich nicht abhängig machen sollte von der »Sucht nach geistiger Klarheit, Präzision, ›Objektivität‹, ›Wahrheit‹«, sondern sich allen Methoden zuwenden solle, die dem Fortschritt dienen können.

Er wies darauf hin, dass das Schlagwort »Anything goes!« keine methodologische Regel sei, deren Anwendung er empfehle, sondern »eine scherzhafte Beschreibung der Situation meiner Gegner nach Vergleich ihrer Regeln mit der wissenschaftlichen Praxis«. Denn für Feyerabend waren zahlreiche Durchbrüche in der Geschichte der Wissenschaft gerade deshalb gelungen, weil Regeln der Methodologie gebrochen wurden und auch der Rationalismus zum Teil beiseitegelassen wurde.

Feyerabend machte auf Fehler und Inkonsistenzen in Poppers Denken aufmerksam, wie etwa auf die Forderung Poppers, dass eine neue – bessere – Theorie einer bestehenden anerkannten Theorie nicht widersprechen darf. Dieser Auffassung zu folgen, so Feyerabend, hieße nicht unbedingt, dass die bessere Theorie Gültigkeit gewänne. Die ältere anerkannte Theorie könne ja falsch sein, auch wenn der Widerspruch der neuen Theorie das vielleicht nicht gleich erkennen lasse.

Den Rationalismus Poppers ordnete Feyerabend neben dem Rationalismus Immanuel Kants und René Descartes' einem »naiven Rationalismus« zu. Ebenso beschränkt wie dieser naive Rationalismus, der nach Feyerabend zu Regeln und Normen führe, die als universell angenommenen werden, die jedoch auch zu hinterfragen sind, sei der »kontextabhängige Rationalismus«. Unter diesem Schlagwort siedelte er das Denken von Karl Marx an. Marx' Rationalismus sei zwar nicht universell, gebe aber vor, wann etwas rational ist und wann nicht. Feyerabend kam zu dem Schluss, dass die Regeln sowohl in Poppers Kosmos als auch in dem von Marx begrenzt seien.

Linke, Anarchisten und postmoderne Denker berufen sich oft auf Feyerabend. Das ist nur zum Teil berechtigt. Er lehnte Formen von politischem Anarchismus und esoterische Religionsströmungen ab, da diese naiv seien. Den Pluralismus der Methoden und der Maßstäbe forderte Feyerabend, weil Wissenschaftler sich im Rahmen ihrer Forschung immer wieder nicht vorher zu bestimmenden Gegebenheiten anpassen müssen. Da sie ein bestimmtes Ziel vor Augen haben, das sich verändern kann, tun sie das, was in einem bestimmten Augenblick das Beste ist. Er befürwortete die Vernunft, hielt sie aber nicht für das einzige wichtige Kriterium, um zu Erkenntnissen zu gelangen. Regeln lehnte Feyerabend keineswegs ab, doch sie dürften nicht starr, sondern müssten »kontextgebunden« sein.

Feyerabends »Anything goes!« bleibt in der Philosophie des 20. Jahrhunderts als der ermutigende Aufruf an alle Wissenschaftler, trotz des Erbes, trotz der Traditionen immer wieder neue Wege zu suchen. Zuweilen als Dadaist der Philosophie bezeichnet, ist Feyerabend damit eher ein Denker, der von Ballast befreien kann und Mut macht, neue, eigene Wege zu beschreiten.

Wer Visionen hat, sollte zum Arzt gehen   67
Helmut Schmidt (geb. 1918)

Gleich vorweg: Bei diesem Satz ist umstritten, wann und wo er zum ersten Mal fiel und wer der Urheber ist. Neben Helmut Schmidt wird er auch dem ehemaligen österreichischen Bundeskanzler Franz Vranitzky zugeschrieben.

»Wer Visionen hat, sollte zum Arzt gehen.« Vielleicht ist dieser Satz auch nur ein Beispiel dafür, wie eine Aussage, die besonders treffend für einen möglichen Urheber zu sein scheint, diesem nach und nach zugeeignet wird. Denn kaum ein anderer Satz kann Charakter, Haltung, Arbeit und Person des Politikers Helmut Schmidt treffender beschreiben.

Schmidt ist ein Anhänger der politischen Philosophie Karl Raimund Poppers. Dieser hatte neben der Entwicklung seiner Wissenschaftstheorie des Kritischen Rationalismus ab den Dreißigerjahren seine Aufmerksamkeit verstärkt darauf gerichtet, über ein Gesellschafts- und Staatsmodell nachzudenken, das die Freiheit des Individuums dauerhaft sichern könne. Sowohl den Marxismus als auch den Faschismus, die in den Zwanziger- und Dreißigerjahren des 20. Jahrhunderts in Europa zahlreiche Staaten dominierten, idenifizierte Popper als Ergebnisse des Wunsches, eine Gesellschaft zu schaffen, die an einen Endpunkt gelangt sei. Als Endpunkt sahen diese Ideologien den »perfekten Staat«, der ein wie auch immer definiertes »Glück für den Menschen« verwirklichen könne. Popper wertete aber gerade dieses Ziel der beiden Weltanschauungen als Grund allen Übels in den Gesellschaften, die sich ihnen verschrieben hatten. Sowohl der Faschismus als auch der Marxismus sind Ideologien, gekennzeichnet von der nur geringen Möglichkeit, sie zu modifizieren. Lebensentwürfe und -formen, die nicht in ihr hermetisches System passen, werden nicht geduldet. Popper nannte derlei streng reglementierte Gesellschaften »geschlossene Gesellschaften«, in die im Übrigen die Vision jeder Ideologie münde. Sie seien totalitär und reglementiert. Versprechen und Realität dieser Gesellschaften fasste er in dem berühmten Satz zusammen: »Der Versuch, den Himmel auf Erden einzurichten, produziert stets die Hölle.« Popper setzte den »geschlossenen Gesellschaften« den Entwurf der »offenen Gesellschaft« entgegen. Diese ist gekennzeichnet durch die größtmögliche Freiheit für den Einzelnen, die Beschränkung der Macht der Regierenden durch Gewaltenteilung und durch Wahlen.

Eine liberale Demokratie war für Popper das praktische Ergebnis der Idee einer offenen Gesellschaft, sie sei daher auch die mit Abstand effektivste Regierungsform. Dies ist vor allem interessant angesichts der Stimmen, die in Krisenzeiten nach einem »starken Mann« rufen.

Ein »starker Mann« war der Politiker Helmut Schmidt. Er war jedoch im Sinne Poppers ein starker Mann, der den vorgegebenen staatlichen Rahmen nie überschritt. Schmidt sah sich immer als Diener einer offenen Gesellschaft.

Im Mai 1974 wurde er Bundeskanzler der Bundesrepublik Deutschland. Willy Brandt, der bisherige Amtsinhaber, war zurückgetreten. Brandts persönlicher Referent Günter Guillaume war als Spion der DDR enttarnt worden und Brandt wollte zu erwartenden Angriffen auf seine Person zuvorkommen.

Brandt, der für das Visionäre stand – bei seiner Regierungserklärung zum Amtsantritt hatte er ausgerufen: »Wir wollen mehr Demokratie wagen« –, öffnete in der Ostpolitik neue Wege und leistete wesentliche Beiträge zur Aussöhnung. Das Bild seines Kniefalles am

7. Dezember 1970 in Warschau als Geste der Reue für deutsche Verbrechen während des Zweiten Weltkriegs ging um die Welt. Mit den Ostverträgen versuchte Brandt, eine friedliche Koexistenz mit dem Ostblock einzugehen.

Helmut Schmidt war zwar nicht weniger charismatisch als Willy Brandt, aber von völlig anderem Habitus. Während Brandt eine manchmal fast verträumt und entrückt wirkende väterlich-freundschaftliche Leitfigur war, dessen sanfte Ausstrahlung und raue Stimme die Menschen gefangen nahm, wirkte Schmidt wie ein strenger, verlässlicher Generaldirektor. Er verkörperte die Vernunft, Brandt eher den Traum. Nicht von ungefähr gibt es also Stimmen, die Schmidt den Satz »Wer Visionen hat, sollte zum Arzt gehen« in Bezug auf Willy Brandt zuordnen.

Der Sozialdemokrat Helmut Schmidt war als Innensenator der Stadt Hamburg durch sein beherztes Eingreifen bei der großen Flutkatastrophe von 1962 bekannt geworden. 1969 trat er als Verteidigungsminister in das erste sozial-liberale Kabinett von Willy Brandt ein. Im zweiten Kabinett Brandt wurde Schmidt im Dezember 1972 Finanzminister. Als Helmut Schmidt 1974 das Amt des Bundeskanzlers übernahm, war er vom ersten Augenblick als Krisenmanager gefragt. Die Weltwirtschaftskrise infolge des Ölembargos der arabischen Ölförderländer hatte auch die Bundesrepublik Deutschland im Griff. Die arabischen Staaten hatten das Ölembargo verhängt, weil sie durch den arabischen Angriff auf Israel im Jom-Kippur-Krieg im Herbst 1973 ihre militärischen Ziele nicht erreicht hatten. Über die Drosselung der Ölfördermenge und die Erhöhung des Ölpreises versuchten sie Druck auf die westlichen Industrieländer auszuüben, die fast alle Israel unterstützten.

Schmidt sah vor allem die weltweiten Gefahren dieser Wirtschaftskrise: »Hier handelt es sich um staatsmännische Aufgaben von so hohem Rang, dass lediglich die Erhaltung des Weltfriedens noch höher einzuschätzen ist«, zitierte ihn *Der Spiegel*.

Unter dem Namen G6 fand im November 1975 von Helmut Schmidt und Valéry Giscard d'Estaing initiiert der erste Weltwirtschaftsgipfel im Schloss von Rambouillet statt. Ziel des Treffens war es, nach Lösungsmöglichkeiten angesichts der Ölkrise und anderer weltwirtschaftlicher Probleme zu suchen. Neben Schmidt als Vertreter der Bundesrepublik Deutschland und d'Estaing als Präsident von Frankreich nahmen US-Präsident Gerald Ford für die USA, Harold Wilson als Premierminister Großbritanniens, der Premierminister von Japan Takeo Miki und der italienische Regierungschef Aldo Moro teil. Man beschloss, für eine stabilere Weltwirtschaft künftig enger und koordinierter zusammenzuarbeiten.

Schmidt stellte sich auch der Verschärfung des Kalten Krieges, die mit der Stationierung neuer Mittelstrecken durch die Sowjetunion entstand. Er trat entschlossen der terroristischen Gewalt entgegen, insbesondere im Deutschen Herbst 1977, als der Arbeitgeberpräsident Hanns-Martin Schleyer entführt wurde und auch als ein palästinensisches Kommando kurz darauf eine deutsche Passagiermaschine entführte, wodurch Mitglieder der Roten Armee Fraktion (RAF) freigepresst werden sollten. Schmidt weigerte sich, den Forderungen der Terroristen nachzugeben. Er wusste, der Staat durfte nicht erpressbar sein. Diese Standhaftigkeit kostete seinen Freund Hanns-Martin Schleyer das Leben. Schmidt selbst war tief getroffen, doch von der Richtigkeit seines Handelns überzeugt. Er verfügte in jener Zeit für den Fall, dass er oder seine Frau entführt werden sollten, den Forderungen der Entführer ebenfalls nicht nachgegeben werden dürfe.

1982 verlor Helmut Schmidt sein Amt durch ein konstruktives Misstrauensvotum im Bundestag. Die FDP, bislang Koalitionspartner der SPD, hatte beschlossen, ein Bündnis mit Helmut Kohl und der CDU/CSU einzugehen. Gründe für den Koalitionswechsel waren zunehmende Meinungsverschiedenheiten in der Wirtschafts- und Sozialpolitik und das von der FDP argwöhnisch betrachtete zunehmende Abrücken der SPD vom NATO-Doppelbeschluss, den Schmidt herbeigeführt hatte und für den er nach wie vor stand.

Geärgert, verunsichert oder gestört hat Schmidt laut eigener Aussage keines der »Klischees« über ihn. Außer vielleicht die »abschätzig gemeinte« Aussage, »dieser Schmidt ist ja bloß ein Macher«, sonst »habe er keine Theorien im Kopf«.

Schwerter zu Pflugscharen!
Bibel

68

Zwei Bogenschützen stehen sich in einiger Entfernung mit gespanntem Bogen gegenüber. Auge in Auge zielen sie mit dem tödlichen Pfeil auf den jeweils anderen. Sollte der eine schießen, hätte der andere noch genug Zeit, auch seinen Pfeil abzuschießen: »Wer zuerst schießt, stirbt als Zweiter.«

So etwa lässt sich die Situation des Kalten Krieges beschreiben. Zwei potenzielle Gegner waren durch den Besitz der Atombombe in der Lage, einen Feind gleich mehrfach auszulöschen. Auf der einen Seite standen die Staaten der westlichen Demokratien, die sich unter der Führung der USA im Militärbündnis NATO zusammengeschlossen hatten, auf der anderen die kommunistischen Staaten des sogenannten Ostblocks, die im Warschauer Pakt unter der Führung der Sowjetunion organisiert waren.

Bei Ende des Zweiten Weltkriegs waren die USA die uneingeschränkte Weltmacht. Sie konnte nicht nur auf eine riesige Militärmaschinerie vertrauen, sondern auf die mit Abstand größte Wirtschaftskraft der Welt. Der Krieg hatte amerikanischen Boden, sieht man von dem japanischen Überfall auf den Marinestützpunkt Pearl Harbor einmal ab, im Grunde verschont. Nun besaßen die USA auch noch die Atombombe und alle Welt hatte erfahren, dass man sie auch einzusetzen bereit war.

Josef Stalin setzte in der Sowjetunion alles daran, so schnell wie möglich ebenfalls in den Besitz von Atomwaffen zu kommen, und 1949 gelang schließlich der erste erfolgreiche Test einer sowjetischen Atombombe. Die Fortschritte in der Raketentechnik führten schließlich dazu, dass sowohl die USA als auch die Sowjetunion gegen Ende der Fünfzigerjahre theoretisch in der Lage waren, nahezu jeden Punkt auf der Erde mit einer Atomwaffe zu treffen.

Spätestens jetzt begann das makabre strategische Spiel des »Gleichgewichts des Schreckens«.

In den frühen Sechzigerjahren formulierte Robert McNamara als Verteidigungsminister John F. Kennedys das Konzept der gesicherten wechselseitigen Zerstörung MAD (Mutual Assured Destruction). Die

Doppeldeutigkeit des Begriffs der MAD-Doktrin (»mad« ist das englische Wort für »verrückt«) legte den Wahnsinn der Situation offen.

Im Konzept von MAD galt es, den potenziellen Gegner im sicheren Glauben zu lassen, dass er im Falle eines Angriffes damit rechnen musste, durch Atomwaffen vernichtet zu werden. Dazu gehörte auch, dass der potenzielle Angreifer nie sicher sein konnte, mit einem atomaren Erstschlag einen atomaren Gegenschlag verhindern zu können. Aus diesem Grund waren nicht nur Raketen Atomwaffenträger, sondern auch Flugzeuge und schwer zu ortende U-Boote.

Der Kalte Krieg führte in seinem Verlauf zu einem atomaren und konventionellen Wettrüsten. Die Anzahl von Langstreckenbombern, Interkontinentalraketen und Panzern wurde gegeneinander aufgerechnet. Wichtig war auch, wo sie stationiert waren und wer wie viele Waffen der neuesten Generation besaß. Der Vergleich der Waffenpotenziale war auch ein ständiger Abgleich in der Frage nach der eigenen Sicherheit. Auch in dieser Hinsicht war der Kalte Krieg ein Psychokrieg.

Die USA hatten in Europa Atomwaffen stationiert, die auf die Sowjetunion gerichtet waren. Ein Angriff auf Europa wäre somit ein Angriff auf die USA gewesen.

In den Siebzigerjahren gelang es im Rahmen der Entspannungspolitik, mit den Verträgen SALT I (unterzeichnet 1972) und SALT II (1979) erste Abrüstungsabkommen zu schließen. Sie sollten die Anzahl der Atomwaffen begrenzen.

Ab 1976 begann die Sowjetunion, ältere Atomraketen durch neue, technisch verbesserte und zielgenauere Raketen nach und nach zu ersetzen. Diese SS-20-Raketen drohten nach Ansicht des deutschen Bundeskanzlers Helmut Schmidt die Abschreckungskomponente der MAD-Doktrin zu zerstören. Das von der NATO vergebene Kürzel SS stammt von der Bezeichnung »surface to surface«, was die Rakete als Boden-Boden-Rakete auswies.

Das Thema beschäftigte Schmidt schon seit geraumer Zeit. Denn er beobachtete, wie die USA und die Sowjetunion in den SALT-Verhandlungen zwar über Atomwaffen sprachen, mit denen sie sich direkt bedrohten, nicht aber über jene Kernwaffen mit kürzeren Reichweiten, die in Europa stationiert waren. Die SS-20-Raketen schienen nun die Sowjetunion in den Glauben zu versetzen, ein begrenzter Atomschlag auf Europa sei möglich, ohne dass es zwingend zu dem bislang zu erwartenden Gegenschlag käme.

Zentraler Punkt von Schmidts Sorge war die aus dieser Situation entstehende Gefahr einer Erpressbarkeit der westeuropäischen NATO-Staaten. Denn war die USA im Falle eines begrenzten nuklearen Angriffs auf Westeuropa bereit, diesem mit einem Vergeltungsschlag zu begegnen? Womöglich nicht.

Am 28. Oktober 1977 nutzte er die alljährlich vom International Institute of Strategic Studies (IISS) in London organisierte Alastair-Buchan-Gedenkrede zu Ehren des ersten Direktors des Instituts, die zu halten er in diesem Jahr gebeten worden war, um auf die Gefahren für Westeuropa hinzuweisen, die aus der gerade im Ostblock beginnenden Stationierung neuer Mittelstreckenraketen vom Typ SS-20 erwuchsen.

Zweifellos wollten die Sowjets mit den SS-20 ihre strategische Stellung verbessern. Die SS-20 waren mobil und konnten schwer getroffen werden. Da eine SS-20-Rakete mit drei Sprengköpfen ausgestattet war, konnte sie drei Großstädte mit einem Schlag zerstören. Während die Sowjets die neuen Raketen mit ungeheurer Geschwindigkeit stationierten, blieben die Vorgänger SS-4 und SS-5, die nur einen atomaren Sprengkopf trugen, weiter auf Westeuropa gerichtet.

Der maßgeblich auf Schmidts Initiative im Dezember 1979 verabschiedete NATO-Doppelbeschluss besagte schließlich: Nur wenn die Sowjetunion auf die Stationierung der SS-20 verzichte, werde man im Gegenzug von der Stationierung von Pershing-II-Mittelstrecken-Raketen und bodengestützten Marschflugkörpern (Cruise Missiles) in Europa absehen.

Besondere Bedeutung gab dem Beschluss die Tatsache, dass im November 1979 gerade sowjetische Truppen in Afghanistan einmarschiert waren.

Seit Ende der Siebzigerjahre formierte sich weltweit eine breite Friedensbewegung, die durch den NATO-Doppelbeschluss weiteren Zulauf erhielt. Viele sahen in den neu zu stationierenden Raketen keinen zusätzlichen Schutz, sondern im Gegenteil ein höheres Risiko für den Ausbruch eines Atomkriegs. Auch glaubte man an eine erhöhte Gefahr für das versehentliche Auslösen eines Atomschlags durch menschliches oder technisches Versagen.

Aus der Sicht der Befürworter der Nachrüstung, insbesondere der Helmut Schmidts, ging es um Taktik und Strategie. Für sie lag die Problematik nicht in der Anzahl der Raketen, sondern in deren Einsatzmöglichkeiten und dem Ort ihrer Stationierung.

Die von Helmut Schmidt befürchtete besondere Bedrohung der Bundesrepublik durch die SS-20 nährte sich auch aus dem wankelmütigen Verhalten des US-Präsidenten Jimmy Carter. Er verunsicherte die NATO-Verbündeten durch die zunächst geplante Einführung der Neutronenbombe, einer neu entwickelten Nuklearwaffe, die vor allem Leben töten, doch vergleichsweise wenig materiellen Schaden anrichten sollte. Auch in der Frage, wie auf die Stationierung der SS-20 zu reagieren sei, verfolgte er einen Schlingerkurs. Bald ging es nicht nur darum, ob die USA auf zukünftige Erpressungsversuche der Sowjetunion gegen die Bundesrepublik angemessen reagieren würden, sondern die ganze Thematik des NATO-Doppelbeschlusses wurde zu der Frage, ob das westliche Bündnis sich noch einig sei.

Der Widerstand der Bevölkerung gegen die neue Runde des Wettrüstens war vor allem in der Bundesrepublik Deutschland groß. Demonstrationen mit Hunderttausenden von Menschen, wie im Bonner Hofgarten, eine Menschenkette von Stuttgart nach Neu-Ulm am 22. Oktober 1983, als die ersten Raketen stationiert wurden, sowie Sitzblockaden zeigten Angst und die massenhafte Ablehnung.

Auch im anderen deutschen Staat, der zum Warschauer Pakt gehörenden DDR, regte sich Widerstand. Während der Protest gegen die Raketenrüstung in der Bundesrepublik dem SED-Regime sehr gelegen kam, war er im eigenen Land nicht gern gesehen. Die Bibelworte »Schwerter zu Pflugscharen« spielten schließlich eine besondere Rolle. Friedensinitiativen der evangelischen Kirche der DDR griffen die Worte auf und popularisierten sie. Ab 1980 trugen zahlreiche Jugendliche Stoff-Aufnäher auf ihren Jacken und Hemden mit dem Bibelwort und der Abbildung einer Skulptur gleichen Namens, die der sowjetische Bildhauer Jewgeni Wutschetitsch 1957 geschaffen hatte: einen Mann, der mit einem Hammer ein Schwert zu einem Pflug schmiedet. Eine Kopie der Skulptur wurde 1959 als Geschenk der Sowjetunion auf dem Gelände des UNO-Hauptquartiers in New York aufgestellt. Obwohl der Verweis auf die sowjetische Skulptur geschickt gewählt war, galt der Aufnäher rasch als subversives Bekenntnis. Wer ihn trug, riskierte seine Verhaftung. Doch im Westen, insbesondere in der Bundesrepublik Deutschland, wurde der Spruch populär. Auch Friedensgruppen in den USA und in Großbritannien benutzten das Bibelzitat in ihrem Protest gegen das Wettrüsten.

Die Worte sind im Tanach, der Heiligen Schrift der jüdischen Religion, bei Micha, einem der sogenannten »kleinen Propheten«, zu lesen. In der Bibel werden die »kleinen Propheten« zum Alten Testament gezählt. Bei Micha heißt es unter 4,3: »Sie werden ihre Schwerter zu Pflugscharen und Spieße zu Sicheln machen. Es wird kein Volk wider das andere das Schwert erheben, und sie werden hinfort nicht mehr lernen, Krieg zu führen.«

Doch auch das Zitat von den Schwertern und Pflugscharen zeigt, wie oft in heiligen Schriften Widersprüchliches zu finden ist. Die Befürworter des NATO-Doppelbeschlusses hätten auch auf Joel, einen weiteren der »kleinen Propheten«, verweisen können. Dort heißt es bei 3,10: »Macht aus euren Pflugscharen Schwerter und aus euren Sicheln Spieße!«

Der Mensch ist nicht frei, wenn er einen leeren Geldbeutel hat
Lech Wałęsa (geb. 1943)

69

Manchmal sind es Geschehnisse, die auf den ersten Blick fast unbedeutend, im großen Getriebe der Geschichte kaum erwähnenswert scheinen, die dann aber doch den Lauf der Dinge dramatisch verändern. So war es auch an jenem 7. August 1980 im polnischen Danzig, als die Werftleitung die Kranführerin Anna Walentynowicz entließ. Sie arbeitete seit 30 Jahren auf der Werft und ihr fehlten zu diesem Zeitpunkt nur noch fünf Monate bis zu ihrer Pensionierung.

Die Arbeiter der Werft begannen zu streiken. Sie riefen: »Wir wollen Anna!«, und wenige Tage später war ganz Polen erschüttert. All das nur wegen der Entlassung einer Kranführerin? Es war nur ein Funke. Doch die Feuerstelle war längst bereitet. Zusammengetragen hatte sie die kommunistische Führung des Landes. Zum Ausbruch des Streiks beigetragen hatte sicher, dass die Regierung am 1. Juli die Preise für Fleisch erhöht hatte. Doch die wahren Gründe für den Aufruhr lagen Jahre zurück und ihre Wurzeln reichten sehr viel tiefer.

Der polnischen Schriftstellerin Maria Dąbrowska wird die Aussage zugeschrieben: »Wenn man durch Leiden klüger würde, wäre Polen das intelligenteste Land der Welt.« Polen hatte in den vergangenen Jahrhunderten viel Leid erfahren. Der Titel der polnischen Nationalhymne »Noch ist Polen nicht verloren« scheint wie ein Kommentar dazu. In seiner langen Geschichte war das Land vor allem immer wieder zwischen den Interessen seiner mächtigen Nachbarn Deutschland und Russland zerrieben und zerteilt worden. Der Zweite Weltkrieg mit dem zuvor geschlossenen Pakt zwischen Hitler und Stalin, die Beute Polen gemeinsam unter sich aufzuteilen, markierte einen besonders traurigen Tiefpunkt. Bittere Ironie der Geschichte ist, dass das Land von den alliierten Siegermächten nach Kriegsende der Einflusssphäre von Stalins Sowjetunion zugeschlagen wurde. In der Nachkriegszeit entstanden in Polen die gleichen Machtverhältnisse wie in den anderen Staaten des Warschauer Paktes. Offiziell ein Arbeiter-und-Bauern-Staat, wurde auch Polen von einer kommunistischen Partei geführt, die versuchte, möglichst alle Bereiche des Lebens zu kontrollieren.

Eine provisorische Verfassung von 1947 hatte zunächst noch gewisse demokratische Elemente aus der Verfassung des Jahres 1921 retten können. Doch ab 1952 geriet das Land endgültig in den eisernen Griff des Stalinismus. Die Staatsmacht ging in die Hände der Polnischen Vereinigten Arbeiterpartei über. Im Wirtschaftsleben war nun auch Polen ein Staat der zentralen Planwirtschaft. Das hieß, vonseiten der Partei wurde festgesetzt, was in bestimmten Zeiträumen an Gütern produziert wurde. In der Regel wurde ein Fünfjahresplan verabschiedet. Der Plan galt für industrielle Güter wie auch für Waren des täglichen Bedarfs. Die Produktionsmittel gehörten nominell dem Volk. Konkurrenz, wie sie die Marktwirtschaft kennt, war ausgeschaltet.

Das rigide zentrale Planungssystem und die Abhängigkeit von der Sowjetunion, auch in Fragen politischer Entscheidungen, führten immer wieder zu wirtschaftlichen Engpässen. Im Jahr 1970 erhöhte die Regierung Gomułka wenige Wochen vor Weihnachten die Preise für Nahrungsmittel, Benzin und andere Güter des täglichen Bedarfs.

Es kam zu Streiks, Versammlungen und Massendemonstrationen, vor allem in den Städten Danzig (Gdańsk), Gdingen (Gdynia) und Stettin (Szczecin). Die Staatsmacht reagierte mit Gewalt. Die Polizei tötete über 80 Arbeiter und verletzte weit über 1000 weitere. Schließlich gaben die Streikenden auf. Zu den Mitgliedern des illegalen Streikkomitees gehörte damals auch der 27-jährige Elektriker Lech Wałęsa.

Nun, im August 1980, traten die Werftarbeiter erneut in den Ausstand, nahmen schließlich den Dienstwagen des Werftdirektors und holten damit Anna Walentynowicz. Sie sollte zu den Arbeitern sprechen. Zurück in der Werft ernannte das Streikkomitee auf Vorschlag von Anna Walentynowicz Lech Wałęsa zum Sprecher. Sie glaubte, ein Mann wäre als Vertreter der Streikenden nach außen besser geeignet. Doch Wałęsa, Vater von mehreren Kindern, zögerte, wollte den Streik am Abend beenden. Anna Walentynowicz war dagegen und blieb über Nacht mit etwa 500 Arbeitern in der von Sicherheitskräften abgeriegelten Werft, die Wałęsa zunächst verlassen hatte. Der Legende nach kletterte Wałęsa in dieser Nacht, es war der 14. August, über eine Mauer und kehrte in die Werft zurück. Nun setzte er sich an die Spitze der Bewegung, die sich rasch über das Land ausbreitete und die schließlich zum Ende des kommunistischen Polen führen sollte.

Als die Streiks begannen, erhielten die Arbeiter sofort Unterstützung von polnischen Intellektuellen und der katholischen Kirche, der über 90 Prozent der Bevölkerung angehörten. Vor allem Karol Wojtyła, der am 16. Oktober 1978 zu Papst Johannes Paul II. gewählt worden war, sollte in den nächsten Jahren eine entscheidende Rolle im Demokratisierungsprozess des Landes spielen.

Die Sympathie, die der polnische Papst den Streikenden entgegenbrachte, hatte großen Einfluss auf die breite Akzeptanz des Streiks in der polnischen Bevölkerung. Die Streikenden hängten ein Bild von ihm an das Werkstor, und über Lautsprecher betete Wałęsa das Vaterunser, während die anderen Werftarbeiter mit gefalteten Händen auf die Knie sanken.

Dass der Streik nicht nur ein Ausdruck kurzzeitiger Unzufriedenheit, sondern Ausbruch des Wunsches nach tief greifenden Veränderungen war, zeigte der Fortgang der Ereignisse.

Mitte August gründeten die Streikenden ein überbetriebliches Streikkomitee. Sie forderten nun unter anderem die Zulassung freier

Gewerkschaften. Am 10. November 1980 unterzeichneten das Streikkomitee und die kommunistische Regierung schließlich ein Abkommen, das die Gründung freier Arbeitervereinigungen erlaubte. Die freie Gewerkschaft Solidarność, bereits im September 1980 in Danzig von über 300 Einzelkomitees gegründet, war nun legal und Lech Wałęsa ihr gewählter Vorsitzender.

Anfang 1981 empfing der Papst Lech Wałęsa und eine Delegation der Solidarność im Vatikan. In der Nacht zum 13. Dezember 1981 rief General Jaruzelski das Kriegsrecht über das Land aus. Die Solidarność wurde verboten, ihre Anführer verhaftet. Die Gewerkschaft selbst musste ihre Arbeit auf staatliche Weisung einstellen. Auch Anna Walentynowicz wurde inhaftiert und saß zwei Jahre im Gefängnis. Lech Wałęsa blieb fast ein Jahr in Haft. Zu jener Zeit des Kriegsrechts reiste der Papst 1983 zum zweiten Mal nach Polen. Er forderte öffentlich die Umsetzung von Reformen. Im gleichen Jahr erhielt Lech Wałęsa den Friedensnobelpreis. Wałęsa ließ den Preis in Oslo von seiner Tochter entgegennehmen, da er befürchtete, nicht wieder nach Polen einreisen zu dürfen.

Erst Ende 1988 kam es wieder zu Gesprächen zwischen der polnischen Regierung und Vertretern der Exil- und Untergrund-Solidarność. Die Solidarność wurde wieder erlaubt, und es kam im April 1989 zu ersten halb freien Wahlen, die die Solidarność mit großer Mehrheit gewann. Auch wenn die polnischen Kommunisten zunächst noch die Schlüsselposition der Politik innehatten, die Wende war eingeleitet.

Schließlich trat Lech Wałęsa bei den Präsidentschaftswahlen 1990 an. Er war entsetzt, wie ehemalige Kommunisten gemeinsam mit einigen seiner ehemaligen Weggefährten das Land führten, und wiederholte während seiner Kampagne in verschiedenen Varianten immer wieder den Satz, der sein Pflichtgefühl ausdrücken sollte: »Ich will nicht, aber ich muss.« Er wurde gewählt und er blieb eine Art Antipolitiker.

In den fünf Jahren seiner Amtszeit als Präsident wechselte Wałęsa jedes Jahr den Premierminister aus und verlor nach und nach an Popularität. Doch der ehemalige Arbeiterführer nutzte seine Präsidentschaft, um Polens Wirtschaft von der sozialistischen Planwirtschaft in eine Marktwirtschaft zu wandeln. Für Wałęsa galt es, dass Freiheit und Wohlstand einhergehen mussten. In einem Interview, das er 1994 dem *Spiegel* gab, sagte er, angesprochen auf die Gefahr radikaler Entwicklungen in Russland vor dem Hintergrund der dortigen Wirtschaftskrise: »Alle Menschen wollen die Freiheit genießen, aber sie müssen sie sich auch leisten können«, und er ergänzte: »Der Mensch ist nicht frei, wenn er einen leeren Geldbeutel hat.«

70 Vielleicht hat uns der Herr diese Seuche gebracht, weil unerlaubter Sex gegen die Zehn Gebote verstößt
Ronald Reagan (1911 – 2004)

Sie waren beide Schauspieler, die sich einen Namen gemacht hatten, und sie kannten sich. Der eine war weltberühmt, doch schwer erkrankt. Sein Name: Rock Hudson. Der andere, Ronald Reagan, war mittlerweile US-Präsident geworden, und er sandte seinem ehemaligen Kollegen ein Fernschreiben: »Ich bete für dich.«

Im Herbst des Jahres 1985 starb Rock Hudson. Zuvor hatte er sich zu seiner jahrelang verschwiegenen Homosexualität bekannt und war mit seiner Aids-Erkrankung an die Öffentlichkeit gegangen. Sein Bekenntnis trug zu einer zunehmend breiteren Wahrnehmung und Enttabuisierung von Aids bei.

Die Regierung des Republikaners Ronald Reagan, unterstützt von christlichen und konservativen Wählern, tat wenig bis gar nichts, um dieser neuen Krankheit entgegenzutreten. Reagans Untätigkeit schien sich in den Worten zu dokumentieren, die er kurz nach Ende seiner Amtszeit 1989 gesagt haben soll und die vor allem Aids-Aktivisten immer wieder zitieren: »Vielleicht hat uns der Herr diese Seuche gebracht, weil unerlaubter Sex gegen die Zehn Gebote verstößt.« So steht es in der autorisierten Biografie über ihn, die Edmund Morris 1999 unter dem Titel *Dutch: A Memoir of Ronald Reagan* veröffentlicht hatte. Das Buch ist keine klassische Biografie, sondern kombiniert romanhaft Fiktion mit Tatsächlichem. Trotz heftiger Kritikerschelte erklomm das Werk rasch die Bestsellerlisten.

Was die Authentizität des umstrittenen Satzes betraf, verwies

Morris auf seine eigenen Karteikarten, wo er den Satz notiert hatte. Mehr war an Belegen nicht zu finden.

Das, worum es ging, war ein sehr emotionales Thema. Anfang der Achtzigerjahre beobachtete man in den USA das gehäufte Auftreten einer seltenen Form der Lungenentzündung, die vor allem Patienten mit einer starken Immunschwäche befiel. Insbesondere vormals gesunde homosexuelle Männer waren betroffen. Es waren die ersten Fälle einer vollkommen neuen Krankheit, die sich in den nächsten Jahren über den ganzen Erdball verbreiten und die Millionen von Menschen infizieren und töten sollte.

Am 5. Juni 1981 erschien in der Fachzeitschrift *Morbidity and Mortality Weekly Report* der US-Gesundheitsbehörde Centers for Disease Control and Prevention (CDC) ein Artikel, in dem Michael Gottlieb und Wayne Sandera die Fälle von fünf Homosexuellen in Los Angeles schilderten. Einer der Patienten war in der Zwischenzeit bereits verstorben. Es war der erste wissenschaftliche Aufsatz über die neue Krankheit. Im Jahr darauf registrierte man die ersten Fälle in Europa. Zunächst galt die Erkrankung als »Krankheit der Schwulen und Fixer«. Denn auch unter Heroinsüchtigen fanden sich Betroffene. Bald hielt man eine erworbene Immunschwächeerkrankung für die Ursache der immer häufiger auftretenden Fälle.

1982 erhielt die Krankheit den Namen Aids (aquired immune deficiency syndrome: erworbenes Immunschwächesyndrom). Ein weiteres Jahr später konnten die Forschungsgruppen des Amerikaners Robert Gallo und des Franzosen Luc Montagnier unabhängig voneinander das Virus identifizieren, das die Krankheit auslöst. Man gab ihm den Namen HIV (human immunodeficiency virus).

Es gilt als allgemein gesichert, dass das Virus in Westafrika von Affen – vermutlich Schimpansen – auf den Menschen übergesprungen ist und dass Infizierte es über ihr Blut und ihr Sperma weitergaben. Homosexuelle waren besonders betroffen, weil sie oft häufig wechselnde Sexualpartner hatten. Doch das Virus griff auch auf andere Gruppen über. Bluter wurden durch virusverseuchte Blutkonserven infiziert, Heroinsüchtige durch den Gebrauch verschmutzter Spritzen. Immer mehr Menschen wurden zu Virusträgern. Doch ein Impfstoff oder gar Medikamente, die eine Heilung herbeiführen konnten, waren in weiter Ferne. Es drohte die Gefahr einer weltweiten Epidemie.

In den USA war in der zweiten Hälfte des 20. Jahrhunderts das Hervortreten christlicher Werte immer stärker geworden. Christliche Fundamentalisten meldeten sich häufiger und selbstbewusster zu allen gesellschaftlichen und politischen Fragen. Richard Nixon hatte in seine »schweigende Mehrheit« bereits die christlichen Aktivisten des Landes eingebunden, der gläubige Baptist Jimmy Carter hatte Mitte der Siebzigerjahre seine Politik erklärtermaßen von seinem Glauben leiten lassen, und Ronald Reagan war auch mit den Stimmen der Amerikaner gewählt worden, die sich vor allem ihrem Glauben verpflichtet fühlten. Für ihn und für die gläubigen Christen war wie auch für die übrige Welt Aids etwas, was zunächst nicht erklärt werden konnte. Umso stärker war der Reflex, die Antwort im Glauben zu suchen.

Christliche Fundamentalisten, insbesondere die religiöse Rechte mit der von Prediger Jerry Falwell geführten sogenannten Moral Majority, die Reagan unterstützte, nutzten Aids schnell in ihrem Kampf gegen Homosexualität. Falwell nannte Aids »den Zorn Gottes gegen Homosexuelle« und für Reagans Kommunikationsdirektor Pat Buchanan war Aids »die Rache der Natur an schwulen Männern«.

Anfang Februar 1983 wurde publik, dass bereits über 1000 Menschen an Aids gestorben waren. Reagan schwieg. Ende April näherte sich die Anzahl der Verstorbenen der 2000er-Marke. Auch jetzt äußerte Reagan sich nicht.

Man kann nur spekulieren, wie viele Erkrankungen und Tote zu verhindern gewesen wären, hätte die US-amerikanische Regierung rasch und entschlossen versucht, die Ausbreitung von Aids einzudämmen, ihm die Stigmatisierung zu nehmen, und stattdessen Aufklärung und Forschung gefördert hätte.

Erst 1987, gegen Ende seiner Präsidentschaft, redete Reagan öffentlich über das Thema. Die Krankheit hatte sich mittlerweile auf dem ganzen Globus ausgebreitet. 2007 gab es weltweit rund 33 Millionen Aids-Infizierte, erlegen waren Aids bis dahin über 25 Millionen Menschen. Vor allem im südlichen Teil Afrikas verbreitete sich Aids aufgrund mangelnder Aufklärung, schlechter medizinischer Versorgung und der Ignoranz führender Persönlichkeiten – von Kirchenleuten bis zu Politikern – in den letzten Jahrzehnten des 20. Jahrhunderts besonders dramatisch. Zu Beginn des 21. Jahrhunderts lebten dort rund 60 Prozent aller Aids-Infizierten weltweit. In Ländern wie Swasiland und Botsuana beträgt der Anteil der Aids-Infizierten an der Bevölkerung über ein Drittel.

71 Wir amüsieren uns zu Tode
Neil Postman (1931 – 2003)

»Fernsehen wurde nicht für Idioten erschaffen – es erzeugt sie.« Das ist einer der vielen provokanten Sätze des amerikanischen Medienwissenschaftlers Neil Postman, der zu dem vielleicht bekanntesten Kritiker der Medien- und Technologiegesellschaft Ende des 20. Jahrhunderts wurde. Begonnen hatte er als Volksschullehrer und wurde 1959 Professor für Kommunikationswissenschaft an der New York University.

Postman wollte auf die drohende Selbstentmündigung des Menschen aufmerksam machen, denn er sah ihn in Gefahr, im Vertrauen auf Medien und auf die Technologie immer stärker seine Urteilsfähigkeit zu verlieren. Zur zentralen Zielscheibe von Postmans Kritik wurde das Fernsehen.

Von den zahlreichen Medienrevolutionen des 20. Jahrhunderts war, was die gesellschaftliche Wirkung betraf, die Einführung des Fernsehens besonders einschneidend. Dieses wurde ab den Fünfzigerjahren mit dem zunehmenden Einzug von Fernsehgeräten in die Häuser und Wohnungen der Welt nicht nur zu einem Massen-, sondern zum Leitmedium, also zu dem dominierenden Massenkommunikationsmittel der Menschen. In dieser Funktion löste es das Radio ab, das erst in den Zwanzigerjahren die Zeitung von dieser Position verdrängt hatte. Das Fernsehen erreichte bald alle Gesellschaftsschichten und bestimmte oft nicht nur den Alltag, sondern auch die Meinungsbildung.

Neil Postman hatte bereits 1982 mit seinem Buch *The Disappearance of the Childhood* (deutsch: *Das Verschwinden der Kindheit*) und der darin vorgenommenen Kritik am Medium Fernsehen für Aufsehen gesorgt. Darin vertrat er die These, dass die Kindheit im 20. Jahrhundert durch den Einfluss der Medien und der Technologie im Begriff war, sich aufzulösen. Im 21. Jahrhundert drohe sie gänzlich zu verschwinden. Denn die Welt der Erwachsenen werde immer »kindischer«. Vor allem das Fernsehen wirke »gleichschaltend«. Habe das Buch in seiner Ansprache noch Grenzen zwischen Erwachsenen- und Kinderwelt gezogen, so seien Kindern durch das Fernsehen bereits Themen der Erwachsenenwelt – wie Gewalt und Sexualität – mehr oder minder zugänglich.

Postmans 1985 erschienenes Buch *Amusing Ourselves to Death* (deutsch: *Wir amüsieren uns zu Tode*) wurde schließlich zu einer Warnung vor der Zerrüttung der Gesellschaft durch das Fernsehen und der Buchtitel zum viel zitierten Schlagwort.

Während Postmans Kollege Marshall McLuhan den elektronischen Medien, auch dem Fernsehen, noch positive Aspekte hatte abgewinnen können, war Postman durch und durch pessimistisch. War der Kern von McLuhans Denken der, dass jede neue Entwicklung Chancen und Gefahren barg, sah Postman zumindest in dieser Neuerung die Gefahr der Zersetzung der Gesellschaft. Während das Fernsehen für McLuhan eine Ergänzung der Medien darstellte und somit eine Möglichkeit war, die Wahrnehmung der Welt zu erweitern, war es für Postman ein Medium, das andere verdrängte, vor allem die Druckmedien.

Der Vorteil des Gedruckten liege darin, dass es mit Sätzen operiere. Ein Satz treffe immer eine Aussage. Ein Bild jedoch tut das nicht. Es ist vieldeutig. Während man die Aussage eines Satzes beispielsweise bejahen oder verneinen kann, ist das bei einem Bild nicht möglich. Man kann ein Bild mögen oder ablehnen, man kann es interpretieren, doch eine eindeutige Aussage, die zu bejahen oder zu verneinen ist, transportiert es nicht. Für Postman ist das Fernsehen daher aufgrund seiner Bilddominanz zunächst einmal aussagelos.

Auch den Prozess der Gedankenbildung schätzt Postman beim Lesen weit höher ein als beim Fernsehen. Beim Lesen ist man aktiv, man konstruiert selbst die Bilder. Beim Fernsehen tut man das nicht. Man ist passiv, man konsumiert. Durch Fernsehen, so Postman, verliere man zunehmend die Fähigkeit, sich in vielschichtige Argumentationen einzuarbeiten.

Da das Fernsehen über Bilder kommuniziere, trage es, so Postman, seine Problematik bereits in sich. Bilder sprächen den Fernsehnutzer vor allem ästhetisch an und würden zudem die Fernsehmacher dazu verleiten, visuelle Mittel allzu sehr in den Vordergrund zu rücken. Der Inhalt gehe über den Zwang der Visualisierung verloren. Das Bild als Hauptbestandteil des Fernsehens führt dazu, die Hintergründe und Zusammenhänge von Politik und Kultur zu verwischen, sie völlig zu vergessen.

In diesem Zusammenhang prägt Postman den längst in den allgemeinen Sprachgebrauch übergegangenen Begriff Infotainment. In Fernsehanstalten ist dies zu Beginn des 21. Jahrhunderts ein Wort, dem kaum mehr etwas Negatives anhaftet. Infotainment aber, so Postman, vermische Information und Unterhaltung und informiere tendenziell nur über jene Themen, die auch unterhaltend dargestellt werden können. Themen, die in Bildern schwer zu vermitteln sind, werden nicht behandelt. Mit der Visualisierung gehe einher, dass es nicht mehr die Idee ist, die entscheidend ist, sondern die Art ihrer Präsentation. Die Infantilisierung und Trivialisierung der Gesellschaft sei vorprogrammiert.

Einen weiteren Grund für das zersetzende Wirken des Fernsehens erkannte Postman in der Tatsache, dass Fernsehen in erster Linie unterhalten wolle beziehungsweise dies aus wirtschaftlichen Gründen müsse. Und Postmans Thesen wurden umso aktueller, je stärker das Fernsehen durch Privatsender zum Objekt kommerzieller Ziele wurde. Je mehr Zuschauer ein Programm anlockt, desto höher ist der Umsatz durch Werbung. Daher bedienen Fernsehsender vor allem das Bedürfnis der Zuschauer nach Zerstreuung und Voyeurismus. Komplexe Inhalte, die eine gewisse Auseinandersetzung, eventuell Anstrengung erfordern, schaffen keine Quoten. Auch deshalb scheiterten im Fernsehen laut Postman sowohl politischer Diskurs als auch Bildung und Nachrichten. Postman: »Denken kommt auf dem Bildschirm nicht gut an.«

Postman sah eine Welt Realität werden, die Aldous Huxley 1932 in seinem Roman *Brave New World* (deutsch: *Schöne neue Welt*) beschrieben hat. Anders als die Gesellschaft, die George Orwell in *1984* entwarf, in der die Menschen durch Gewalt und Überwachung kontrolliert wurden, erreichten die Mächtigen in Huxleys Buch die Kontrolle über Menschen, indem sie ihnen auch durch Vergnügungen und das Vorenthalten von Bildung das kritische Denken nahmen.

Hatte früher staatliche Zensur Informationen zurückgehalten, um Erkenntnis- und Bewusstwerdungsprozesse zu unterdrücken, so Postman, täten dies die modernen Fernsehmacher durch Reizüberflutung, durch das Ertränken der Menschen in einem riesigen Wust visueller Informationen. Zusammenhänge und Geschichtsbewusstsein drohen in der Bilderflut verloren zu gehen. Hinzu käme, dass viele Zuschauer, um sich zu informieren, ausschließlich das Fernsehen nutzten. Postman kam zu dem Schluss, die Amerikaner wüssten »alles über die letzten 24 Stunden, aber so gut wie nichts über die vergangenen Jahrhunderte«. Für Postman hat die moderne Medien-, vor allem Fernsehgesellschaft die Desinformation im Vergleich zu früheren Zeiten nur anders organisiert.

Zwar erkannte Postman auch Vorteile des Mediums Fernsehen an, wie die rasche Informationsbereitstellung, doch diese würden durch die Nachteile erdrückt.

Im weiteren Verlauf seines Lebens wurde Postman zu einem vehementen Kritiker der Postmoderne in den Geisteswissenschaften, insbesondere in der Philosophie. 2000 forderte er in einem Interview mit dem österreichischen Journalisten Günter Kaindlstorfer eine Besinnung der Menschen auf die Ideen der Aufklärung. Sprachskepsis sei angebracht. Zu bekämpfen sei die postmoderne Behauptung, dass es absolute Kategorien wie »wahr« und »falsch« nicht mehr gebe. »Erkenntnistheoretischer Relativismus« habe im Grunde nur destruktive Folgen: »Die Behauptung, dass das Blut durch den Körper kreist, dass Aids die Menschen krank macht und der Mond nicht aus grünem Käse besteht, ist einfach evidenter als die Behauptung, dass Aliens die Machtübernahme im Weißen Haus vorbereiten.«

Wir brauchen die Demokratie wie die Luft zum Atmen
Michail Gorbatschow (geb. 1931)

Die letzten Jahre des sowjetischen Partei- und Staatschefs Leonid Breschnew waren gekennzeichnet von Krankheit und Verfall. Sein Siechtum und die darauffolgende Regelung seiner Nachfolge wurden zum Sinnbild für den Niedergang des sowjetischen Systems. War es aus seinem starren ideologischen Rahmen nur begrenzt fähig zu Reformen, litt es obendrein an einer überalterten Führung, die weder Vision noch Kraft besaß, die verkrusteten Strukturen aufzureißen.

Als Breschnew 1982 starb, folgte ihm Juri Andropow als Generalsekretär der KPdSU. Er wie auch sein Nachfolger Konstantin Tschernenko verstarben nach nur kurzer Amtszeit und so wurde Michail Gorbatschow im März 1985 zum dritten Nachfolger Breschnews, nur drei Jahre nach dessen Tod. Mit Gorbatschow kam es zum längst fälligen Generationswechsel in der sowjetischen Führungsspitze. Die Wahl des 54-Jährigen durch das Politbüro war knapp und ging mit erheblichen Widerständen einher.

Gorbatschow war jung und dynamisch und zeigte sich rasch als außergewöhnlich mediengewandt. Er wirkte offen und sympathisch und gab ein vollkommen anderes Bild ab als die verknöchert wirkenden alten Herren der Sowjetführung, die man seit Jahren in den Medien gesehen hatte und die das sowjetische Volk zur Mai- oder zur Oktoberparade vor dem Kreml betrachten konnte.

Der Sohn eines Bauern war in der südrussischen Region Stawropol unweit des Schwarzen Meeres aufgewachsen. Er hatte Rechtswissenschaften studiert, später noch Agrarwirtschaft, und war in der sowjetischen Jugendorganisation Komsomol aufgestiegen. Danach begann er seine Karriere in der Kommunistischen Partei. Er gehört zu jener Generation, die gerade erst um die 20 Jahre alt war und die Aufbruchstimmung leibhaftig miterlebte, als Nikita Chruschtschow mit seiner berühmten Geheimrede auf dem 20. Parteitag mit der Stalinzeit brach.

Gorbatschow trat mit dem Ziel an, das sozialistische System zu erneuern. Doch zunächst musste er seine Macht sichern. Er stimmte die Partei mit den Schlagworten »Restrukturierung« und »Demokratisierung« auf die bevorstehenden Reformen ein und begann die Parteikader in Führungspositionen systematisch auszutauschen. Zur Durchsetzung seiner Ziele wechselte er immer wieder die Taktik. Mal vermittelte er zwischen Konservativen und Reformern, dann wieder fachte er die Kämpfe der beiden Gruppen bewusst an.

Im Februar 1986 leitete Gorbatschow auf dem 27. Parteitag der KPdSU vorsichtig den Prozess der Reformen ein. Der von ihm geprägte Begriff »Glasnost« (»Offenheit«) wurde ebenso berühmt wie »Perestroika« (»Umgestaltung«).

Wie ein Fanal für das morsche Sowjetreich kam es am 26. April 1986 zur Kernschmelze und anschließenden Explosion in dem Atomreaktor von Tschernobyl. Die sowjetischen Behörden versuchten die Katastrophe zunächst zu verschweigen. Doch als in Westeuropa erhöhte Radioaktivität gemessen wurde, war man gezwungen, Auskunft zu geben.

Am 27. Januar 1987 hielt Gorbatschow eine berühmt gewordene Rede vor dem Plenum des Zentralkomitees der KPdSU. Darin fiel der Satz: »Wir brauchen die Demokratie wie die Luft zum Atmen.« Denn Demokratie, Offenheit, Kritik und Selbstkritik seien »für die Lösung enormer Aufgaben erforderlich«. Durch die Demokratie sollten Gesellschaft, Staat und Partei ihre massiven Schwierigkeiten überwinden.

Die Erlaubnis zur freien Meinungsäußerung führte zu immer lauterer und umfassend formulierter öffentlicher Kritik an der kommunistischen Partei. Gorbatschow ließ sich davon nicht beirren. Seine Feststellung, dass man die Demokratie brauche, war vor allem seine Reaktion auf den wachsenden Unmut konservativer Kräfte in der eigenen Partei. Es gelang ihm zunächst noch, diese in die Schranken zu verweisen. Doch die Veränderungen führten dazu, dass immer tief greifendere Diskussionen durch die sowjetische Gesellschaft gingen. Man begann die Verbrechen der Stalinzeit zu diskutieren, ehemals verbotene Literatur wurde wieder veröffentlicht und bald standen der Leninismus und das ganze System zur Debatte. Denn die Bürger erkannten nun allmählich, wie groß das Ausmaß der jahrzehntelangen Unterdrückung gewesen war.

Gorbatschow glaubte noch immer, er könne den Prozess des Wandels steuern, glaubte, er könne sogar das sozialistische System weiterführen. Und er ließ sich in seinem Reformeifer nicht beirren. Er holte den Dissidenten Andrei Sacharow aus der Verbannung in Gorki. Das weltberühmte Buch *Der Archipel Gulag*, eine Anklage des stalinistischen Justizsystems und Lagerwesens, weswegen sein Autor, der Nobelpreisträger Alexander Solschenizyn 1974 noch ausgewiesen worden war, fand endlich seinen Weg zum sowjetischen Leser. Solschenizyn, der 1990 in die Sowjetunion zurückkehrte, forderte von

Gorbatschow noch weiter gehende Reformen und noch mehr Pluralismus. Damit stand er für eine immer größere und immer selbstbewusster auftretende Schar sowjetischer Intellektueller, die schließlich eigene Verlage und Zeitungen gründeten.

Der Druck auf Gorbatschow wuchs von allen Seiten. Im Plenum des ZK im Oktober 1987 zeigte sich, dass die Geister, die er gerufen hatte, zu einem immer schwieriger zu beherrschenden Problem wurden. Der besonders eifrige Reformer Boris Jelzin griff den Wortführer des konservativen Parteiflügels, Jegor Ligatschow, massiv an. Gorbatschow stellte sich an die Seite des Konservativen und duldete den nachfolgenden Parteiausschluss Jelzins. Doch der moralische Sieger war Jelzin. Gorbatschow hatte Schwäche gezeigt.

Außenpolitisch trieb Gorbatschow den Entspannungsprozess voran. Er wusste, ein Weiterführen des Wettrüstens würde die Sowjetunion nicht mehr verkraften. Anfang Dezember 1989, beim Treffen mit US-Präsident George Bush in Malta, bekräftigte er: »Der Kalte Krieg ist zu Ende.«

In der Sowjetunion büßte Gorbatschow nach und nach den Nimbus des durchsetzungsstarken Reformers ein. Seine Wirtschaftsreformen verfolgten keine einheitliche Linie und waren oft halbherzig. Er scheute eine umfassende Privatisierung. Zwar gab er den staatlichen Betrieben mehr Planungs- und Entscheidungsfreiheit, doch weder schuf Gorbatschow einen freieren Markt, der eine neue Dynamik hätte entfalten können, noch gewährleistete er gesicherte rechtliche Voraussetzungen für private Initiative. Vor allem in der Landwirtschaft blieben Gorbatschows Bemühungen um eine Belebung der Produktion im Ansatz stecken. 1990 verschlechterte sich in der Sowjetunion die Versorgungslage der Bevölkerung dramatisch. Der Rubel verfiel, das Gespenst einer Hungersnot ging um. Die Sowjetunion war auf umfangreiche Hilfslieferungen aus dem Ausland angewiesen.

In der KPdSU witterten derweil die Konservativen Morgenluft und gewannen an Macht. Gorbatschow versuchte dem entgegenzuwirken, indem er einen Machtapparat außerhalb der Partei zu installieren begann. Er schlug die Wahl eines Kongresses der Volksdeputierten vor. Der Vorsitzende dieses Kongresses von 2250 Abgeordneten, die in geheimer Abstimmung gewählt werden und nur selten tagen sollten, war als eine Art neues Staatsoberhaupt vorgesehen.

Im Oktober 1990 wählte der Sonderkongress der Volksdeputierten Gorbatschow zum Präsidenten der UdSSR. Doch im Klima des Wandels beschleunigte die wirtschaftliche Not die beginnende Auflösung der Sowjetunion. In einzelnen Regionen handelten nun die Verantwortlichen, ohne noch weiter auf Moskau zu blicken. Vor allem Boris Jelzin, der am 12. Juni 1991 zum Präsidenten der Russischen Föderation, der größten Teilrepublik der Sowjetunion, gewählt worden war, entwickelte sich zum mächtigsten politischen Rivalen Gorbatschows. Jelzin schlug in Russland einen antikommunistischen Kurs ein. Er gab die Preise frei und begann Betriebe zu privatisieren.

Die Konservativen der KPdSU und des Geheimdienstes KGB wollten schließlich den Reformern nicht länger das Feld überlassen. Als Gorbatschow im August 1991 auf der Krim Urlaub machte, versuchten sie in Moskau zu putschen. Gorbatschow und seine Familie wurden kurzzeitig unter Arrest gestellt. Doch der Putsch scheiterte am Widerstand der Bevölkerung, aber auch aufgrund des beherzten Eingreifens des russischen Präsidenten Boris Jelzin. Gorbatschow kehrte zwar nach Moskau zurück, doch seine Tage als starker Mann der Sowjetunion waren vorbei.

Boris Jelzin verbot die KPdSU per Dekret und beschloss mit den Präsidenten anderer Staaten der Sowjetunion deren Auflösung. Am 25. Dezember 1991 trat Gorbatschow zurück, am 1. Januar 1992 existierte die Sowjetunion nicht mehr.

Michail Gorbatschow ging in die Geschichte auf der einen Seite als der Reformer ein, der wie kaum ein anderer nach dem Zweiten Weltkrieg die Welt veränderte, der in der Öffentlichkeit hervorragend kommunizieren konnte, dem es gelang, mit Charme Vertrauen zu schaffen und auch Entwürfe für die Zukunft zu formulieren. Auf der anderen Seite bleibt aber auch ein Mann, der in der Umsetzung oft zauderte. Doch letztlich überwiegt die Entschlossenheit Gorbatschows, der, als er die Unausweichlichkeit eines radikalen Wandels erkannte, diesen in Angriff nahm und dessen Umsetzung über den Machterhalt stellte.

73 Read my lips: no more taxes!
George H. W. Bush (geb. 1924)

Dass ihn die Delegierten zum Kandidaten der nächsten US-Präsidentschaftswahlen ernennen würden, stand zum Zeitpunkt des Wahlkonvents der Republikanischen Partei am 18. August 1988 bereits so gut wie fest. Doch nun, da George Herbert Walker Bush, in Abgrenzung zu seinem Sohn George Walker Bush meist George Bush senior genannt, die Hoffnungen seiner Partei im nächsten Präsidentschaftswahlkampf erfüllen sollte, war die Begeisterung für ihn noch nicht recht geweckt. Er hatte als Vizepräsident in den letzten Jahren an der Seite des charismatischen und von konservativen Amerikanern fast abgöttisch verehrten Ronald Reagan zuverlässige und solide Arbeit geleistet, doch galt er im Vergleich zu dem »großen Kommunikator« Reagan als spröde und hölzern. In den Umfragen lag er hinter dem Kandidaten der Demokraten, Michael Dukakis, weit zurück.

Die Berater Bushs machten sich Sorgen, ob er die Wähler seiner Partei mobilisieren könne. Welche Anliegen könnte sich George Bush auf die Fahnen schreiben, welches Versprechen konnte er geben, das idealerweise viele konservative Wähler ermuntern würde, die Wahllokale aufzusuchen und ihre Stimme für ihn abzugeben? Was könnte er sagen, was im besten Falle womöglich noch unentschiedene Wähler, vielleicht auch Wähler der Demokraten bewegen würde, sich für ihn zu entscheiden? Seine Berater kamen bald auf die Idee, Bush solle den US-Bürgern versprechen, dass er als Präsident in keinem Fall die Steuern erhöhen würde. Der Republikaner Jack Kemp hatte die Idee, in der Rede an herausgehobener Stelle einen besonders eindeutigen und einprägsamen Satz zu platzieren und Bushs Chefredenschreiberin Peggy Noonan baute schließlich jenen Satz in Bushs Rede ein, die er nach seiner Ernennung zum Präsidentschaftskandidaten vor den Delegierten hielt.

Nach Danksworten akzeptierte Bush zunächst unter dem Jubel der Delegierten die Ernennung zum Kandidaten. Dann stellte er die rhetorische Frage, wann die Kampagne beginne, und antwortete: »Tonight is the night.« Jubel! Heute Nacht ginge es um große Dinge, fuhr er fort, aber um fair zu der anderen Seite zu sein, werde er versuchen, sein Charisma in Schach zu halten: »I try to hold my charisma in check.« Jubel! Selbstironie kommt bei Amerikanern an.

In seiner etwa 50-minütigen Rede stellte Bush viele rhetorische Fragen. Sollten Kinder in der Schule beten? Sein Gegner sage Nein, er sage Ja. Und auf diese Weise hakte Bush wichtige beständige amerikanische Themen ab: Todesstrafe, Abtreibung – Bush war für Adoption statt Abtreibung. Immer wieder wurde er unterbrochen von Jubel und Bush-Bush-Bush-Rufen. Dann kam die entscheidende Passage: »Ich bin derjenige, der keine Steuern erhöhen wird.« Noch größerer Jubel als zuvor brandete auf. Es dauerte einen Moment, bis er weiterreden konnte. Mehrfach musste er neu ansetzen: »Mein Gegner sagt, er werde sie als einen letzten Ausweg erhöhen, oder einen dritten Ausweg. Doch wenn ein Politiker so redet, dann wisst ihr, es ist ein Ausweg, den er prüfen wird. Mein Gegner möchte Steuererhöhungen nicht ausschließen. Aber ich tue es. Und der Kongress wird mich drängen, die Steuern zu erhöhen, aber ich werde Nein sagen. Und sie werden drängen, und ich werde Nein sagen, und sie werden wieder drängen und alles, was ich ihnen sagen kann, ist: ›Lest meine Lippen: keine neuen Steuern!‹« Jubel!

Mehrere Berater hatten ihm im Übrigen dazu geraten, ein weit weniger eindeutiges Bekenntnis zur künftigen Steuerpolitik abzugeben. Doch ein halbes Jahr später war George Bush amerikanischer Präsident. Sein Versprechen, die Steuern nie und nimmer zu erhöhen, hatte zu seinem Wahlsieg beigetragen.

George Bushs Präsidentschaft fiel mit dem Zusammenbruch der Sowjetunion und des Ostblocks zusammen. Bush und seine Regierung agierten in dieser Zeit, die viele Gefahren barg, ausgesprochen besonnen. Nach Jahrzehnten des teilweise erbittert geführten Kalten Krieges zwischen den beiden Supermächten versuchte er die Zeit der dramatischen Umbrüche von gefährlichen Entwicklungen frei zu halten. Denn Potenzial für mögliche Gewalt und Eskalation war ausreichend vorhanden. Wie würden sich die Teilrepubliken der schon fast in freiem Fall befindlichen Sowjetunion verhalten, etwa das Baltikum? Wie würden die Kommunisten in Moskau vor allem mit der Roten Armee agieren, wenn sie schwächer und schwächer wurden? Große Truppenkontingente standen in Polen und der DDR. Wie entwickelte sich die Situation in der DDR? Bush nahm zu der von dem bundesdeutschen Kanzler Helmut Kohl betriebenen deutschen Wiedervereinigung eine positive Haltung ein und spielte dadurch eine äußerst wichtige Rolle. Denn andere Verbündete der Bundesrepublik Deutschland wie die britische Premierministerin Margaret Thatcher oder der französische Staatspräsident François Mitterrand waren skeptisch bis ablehnend. Vor allem mit der Sowjetunion gelang es Bush, in einen vertrauensvollen Dialog zu treten und so bedeutenden Einfluss darauf auszuüben, dass jene Jahre der Wende in Europa friedlich blieben.

Schnell und entschlossen reagierte Bush, als der irakische Diktator Saddam Hussein 1990 mit seinen Truppen Kuwait überfiel, den Palast des Emirs und die Ölfelder besetzte und kurzerhand erklärte, das ehemals unabhängige Land sei nun eine Provinz des Irak. Bush schmiedete eine militärische Koalition unter dem Dach der UNO. Nach der Weigerung Saddam Husseins, seine Truppen aus Kuwait zurückzuziehen, begannen am 17. Januar 1991 die Kampfhandlungen der Operation Wüstensturm. Als der Sieg der Alliierten feststand, die Truppen auf dem Weg nach Bagdad waren, weigerte sich Bush, über das Ziel der im November 1990 verabschiedeten UNO-Resolution 678 hinauszugehen und stoppte den Vormarsch auf das nahezu unverteidigte Bagdad. Saddam Hussein konnte sich an der Macht halten.

In der Wirtschaftspolitik schien Bush nicht so klug vorzugehen wie in der Außenpolitik. Das Land geriet während seiner Amtszeit in eine Wirtschaftskrise, und bereits im zweiten Jahr hatte Bush entgegen seiner so nachdrücklichen Beteuerungen die Steuern erhöht und sein Wahlversprechen gebrochen.

Das amerikanische Volk auf diesen Wortbruch aufmerksam zu machen, war einem Mann besonders wichtig. Sein Name: James Carville. Im nächsten US-Präsidentschaftswahlkampf war er der Wahlkampfleiter von Bushs demokratischem Herausforderer Bill Clinton. Carville und Clinton kam es gelegen, dass sich die Amerikaner wieder an Bushs Versprechen von einst erinnerten. Sie sollten ihrem Präsidenten zeigen, dass sie seine Lippen einst »gelesen« hatten.

James Carville wusste, entscheidend für die Wahl ist das wirtschaftliche Wohlergehen der Amerikaner, und so schärfte er seinem Team und auch seinem Chef Bill Clinton immer wieder ein: »It's the economy, stupid!« Bill Clinton gewann.

I did it my way
Frank Sinatra (1915–1998)

74

Auf der ganzen Welt erinnern sich Menschen immer wieder an das trotz begangener Fehler stolze Bekenntnis »I did it my way«, wenn sie eigene, zuweilen ganz besonders individuelle Entscheidungen begründen oder kommentieren. Frank Sinatra, einer der großen Stars des Showgeschäfts des 20. Jahrhunderts, ist untrennbar mit diesem Satz verbunden. Er machte den Song »My Way« weltberühmt. Und so war es auch Sinatra, dessen Name 1989 mit einem weltgeschichtlichen Wendepunkt verknüpft wurde.

Der eigentliche Urheber der Worte »I did it my way« war Paul Anka (geb. 1941). Der Sänger und Songwriter, der mit Songs wie »Diana« und »Put Your Head On My Shoulder« Ende der Fünfzigerjahre Welthits hervorgebracht hatte, war Anfang 1968 während eines Aufenthalts in Paris beim Fernsehen im Hotel auf einen Song aufmerksam geworden, dem er das Potenzial zu einem Hit zutraute: das französische Lied »Comme d'habitude«, das Claude François und Jacques Revaux (beide Musik) mit Gilles Thibault (Text) im Jahr 1967 geschrieben hatten. Anka sicherte sich die Rechte für seine amerikanische Produktionsgesellschaft. Zunächst aber ließ er das Lied liegen. Erst als er einige Zeit später seinen Freund Frank Sinatra traf und dieser ihm anvertraute, er sei des Showgeschäfts überdrüssig und wolle sich zurückziehen, erinnerte sich Anka wieder daran. Er veränderte die Melodie ein wenig und begann, beeinflusst von Sinatras Ankündigung aufzuhören, einen englischen Text zu verfassen: Ein Mann blickt auf sein Leben zurück, bevor der »letzte Vorhang« fällt. Anka bot Sinatra den Song an. Obwohl der nicht gänzlich überzeugt war, nahm er Ende 1968 »My Way« auf. Das Lied wurde im Laufe der Zeit zur persönlichen Hymne Sinatras.

Auch der sowjetische Regierungssprecher Gennadi Gerassimow dachte an Frank Sinatra, als er die Abkehr der sowjetischen Außenpolitik von der seit Ende 1969 praktizierten Breschnew-Doktrin bekräftigen wollte. Diese gestand den Staaten im Einflussbereich der Sowjetunion seit Niederschlagung des Prager Frühlings 1968 nur begrenzte Souveränität zu.

309

Am 25. Oktober 1989 stellte Gerassimow sich in der amerikanischen Morgennachrichtensendung »Good Morning America« für ein Interview zur Verfügung. Zwei Tage zuvor hatte der sowjetische Außenminister Eduard Schewardnadse in einer Rede betont, dass seine Regierung die Freiheit der politischen Entscheidungen der Staaten des Warschauer Paktes anerkenne.

In dem Interview, das Gerassimow nun im Fernsehen gab, sagte er in Anspielung auf die hinfällige Breschnew-Doktrin: »Nun haben wir die Sinatra-Doktrin. Er hat einen Song: *I did it my way*. Daher entscheidet jedes Land selbst, welchen Weg es beschreitet.«

Der leutselige und immer eine gewisse Entspanntheit ausstrahlende Gerassimow war einer der Stars dieser umwälzenden weltgeschichtlichen Epoche. Weitere sind Michail Gorbatschow und Schewardnadse, der US-Präsident George Bush, dessen Außenminister James Baker, der deutsche Bundeskanzler Helmut Kohl und sein Außenminister Hans-Dietrich Genscher, aber auch der ungarische Außenminister Gyula Horn. Zweifellos machten sie auch Fehler, doch im Großen und Ganzen managten sie den auch sie oft völlig überraschenden Wandel auf besonnene und pragmatische Weise.

Gerassimow lieferte in jenen Tagen immer wieder prägnante Sätze, um die wichtigen Linien der Ereignisse zu vermitteln. Knapp ein Jahr vor der Sinatra-Doktrin fasste er die neuesten Entwicklungen im Verhältnis der beiden bis dahin als potenzielle Kriegsgegner gesehenen Supermächte Sowjetunion und USA in vier Worten zusammen: »Von Jalta zu Malta.«

Das geschah vor dem Hintergrund des Gipfels zwischen US-Präsident George Bush und Michail Gorbatschow auf Malta am 2. und 3. Dezember 1989. In Jalta hatten 1945 Churchill, Stalin und Roosevelt die Neuordnung Europas nach dem Ende des Zweiten Weltkrieges verabredet. Nun sahen einige Beobachter das Gipfeltreffen von Malta als eine Art Ende des Kalten Krieges. Beschlossen wurde nichts, zumindest nicht im Sinne von unterzeichneten Papieren. Bedeutend aber waren Atmosphäre und Austausch der beiden Supermächte.

Als Gorbatschow Anfang Oktober 1989 zum 40. Jahrestag der DDR in Ost-Berlin eintraf und angesichts der Reformfeindlichkeit der DDR-Führung unter Erich Honecker in die Kameras erklärte, dass Gefahren nur auf jene warteten, die nicht auf das Leben reagieren, legte Gerassimow auf einer Pressekonferenz nach. Er sagte, Gorbatschow habe anlässlich seines Treffens mit Erich Honecker gemahnt: »Wer zu spät komme, den bestraft das Leben.«. Das habe Gerassimow zu Ende gedacht, kommentierte Gorbatschow später diesen berühmt gewordenen Satz, als dessen Urheber fälschlicherweise immer wieder Gorbatschow genannt wird.

Auch die von Gerassimow ausgerufene Sinatra-Doktrin ging rasch durch die Medien und sie wurde vor allem von den Bürgern und Bürgerrechtlern in den Staaten des Warschauer Paktes gehört. Zum Leidwesen Gorbatschows schienen sich die Völker der Sowjetunion die Maxime »I did it my way« schon längst angeeignet zu haben. Bereits einen Monat vor Gerassimows Auftritt im US-Fernsehen hatte sich das Zentralkomitee der KPdSU mit den zunehmenden Problemen der Nationalitäten des wankenden Sowjetstaates befasst.

Denn als Gorbatschow seine Maximen »Glasnost« (Offenheit) und »Perestroika« (Wandel) in die Tat umzusetzen begann, regten sich in einigen Teilrepubliken nach jahrzehntelanger Unterdrückung bald erste Stimmen, die nach mehr Freiheit und Unabhängigkeit riefen. Auch begann man sich auf die eigene Kultur – wie etwa im Baltikum auf die unterdrückte Sprache – und Identität zu besinnen. Die Menschen in der Ukraine witterten die Chance auf eine eigene Nation, von den Träumen der sehr heterogenen Völker und Volksstämme im Kaukasus ganz zu schweigen.

In Vilnius kam es am 13. Januar zu gewaltsamen Auseinandersetzungen mit prosowjetischen Kräften. Am 23. August 1989 bildeten über eine Million Menschen eine Menschenkette von Tallinn über Riga nach Vilnius.

Im März 1990 schließlich erklärten Lettland, Estland und Litauen ihre Unabhängigkeit. Es folgten Moldawien, Georgien, Armenien, die Ukraine und Weißrussland. Fast alle diese abtrünnigen Staaten erklärten, dass sie einen Verbleib in einer irgendwie gearteten Union mit Russland nicht wollten. Die Sowjetunion zerbrach. Sie zerbrach mit dem endgültigen Scheitern der kommunistischen Idee an der Realität. Nach Lesart der kommunistischen Führer hatten sich einst nach der Oktoberrevolution und dem Sieg der Roten Armee im Russischen Bürgerkrieg alle Völker der Sowjetunion im Sowjetvolk vereint. Doch die 15 Unionsrepubliken und 20 Autonomen Republiken mit teilweise insbesondere unter der Herrschaft Stalins willkürlich gezogenen Grenzen, oft um Moskaus Dominanz zu zementieren, blieben de facto immer im Griff der Zentralgewalt in Moskau, und im Alltag waren es die Russen, die die anderen Völker dominierten.

Am 12. Juni 1990 erklärte Russland, die ehemals als Russische Sozialistische Föderative Sowjetrepublik (RSFSR) größte Teilrepublik der Sowjetunion, ihre Unabhängigkeit. Zum Präsidenten wurde in den ersten freien Wahlen Russlands Gorbatschows Gegenspieler Boris Jelzin (1931–2007) gewählt, der sein Amt am 10. Juli antrat. Die Sowjetunion wurde mehr und mehr zu einem losen Staatenbund. Am 21. August 1991, dem Tag, an dem ein Umsturzversuch konservativer Parteikader der KPdSU und des KGB in Moskau scheiterte, erkannte die Sowjetunion die Unabhängigkeitserklärungen der drei baltischen Staaten Litauen, Lettland und Estland an.

Jelzin, der durch seinen persönlichen Einsatz entscheidend dazu beigetragen hatte, dass der Putsch gescheitert war, nutzte die Gunst der Stunde und weitete seine Macht aus. Schrittweise demontierte er Gorbatschow. Am 12. Dezember 1991 verließ die Russische SFSR den Staatenbund der Sowjetunion, am 16. Dezember folgte Kasachstan und am 25. Dezember Georgien. Am gleichen Tag trat Gorbatschow als Präsident der Sowjetunion zurück. Schließlich beschloss der Oberste Sowjet am 31. Dezember 1991 die Auflösung der Sowjetunion. Am 1.1.1992 existierte sie nicht mehr.

75 Wir sind das Volk!
Demonstranten in der DDR (1989)

Eine Wahl in der DDR hieß für den Wähler, in das Wahllokal zu gehen, öffentlich den Zettel mit der Einheitsliste zu falten und einzuwerfen. Man nannte dies »Zettel falten«. Die Teilnahme an der Wahl war Pflicht und ablehnen konnte man die Wahlliste nur, indem man sie durchstrich, was auch bedeutete, den Wahlzettel ungültig zu machen. Doch wer von der Wahlkabine Gebrauch machte, war bereits verdächtig.

Im Sommer 1988 wollte die herrschende Sozialistische Einheitspartei Deutschlands (SED) unter dem Druck der Veränderungen in der Sowjetunion und den Entwicklungen in anderen Ostblockstaaten den für den 7. Mai des nächsten Jahres angekündigten Kommunalwahlen einen Anschein von Demokratie verleihen. So waren die Bürger aufgerufen, Vorschläge in den Ausschüssen der Nationalen Front vorzubringen. Die Diskussionen liefen für die SED-Führung unerwartet kontrovers und kritisch. Forderungen nach anderen oder unabhängigen Kandidaten wurden laut, immer wieder gab es Verweise auf den Reformprozess in der Sowjetunion unter Michail Gorbatschow. Doch keiner der geäußerten Hinweise und Wünsche wurde letztlich berücksichtigt. Schließlich riefen vor allem kirchliche Gruppen dazu auf, die Wahl zu boykottieren. Doch zumindest hatten Bürgerrechtsgruppen für jenen 7. Mai 1989 erreicht, dass an manchen Orten der DDR unabhängige Beobachtungen der Stimmauszählungen stattfanden.

Als Egon Krenz als Leiter der Zentralen Wahlkommission im Fernsehen eine Wahlbeteiligung und eine Zustimmung von nahezu 99 Prozent verkündete, war den Beobachtern klar, dass die Ergebnisse gefälscht worden waren. Denn in zahlreichen Bezirken waren weit geringere Wahlbeteiligungen und zum Teil bis zu zehn Prozent Nein-Stimmen registriert worden. Anschließende Eingaben und Proteste gegen die Wahlfälschung wurden von der SED unterdrückt.

In China verhafteten, vertrieben oder töteten am 4. Juni 1989 Einsatzkräfte der chinesischen Volksbefreiungsarmee auf dem Platz des Himmlischen Friedens in Peking Studenten, die dort seit Wochen friedlich für Reformen demonstriert hatten. Nach Schätzungen fielen dem Massaker zwischen 700 und 3000 Menschen zum Opfer. Die DDR-Führung machte aus ihrer Zustimmung zum Vorgehen der in China herrschenden Kommunistischen Partei keinen Hehl. Insbesondere Egon Krenz, der seit Jahren als potenzieller Nachfolger des Staatsratsvorsitzenden Erich Honecker galt, würdigte den Weg der chinesischen Bruderpartei. Diese sogenannte chinesische Lösung schwebte während der Ereignisse der kommenden Wochen und Monate als Option der DDR-Staatsmacht mit. Doch unter den Menschen begann nach Jahrzehnten der Unterdrückung und der Bespitzelung der Wunsch nach Freiheit und besseren Lebensbedingungen die Angst vor der Staatssicherheit zu verdrängen.

Die DDR stand in diesen Tagen unter dem Eindruck der immer größere Ausmaße annehmenden Massenflucht von DDR-Bürgern über andere Staaten des Warschauer Paktes. Insbesondere über die Tschechoslowakei und Ungarn versuchten die Menschen in den Westen, vor allem in die Bundesrepublik Deutschland, zu gelangen. Am 2. Mai 1989 hatte Ungarn damit begonnen, seine Grenzanlagen zu Österreich abzubauen. Am 27. Juni durchtrennten der ungarische Außenminister Gyula Horn und sein österreichischer Amtskollege Alois Mock symbolisch den Zaun zwischen den beiden Staaten. Immer mehr DDR-Bürger verschafften sich Zutritt zu den bundesdeutschen Botschaften in Prag und Warschau. Bald waren um die 4000 Menschen auf dem Prager Botschaftsgelände. Nach mehreren Verhandlungen konnte der bundesdeutsche Außenminister Hans-Dietrich Genscher am 30. September 1989 vom Balkon des Botschaftsgebäudes den im Park der Botschaft ausharrenden DDR-Bürgern mitteilen, dass ihre Ausreise erreicht werden konnte. In Zügen, die über das Gebiet der DDR fuhren, wurden die Flüchtlinge in den Westen gebracht. 17 000 kehrten auf diese Weise ihrer alten Heimat den Rücken. In Dresden kam es am 4. Oktober bei dem Versuch der Sicherheitskräfte, Bürgern den Zugang zu den Zügen zu verwehren, zu schweren Ausschreitungen. In diesem Monat war die Zahl der aus der DDR flüchtenden Menschen auf 55 000 gestiegen.

In Leipzig fand jeden Montag in der Nikolaikirche und drei anderen Gotteshäusern der Innenstadt um 17 Uhr das Friedensgebet statt. In der gleichen Stadt formierte sich am 4. September 1989 die erste bedeutendere der später berühmt gewordenen Montagsdemonstrationen. Nach dem Friedensgebet gingen die Menschen auf die Straße und formulierten zunächst die Forderung nach Reisefreiheit. Sie riefen: »Wir sind das Volk!«, »Raus auf die Straße!« und »Wir bleiben hier!«

Einher gingen die Ereignisse dieser Tage mit den Feierlichkeiten, die zum 40-jährigen Jubiläum der DDR abgehalten wurden. Staatschefs aus dem gesamten Ostblock waren angereist.

Am 7. Oktober feierte die Staatsmacht in Ostberlin mit einer Militärparade. Um 17.00 Uhr versammelten sich Demonstranten auf dem Alexanderplatz. Die rasch wachsende Menschenmenge rief: »Auf die Straße! Auf die Straße!« und »Wir sind das Volk!«

Als die Dunkelheit einbrach, schlug die Staatsmacht zu. Während das Feuerwerk der Feierlichkeiten über dem Ostberliner Himmel blitzte, prügelten Polizisten auf die friedlichen Demonstranten ein. Hunderte wurden verletzt und verhaftet.

Am Montag, dem 9. Oktober 1989 wuchs die Demonstration auf 70 000 Menschen an. Zur gleichen Zeit waren Sicherheitskräfte in der Stadt zusammengezogen worden. Die zunächst geplante gewaltsame Unterbindung der Demonstration blieb aber aus. Der Montagsdemonstration eine Woche später schlossen sich dann schon über 100 000 Menschen an. An diesem 16. Oktober erschien *Der Spiegel* mit der Schlagzeile »DDR – Die Wende«. Eine weitere Woche später demonstrierten in Leipzig bereits über 300 000 Menschen.

Zwei Tage später, am 18. Oktober, wurde Erich Honecker abgelöst und Egon Krenz sein Nachfolger. Krenz war der einzige Kandidat, der die Alteingesessenen im Zentralkomitee (ZK) und Politbüro dazu bewog, den Schritt der Ablösung Honeckers zu wagen. Doch die Bevölkerung sah in der Ernennung von Krenz den Versuch, das bestehende System zu bewahren, und ließ in ihrem Druck auf die Regierenden nicht nach, sie erhöhte ihn sogar.

Am 4. November fand auf dem Berliner Alexanderplatz eine Großdemonstration statt, die größte gegen das SED-Regime. Auch hier setzte neben radikalen Forderungen nach Veränderung des Systems insbesondere die Forderung nach Reisefreiheit das Politbüro weiter unter Zugzwang. Daher und auch angesichts der nicht abreißenden Republikflucht Tausender DDR-Bürger beschloss die DDR-Führung, eine Regelung für die ständige Ausreise auszuarbeiten. Seit Bestehen der Mauer waren Anträge auf Ausreise Auslöser unerhörter Schikanen durch die DDR-Staatsmacht gewesen. Am 6. November veröffentlichte die DDR-Führung unter Krenz den Entwurf eines neuen Reisegesetzes. Das Volk reagierte auf den halbherzigen Versuch mit Ablehnung.

Ein schließlich überarbeiteter Entwurf wurde am Morgen des 9. November vom Politbüro verabschiedet und an den Ministerrat (dies war die Regierung der DDR, in der die Blockparteien Fachminister stellten) weitergeleitet. Die jeweiligen Ministerien sollten ihn im sogenannten Umlaufverfahren durch Gegenzeichnen endgültig absegnen. Am nächsten Morgen wollte man die neue Regelung von der staatlichen Nachrichtenagentur ADN veröffentlichen lassen. Nach einer Besprechung im ZK der SED drückte Egon Krenz Günter Schabowski eine handschriftliche Notiz mit Änderungen in die Hand. Schabowski, der zwar dem Politbüro angehörte, an diesem Tag aber an den Besprechungen nicht teilgenommen hatte, war der ehemalige Chefredakteur des Parteiorgans *Neues Deutschland*. Er hatte die Aufgabe, auf der am Abend angesetzten Pressekonferenz über die Ergebnisse der ZK-Tagung zu berichten.

Die Pressekonferenz wurde live über das DDR-Fernsehen ausgestrahlt. Riccardo Ehrman, Korrespondent der italienischen Agentur ANSA, fragte Schabowski, ob das am 6. vorgestellte neue Reisegesetz nicht ein großer Fehler gewesen war. Schabowski, zurückgelehnt und halb versunken in seinem Stuhl, antwortete zunächst weitschweifig und ausweichend, zog dann aber den Zettel, den er von Krenz bekommen hatte, aus seiner Tasche, setzte seine Lesebrille auf und las vor. Es war der Beschluss für ein neues Reisegesetz. Es kündigte die Öffnung der Grenzen an und erlaubte den DDR-Bürgern »nur durch die Vorlage eines gültigen Personalausweises« den Aufenthalt im Westen. Ehrman fragte sofort: »Wann tritt das in Kraft?« Schabowski blickte auf den Zettel: »Das tritt nach meiner Kenntnis ... ist das sofort, unverzüglich.«

Noch am gleichen Abend strömten die Menschen in Ostberlin an die Grenzübergänge und forderten die ratlosen Grenzer auf, die Schranken zu öffnen. Als die Forderungen immer massiver wurden, entschieden die Grenzoffiziere, die Grenze nicht mehr vor dem eigenen Volk zu schützen. Sie ließen die Schlagbäume öffnen. Ostberliner liefen in Massen über den Kurfürstendamm, Westberliner empfingen sie mit Sekt und Applaus, Menschen stiegen auf die Mauer vor dem Brandenburger Tor.

Als die Grenze offen war, veränderten sich die Parolen der Massendemonstrationen im Osten binnen weniger Wochen. Aus dem Ruf »Wir sind das Volk!« wurde immer häufiger »Wir sind *ein* Volk!« Immer öfter sangen die Menschenmengen die DDR-Hymne »Auferstanden aus Ruinen«. Denn sie enthielt die Textzeile, wegen der sie schon lange nicht mehr hatte gesungen werden dürfen: »Deutschland, einig Vaterland.«

Willy Brandt, der während des Baus der Berliner Mauer 1961 Regierender Bürgermeister des Westteils der Stadt gewesen war, sagte am 10. November, dass jetzt zusammenwachse, was zusammengehört. Es war die große Stunde des Bundeskanzlers Helmut Kohl. Bis dahin war seine Kanzlerschaft, die er 1982 nach einem konstruktiven Misstrauensvotum gegen Helmut Schmidt angetreten hatte, vergleichsweise glanzlos gewesen. Ihm gelang es nun mit Geschick, die Stimmungen in der Bundesrepublik und der DDR aufzunehmen, gleichzeitig den zum Teil skeptischen Verbündeten der Bundesrepublik und der Sowjetunion zu vermitteln, dass von einem vereinten Deutschland keine Gefahr mehr für den Frieden in Europa ausgehen werde.

Als am 3. Oktober 1990 die DDR der Bundesrepublik Deutschland auf der Basis des Einigungsvertrages beitrat, war nur ein Teil eines langen Weges geschafft. Die sozialistische Planwirtschaft wurde umgewandelt, die ehemals staatlichen Betriebe privatisiert. Die Übernahme des politischen Systems der Bundesrepublik Deutschland endete allerdings mit einer Enttäuschung vieler basisdemokratischer Kräfte der DDR.

Doch indem die DDR-Bürger die Mauer durch ihren friedlichen und beharrlichen Protest zu Fall brachten, gewannen sie die Freiheit des Denkens und der eigenen Person wieder. Sie schufen auch die Voraussetzung für die Wiedervereinigung eines geteilten Landes. Vor allem aber beschleunigten sie den Zerfall des Warschauer Paktes und damit eines totalitären kommunistischen Systems und trugen entscheidend zum Ende des Kalten Krieges bei.

It's the economy, stupid!
James Carville (geb. 1944)

76

Der Satz »It's the economy, stupid!« (Es ist die Wirtschaft, Dummkopf!) kam 1992 in jenem US-Präsidentschaftswahlkampf auf, in dem der Republikaner George Bush senior um seine Wiederwahl für eine zweite Amtszeit kämpfte. Sie sind nichts anderes als der flapsige Hinweis von Bill Clintons Wahlkampfberater James Carville, dass zu den wichtigsten Themen für die Wähler immer ihr erwartetes wirtschaftliches Wohlergehen gehört. Und Bill Clinton, der Kandidat der Demokraten, hielt sich daran.

Der außenpolitisch ausgesprochen erfolgreichen Bilanz des Präsidenten Bush stand ein weitaus geringerer Erfolg in der Wirtschaftspolitik gegenüber. Denn während Bush nach dem Überfall des irakischen Diktators Saddam Hussein auf Kuwait entschlossen reagiert hatte und während der Wendejahre im Ostblock und in Deutschland diplomatisch geschickt vorging, hatte er innenpolitisch die wirtschaftlichen und sozialen Probleme nicht zu lösen vermocht. Nach Ende des Golfkriegs noch sehr populär, begann die Zustimmung zu Bushs Politik in den Folgemonaten bei den amerikanischen Wählern zu schwinden, und als Bush sich dann im Jahr 1992 der Wiederwahl stellte, wuchsen die Chancen seines Konkurrenten Bill Clinton, dem man anfangs kaum eine Chance eingeräumt hatte.

Von besonderem Nachteil für Bush erwies sich nun vor allem, dass er in Bezug auf das sensible Thema der Steuern wortbrüchig geworden war. Entgegen seinen einprägsamen Worten von 1988 »Read my lips: no more taxes!« hatte er die Steuern erhöht. Bushs vollmundiges Versprechen von damals geriet nun für Clintons Wahlkampfleiter James Carville und seinen Partner Paul Begala zur Steilvorlage.

Von Carville stammt auch der Satz »Wenn dein Gegner ertrinkt, dann wirf diesem Hurensohn einen Amboss zu!« Und genauso ging er nun als Wahlkampfleiter Clintons vor, denn Bush drohte zu »ertrinken«. Die Amerikaner hatten in jenen Tagen ein offenes Ohr, wenn Clinton von den Themen Wirtschaft und Sozialsystem sprach. Nach dem Ende des Kalten Krieges und den Belastungen des Golfkrieges wollten sie, dass nun die Lösung der Probleme im Land in Angriff genommen wurde, und sie wollten sich von einer künftigen Regierung wirtschaftlich und sozial besser abgesichert fühlen. Carville fasste die Botschaft in drei Sätzen zusammen und im Wahlkampfbüro hingen sie für jeden jederzeit nachlesbar aus:
1. Veränderung kontra Weitermachen.
2. Es ist die Wirtschaft, Dummkopf! (It's the economy, stupid!)
3. Vergiss nicht die Gesundheitsvorsorge.

Mit der Konzentration auf diese drei Maximen, so der Plan, sollte Clinton zum nächsten Präsidenten der USA gewählt werden.

Bill Clinton war 1946 als William Jefferson Blythe III. geboren worden. Sein Vater, ein Handlungsreisender, war drei Monate vor Bills Geburt bei einem Autounfall ums Leben gekommen. Bills Mutter heiratete den Autohändler Roger Clinton, von dem er später adoptiert wurde und dessen Nachnamen er annahm. Die Kindheit war schwierig, denn Clintons Stiefvater war Spieler und Alkoholiker und misshandelte Bills Mutter. In der High School wählte man den aufgeweckten Bill zum Schülervertreter. Er spielte hervorragend Saxofon und liebäugelte damit, Musiker zu werden oder Arzt. Zwei Ereignisse jedoch waren ausschlaggebend für seine Entscheidung, in die Politik zu gehen. 1963 traf er in Washington als Mitglied einer Jugenddelegation auf Präsident John F. Kennedy und im gleichen Jahr beeindruckte ihn die Rede »I have a dream« von Martin Luther King nachhaltig.

Er studierte in Washington D.C., danach mit einem Rhodes-Stipendium an der University of Oxford und schließlich in Yale, wo er 1973 zum Doktor der Rechtswissenschaften promovierte. In Yale begann er mit der hochintelligenten Jurastudentin Hillary Rodham auszugehen. Die beiden heirateten und zielstrebig arbeiteten sie nun gemeinsam an seiner Karriere.

1976, mit erst 30 Jahren, wurde Bill Clinton Justizminister seines Heimatstaates Arkansas. Zwei Jahre später wählte man ihn zum Gouverneur und damit war er der jüngste Gouverneur der USA. Als er 1980 zur Wiederwahl antrat, verlor er. Clinton hatte zahlreiche Reformen in Angriff genommen, von denen man ihm einige, wie etwa die Erhöhung der Kfz-Steuer, übel genommen hatte. Doch er lernte aus der Niederlage und vier Jahre später kandidierte er erneut und gewann. Er nannte sich selbst »Comeback Kid«, eine Bezeichnung, die immer wieder zitiert werden sollte. Nachdem Clinton das Amt des Gouverneurs von Arkansas zurückerobert hatte, gab er es nicht wieder ab. 1991 kündigte er an, für die Präsidentschaftswahl zu kandidieren. Clinton gewann die Vorwahlen der Demokratischen Partei und trat schließlich gegen den amtierenden Präsidenten George Bush an.

»Putting people first« (Zuerst die Menschen) machte Clinton zu seinem Wahlkampfmotto und als seine Wahlkampfhymne wählte er das Lied »Don't stop thinking about tomorrow« (Hör nicht auf, über morgen nachzudenken) von der Gruppe Fleetwood Mac. Clinton forderte Steuererleichterungen für Bürger mit niedrigem Einkommen und machte sich für Bildung und eine Reform des Gesundheitswesens stark. Zu seinem Programm gehörten auch Investitionshilfen für kleine und mittelständische Unternehmen. Am 20. Januar 1993 wurde er als 42. Präsident der USA vereidigt.

Clintons Regierungszeit profitierte von einer weltweiten Prosperität, die durch den Zerfall des Ostblocks und die sich nun dramatisch dynamisierende Globalisierung ausgelöst wurde. Es gelang Clinton tatsächlich in seinen beiden Amtszeiten, das US-Haushaltsdefizit abzubauen, das unter der Regierung Ronald Reagans dramatisch angestiegen war. Auch die von Reagan angehäuften über 200 Milliarden Staatsschulden nahm er erfolgreich in Angriff. Die von ihm angestrebte allgemeine Krankenversicherung für alle Amerikaner konnte er jedoch nicht durchsetzen. Dafür konnte er 1994 mit dem Nordamerikanischen Freihandelsabkommen (NAFTA) mit Kanada und Mexiko sowie mit dem GATT (General Agreement on Tariffs and Trade), dessen Ratifizierung er gegen starke innenpolitische Widerstände durchsetzte, entscheidende Verträge für eine weitere Liberalisierung der Weltmärkte abschließen. Aufgrund des GATT trat die neu gegründete WTO (World Trade Organization) als Dachorganisation ihre Arbeit an.

Weil Clinton in der Wirtschaftspolitik kaum angreifbar war – auch Alan Greenspan lobte sie 2007 in seinen Memoiren –, versuchte ihn die republikanisch-konservative Opposition über den Pluralismus und Liberalismus zu attackieren. Auch der konservative Vordenker Samuel P. Huntington versäumte es nicht, in seinem Buch *Kampf der Kulturen* die liberale Haltung von Clintons Regierung als einen der Gründe für eine Schwächung des Westens anzuführen.

Nachdem Clinton mit überzeugender Mehrheit für eine zweite Amtszeit wiedergewählt worden war, wurde die Suche nach möglichen Verfehlungen Clintons intensiviert. Der Sonderermittler Kenneth Starr weitete seine Nachforschungen aus. Anfang 1994 gab Clintons frühere Mitarbeiterin Paula Jones an, er habe sie während seiner Amtszeit in Arkansas sexuell belästigt. Dann warf man Clinton Anfang 1998 vor, eine sexuelle Beziehung zu der Praktikantin im Weißen Haus Monica Lewinsky gehabt zu haben. Clinton bestritt dies unter Eid. Später jedoch gab er »eine unangemessene Beziehung« zu.

Clintons Frau Hillary stand bei all diesen Anschuldigungen öffentlich fest zu ihm und gewann dadurch Achtung und Ansehen und trug zum politischen Überleben ihres Mannes wesentlich bei. Das gegen Clinton eingeleitete Amtsenthebungsverfahren wegen Meineids und Behinderung der Justiz schlug die letzte Instanz, der Senat, nieder. Anfang 2001 schied Clinton regulär aus dem Amt.

Das Ende der Geschichte
Francis Fukuyama (geb. 1952)

Immer wieder wurde versucht, den Lauf der Geschichte vorauszusagen. Läuft sie auf einen bestimmten Endpunkt zu? Wenn ja, dann müsste sich aus dem Weg dorthin auch eine gewisse Gesetzmäßigkeit der Entwicklungen ablesen lassen.

Am bekanntesten ist wohl die von Karl Marx prognostizierte Entwicklung der Geschichte. Formuliert hatte er sie in seiner Geschichtsphilosophie, dem historischen Materialismus. Marx sah als den irgendwann eintretenden »Endpunkt« der Geschichte die kommunistische Gesellschaft. Auch Oswald Spengler hatte in seinem Buch *Der Untergang des Abendlands* versucht, Geschichte vorauszusagen. Spengler sah die Zukunft in immer wieder neu entstehenden und wieder vergehenden autoritären Staatsgebilden, die von Eliten beherrscht werden. So verschieden das Denken von Marx und Spengler war, so ähnlich sind sie sich in einem mehr oder minder totalitären Anspruch der beschriebenen Staatswesen und in dem Glauben, dass gewisse Mechanismen bestimmend für die Geschichte sind. Für Marx war es der beständige Kampf der Klassen, für Spengler der Kampf des Menschen gegen den Menschen.

Karl Raimund Popper hingegen widersprach jeglicher Sicht, nach der die Geschichte nach bestimmten Gesetzmäßigkeiten abliefe, aus denen ein irgendwie gearteter Endpunkt in der Zukunft herauszulesen sei. Seine Kritik legte Popper vor allem in seinem Buch *Das Elend des Historizismus* dar, wie er die von ihm kritisierte Denkhaltung nannte.

Popper argumentierte, dass man die Entwicklung des menschlichen Wissens nicht voraussagen kann. Damit lieferte er zwar gewichtige Argumente gegen die Annahme einer Vorhersagbarkeit der Geschichte, beantwortete aber nicht die uralte philosophische Frage nach dem Sinn allen Geschehens in der Welt. Wenn die Geschichte schon nicht vorauszusagen ist, lässt sich dann nicht die bisherige Geschichte im Nachhinein so interpretieren, dass daraus ein tieferer Sinn zu deuten ist?

Diesen Versuch unternahm der amerikanische Politikwissenschaftler Francis Fukuyama. Der veröffentlichte 1989 einen Aufsatz mit dem Titel »The End of History?«. Der Aufsatz entstand unter dem Eindruck des Zusammenbruchs des Ostblocks und damit auf breiter Front jener Gesellschaftssysteme, die den Kommunismus verwirklichen wollten. Fukuyama fragte sich, ob dadurch nun ein Ende der jahrhundertelangen Auseinandersetzung um die beste Regierungsform eingetreten war.

Aus einer Vorlesungsreihe, die Fukuyama an der Universität von Chicago gehalten hatte, entstand dann das Buch, das 1992 mit dem Titel *The End of History and the Last Man* (deutsch: *Das Ende der Geschichte*), erschien. Fukuyama vertrat darin die These, dass die Jahrzehnte bis zum Zusammenbruch des Ostblocks gegen Ende der Achtzigerjahre im Grunde die Geschichte des Sieges der freiheitlichen Demokratie und des Systems der Marktwirtschaft gewesen seien. Als Beweis sah er nicht nur die Entwicklung im Ostblock, sondern auch den Aufbruch vieler anderer Staaten in diese Richtung wie beispielsweise Brasilien, Botsuana, Chile, Thailand, Namibia, Argentinien.

Fukuyama berief sich auf Hegel und Marx. Auch sie hätten ein irgendwann eintretendes »Ende der Geschichte« gesehen, wenn die Menschen eine Gesellschaftsform gefunden und umgesetzt hätten, in der nichts mehr zu verbessern sei. Hegel sah dies in einem mächtigen Staatswesen verwirklicht, das sowohl Einzel- als auch Gemeinschaftsinteressen vereint, Marx in der klassenlosen kommunistischen Gesellschaft.

Natürlich, so Fukuyama, würden am »Ende der Geschichte« noch Ereignisse, sogar bedeutende Ereignisse stattfinden, doch das Ende der ideologischen Auseinandersetzung sei erreicht. Die Menschheit befände sich am Endpunkt eines langen Evolutionsprozesses, in dessen Verlauf sich herausgefiltert habe, welche Gesellschaftsform die bestmögliche ist. Francis Fukuyamas Buch war im Grunde das intellektuelle Triumphgeheul nach einem Sieg des Kapitalismus über den Kommunismus.

Für Fukuyama zeigte das »Ende der Geschichte« nicht nur den Sieg des besten Wirtschaftssystems, sondern auch den Sieg der Naturwissenschaften, weil sie in sich urdemokratisch funktionierten. Auch sei die bedeutende Rolle des Christentums als eine gegenüber den anderen Weltreligionen besser »entwickelte« Religion zu erkennen. Denn das Christentum sehe den Menschen als Wesen, das zwischen Gut und Böse unterscheiden könne. Darüber hinaus, so Fukuyama, seien die Massenmedien eine weitere wichtige Säule, die das Demokratieverständnis der Menschen vertieft hätte. Zudem wies Fukuyama darauf hin, dass zwei wesentliche Triebkräfte des menschlichen Handelns allein in der liberalen Demokratie berücksichtigt seien: Das Streben des Menschen nach Sicherheit und Wohlstand sowie der Wunsch nach Anerkennung.

Das Buch wurde ein weltweiter Bestseller, sein Titel zum allüberall zitierten Schlagwort. Tatsächlich schienen sich in den nächsten Jahren die Thesen Fukuyamas in der Realität zu bestätigen. Immer mehr Länder entschieden sich für ein pluralistisches Staatsgefüge. Totalitäre Staatsentwürfe schienen endgültig passé zu sein, anhaltende Unterdrückung zunehmend verurteilt zu werden.

Ist aber das von Fukuyama ausgerufene »Ende der Geschichte« tatsächlich so endgültig? Oder erwachsen aus dem Innern der Demokratien neue Gefahren? Eine Gefahr macht Fukuyama beim Menschen selbst aus. Es gäbe für ihn keine Ideale mehr, für die es zu kämpfen lohne. Daher richte der Mensch seine Kraft womöglich gegen jene gute Sache, die er gewonnen habe. Die Mahnungen, die Samuel P. Huntington 1996 im *Kampf der Kulturen* für den Westen bereithielt, sind in diesen Fragen schon zu ahnen. Denn wer keinen Gegner mehr hat, der wird selbstzufrieden und nimmt die eigenen Schwächen nicht mehr wahr. Im Wettbewerb mit dem Kommunismus hatte der Kapitalismus zahlreiche soziale Elemente aufgenommen. Im Siegestaumel ging verloren, dass auch dies zum Sieg beigetragen hatte. Stattdessen wurden sogar viele soziale Elemente wieder zurückgedrängt oder beseitigt.

Die Geschichte ist nicht zu Ende. Sie geht weiter. Die liberale Demokratie hat noch lange nicht gesiegt. Herausforderungen erwachsen aus der Instabilität junger Demokratien und aus dem Vergessen, was Diktatur und Totalitarismus bedeuten. Gefahren erwachsen auch aus den immer wieder in den demokratischen Gesellschaften unternommenen Versuchen, Werte und Grundpfeiler pluralistischer Staaten wie die Trennung von Staat und Kirche, die Gewaltenteilung, die Gleichstellung der Geschlechter, den Schutz von Minderheiten, religiöse Toleranz und die Pressefreiheit in Frage zu stellen oder zu relativieren.

Die neokonservative Bewegung in den USA, die ihre wichtigsten Vertreter in der Regierung des ab 2001 amtierenden Präsidenten George W. Bush hatte, griff Fukuyamas These vom Ende der Geschichte begeistert auf und interpretierte sie in ihrem Sinne. Weil die westlichen Demokratien allen anderen Staatsformen überlegen seien, so folgerten sie, hätten sie auch die Pflicht, diese Staatsform in alle Welt zu »exportieren«.

2006 veröffentlichte Fukuyama sein Buch *Scheitert Amerika?*. Darin übte er heftige Kritik am amerikanischen Neokonservativismus, insbesondere an der Politik der Regierung von George W. Bush. Er geißelte vor allem deren Strategie, militärische Interventionen politischer Gestaltung vorzuziehen.

78 One person, one vote!
Wahlprinzip

Als 1994 in der Republik Südafrika die ersten freien und gleichen Wahlen durchgeführt wurden, war das das vorläufige Ende jahrhundertelanger grausamer Kriege und langer bitterer Unterdrückung der Mehrheit der Bevölkerung durch eine Minderheit.

Der Süden des afrikanischen Kontinents ist gesegnet mit einer fruchtbaren Natur und mit reichen Bodenschätzen. Ebendies aber wurde zu seinem Fluch und damit auch zur Geißel für die Menschen dieser Region. Ursprünglich siedelten verschiedene afrikanische Völker südlich des Sambesi. 1652 ging der Holländer Jan van Riebeeck an der Tafelbucht an Land und gründete im Auftrag der Niederländischen Ostindien-Kompanie (VOC) einen Versorgungsstützpunkt, aus dem schließlich Kapstadt entstehen sollte. Es folgten holländische Siedler, die nach und nach ins Landesinnere vordrangen. Sie vermischten sich mit nachziehenden französischen Hugenotten und deutschen Siedlern und entwickelten im Laufe der Jahrzehnte eine eigenständige Kultur und eine eigene Sprache, das Afrikaans. 1795 riefen sie in der Stadt Graff-Reinet die erste Burenrepublik (Bur ist holländisch für Bauer) aus. Im gleichen Jahr landeten im Zuge der Napoleonischen Kriege britische Truppen in Kapstadt und brachten schließlich die gesamte Kapkolonie unter ihre Kontrolle, auch die anfangs Widerstand leistende kleine Burenrepublik. Ab 1806 wurde die Kapkolonie endgültig britisch. Aufgrund der zunehmenden Überfremdung durch neue europäische Siedler und unzufrieden mit der britischen Herrschaft, zogen 1835 Tausende Buren im sogenannten Großen Treck in Landstriche nordöstlich der Kapkolonie. Nach Verdrängungskriegen gegen die dort lebenden Völker der Zulu und Ndebele entstanden neue Burenrepubliken. Im Ersten Burenkrieg von 1880/1881 behaupteten sie sich gegen die Briten und deren Expansionsbestrebungen. Doch 1899 kam es zum Zweiten Burenkrieg, der 1902 für die Buren verloren ging. Die Burenrepubliken wurden dem britischen Imperium einverleibt und zusammen mit der Kapkolonie 1910 zur Südafrikanischen Union zusammengeschlossen. Mit dem Status eines britischen Dominions war die Südafrikanische Union, wie Australien, Kanada und Neuseeland, zwar außenpolitisch mehr oder minder souverän, wirtschaftlich aber nach wie vor stark von Großbritannien abhängig.

Die Regierungsmacht in der Südafrikanischen Union hatten uneingeschränkt die Weißen. Schwarzen, Coloureds (Nachkommen von Schwarzen und Weißen) und Asiaten blieb das Wahlrecht verwehrt. Sexualkontakte zwischen den verschiedenen »Rassen« verbot man durch zahlreiche Gesetze. 1911 legte der Mines and Work Act fest, dass Weiße als Aufseher über schwarze Minenarbeiter eingesetzt wurden und nur Weiße das Blasting Certificate erhielten und damit als Sprengmeister arbeiten durften. Während der Epoche der Apartheid, die nahezu das gesamte 20. Jahrhundert andauerte, blieb das Blasting Certificate ein Symbol der Unterdrückung von Schwarzen durch

Weiße. Der Natives Land Act von 1913 trennte das Land in Gebiete, in denen ausschließlich Weiße Land erwerben und dort wohnen durften, und in Gebiete, in denen das ausschließlich für Schwarze galt. Schwarze, Coloureds und Asiaten mussten ihre Pässe ständig bei sich tragen und durften sich nachts nicht in den Innenstädten aufhalten.

Aus dem Jahr 1917 stammt die erste verbürgte Nennung des Wortes »Apartheid«, wie man das System der Trennung von Schwarzen und Weißen ab 1948 nannte. Jan Smuts, der 1919 Premierminister Südafrikas wurde, benutzte den Begriff in einer Rede. Smuts genoss weltweit Ansehen. Er war an der Gründung des Völkerbundes und später an der Gründung der Vereinten Nationen beteiligt gewesen. In seinem Heimatland machte er sich für die Rassentrennung stark. Wegen des noch immer wachen und überheblichen kolonialen Geistes der europäischen Staaten stand Südafrika mit der Apartheid zunächst kaum in der Kritik. Noch immer fühlten sich die Europäer den Völkern der südlichen Welthemisphäre überlegen.

Apartheid war das Afrikaans-Wort für »Trennung«, das von burischen Aktivisten als neuer Begriff propagiert wurde, um zu unterstreichen, dass ihr Ansatz völlig neu sei. Im Jahr 1948 gewann die 1914 gegründete burische National Party (NP) die Wahlen, bei denen nahezu nur Weiße wählten. Die Partei blieb bis fast zum Ende des Jahrhunderts in Südafrika an der Macht.

Die Buren hatten nach dem gegen die britische Kolonialmacht verlorenen Burenkrieg an politischem und wirtschaftlichem Einfluss verloren. Sie fühlten sich unterdrückt von den Briten und sahen sich in Abgrenzung zu den englischsprachigen Weißen als ein eigenes Volk. Im Zweiten Weltkrieg hatten viele Weiße aufseiten der Alliierten gekämpft, als Folge waren Schwarze wegen Arbeitskräftemangel in Berufe »eingedrungen«, die vormals nur für Weiße vorgesehen waren. Sie waren zunehmend in die Städte gezogen und stellten dort bald den größten Bevölkerungsteil. Die Buren und deren heimkehrende Soldaten versuchten ihrem sozialen Abstieg entgegenzuwirken. Es galt, ein umfassendes Rassentrennungssystem zu installieren, das die Herrschaft der Weißen festschreiben sollte.

Die Erklärungen und Rechtfertigungen, die man für die Apartheid fand, waren listen- und einfallsreich. Letztlich liefen sie aber immer auf die Grundaussage hinaus, die Menschen seien eben nicht gleich, wie es etwa die UNO-Menschenrechtscharta propagierte. Und dies lieferte paradoxerweise für die vermeintlich Überlegenen in der Ungleichheit die Rechtfertigung, den sogenannten Unterlegenen weniger Rechte zuzubilligen.

Ab etwa 1950 begann man die Apartheid in Südafrika verschärft anzuwenden. In der sogenannten kleinen Apartheid wurden Schwarze und Weiße im Alltag getrennt: Strände teilte man in Abschnitte für Weiße und für Schwarze ein. Öffentliche Gebäude hatten separate Eingänge für Weiße und für Schwarze. In der »großen Apartheid« wurde der Lebensraum getrennt. Schwarze mussten in ihnen zugewiesenen Vierteln wohnen. Der Rassentrennung waren auch die Coloureds und Asiaten unterworfen.

1955 hielt der African National Congress (ANC) in seiner Charta fest: »Südafrika gehört allen, die darin leben, Schwarzen und Weißen.« Der ANC war bereits 1912 gegründet worden und wurde nach und nach zu einer Massenorganisation, die für die Rechte der Schwarzen kämpfte, aber auch einen Ausgleich zwischen weißen und schwarzen Afrikanern erreichen wollte.

Am 21. März 1960 führte das Massaker von Sharpeville, bei dem 69 Schwarze bei einer Demonstration einer Befreiungsbewegung, des Panafricanist Congress (PAC), von der Polizei getötet wurden, zu landesweiten Unruhen. PAC und ANC wurden verboten. Ihre Aktivisten agierten fortan aus dem Untergrund. Südafrika kam dem drohenden Ausschluss aus dem Commonwealth zuvor, indem es austrat und die Republic of South Afrika ausrief. Der ANC gründete einen bewaffneten Flügel unter der Leitung von Nelson Mandela. Geboren worden war dieser 1918 als Rolihlahla Dalibhunga Mandela. Er ist ein Spross des einflussreichen Madiba-Clans und gehört dem Volk der Xhosa an. Sein Name Rolihlahla bedeutet wortwörtlich übersetzt »am Ast eines Baumes ziehen«, sinngemäß aber »Unruhestifter«. Auf der Missionsschule gab man ihm den englischen Vornamen Nelson.

Mandela studierte Rechtswissenschaften und eröffnete nach dem Examen mit seinem Freund Oliver Tambo die erste von Schwarzen geleitete Rechtsanwaltskanzlei in Johannesburg. 1942 gründete er mit Walter Sisulu und Oliver Tambo die Jugendorganisation des ANC. 1956 zusammen mit zahlreichen anderen schwarzen Bürgerrechtlern wegen Hochverrats vor Gericht gestellt, wurde er nach einem mehrjährigen Prozess 1961 freigesprochen. Ursprünglich war Mandela ein Befürworter des gewaltlosen Widerstands. Doch nach den Ereignissen von Sharpeville 1960 willigte er in den bewaffneten Kampf ein. Im August 1962 wurde er verhaftet. Zunächst zu fünf Jahren Gefängnis verurteilt, wandelte man seine Strafe 1964 zu lebenslanger Haft.

Als Mandela auf der berüchtigten Gefängnisinsel Robben Island eintraf, wurden er und seine Mithäftlinge von den weißen Wärtern mit den Worten begrüßt: »Dies ist die Insel. Hier werdet ihr sterben!« 18 Jahre später, im März 1982, verließ er Robben Island lebend. Doch nicht weil er in die Freiheit entlassen wurde, sondern um weitere acht Jahre in einem Gefängnis auf dem Festland zu verbringen.

Erst am 11. Februar 1990 kam Nelson Mandela frei. Im Jahr zuvor war Frederik Willem de Klerk (geb. 1936) neuer Staatspräsident geworden. Nun, in diesen Tagen 1990, kündigte er weitreichende Reformen an. Das Verbot des ANC und des PAC wurde aufgehoben, nicht nur Mandela, sondern Dutzende weitere schwarze Befreiungskämpfer freigelassen.

Mit de Klerk war 1989 der konservativste Kandidat der regierenden NP auf Pieter Willem Botha gefolgt, unter dessen Führung das Land seit 1978 immer tiefer in die Krise geraten war. Halbherzige Versuche, die Apartheid zu lockern, waren einhergegangen mit brutalen polizeilichen Unterdrückungsmaßnahmen. Südafrika litt wirtschaftlich unter der Beteiligung am Krieg in Angola. Zwar wirkten auch wirtschaftliche Sanktionen und weltweite Isolation negativ, doch entscheidende Auswirkungen hatten sie nicht. Zwei andere Umstände zwangen das Apartheidsystem in die Knie: das Ende des Ost-West-Konflikts und der Verfall des Goldpreises. Der Westen brauchte Südafrika nicht mehr als Bollwerk gegen den Kommunismus und der ANC wurde immer weniger als Feind gesehen. Vor allem aber die geringeren Einnahmen aus dem Goldexport entzogen dem Apartheidsystem die Kraft.

Weil de Klerk seine Partei hinter sich bringen konnte, gelang es ihm, zusammen mit Mandela in intensiven Verhandlungen einen Prozess auf den Weg zu bringen, in dessen Verlauf die Apartheid beseitigt wurde und schließlich die ersten freien Wahlen stattfanden. 1994 wählten Schwarze und Weiße erstmals nach dem Wahlprinzip »One person, one vote« (Eine Person, eine Stimme). Die Maxime war bereits Anfang des Jahrhunderts in Großbritannien von den Suffragetten benutzt worden, als sie das Wahlrecht für Frauen einforderten. Der ANC mit Nelson Mandela als Spitzenkandidat erzielte einen überwältigenden Wahlsieg. Mandela übernahm am 9. Mai das Amt des Staatspräsidenten, de Klerk das des Vizepräsidenten. Beide hatten im Jahr zuvor gemeinsam den Friedensnobelpreis erhalten. Im Juni 1999 trat der fast 81-jährige Mandela zurück und beendete sein aktives politisches Leben. In seiner Amtszeit hatte er sich energisch um die Versöhnung der Volksgruppen bemüht.

Der Kampf der Kulturen
Samuel P. Huntington (geb. 1927)

Der britische Feldherr Arthur Wellington bemerkte 1815 nach der gewonnenen Schlacht bei Waterloo: »Außer einer verlorenen Schlacht kann nichts auch nur halb so traurig sein wie eine gewonnene Schlacht.«

Warum? Nach der Schlacht von Waterloo war Napoleon endgültig besiegt. Waterloo wurde zum Synonym der totalen Niederlage. Und vielleicht dachte Wellington daran, dass der Sieger nun, da der Feind geschlagen war, wieder gegen sich selbst zu kämpfen hatte. Und das kann durchaus zu einer betrüblichen Angelegenheit werden.

In diesem Sinne zumindest scheinen die Worte Wellingtons auf den Zustand der westlichen Demokratien zuzutreffen, in den sie gerieten, nachdem in der Wende zu den Neunzigerjahren des 20. Jahrhunderts die kommunistischen Staaten des Ostblocks zusammenbrachen. Der jahrzehntelang mit dem westlichen Pluralismus und dem Konzept der Marktwirtschaft konkurrierende autoritäre bis totalitäre Staatsentwurf des Kommunismus war gescheitert.

Tatsächlich verfielen die westlichen Demokratien nun zunehmend in Selbstbetrachtung. Zunächst meldeten sich die Optimisten wie Francis Fukuyama, der das »Ende der Geschichte« ausrief, denn die liberale Staatsform habe nun endgültig gesiegt. Eine ernst zu nehmende Alternative, ein Gegenentwurf sei weit und breit nicht zu erkennen.

Zwei wesentliche Tendenzen waren nun in den nächsten, den letzten Jahren des 20. Jahrhunderts zu beobachten. Zum einen machte sich eine gewisse Selbstzufriedenheit in den Gesellschaften der westlichen Demokratien breit. Das eigene Staatssystem hatte sich als das bessere bewährt. Zudem nährte das Ende des Wettrüstens auch die Hoffnung auf das Ende vieler bisheriger Krisen. Der Wandel der ehemaligen Ostblockstaaten von der Plan- zur Marktwirtschaft, der damit einhergehende weltwirtschaftliche Aufschwung schien nichts anderes zu bestätigen als die Zuversicht, dass dauerhaft goldene Zeiten bevorstanden. In dieser Zeit der Dynamik und des Optimismus meldeten sich aber auch die ersten mahnenden Stimmen. Interessanterweise gewannen diejenigen rasch an Einfluss, die eine neue Gefahr ausmachten, die Gefahr des Verfalls der westlichen Kultur. Besonders bekannt wurden weltweit die Mahnungen des Politikwissenschaftlers Samuel P. Huntington. Der nächste große Konflikt der Menschheit, so Huntington, sei der »Zusammenprall der Kulturen«, der »Clash of Civilizations«, wie er seinen aufsehenerregenden Artikel im Jahr 1993 in der einflussreichen amerikanischen Politikzeitschrift *Foreign Affairs* nannte. 1996 ließ Huntington das gleichnamige Buch zum Thema folgen, das ein viel diskutierter Weltbestseller wurde.

Kernaussage Huntingtons war, dass nach dem Ende des Kalten Krieges und der Auseinandersetzung zwischen Staatssystemen nun eine Auseinandersetzung von Kulturen folgen werde. Nicht mehr der Wettstreit von Ideologien werde das Weltgeschehen bestimmen, sondern der »Kampf der Kulturen«.

Huntingtons Buch war im Grunde die düstere Replik auf Francis Fukuyamas optimistisches Credo vom Ende der Geschichte. Huntington zitierte Arnold Toynbee aus seiner *Study of History*, in der er für die englische Mittelschicht des Jahres 1897 diagnostiziert hatte: »Wie sie es sahen, war für sie die menschliche Geschichte aus«, und kommentierte dies mit dem messerscharfen Diktum: »Gesellschaften, die annehmen, dass ihre Geschichte zu Ende sei, sind jedoch für gewöhnlich Gesellschaften, deren Geschichte bald im Niedergang begriffen sein wird.«

Bemerkenswerterweise waren sowohl Fukuyama als auch Huntington Denker, die in den Kreisen der Neokonservativen große Resonanz fanden und die vor allem in der Ära George W. Bushs starken

Einfluss hatten. Während dort Fukuyamas Optimismus als Beweisführung für die Überlegenheit des westlichen Wertesystems gewertet wurde, nahm man Huntingtons Pessimismus als Rüstzeug für eventuelle Auseinandersetzungen und Herausforderungen, denen sich dieses »überlegene Gesellschaftssystem« künftig zu stellen hatte.

Für Huntington waren es die großen Kulturkreise, die in einer neu entstehenden Ordnung der Welt nach Ende des Kalten Krieges konkurrierten: die abendländische Kultur, die islamische Kultur, die indische und die chinesische Kultur. Huntington glaubte nicht daran, dass die abendländische Kultur sich durchsetzen werde, denn die anderen mächtigen Kulturkreise sähen sie nicht als Vorbild.

In einer globalisierten Welt ging es für Huntington um die Selbstbehauptung jedes Kulturkreises gegen die anderen. Vor allem in der Auseinandersetzung zwischen islamischer und nicht islamischer Welt sah er die Bruchlinien künftiger Weltpolitik. Damit gehe einher, dass die pluralistische Gesellschaftsform des Westens zunehmend in Bedrängnis gerate. Dies belegte Huntington mit der Entwicklung des 20. Jahrhunderts, in der der Westen im Vergleich zum Islam an Territorium und Anteil an der Weltbevölkerung zunehmend verloren hat.

Huntington sagte in seinem Buch vor allem der Vision einer multikulturellen Gesellschaft den Kampf an. Der Regierung Bill Clintons warf er vor, sie »förderte mit Fleiß die Verschiedenartigkeit anstelle der Einheit des Volkes, das sie regierte«. Gerade dies, so Huntington, sei aber eine der größten Gefahren für den Zusammenhalt der Nation.

Den größten Fehler, so Huntington, mache der Westen, wenn er seine Kultur noch immer als universell für die Welt ansehe. Dies sei nicht der Fall und werde es auch niemals sein. Huntingtons Rat war, dass der Westen sich auf seine Werte besinnen, diese stärken und im Innern verteidigen sollte. Er forderte die Einigkeit der USA und Europas. Und er forderte, dass die USA sich ihres europäischen Erbes bewusst bleiben.

Huntington griff mit seiner Analyse und der anschließenden Prognose zukünftiger Konflikte beispielsweise zwischen der westlichen, der islamischen und auch der chinesischen Kultur zahlreiche Tendenzen gegen Ende des 20. Jahrhunderts auf. Er veröffentlichte seine Thesen in der Phase einer gewissen Desorientierung in der westlichen

Welt, in der die Optimisten glaubten, dass sich die Kernwerte der westlichen Gesellschaften wie Pluralismus, individuelle Freiheit, die Trennung von Staat und Kirche, die Trennung von Vernunft und Glauben, die weitestgehende Toleranz für andere Kulturen langfristig in der Welt durchsetzen werden. Die Pessimisten, wie Huntington, sahen den Verfall der Familie, die Zunahme von Gewalt und Egoismus und den Niedergang des Christentums.

Tatsächlich scheinen zur Wende zum 21. Jahrhundert bestimmte Tendenzen Huntington recht zu geben: das wirtschaftliche und politische Erstarken Chinas zu einer künftigen Weltmacht und ein Islam, dessen Anteil an der Weltbevölkerung stetig steigt. Doch was sich daraus für die künftige Geschichte entwickelt, hat vielleicht nur bedingt etwas mit den Prognosen Huntingtons gemein. Denn die Frage ist, wie sich der Islam in einer modernen und globalisierten Welt verändert und welche Entwicklung das jetzige politische System Chinas nimmt.

80 Ein Land, zwei Systeme
Deng Xiaoping (1904 – 1997)

Als Helmut Schmidt 1984, zwei Jahre nach Verlust seiner Kanzlerschaft, China privat bereiste, erfuhr er bei allen Gesprächen, die er führte, auf wem die Hoffnungen des Landes »fast beklemmend greifbar« ruhten. Sie ruhten, wie er später schilderte, »in erster Linie auf Deng, in zweiter Linie auf Deng und in dritter Linie wiederum auf Deng«. In jenen Tagen, in denen Deng Xiaoping mit Schmidt zusammentraf, war er 80 Jahre alt geworden. Im Gespräch der beiden Männer beim Mittagessen kam auch die Sprache auf Dengs wechselvolle politische Laufbahn. Auf Schmidts Frage, wie oft er denn schon gestürzt worden sei, antwortete er in Anspielung auf den letzten Sturz 1975: »Damals war es das dritte Mal!«, und fügte dann hinzu: »Aber es wird wohl das letzte Mal gewesen sein.«

Die Lebensgeschichte Deng Xiaopings ist tatsächlich ein Wechselbad von Triumph und Niederlage, von Macht und Ohnmacht, aber in ihr spiegelt sich auch die turbulente Geschichte Chinas im 20. Jahrhundert.

Deng wurde 1904 in der chinesischen Provinz Sichuan als Sohn eines wohlhabenden Bauern geboren. Sein Vater schickte ihn auf eine Schule in Chongqing, die ihre Schüler auf einen Aufenthalt in Frankreich vorbereitete. 1920 ging der junge Deng im Rahmen eines Jugendprogramms nach Frankreich unter dem Motto: »Vom Westen lernen, um China zu retten.« Ein Satz, in dem bereits Dengs politisches Handeln Jahrzehnte später anzuklingen scheint. Doch der chinesischen Stiftung, mit deren Hilfe er nach Frankreich gekommen war, ging das Geld aus. Deng musste nun in Fabriken hart für sein Auskommen arbeiten. Er schnitt Gummisohlen zurecht und stand in Stahlwerken am Fließband. Der junge Mann aus gutem Hause kam in Kontakt mit marxistischen Ideen und änderte seine Sicht der Welt. Deng schloss sich der kommunistischen Bewegung an. Er studierte in Moskau, ging dann aber nach China zurück. Dort trat er im Bürgerkrieg der Kommunistischen Partei bei. Er nahm 1934 am Langen Marsch teil, dem ein Jahr lang dauernden militärischen Rückzug der Roten Armee unter Mao Zedong vor den Truppen der nationalchinesischen Armee Chiang Kai-sheks über Tausende von Kilometer quer durch China. Nach dem Sieg der Kommunisten und dem Ausrufen der Volksrepublik China am 1. Oktober 1949 wurde Deng Bürgermeister der Stadt Chongqing, war aber de facto auch der Befehlshaber über fünf Provinzen, weshalb er auch »Herr des Südwestens« genannt wurde. Mitte 1952 holte man Deng nach Peking, wo er in der Hierarchie nach und nach aufstieg. Bald war er einer der wichtigsten Männer im Umfeld Maos. Geschickt wusste er sich in dem schwierigen Terrain aus Intrigen und der Unberechenbarkeit von Maos Politik zu behaupten. Während des »Großen Sprungs nach vorn« stützte er Maos Vorgehen, auch wenn er vermutlich nicht an den Erfolg des Projektes glaubte. Nach dem Scheitern dieser Politik und den daraus resultierenden vielen Millionen Hungertoten wurden die unsinnigsten Maßnahmen der Kommunistischen Partei zurückgenommen und es folgte um 1962 eine Phase der Erholung.

In jener Zeit machte Deng die berühmt gewordene Bemerkung: »Es spielt keine Rolle, ob die Katze schwarz oder weiß ist, solange sie Mäuse fängt, ist sie bereits eine gute Katze.« Damit manifestierte er den Pragmatismus, für den er berühmt wurde. Doch Mao wertete Dengs Worte als Kritik an seiner Politik.

Hatte es Deng bislang meisterhaft verstanden, immer wieder Maos politische Launen und Kehrtwendungen abzufedern, traf der Furor der Kulturrevolution ab 1966 ihn und seine Familie mit voller Wucht. Die Kulturrevolution war auch Maos Rache an Deng und dem Reformer Liu Shaoqi. Liu wurde 1967 festgenommen und starb an den Folgen der Folter. Deng wurde unter Hausarrest gestellt und im Herbst 1968 aller seiner Ämter enthoben. Er wurde in die Provinz verbannt und musste als einfacher Arbeiter in einer Fabrik arbeiten, seine Frau dort als Putzkraft.

Mao hatte die Kulturrevolution in Gang gesetzt, indem er Schüler und Studenten aufhetzte. Als Rote Garden entfachten sie einen beispiellosen Terror. Angeblich gab es im Land zu viele Feinde der Arbeiterklasse und der kommunistischen Idee. Tatsächlich stand hinter der Kampagne der Versuch des politisch geschwächten Mao Zedong, seine Macht wiederherzustellen. Ein kommunistischer Staat mit einer durch und durch von der kommunistischen Idee durchdrungenen Gesellschaft sollte aufgebaut werden. Alles, was bürgerlich, intellektuell oder alter Tradition verhaftet schien, wurde bekämpft, Lehrer und Professoren von den jungen Revolutionären öffentlich gedemütigt und geschlagen, Bibliotheken, Tempel und Universitäten geplündert und zerstört. Jeder, der ein wenig Besitz zu haben schien, wurde der Konterrevolution verdächtigt. Die jungen Revolutionäre, immer das rote Buch *Worte des Vorsitzenden Mao*, die sogenannte Mao-Bibel, bei sich tragend, stürmten Haushalte, verwüsteten sie, »requirierten«. Wehrte sich jemand, wurde er misshandelt, oft getötet. In Tibet zerstörten die Roten Garden die buddhistischen Tempel. Von ehemals etwa 6000 Klöstern existierten am Ende der Kulturrevolution nur noch 13.

Schließlich musste Mao die Volksbefreiungsarmee einsetzen, um den von ihm selbst mit initiierten, doch nun immer stärker ausufernden Terror zu beenden. Auf dem 9. Parteitag 1969 erklärte man die Kulturrevolution zwar für beendet, aber im Grunde dauerte sie noch an. Eine Gruppe linksradikaler Führungskader der Partei, die sogenannte Viererbande, zu der auch Maos Ehefrau Jiang Qing gehörte, hatte die Kulturrevolution maßgeblich gestützt und versuchte sie weiter am Leben zu halten. Premierminister Zhou Enlai hatte die Kulturrevolution geduldet, doch 1973 holte er Deng wieder zurück. Deng hatte sich mittlerweile bei Mao für seinen Satz von der schwarzen und der weißen Katze entschuldigt. Nun wollten Zhou Enlai und Deng China retten. 1975 stellten sie ihr »Programm der vier Modernisierungen« in Landwirtschaft, Industrie, Wissenschaft und Armee vor.

Deng setzte dem Kulturrevolutionsmotto »Revolution vor Produktion« die Maxime »Mehr Produktion, mehr Konsum!« entgegen. Als Zhou Enlai Anfang 1976 starb, ernannte Mao den bis dahin nahezu unbekannten Hua Guofeng zum Premierminister. Das Reformprogramm wurde gestoppt. Dann starb Mao im Herbst 1976 und es entbrannte ein Machtkampf zwischen dem konservativen Kommunisten Hua Guofeng und der fanatischen Viererbande. Deng, der Reformer, bildete eine dritte Fraktion. Zunächst setzte sich Hua im Machtkampf durch.

Einen Monat nach Maos Tod verhaftete man in der Nacht des 6. Oktober 1976 die Viererbande und somit auch die Mao-Witwe Jiang Qing. Auch Deng wurde von Hua Guofeng zwischenzeitlich wieder aus allen seinen Ämtern entfernt. Doch Hua merkte bald, dass er auf ihn angewiesen war, und holte ihn 1977 ins Politbüro zurück. Deng nahm die geplanten Reformen in Angriff. Seinen Satz von der schwarzen und der weißen Katze variierte er nun in dem Motto »Die Wahrheit in den Tatsachen suchen« und griff damit geschickt einen Satz Maos auf.

Deng erlaubte erste kleine private Märkte und kleine private Unternehmen. Dann folgten Reformen in der Industrie. Anstelle der Parteikader hatten bald die Manager in den Fabriken vor Ort das Sagen.

Im Dezember 1978 verkündete Deng in Peking vor dem 11. Zentralkomitee der KP Chinas das Programm der vier Modernisierungen auch offiziell. Im Jahr darauf besuchte er die USA. Die Reise wurde zu einem Triumphzug. Deng eroberte die Herzen der Amerikaner und knüpfte wichtige Kontakte für seine wirtschaftspolitischen Planungen. Die Reformer um Deng gewannen zunehmend an Einfluss.

Als um die Jahreswende 1980/1981, vier Jahre nach ihrer Verhaftung, die Viererbande vor Gericht geführt wurde und man sie in einem Schauprozess aburteilte, beschädigte das auch Hua Guofeng, der an den Fehlern der letzten Jahre nicht unbeteiligt gewesen war. Maos Witwe Jiang Qing wurde zum Tode verurteilt, das Urteil später in lebenslange Haft umgewandelt.

Fünf Monate nach dem Prozess begann in der kommunistischen Führung auch eine erste kritische Auseinandersetzung mit Maos Politik. Deng brachte den Diskurs auf die Formel, dass Maos Taten zu 70 Prozent gut, zu 30 Prozent schlecht gewesen seien. Dies wurde zur offiziellen Bewertung von Mao.

Obwohl eine detaillierte öffentliche Diskussion ausblieb, diskutierte die kommunistische Partei intern sehr wohl das Leid der Kulturrevolution oder des »Großen Sprungs nach vorn«. Andererseits nahm man im Machtgefüge und in der Balance von Konservativen und Reformern Rücksicht darauf, dass noch viele aus jener Zeit aktiv sind, zumindest aber noch immer Einfluss haben.

Im Mai 1980 ließ Deng unter dem Motto »Lasst den Westwind herein. Reichtum ist ruhmvoll« in der Stadt Shenzhen eine der ersten Sonderwirtschaftszonen einrichten. Weitere Sonderwirtschaftszonen folgten. Shenzhen liegt an der Grenze zu Hongkong und hatte damals etwa 30 000 Einwohner. Im Jahr 2008 leben in Shenzhen zwölf Millionen Menschen und die Stadt hat das höchste Pro-Kopf-Einkommen in China.

In den frühen Achtzigerjahren wurden die Volkskommunen aufgelöst. Bauern konnten auf gepachteten Äckern wieder selbstständig das anbauen, was sie wollten.

In der Manier eines streng kommunistischen Parteifunktionärs brachte Deng seine Maximen unter das Volk. Allerdings waren die Inhalte seiner Parolen alles andere als kommunistisch. »Ein Teil soll zuerst reich sein«, »Reich werden ist glorreich!«, forderte er die Chinesen auf.

Deng war bewusst, dass im riesigen China eine Schwächung der zentralen Staatsmacht rasch mit der Gefahr eines Auseinanderfallens des Staates einhergeht. Daher war Deng bei allem Wandel nicht bereit, die Vorherrschaft der Partei in Frage zu stellen. Dies bewies er drastisch im Juni 1989.

Tausende von Menschen, vor allem Studenten, kampierten auf dem Platz des Himmlischen Friedens und demonstrierten friedlich für mehr Freiheit. Deng ließ sie gewaltsam durch die Armee vertreiben. Panzer fuhren auf. Es gab Hunderte Tote. Was dachte sich Deng dabei? Der Pragmatiker Deng hatte sich im Grunde bei mehreren Gesellschaftsentwürfen bedient. Er nahm vom Kommunismus die Herrschaft der Partei, vom Konfuzianismus die Maxime des Gehorsams und der Einordnung des Individuums und vom Kapitalismus den Wettbewerb und die Freiheit des Marktes. In den Kaderschmieden der Kommunistischen Partei wird zu Beginn des 21. Jahrhunderts gelehrt, dass man erst den Kapitalismus einführen müsse, um später dann zum Kommunismus übergehen zu können.

Auch das Motto »Ein Land, zwei Systeme« passte zu dieser Denkhaltung. Bei den Verhandlungen zur Rückgabe Hongkongs durch die Engländer wurde das Konzept wieder aufgelegt. Der Ursprung des Mottos lag in den Wiedervereinigungsbestrebungen mit Hongkong, Macao und Taiwan.

Am 19. Februar 1997 starb Deng. Sein Vorgehen war eine geschmeidige Reaktion auf den Zusammenbruch des kommunistischen Staatssystems in der Sowjetunion und der von ihr abhängigen Staaten gewesen. Im Grunde handelte er gemäß der Weisheit: »Wenn du einen Feind nicht besiegen kannst, umarme ihn.«

Als Hongkong wenige Monate später am 1. Juli an die Volksrepublik China zurückgegeben wurde, blieb es kapitalistisch.

Dank

Für ihre Hilfe bei der Arbeit an diesem Buch danke ich Carmen Kölz, Tina Kröckel, Marion Kümmel, Gert Möbius, Thomas L. H. Schmidt, Birgit Montag, Rosemarie und Reiner Hesse, Ria und Götz Schindler, Thorsten Hesse, Henning Hesse und vor allem Josi Kemmann.

Literaturverzeichnis

1. Pardon wird nicht gegeben! Fesser, Gerd: »Pardon wird nicht gegeben!«, in: *Die Zeit*, Nr. 31, 2000; Görtemaker, Manfred: *Deutschland im 19. Jahrhundert. Entwicklungslinien*, (Schriftenreihe der Bundeszentrale für politische Bildung, Band 274), Opladen 1996, S. 357; Hartmann, Gerhard; Schnith, Karl (Hrsg.): *Die Kaiser*, Wiesbaden 2006; *Kaiserreden*, Leipzig 1902; Lübben, Jost: »Pardon wird nicht gegeben«, in: *Nordsee-Zeitung*, Nr. 70, 23.3.2000, Lokales S.17; Penzler, Johannes (Hrsg.) *Die Reden Kaiser Wilhelms II.*, 4 Bde, Bd. 2: 1896–1900, Leipzig 1903, S. 209–212; Sösemann, Bernd: »Die sog. Hunnenrede Wilhelms II. Textkritische und interpretatorische Bemerkungen zur Ansprache des Kaisers vom 27. Juli 1900 in Bremerhaven«, in: *Historische Zeitschrift*, Nr. 222 (1976), S. 342–358; Stern, Fritz: »Der deutsche George W. Bush«, in: *Die Zeit*, Nr. 42, 11.10.2007, S. 2.
2. Das Ich ist nicht Herr im eigenen Haus Bloom, Harold: *Genius. Die hundert bedeutendsten Autoren der Weltliteratur*, München 2004; Clark, Ronald W.: *Sigmund Freud*, Frankfurt/Main 1990; Freud, Sigmund: »Vorlesungen zur Einführung in die Psychoanalyse. Einleitung«, in: Marcel Reich-Ranicki (Hrsg.): *Der Kanon – Die deutsche Literatur. Essays*, 6 Bde, Frankfurt/Main-Leipzig 2006, Bd. 2, S. 545–555; Freud, Sigmund: *Die Traumdeutung*, Frankfurt/Main 1991; Freud, Sigmund; Breuer, Josef: *Studien über Hysterie*, Frankfurt/Main 1991; Watson, Peter: *Das Lächeln der Medusa. Die Geschichte der Ideen und Menschen, die das moderne Denken geprägt haben*, München 2003.
3. E = mc² Fischer, Klaus: *Albert Einstein*, Freiburg, 2000; Fritzsch, Harald: *Eine Formel verändert die Welt*, München 1993; Heckl, Wolfgang M.: »Einstein, Albert«, in: Lutz, Bernd (Hrsg.): *Metzler Philosophen Lexikon*, Stuttgart 1989; Hermann, Armin: »Albert Einstein. Umsturz im Weltbild der Physik«, in: Fassmann, Kurt (Hrsg.): *Die Großen der Weltgeschichte*, 12 Bde, Bd. 11, Zürich 1971, S. 14–33; Lublinski, Jan: »Was ist Zeit?«, in: *GEO Wissen*, Nr. 36, 2005, S. 40–52; Watson, Peter: *Das Lächeln der Medusa. Die Geschichte der Ideen und Menschen, die das moderne Denken geprägt haben*, München 2003; *Einstein Online*, Internetauftritt des Max-Planck-Instituts für Gravitationsphysik (Albert-Einstein-Institut): http://www.einstein-online.info/de/, abgerufen am 9.12.2007.
4. Form follows function Baumann, Günter: *Meisterwerke der Architektur*, Stuttgart 2007; Droste, Magdalena: »Versöhnung von Kunst und Technik«, in: *Damals*, Nr. 10, 2007, S. 32–35; Frei, Hans: *Louis Henry Sullivan*, Düsseldorf 1992; Goldberger, Paul: *The Skyscraper*, New York 1981; Michl, Jan: »Form follows what?«, in: *1:50 – Magazine of the Faculty of Architecture & Town Planning*, Nr. 10, 1995; Pahl, Jürgen: *Architekturtheorie des 20. Jahrhunderts*, München-London-New York 1999; Philipp, Klaus Jan: *Das Reclam Buch der Architektur*, Ditzingen 2006; Sullivan, Louis Henri: »The Tall Office Building Artistically Considered«, in: *Lippincott's Magazine*, März 1896, S. 403–409; Watson, Peter: *Das Lächeln der Medusa. Die Geschichte der Ideen und Menschen, die das moderne Denken geprägt haben*, Goldmann, München 2003.
5. Jeder Kunde kann sein Auto in jeder Farbe anstreichen lassen, die er will, vorausgesetzt, es ist Schwarz Ford, Henry: *My Life and Work*, Garden City/New York 1922; Hesse, Helge: *Ökonomen-Lexikon*, Düsseldorf 2003; Märwert, Michael: *Michael Märwert's Soll und Haben*, Wien 1974; Treue, Wilhelm: »Henry Ford«, in: *Die Großen der Weltgeschichte*, a. a. O., Bd. 9, S. 550–567.

6. **Um Gottes willen, kümmert Euch um unsere Leute!** Amundsen, Roald: *Wettlauf zum Südpol. Die norwegische Expedition 1910–1912*, München 2001; Büdel, Julius: »Robert Peary, Robert Scott, Roald Amundsen. Die letzten polaren Entdeckungsreisen«, in: *Die Großen der Weltgeschichte*, a. a. O., Bd 11, Zürich 1971, S. 446–460; Scott, Robert F.: *Tragödie am Südpol. Scotts Tagebücher 1910–1912*, München 2001.
7. **Besser aufrecht sterben als auf Knien leben** Bernecker, Walter R.; Pietschmann, Horst; Tobler, Hans W.: *Eine kleine Geschichte Mexikos*, Frankfurt/Main 2007; Kampkötter, Markus: *Emiliano Zapata. Vom Bauernführer zur Legende*, Münster 2003; Schmidt, Peer: »Caudillos, Populisten, Oligarchen – Lateinamerika zwischen Reform und Diktatur«, in: *Brockhaus Weltgeschichte, Die Bibliothek*, 6 Bde, Leipzig-Mannheim, Bd. 5, S. 590–599.
8. **Save Our Souls!** Lynch, Donald; Marschall, Ken: *Titanic – Königin der Meere*, München 1997; Schneider, Wolf: *Mythos Titanic*, Augsburg 1996.
9. **In ganz Europa gehen die Lichter aus** Keegan, John: *Der Erste Weltkrieg. Eine europäische Tragödie*, Reinbek 2001; Strachan, Hugh: »Wer war schuld?«, in: *Der Spiegel*, Nr. 14, 2004, S. 128–137; Wehler, Hans-Ulrich: »Die Urkatastrophe«, in: *Der Spiegel*, Nr. 8, 2004, S. 82–89; Wiegrefe, Klaus: »Der Marsch in die Barbarei«, in: *Der Spiegel*, Nr. 8, 2004, S. 76–80; Wollstein, Günter: »Der Erste Weltkrieg 1914 bis 1918«, in: *Brockhaus Weltgeschichte, Die Bibliothek*, a. a. O., Bd. 5, S. 312–321; »›Seine Schuld ist sehr groß‹«, Interview mit John Röhl in: *Der Spiegel*, Nr. 8, 2004, S. 90–93.
10. **Im Westen nichts Neues** Keegan, John: *Der Erste Weltkrieg. Eine europäische Tragödie*, a. a. O., insbes. S. 434; Mende, Dirk: »Erich Maria Remarque«, in Lutz, Bernd; Jeßing, Benedikt (Hrsg.): *Metzler Autoren Lexikon*, Stuttgart 2004, S. 620–622; Ossietzky, Carl: »Remarque-Film«, in: *Der Kanon – Die deutsche Literatur. Essays*, a. a. O., Bd. 3, S. 817–820; Westwell, Ian: *Der 1. Weltkrieg. Eine Chronik*, Bindlach 2000.
11. **Alle Macht den Räten!** Altrichter, Helmut: »Alle Macht den Räten! – Vom Zarenreich zur Oktoberrevolution« und »Weiß gegen Rot – Der russische Bürgerkrieg und die Gründung der Sowjetunion«, in: *Brockhaus Weltgeschichte, Die Bibliothek*, a. a. O., Bd. 5, S. 376–385 bzw. S. 386–393; Lenin, Wladimir Iljitsch: »Über die Aufgaben des Proletariats in der gegenwärtigen Revolution« (Die Aprilthesen), in: *Prawda*, Nr. 26, 7. (20.) April 1917, W. I. Lenin, Werke Bd. 24.
12. **Die Welt muss sicher gemacht werden für die Demokratie** Cap, Peter: »Woodrow Wilson, Franklin D. Roosevelt, John F. Kennedy. Amerikanische Weltpolitik zwischen Idealen und Interessen«, in: *Die Großen der Weltgeschichte*, a. a. O., Bd. 11, S. 760–783; Schäfer, Peter: *Die Präsidenten der USA in Lebensbildern*, Köln 2005; Schwarz, Hans-Peter: *Das Gesicht des Jahrhunderts*, Berlin 1998, S. 432–440.
13. **Der Untergang des Abendlandes** Arndt, Martin: »Spengler, Oswald«, in: *Biographisch-Bibliographisches Kirchenlexikon*, Band X, Sp. 941-973, Nordhausen 1995; Assheuer, Thomas: »Die Dunkelseher«, in: *Die Zeit*, Nr. 36, 30.8.2007, S. 47; Beßlich, Barbara: *Faszination des Verfalls. Thomas Mann und Oswald Spengler*, Berlin 2002; Helbling, Hanno: »Oswald Spengler, Arnold J. Toynbee. Deuter der Geschichte«, in: *Die Großen der Weltgeschichte*, a. a. O., Bd. 11, S. 526–539; Jaumann, Herbert: »Oswald Spengler: Der Untergang des Abendlandes«, in: Erhart, Walter; Jaumann, Herbert (Hrsg.): *Jahrhundertbücher*, München 2002, S. 52–72; Mann, Thomas: »Über die Lehre Spenglers«, in: *Altes und Neues*, Frankfurt 1953, Seite 142 ff.
14. **Ehrfurcht vor dem Leben** Jungk, Robert: »Albert Schweitzer. Rebell, Kulturphilosoph, Friedenskämpfer, Universalmensch«, in: *Die Großen der Weltgeschichte*, a. a. O., Bd. 11, S. 990–1003; Schwab, Hans-Rüdiger: »Albert Schweitzer«, in: *Metzler Philosophen Lexikon*, a. a. O., S. 717–719; Schweitzer, Albert: *Die Ehrfurcht vor dem Leben: Grundtexte aus fünf Jahrzehnten*, München 2003; Steffahn, Harald: *Albert Schweitzer. Mit Selbstzeugnissen und Bilddokumenten*, Reinbek 2004.
15. **Ein Bild sagt mehr als tausend Worte** Johann, Ernst: *Kleine Geschichte des Films*, Frankfurt/Main 1959; Marschall, Susanne: »Charles Chaplin«, in: Koebner, Thomas (Hrsg.): *Filmregisseure*, Stuttgart 1999; Monaco, James: *Film verstehen*, Reinbek 1990;

Stevenson, Burton: *The Home Book of Proverbs, Maxims, and Familiar Phrases*, Macmillan, New York 1948, S. 2611; University of Regina Department of Computer Science: *The History of a Picture's Worth*, http:// www2.cs.uregina.ca/~hepting/research/web/words/history.html, abgerufen am 10.6.2007.

16. Langfristig sind wir alle tot Blomert, Reinhard: *John Maynard Keynes*, Reinbek 2007; Fassmann, Kurt: »John Maynard Keynes, Joseph Alois Schumpeter«, in: *Die Großen der Weltgeschichte*, a. a. O., Bd. 11, S. 682–711; Herz, Dietmar: »The Economic Consequences of the Peace«, in: Herz, Dietmar; Weinberger, Veronika (Hrsg.): *Lexikon der ökonomischen Werke*, Düsseldorf 2006, S. 232 f.; Hesse, Helge: *Ökonomen-Lexikon*, Düsseldorf 2003; Scherf, Harald: »A Tract on Monetary Reform«, in: *Lexikon der ökonomischen Werke*, a. a. O., S. 231 f.

17. Ausgerechnet Bananen! Denscher, Barbara; Peschina, Helmut: *Kein Land des Lächelns. Fritz Löhner-Beda 1883–1942*, Salzburg 2002; Doering-Manteuffel, Anselm: »Das Doppelgesicht der ›Roaring Twenties‹«, in: *Damals*, Nr. 10, 2007, S. 14–19; Köhler, Otto: »Vom Land des Lächelns nach Auschwitz«, in: *Die Zeit*, Nr. 30, 1996; Metzger, Rainer: »Das kunstseidene Leben«, in: *Damals*, Nr. 10, 2007, S. 20–25; Otto, Frank: »Das neue Deutschland«, in: *GEO Epoche. Die Weimarer Republik*, Nr. 27, 2007, S. 6–23; Schwarberg, Günther: *Dein ist mein ganzes Herz*, Göttingen 2000.

18. Wenn du fragen musst, wirst du es nie wissen Behrendt, Joachim-Ernst, Huesmann, Günther: *Das Jazzbuch*, Frankfurt 1994; Dombrowski, Ralf: *Basisdiskothek Jazz*, Stuttgart 2005; Terkel, Studs: *Giganten des Jazz*, Zweitausendeins Verlag, Frankfurt/Main 2005; Wolbert, Klaus: *That's Jazz. Der Sound des 20. Jahrhunderts*, Frankfurt/Main 1997.

19. Ihr seid eine verlorene Generation Hemingway, Ernest: Gesammelte Werke, Band 9, Reinbek 1977, insbes. S. 210; Lynne, Kenneth S.: *Hemingway. Eine Biographie*, Reinbek 1989; Mannheim, Karl: *Wissenssoziologie. Auswahl aus dem Werk*. Hrsg. von Kurt H. Wolff, Neuwied-Berlin 1964; Watson, Peter: *Das Lächeln der Medusa*, a. a. O.; Zapf, Hubert (Hrsg.) unter Mitarbeit von Breinig, Helmbrecht: *Amerikanische Literaturgeschichte*, Stuttgart-Weimar 1996.

20. Das Nichts nichtet Carnap, Rudolph: *Scheinprobleme in der Philosophie und andere metaphysikkritische Schriften*, Hamburg 2005; Friedman, Michael: *Carnap, Cassirer, Heidegger. Geteilte Wege*, Frankfurt/Main 2004; Heidegger, Martin: *Sein und Zeit*, Tübingen 1993; Heidegger, Martin: »Was ist Metaphysik?« in: *Wegmarken*, Frankfurt/Main 1976, S. 326–339; Mittelstraß, Jürgen: »Martin Heidegger. Diesseits und Jenseits von ›Sein und Zeit‹«, in: *Jahrhundertbücher*, a. a. O., S. 107–127; Safranski, Rüdiger: *Ein Meister aus Deutschland. Heidegger und seine Zeit*, Frankfurt/Main 2001; Störig, Hans Joachim: *Kleine Weltgeschichte der Philosophie*, Frankfurt 1989; Vietta, Silvio: »Martin Heidegger«, in: *Metzler Philosophen Lexikon*, a. a. O., S. 326–339; Zimmer, Robert: *Das Philosophenportal*, München 2004.

21. Aktionäre sind dumm und frech Achterberg, Erich: *Berliner Hochfinanz. Kaiser, Fürsten, Millionäre um 1900*, Frankfurt/Main 1965; Fürstenberg, Hans: *Carl Fürstenberg. Die Lebensgeschichte eines deutschen Bankiers*, Wiesbaden 1961; Heideking, Jürgen: »Freiheit und Konsum – Die USA nach dem ersten Weltkrieg«, in: *Brockhaus Weltgeschichte, Die Bibliothek*, a. a. O., Bd. 5, S. 416–425; Märwert, Michael: *Michael Märwert's Soll und Haben*, a. a. O.; Marx, Groucho: *Schule des Lächelns*, Frankfurt/Main 1981.

22. Der amerikanische Traum Adams, James Truslow: *The Epic of America*, Boston 1931; Duden: *Zitate und Sprüche*, Mannheim-Leipzig-Wien-Zürich 2002, S. 42 u. S. 327; Niedermeier, Michael: »Amerika, Du hast es besser!«, in: TRANS. Internet-Zeitschrift für Kulturwissenschaften. No. 15/2003, http://www.inst.at/trans/15Nr/01_4/niedermeier15.htm, abgerufen am 10.1.2008; Schwanitz, Dietrich: *Bildung. Alles, was man wissen muss*, München 2002; Stumberger, Rudolf: »Das ungeschminkte Amerika«, in: *Damals*, Nr. 2, 2007, S. 76–81; Zapf, Hubert (Hrsg.) unter Mitarbeit von Breinig, Helmbrecht: *Amerikanische Literaturgeschichte*, Stuttgart-Weimar 1996.

23. Das Einzige, was wir zu fürchten haben, ist die Furcht selbst Cap, Peter: »Woodrow Wilson, Franklin D. Roosevelt, John F. Kennedy. Amerikanische Weltpolitik zwischen Idealen und Interessen«, in: *Die Großen der Weltgeschichte*, Bd. 11, S. 760–783; Heideking, Jürgen: »Die Karten werden neu gemischt: Roosevelts New Deal, in: *Brockhaus Weltgeschichte, Die Bibliothek*, a. a. O., Bd. 5, S. 434–441; Schäfer, Peter: *Die Präsidenten der USA in Lebensbildern*, Köln 2005.
24. Flink wie Windhunde, zäh wie Leder, hart wie Kruppstahl Fest, Joachim: *Hitler. Eine Biographie*, Berlin 1973; Hofer, Walther (Hrsg.): *Der Nationalsozialismus. Dokumente 1933–1945*, Frankfurt/Main 1957; Mazower, Mark: »Der dunkle Kontinent – Europa und der Totalitarismus«, in: Joas, Hans; Wiegandt, Klaus (Hrsg.): *Die kulturellen Werte Europas*, Frankfurt 2006, S. 367–385; Schwarz, Hans-Peter: *Das Gesicht des Jahrhunderts*, Berlin 1998, insbes. S. 304; Shirer, William Lawrence: *Aufstieg und Fall des Dritten Reiches*, Herrsching 1985; Speer, Albert: *Erinnerungen*, Berlin 2005; Toland, John: *Adolf Hitler*, 2 Bde, Bergisch-Gladbach, 1977; Zentner, Kurt: *Illustrierte Geschichte des Zweiten Weltkrieges*, München 1975;
25. Wem die Stunde schlägt Beevor, Anthony: *Der Spanische Bürgerkrieg*, München 2008; Hemingway, Ernest: *Gesammelte Werke*, 10 Bde, Bd. 3, Reinbek 1977; Lynne, Kenneth S.: *Hemingway. Eine Biographie*, Reinbek 1989; Zapf, Hubert (Hrsg.) unter Mitarbeit von Breinig, Helmbrecht: *Amerikanische Literaturgeschichte*, a. a. O.
26. Asien den Asiaten Martin, Bernd: »›Erleuchtete Regierung‹ – Die Meijireformen in Japan 1868–1890«, in: *Brockhaus Weltgeschichte, Die Bibliothek*, a. a. O., Bd. 5, S. 246–255; Martin, Bernd: »Siege unter dem Sonnenbanner – Japans Kriege mit China und Russland«, in: *Brockhaus Weltgeschichte, Die Bibliothek*, a. a. O., Bd. 5, S. 256–263; Piper, Annelotte: »Meiji Tenno«, in: *Die Großen der Weltgeschichte*, a. a. O., Bd. 10, S. 172–189; Zöllner, Reinhard: *Geschichte Japans*, Stuttgart 2006.
27. Arbeit macht frei Bönisch, Georg: »Ort des Unfassbaren«, in: Burgdorff, Stephan; Wiegrefe, Klaus (Hrsg.): *Der 2. Weltkrieg – Wendepunkt der deutschen Geschichte*, München 2007, S. 148–159; Brückner, Wolfgang: *Arbeit macht frei. Herkunft und Hintergrund der KZ-Devise*, Opladen 1998; Hofer, Walther (Hrsg.): *Der Nationalsozialismus. Dokumente 1933–1945*, Frankfurt/Main 1957; Kogon, Eugen: *Der SS-Staat*, München 1974; Rees, Laurence: *Auschwitz – Geschichte eines Verbrechens*, Berlin 2007.
28. Wir müssen uns Sisyphos als einen glücklichen Menschen vorstellen Camus, Albert: *Der Mythos von Sisyphos*, Hamburg 1959, Lauxmann, Frieder: *Profile großer Denker*, Heidelberg 1989; Schmitz, Rainer: *Was geschah mit Schillers Schädel?*, Berlin 2006, Sp. 1076 f.; Störig, Hans Joachim: *Kleine Weltgeschichte der Philosophie*, Frankfurt 1989; Thunecke, Inka: »Camus, Albert«, in: *Metzler Philosophen Lexikon*, a. a. O., Ulke, Karl-Dieter: *Vorbilder im Denken*, Bindlach 1998.
29. Das ist der Beginn einer wunderbaren Freundschaft Churchill, Winston S.: *Der Zweite Weltkrieg*, Frankfurt 2003; Hahn, Ronald M.; Hansen, Volker: *Kultfilme*, München 1985; Hoppe, Ulrich: *Casablanca*, München 1983; Thorer, Axel: *Casablanca*, Rastatt 1990; Zentner, Christian: *Der Zweite Weltkrieg. Ein Lexikon*, München 1995.
30. Sie starben, damit Deutschland lebe! Müller, Rolf-Dieter: »Duell im Schnee«, in: *Der 2. Weltkrieg – Wendepunkt der deutschen Geschichte*, a. a. O., S. 114–125; Wiegrefe, Klaus: »Tod im Kessel«, in: *Der 2. Weltkrieg – Wendepunkt der deutschen Geschichte*, a. a. O., S. 273–291; Zentner, Kurt: *Illustrierte Geschichte des Zweiten Weltkrieges*, a. a. O.
31. Wir sind Euer böses Gewissen! Hofer, Walther (Hrsg.): *Der Nationalsozialismus. Dokumente 1933–1945*, Frankfurt/Main 1957; Kempowski, Walter: *Das Echolot. Ein kollektives Tagebuch. 1.1. – 28.2.1943*, 4 Bde, München 1997; Radler, Rudolf: »Gestalten und Wege des Widerstandes gegen Faschismus und Nationalsozialismus«, in: *Die Großen der Weltgeschichte*, a. a. O., Bd. 11, S. 921–989; Scholl, Inge: *Die Weiße Rose*, Frankfurt 1982.
32. Ich weiß, es wird einmal ein Wunder gescheh'n Feddersen, Jan: »Was heute Pop genannt würde«, in: *die tageszeitung*, 5.10.2002; Hoghe, Raimund: »Sein Mythos lebt«,

in: *Die Zeit*, Nr. 30, 19.7.1991, S. 60; Jary, Micaela: *Ich weiß, es wird einmal ein Wunder gescheh'n*, Berlin 1993; Prieberg Fred K.: *Musik im NS-Staat*. Frankfurt/Main 1982.

33. Da wir die Atombombe erfunden haben, haben wir sie auch benutzt Czempiel, Ernst-Otto: »Untergang oder Koexistenz? – Atomares Gleichgewicht im Zeichen wechselseitiger Bedrohung«, in: *Brockhaus Weltgeschichte, Die Bibliothek*, a. a. O., Bd. 6, S. 240–249; Ferrell, Robert H.: *Off the Record: The Private Papers of Harry S. Truman*, New York 1980; Hoffmann, Klaus: *J. Robert Oppenheimer. Schöpfer der ersten Atombombe*, Berlin 1995; Schäfer, Peter: *Die Präsidenten der USA in Lebensbildern*, Köln, 2005; »Ja, ich würde es wieder tun«, in: *Stern*, 24. Mai 2002; Sommer, Theo: »Nacht über Nippon«, in: *Die Zeit*, Nr. 31, 28.7.2005; Wagner, Wieland: »Atombomben gegen Kamikaze«, in: *Der 2. Weltkrieg – Wendepunkt der deutschen Geschichte*, a. a. O., S. 192–204.

34. Alle Tiere sind gleich Howald, Stefan: *George Orwell*, Reinbek 1997; Orwell, George: *Die Farm der Tiere*, Zürich 1982; Orwell, George: *1984*, Frankfurt/Main-Berlin-Wien 1976.

35. Darum sage ich Ihnen: Lassen Sie Europa entstehen! Brunn, Gerhard: *Die europäische Einigung. Von 1945 bis heute*, Ditzingen 2002; Grosser, Alfred: *Geschichte Deutschlands nach 1945*, München 1980; Jenkins, Roy: *Churchill*, London 2002; Kennan, George F.: *Memoiren eines Diplomaten*, a. a. O.; Loth, Wilfried: »Der Eiserne Vorhang schließt sich – Die Teilung Europas«, in: *Brockhaus Weltgeschichte, Die Bibliothek*, a. a. O., Bd. 6, S. 108–121; Schäfer, Peter: *Die Präsidenten der USA in Lebensbildern*, Köln 2005.

36. Auge um Auge lässt die Welt erblinden Demandt, Alexander: *Sternstunden der Menschheit*, München 2004; Gandhi, Mohandas Karamchand: *Eine Autobiographie oder Die Geschichte meiner Experimente mit der Wahrheit*, Gladenbach 2001; Rothermund, Dietmar: »Blutiger Bruderzwist – Die Teilung des indischen Subkontinents«, in: *Brockhaus Weltgeschichte, Die Bibliothek*, a. a. O., Bd. 6, S. 72–81; Rothermund, Dietmar: *Mahatma Gandhi. Eine politische Biographie*, München 1997; Streiff, Eric: »Mahatma Gandhi«, in: *Die Großen der Weltgeschichte*, a. a. O., Bd. 9; S. 716–731.

37. Ihr Völker der Welt, schaut auf diese Stadt! Erfurt, Werner: *Die Sowjetrussische Deutschland-Politik*, Esslingen 1956; Grosser, Alfred: *Geschichte Deutschlands nach 1945*, München 1980; Klessmann, Christoph: »›Ihr Völker der Welt, schaut auf diese Stadt!‹ – Die Teilung Berlins und Deutschlands bis 1955«, in: *Brockhaus Weltgeschichte, Die Bibliothek*, a. a. O., Bd. 6, S. 130–141; Körner, Klaus: »Deutschland nach dem Zusammenbruch: Von der ›Stunde Null‹ zum Grundgesetz«, in: Pleticha, Heinrich (Hrsg.): *Deutsche Geschichte*, 6 Bde, Bd. 6, Gütersloh 1998, S. 206–226.

38. Alle Menschen sind frei und gleich an Würde und Rechten geboren Demandt, Alexander: *Sternstunden der Menschheit*, München 2004, insbes. S. 266–287 u. S. 310 f.; Dieckhoff, Hartmut: »Das Grundgesetz für die Bundesrepublik Deutschland«, in: *Deutsche Geschichte*, a. a. O., Bd. 6, S. 227–233; Feldkamp, Michael F. (Hrsg.): *Die Entstehung des Grundgesetzes der Bundesrepublik Deutschland 1949*, Stuttgart 1999.

39. Auferstanden aus Ruinen Erfurt, Werner: *Die Sowjetrussische Deutschland-Politik*, Esslingen 1956; Grosser, Alfred: *Geschichte Deutschlands seit 1945. Eine Bilanz*, München 1980; Grosser, Alfred: *Geschichte Deutschlands nach 1945*, München 1980; Römer, Karl: »Die DDR«, in: *Deutsche Geschichte*, a. a. O., Bd. 6, S. 326–360; Körner, Klaus: »Deutschland nach dem Zusammenbruch: Von der Stunde ›Null‹ zum Grundgesetz«, in: *Deutsche Geschichte*, a. a. O., Bd. 6, , S. 208–226; Schmitz, Rainer: *Was geschah mit Schillers Schädel?*, Berlin 2006, Sp. 257 f.; Stöver, Bernd: »Bestrafung, Sühne, Wiederaufbau – Die Besatzungspolitik der Siegermächte«, in: *Brockhaus Weltgeschichte, Die Bibliothek*, a. a. O., Bd. 6, S. 22–37; Vetter, Reinhold: »Gewagt und verloren«, in: *Handelsblatt*, Nr. 189, 29./30.9./1.10.2006, S. 10.

40. Um in Israel ein Realist zu sein, muss man an Wunder glauben Maier, Johann: »David Ben Gurion. Kämpfe um einen jungen Staat«, in: *Die Großen der Weltgeschichte*, a. a. O., Bd. 11, S. 826–843; Heumann, Pierre: »Annexion im Siegesrausch«, in: Handelsblatt, Nr. 104, 1./2./3. Juni 2007, S. 13; Schwarz, Hans-Peter: *Das Gesicht des Jahrhunderts*, Berlin 1998, insbes. S. 530 ff.; Segev, Tom: *1967 – Israels zweite Geburt*, München 2007; Solomon, Norman: *Judentum*, Stuttgart 1999; Timm, Angelika: »Ein Staat für die Juden im Land ihrer Väter – Der Staat Israel und der Nahostkonflikt«, in: *Brockhaus Weltgeschichte, Die Bibliothek*, a. a. O., Bd. 6, S. 468–483.

41. Ich suche nicht, ich finde Picasso, Pablo: *Über Kunst*, Zürich 1988; Picasso, Pablo: *Wort und Bekenntnis*, Zürich 1954; Seckel, Curt: »Pablo Picasso. Maskenbildner des 20. Jahrhunderts«, in: *Die Großen der Weltgeschichte*, a. a. O., Bd. 10, S. 318–337; Spies, Werner: »Pablo Picasso. Les Demoiselles d'Avignon, 1907«, in: Tesch, Jürgen, Hollmann, Eckhard (Hrsg.): *Kunst! Das 20. Jahrhundert*, München-New York 1997, S. 28; Spies, Werner: »Pablo Picasso. Guernica, 1937«, in: *Kunst! Das 20. Jahrhundert*, Prestel, a. a. O., S. 102–103; Spies, Werner (Hrsg.): *Picasso. Malen gegen die Zeit*, Hantje Cantz/Albertina/K 20, Ostfildern-Wien-Düsseldorf 2006, insbes.: Delorme, Marie-Noëlle: »Picasso zwischen Ruhm und Schmähung«, ebd., S. 256–267.

42. Es gibt kein richtiges Leben im falschen Adorno, Theodor W.: *Minima Moralia. Reflexionen aus dem beschädigten Leben*, Frankfurt/Main 2001; König, René: »Max Horkheimer, Theodor W. Adorno. Die Kritische Theorie«, in: *Die Großen der Weltgeschichte*, a. a. O., Bd. 11, S. 652–667; Lang, Peter Christian: »Adorno, Theodor W. (= Wiesengrund), in: *Metzler Philosophen Lexikon*, a. a. O., S. 8–12.

43. Suicide is painless Heideking, Jürgen: »Vorstoß über den 38. Breitengrad – Der Koreakrieg«, in: *Brockhaus Weltgeschichte, Die Bibliothek*, a. a. O., Bd. 6, S. 142–151; Steininger, Rolf: *Der vergessene Krieg: Korea 1950–1953*, München 2006.

44. Der Tod eines einzelnen Mannes ist eine Tragödie, aber der Tod von Millionen ist nur eine Statistik Kennan, George F.: *Memoiren eines Diplomaten*, Stuttgart 1968; Montefiore, Simon Sebag: *Stalin. Am Hof des roten Zaren*, Frankfurt 2006; Solovyova, Julia: »Mustering Most Memorable Quips«, in: *The Moscow Times*, 28.10.1997; Schmidt-Häuer, Christian: »Genosse Gott«, in: *Die Zeit*, Nr. 10, 27.2.2003.

45. A Star is born Gross, Thomas: »Noch immer ein Vorbild für alle«, in: *Die Zeit*, Nr. 33, 9.8.2007, S. 35; Robertson, Patrick: *Das neue Guinness Buch Film*, Frankfurt/Main-Berlin 1993; Monaco, James: *Film verstehen*, Reinbek 1990.

46. Fünfzig Jahre Fortschritt in fünf Jahren Baumann, Günter: *Meisterwerke der Architektur*, Stuttgart 2007; Bernecker, Walter R.; Pietschmann, Horst; Zoller, Rüdiger: *Eine kleine Geschichte Brasiliens*, Frankfurt/Main 2000; Goerdeler, Carl D.: »Das Gesetz des Glücks«, in: *Die Zeit*, Nr. 50, 6.12.2007, S. 106; Schäfers, Bernhard: *Architektursoziologie*, Opladen 2003.

47. Wohlstand für alle! Hennecke, Hans Jörg: »Wohlstand für alle«, in: *Lexikon der ökonomischen Werke*, a. a. O., S. 127 f.; Oswalt, Walter: »Walter Eucken. Die Ordnung der Freiheit«, in: Piper, Nikolaus (Hrsg.): *Die großen Ökonomen*, Stuttgart 1996; S. 195–210; Sternburg, Wilhelm von: *Die Kanzler der Deutschen. Von Bismarck bis Merkel*, Berlin 2006; Treue, Wilhelm: *Wirtschaftsgeschichte der Neuzeit*, Stuttgart 1966.

48. Der große Sprung nach vorn Chang, Jung; Halliday, Jon: *Mao*, München 2007; Osterhammel, Jürgen: »Der ›Große Sprung nach vorn‹ – Die Volksrepublik China in der Ära Mao«, in: *Brockhaus Weltgeschichte, Die Bibliothek*, a. a. O., Bd. 6, S. 280–293; Schickel, Joachim: »Mao Tse-tung. Das Wort ›Lehrer‹ wird bleiben«, in: *Die Großen der Weltgeschichte*, a. a. O., Bd. 11, S. 878–893.

49. Das Grauen, das Grauen! Eckert, Andreas: »Eine bescheidene Bilanz«, in: *Spiegel Special Geschichte Nr.2 »Afrika«*, 2007, S. 26–32; Grill, Bartholomäus: »Freiheit und Selbstbedienung«, in: *Die Zeit*, Nr. 6, 1.2.2007, S. 12; Nohlen, Dieter: »Alte Abhängigkeiten neu? – Die Kontroverse über die Ursachen der Unterentwicklung«, in: *Brockhaus Weltgeschichte, Die Bibliothek*, a. a. O., Bd. 6, S. 306–313; Nohlen, Dieter: »Ende der Dritten Welt? – Wirtschaftliche Auseinanderentwicklung und Demokratisierung«, in: *Brockhaus Weltgeschichte, Die Bibliothek*, a. a. O., Bd. 6, S. 588–597; Thielke, Thilo; Wiedemann, Erich: »Afrikas Fluch«, in: *Spiegel Special Geschichte* a. a. O., S. 11–21.

50. **Fragt nicht, was euer Land für euch tun kann, sondern fragt, was ihr für euer Land tun könnt** Cap, Peter: »Woodrow Wilson, Franklin D. Roosevelt, John F. Kennedy. Amerikanische Weltpolitik zwischen Idealen und Interessen«, in: *Die Großen der Weltgeschichte*, a.a.O., Bd. 11, S. 760–783; Schwarz, Urs: *John Fitzgerald Kennedy*, Luzern-Frankfurt/Main 1964; Schäfer, Peter: *Die Präsidenten der USA in Lebensbildern*, Köln 2005; Tuchman, Barbara: *Die Torheit der Regierenden. Von Troja bis Vietnam*, Frankfurt/Main 1992.
51. **Die Geschichte wird mich freisprechen** Fest, Joachim: *Hitler. Eine Biographie*, Berlin 1973; Hanke, Thomas: »Kleine Revolution von oben«, in: *Handelsblatt*, Nr. 185, 25.9.2007, S. 12; Loetscher, Hugo: »José Marti und Fidel Castro. Der Prophet der Befreiung und der Revolutionär«, in: *Die Großen der Weltgeschichte*, a.a.O., Bd. 11, S. 894–907; Nohlen, Dieter, Basedau, Matthias: »›Die Macht kommt aus den Gewehrläufen‹ – Revolutionäre Strategien und ihre Umsetzung«, in: *Brockhaus Weltgeschichte, Die Bibliothek*, a.a.O., Bd. 6, S. 268–279.
52. **Das globale Dorf** Baltes, Martin; Böhler, Fritz; Höltschl, Rainer; Reuß, Jürgen: *Der McLuhan-Reader*, Mannheim 1997; Bösch, Frank; Frei, Norbert (Hrsg.): *Medialisierung und Demokratie im 20. Jahrhundert*, Göttingen 2007; McLuhan, Eric: »On the source of the phrase, Global Village«, in: http://www.marshallmcluhan.com/faqs.html, abgerufen am 22.9.2007; Watson, Peter: *Das Lächeln der Medusa*, a.a.O.
53. **Wir haben uns schrecklich geirrt** Greiner, Bernd: *Krieg ohne Fronten. Die USA in Vietnam*, Hamburg 2007; Kreisler, Harry: *Conversations with Robert McNamara*, auf: http://globetrotter.berkeley.edu/McNamara/, Interview am 16. April 1996, abgerufen am 30.8.2007; McNamara, Robert: *In Retrospect. The Tragedy and Lessons of Vietnam*, New York 1995 (dt. *Vietnam. Das Trauma einer Weltmacht*, München 2002) Morris, Eroll (Regie): *The Fog of War. Eleven Lessons from the Life of Robert S. McNamara*, DVD, Sony Pictures, 2003; Tuchman, Barbara: *Die Torheit der Regierenden. Von Troja bis Vietnam*, Frankfurt/Main 1992; Weggel, Oskar: »Bomben auf Hanoi – Der Vietnamkrieg«, in: *Brockhaus Weltgeschichte, Die Bibliothek*, 6 Bde, F.A. Brockhaus, Leipzig, Mannheim, Band 6, S. 294–305.
54. **Three quarks for Muster Mark** Boeing, Niels: »Abschied von der Nanovision«, in: *Die Zeit*, Nr. 32, 2.8.2007, S. 29; Gell-Mann, Murray: *Das Quark und der Jaguar. Vom Einfachen zum Komplexen*, München 1994; Joyce, James: *Das Leben eines Künstlers als junger Mann*, Frankfurt/Main 1987; Joyce, James: *Finnegans Wake*, London 2000; Morrison, Philip; Morrison, Phylis, das Studio Charles und Ray Eames: *Zehn Hoch*, Frankfurt/Main 1995; Power, Arthur: *Gespräche mit James Joyce*, Frankfurt/Main 1996; Watson, Peter: *Das Lächeln der Medusa*, a.a.O.; Webportal des Teilchenphysikzentrums DESY in Hamburg: »Wie spricht man Quark richtig aus?«, http://www.kworkquark. net/fragenundantworten/2/wissensdurst2.html, abgerufen am 10.11.2007.
55. **Ich habe einen Traum** Bahr, Hans-Eckehard: »Martin Luther King. Ein friedlicher Kampf um den Sieg der machtlosen Wahrheit«, in: *Die Großen der Weltgeschichte*, a.a.O., Bd. 11, S. 318–337; Fischer, Jonathan: »Schwarzer Stolz«, in: *Die Zeit*, Nr. 38; 13.9.2007, S. 50.
56. **In Zukunft wird jeder einmal für fünfzehn Minuten berühmt sein** Bockris, Victor: *Andy Warhol*, Düsseldorf 1989; Goldsmith, Kenneth (Hrsg.): *Interviews mit Andy Warhol*, Freiburg 2006; Weibel, Peter: »Künstler war er weniger«, in: *Die Zeit*, Nr. 8, 15. Februar 2007, S. 45; Weiss, Evelyn: »Andy Warhol. Marilyn, 1964«, in: *Kunst! Das 20. Jahrhundert*, a.a.O., S. 154; West, Shearer: »Masken oder Identitäten?«, in: Joachimides, Christos M.; Rosenthal, Norman (Hrsg.): *Die Epoche der Moderne – Kunst im 20. Jahrhundert*, Ostfildern 1997, S. 65–71.
57. **All you need is Love** Kemper, Peter: *The Beatles*, Stuttgart 2007; MacDonald, Ian: *Revolution in the Head. The Beatles' Records and the Sixties*, London 1995; Martin, George: *Summer of Love*, Berlin 1997; Masnerus, Laura: »Timothy Leary, Pied Piper Of Psychedelic 60's, Dies at 75,« in: *New York Times Book Review*, 1. Juni 1996; Moers,

Rainer; Neumann, Wolfgang; Rombeck, Hans: *Die Beatles. Ihre Karriere. Ihre Musik. Ihre Erfolge*, Bergisch Gladbach 1988.
58. Sozialismus mit menschlichem Antlitz Bock, Katrin: »10. Todestag von Alexander Dubček«, in: Radio Praha, 9.11.2002, http://www.radio.cz/de/artikel/34202, abgerufen am 9.6.2008; Brandes, Detlef: »Sanfte Revolution und sanfte Trennung – Die Wende der Tschechen und Slowaken«, in: *Brockhaus Weltgeschichte, Die Bibliothek*, a.a.O., Bd. 6, S. 408–415; Leschtina, Jiří: »Über den Weg der Erkenntnis« Ein Gespräch mit Ota Šik. in: *Mladá Fronta*, übers. v. Bianca Lipanska, Prag, Jg. 46, Nr. 178, 2. August 1990, S. 1–2; Loth, Wilfried: »Vom Stalinkult zur Breschnewdoktrin – Die Sowjetunion und der Ostblock«, in: *Brockhaus Weltgeschichte, Die Bibliothek*, a.a.O., Bd. 6, S. 186–197.
59. Die schweigende Mehrheit Dallek, Robert: *Nixon and Kissinger. Partners in Powers*, New York 2007; Schäfer, Peter: *Die Präsidenten der USA in Lebensbildern*, Köln 2005; Tuchman, Barbara: *Die Torheit der Regierenden. Von Troja bis Vietnam*, Frankfurt/Main 1992; »Wie sollen wir ihm vergeben?«, in: *Der Spiegel*, Nr. 33, 1974, S. 50–55.
60. Eine Frau braucht einen Mann, wie ein Fisch ein Fahrrad braucht Beauvoir, Simone de: *Das andere Geschlecht. Sitte und Sexus der Frau*, Reinbek 2000; Friedan, Betty: *Der Weiblichkeitswahn oder die Selbstbefreiung der Frau*, Reinbek 1996; Potthast, Barbara: »Soziale Ungleichheit und Geschlecht – Die Stellung der Frauen heute«, in: *Brockhaus Weltgeschichte, Die Bibliothek*, a.a.O., Bd. 6, S. 622–635; Meyer, Ursula I.; Bennent-Vahle, Heidemarie: *Philosophinnen-Lexikon*, Leipzig 1997.
61. Houston, wir haben ein Problem Cortright, Edgar (Hrsg.): *Apollo Expeditions to the Moon*, United States Government Printing, Washington 1975; Detailed Chronology of Events Surrounding the Apollo 13 Accident, http://history.nasa.gov/Timeline/apollo13chron.html, abgerufen am 9.8.2007; Johansen, Anatol; Knauss, Ferdinand: »Träume vom Weltraum«, in: *Handelsblatt*, Nr. 195, 10.10.2007, S. 11; Lovell, Jim; Kluger, Jeffrey: *Lost Moon: The Perilous Voyage of Apollo 13*, Boston 1994; Preisendörfer, Bruno: »Der rote Mond«, in: *Die Zeit*, Nr. 39, 20.9.2007, S. 104.
62. Macht kaputt, was euch kaputt macht! Aust, Stefan: *Der Baader-Meinhof-Komplex*, Hamburg 1986; Frei, Norbert: »Aufbruch der Siebenundsechziger«, in: *Die Zeit Geschichte*, Nr. 2, 2007, S. 19–30; Nettelbeck, Uwe: »Entspannt Euch!«, in: *Die Zeit Geschichte*, Nr. 2, 2007, S. 64–67; Sichtermann, Kai; Johler, Jens; Stahl, Christian: *Keine Macht für Niemand*, Berlin 2000.
63. Die Grenzen des Wachstums Hesse, Helge: *Ökonomen-Lexikon*, a.a.O.; Mündler, Marc-Andreas: »An Essay on the Principles of Population«, in: *Lexikon der ökonomischen Werke*, a.a.O., S. 300; Pullen, John: »Principles of Political Economy«, in: *Lexikon der ökonomischen Werke*, a.a.O., S. 301 f.; Stadermann, Hans-Joachim: »On the Principles of Political Economy and Taxation«, in: *Lexikon der ökonomischen Werke*, a.a.O., S. 419 f.; Wiegandt, Klaus; Fischer, Ernst Peter (Hrsg.): *Die Zukunft der Erde. Was verträgt unser Planet noch?*, Frankfurt/Main 2006.
64. Scheiße noch mal, Allende ergibt sich nicht! Gaile, Jochen: »Oligarchien und Militärdiktaturen auf dem Rückzug – Lateinamerika ab 1929«, in: *Brockhaus Weltgeschichte, Die Bibliothek*, a.a.O., Bd. 6, S. 326–337; Garcia, Fernando D.; Sola, Oscar: *Allende. Das Ende einer Ära*, Berlin 1998; »Kämpfen bis zum Ende«, in: *Der Spiegel*, Nr. 38, 1973, S. 99–105.
65. That's Lucy in the Sky with Diamonds Johanson, D. C.; Edey, Maitland: *Lucy – Die Anfänge der Menschheit*, München 1982; Kemper, Peter: *The Beatles*, Stuttgart 2007; Seaman, Frederic: *John Lennon*, München 1991; Reier, Sebastian: »Elvis lebt in Addis Abeba«, in: *Die Zeit* online, 27.2.2008, http://blog.zeit.de/tontraeger/2008/02/27/elvis-lebt-in-addis-abeba_675, abgerufen am 1.4.2008; Watson, Peter: *Das Lächeln der Medusa*, a.a.O.
66. Anything goes Demmerling, Christoph: »Feyerabend, Paul Karl«, in: *Metzler Philosophen Lexikon*, a.a.O., S. 237–239; Sukopp, Thomas: »Anything goes? – Paul K. Feyerabend als Elefant im Popperschen Porzellanladen«, in: *Aufklärung und Kritik*, 1/2007 14. Jg., S. 124–138; Döring, Eberhard: *Paul K. Feyerabend zur Einführung*, Ham-

burg 1998; Feyerabend, Paul: *Wider den Methodenzwang. Skizze einer anarchistischen Erkenntnistheorie*, Frankfurt/Main 1995.

67. **Wer Visionen hat, sollte zum Arzt gehen** Lorenzo, Giovanni di: »Ich bin in Schuld verstrickt«, Gespräch mit Helmut und Loki Schmidt, in: *Die Zeit*, Nr. 36, 30.8.2007, S. 17–21; Schindelbeck, Dirk: »Eine Großstadt wird zur Wasserwüste«, in: *Damals*, Nr. 2, 2007, S. 8–11; Schmidt, Helmut: *Menschen und Mächte*, Berlin 1987; Sternburg, Wilhelm von: *Die Kanzler der Deutschen. Von Bismarck bis Merkel*, Berlin 2006; »Konjunktur: Weltweites Zittern«, in: *Der Spiegel*, Nr. 29, 1974, S. 17–19; Schwelien, Michael: *Helmut Schmidt. Ein Leben für den Frieden*, Hamburg 2003.

68. **Schwerter zu Pflugscharen!** Brandt, Peter: »Raketenkrise«, in: Conze, Eckart; Metzler, Gabriele (Hrsg.): *Deutschland nach 1945*, München 1997, S. 140–144: Czempiel, Ernst-Otto: »Untergang oder Koexistenz? – Atomares Gleichgewicht im Zeichen wechselseitiger Bedrohung«, in: *Brockhaus Weltgeschichte, Die Bibliothek*, a. a. O., Bd. 6, S. 240–259; Koch, Uwe: »Es wird kein Volk wider das andere das Schwert erheben ...«, in: *zivil*, Heft 1/1999, Bremen, S. 27; Schmidt, Helmut: *Menschen und Mächte*, a. a. O.; Schwelien, Michael: *Helmut Schmidt. Ein Leben für den Frieden*, a. a. O.

69. **Der Mensch ist nicht frei, wenn er einen leeren Geldbeutel hat** Bingen, Dieter: »Solidarność – Polens Weg zur parlamentarischen Demokratie«, in: *Brockhaus Weltgeschichte, Die Bibliothek*, a. a. O., Bd. 6, S. 356–365; Lorenz, A.; Kilz, H. W.: »Polen steht an der Spitze«, Interview mit Lech Wałęsa, in: *Der Spiegel*, Nr. 31, 1.8.1994, S. 120–121a; Rhode, Gotthold: »Polen 1980/1981. Entwicklung und Hintergründe der Situation«, in: Fochler-Haucke, Gustav; Michler, Günther; Paesler, Reinhard (Hrsg.): *Der Fischer Weltalmanach 1982*, Frankfurt/Main 1981, Sp. 49-60;

70. **Vielleicht hat uns der Herr diese Seuche gebracht, weil unerlaubter Sex gegen die Zehn Gebote verstößt** Helms, Erwin: *USA-Staat und Gesellschaft*, Hamburg 1993; Morris, Edmund: *Dutch. A Memoir of Ronald Reagan*, New York 1999; Schäfer, Peter: *Die Präsidenten der USA in Lebensbildern*, Köln 2005; White, Allen: »Reagan's AIDS Legacy«, in: *San Francisco Chronicle*, 8. Juni 2004, Seite B9.

71. **Wir amüsieren uns zu Tode** Bösch, Frank; Frei, Norbert (Hrsg.): *Medialisierung und Demokratie im 20. Jahrhundert*, Göttingen 2007; Finger, Evelyn: »Die Zukunft war gestern«, in: *Die Zeit*, Nr. 1/2006, S. 41; Postman, Neil: *Wir amüsieren uns zu Tode*, Frankfurt 1994; Postman, Neil: »Der Mond ist kein grüner Käse«, Interview mit Günter Kaindlstorfer, in: *Tagesanzeiger*, 15.2.2000.

72. **Wir brauchen die Demokratie wie die Luft zum Atmen** Katzer, Nikolaus: »Reformprozess mit Eigendynamik – Gorbatschows Politik der Erneuerung«, in: *Brockhaus Weltgeschichte, Die Bibliothek*, Bd. 6, S. 366–379.

73. **Read my Lips: no more Taxes!** Greene, John Robert: *The Presidency of George Bush*, Lawrence/Kansas 1999; Noonan, Peggy: *What I Saw at the Revolution*, New York 1990; Schäfer, Peter: *Die Präsidenten der USA in Lebensbildern*, Köln 2005; Schwarz, Hans-Peter: *Das Gesicht des Jahrhunderts*, Berlin 1998.

74. **I did it my way** Demandt, Alexander: *Sternstunden der Menschheit*, München 2004; Katzer, Nikolaus: »Das ›ewige Russland‹ erhebt sich von den Knien – Der Zerfall der Sowjetunion und die Gründung der GUS«, in: *Brockhaus Weltgeschichte*, Die Bibliothek, a. a. O., Bd. 6, S. 430–441; »Paul Anka: One song the Sex Pistols won't be singing«, auf *Daily Telegraph.co.uk*, http://www.telegraph.co.uk/arts/main.jhtml?xml=/arts/2007/11/08/bmanka108.xml, abgerufen am 6.4.2008; »Sinatra loathed ›My Way!‹«: Tina Sinatra im Interview auf *BBC News*, http://news.bbc.co.uk/2/hi/entertainment/994742.stm; abgerufen am 6.4.2008.

75. **Wir sind das Volk!** Demandt, Alexander: *Sternstunden der Menschheit*, München 2004; Hertle, Hans-Hermann: *Chronik des Mauerfalls*, Berlin 1996; Römer, Karl: »Die Wiedervereinigung und die neue Republik«, in: *Deutsche Geschichte*, a. a. O., Bd. 7, S. 422–455; Wolle, Stefan: *Die heile Welt der Diktatur. Alltag und Herrschaft in der DDR 1971–1989*, München 1999.

76. It's the economy, stupid! Clinton, Bill: *Mein Leben*, Berlin 2004; Clinton, Hillary Rodham: *Gelebte Geschichte*, München 2003; Heideking, Jürgen: »Von Roosevelt bis Clinton – Zur inneren Entwicklung der USA«, in: *Brockhaus Weltgeschichte, Die Bibliothek*, a. a. O., Bd. 6, S. 162–173; Schäfer, Peter: *Die Präsidenten der USA in Lebensbildern*, Köln 2005; Schneider, Bill: »Analysis: Could it be ›the economy, stupid‹ again?«, in: http://www.cnn.com/2007/POLITICS/11/07/schneider.economy.poll/index.html, abgerufen am 10.11.2007.
77. Das Ende der Geschichte Fukuyama, Francis: *Das Ende der Geschichte. Wo stehen wir?*, München 1992; Fukuyama, Francis: »Irak – die Rekrutierungsbasis für Terroristen«, Interview mit Markus Ziener, in: *Handelsblatt*, Nr. 173, 7.9.2006, S. 3.
78. One person, one vote! Hielscher, Hans: »Afrikas Held«, in: *Spiegel Special Geschichte »Afrika«*, a. a. O., S. 96–98; Mandela, Nelson: *Der lange Weg zur Freiheit*, Hamburg 2006; Marx, Christoph: »One person, one vote – Die Republik Südafrika im Umbruch«, in: *Brockhaus Weltgeschichte, Die Bibliothek*, a. a. O., Bd. 6, S. 576–587; Marx, Christoph: »›Gottgewollte Unterschiede‹ – Apartheid in Südafrika«, in: *Brockhaus Weltgeschichte, Die Bibliothek*, a. a. O., Bd. 6, S. 314–325.
79. Der Kampf der Kulturen Huntington, Samuel P.: *Der Kampf der Kulturen*, München 1998; Jessen, Jens: »Feldzug der Worte«, in: *Die Zeit*, Nr. 35, 23. August 2007, S. 37–39; Joas, Hans; Wiegandt, Klaus (Hrsg.): *Die kulturellen Werte Europas*, a. a. O.; Popper, Karl R.: *Auf der Suche nach einer besseren Welt*, München 1994.
80. Ein Land, zwei Systeme Schmidt, Helmut: *Menschen und Mächte*, a. a. O.; Siemes, Christof; Blume, Georg: »Von Mao bleibt nichts als die Mode«, Gespräch mit Wang Hui und Feng Ling, in: *Die Zeit*, Nr. 30, 19. Juli 2007, S. 37.

Personenregister

Ackermann, Anton 173
Adams, James Truslow 103
Adenauer, Konrad 203, 205
Adler, Alfred 21
Adler, Dankmar 27 f.
Adorno, Theodor W. (geb. Wiesengrund) 96, 184–187
Aldrin, Edwin 262
Alessandri, Jorge 27
Alexander II., Zar des Russ. Reiches 60
Alfons XIII., König von Spanien 115
Alison, Joan 130 f.
Allende Gossens, Salvador 270–276
Altman, Mike 187, 191
Altman, Robert 191
Amin Dada, Idi 213
Amundsen, Roald 36–41
Andrews, Thomas 48
Andropow, Juri 302
Anka, Paul 309
Anna O. siehe Pappenheim, Bertha
Arendt, Hannah 154
Aristoteles 24, 280
Armstrong, Louis 87–91
Armstrong, Neil 257, 262
Attlee, Clement 155
Avedon, Richard 241
Aylwin Azocar, Patricio 276

Baader, Andreas 265 f.
Bach, Johann Sebastian 73
Baker, James 310
Baker, Josephine 84–86
Balfour, Arthur James 178
Balz, Bruno 144–146

Barnard, Fred R. 75
Batista, Fulgencio 219–222
Baudouin, König der Belgier 213
Bäumer, Paul 57
Beach, Sylvia 93 f.
Beauvoir, Simone de 256
Becher, Johannes R. 172 f., 175 f.
Beck, Ludwig 138, 142
Begala, Paul 318
Behrens III., William W. 268
Ben Gurion (geb. Grün), David 177–180
Benjamin, Walter 71, 185
Benz, Bertha 32
Benz, Carl 31
Berg, Alban 185
Bergman, Ingrid 114, 131
Bernays, Martha 18
Bernheim, Hippolyte 19
Bernstein, Carl 253
Bethmann Hollweg, Theobald von 53 f., 66 f.
Bevin, Ernest 175
Bird, Ellen 46
Bismarck, Otto von 16, 54
Blair, Eric Arthur siehe Orwell, George
Blythe, William Jefferson siehe Clinton, Bill
Bogart, Humphrey 131
Bohm, Hark 105
Botha, Pieter Willem 328
Bowers, Henry 36–40
Brandt, Willy 218, 284 f., 316
Braun, Wernher von 259–261
Breschnew, Leonid 248 f., 274, 301 f.

349

Breton, André 182
Breuer, Josef 17 f.
Bride, Harold 50
Brown, James 237
Brundtland, Gro Harlem 269
Buback, Siegfried 266
Buchanan, Pat 297
Bucharin, Nikolai 193
Bülow, Bernhard von 14, 17
Burle Marx, Roberto 201
Burnett, Murray 129–131
Bush (sen.), George Herbert Walker 304, 306–308, 310, 317–319
Bush, George Walker 306, 324, 330 f.
Byrnes, James F. 158, 175

Camus, Albert 126–129
Cardoso, Elizete 198
Carnap, Rudolph 98
Caroll, Lewis 277
Carranza, Venustiano 44 f.
Carter, James (»Jimmy«) 290, 297
Carville, James 308, 317 f.
Castro Ruz, Fidel Alejandro siehe Castro, Fidel
Castro, Fidel 217, 219–223, 272 f., 275
Castro, Raúl 220, 223
Cermak, Anton 106
Chamberlain, Neville 156
Chaplin, Charlie 76, 197
Che Guevara siehe Guevara Serna, Ernesto
Chiang Kai-shek 149, 189, 208 f., 333
Chruschtschow, Nikita 207, 218, 229, 260, 302
Churchill, Clementine 155
Churchill, Winston (Spencer) 50, 52, 82, 106, 155–159, 162
– Zweiter Weltkrieg 127, 132 f., 148, 163, 171, 310
Cixi 15 f., 208

Clausewitz, Carl von 71
Clay, Lucius D. 165, 174, 203
Clemenceau, Georges 54, 67
Clinton, Bill; geb. William Jefferson Blythe III. 308, 317–321, 331
Clinton, Hillary Rodham 319, 321
Cohn, Irving 84
Colonel House siehe House, Edward Mandell
Colson, Charles (»Chuck«) 253
Conrad, Joseph; eigentl. Józef Teodor Konrad Nałęcz Korzeniowski 211
Cooper, Gary 114
Copland, Aaron 242
Coppola, Francis Ford 105
Costa, Lúcio 200 f.
Crean, Thomas 39
Cuno, Wilhelm 85

Dąbrowska, Maria 292
Daimler, Gottlieb 31
Darwin, Charles 21, 74, 112, 169, 269
Davis, Miles 91
Deng Xiaoping 209, 332–337
Denscher, Barbara 83
Derain, André 182
Descartes, René 282
Díaz, Porfirio 41–43
Diefenbach, Lorenz 122
Ditzen, Josef 14
Donne, John 116 f.
Dos Passos, John 94
Dschughaschwili, Iosseb Bessarionis siehe Stalin, Josef
Dubček, Alexander 245–250
Dukakis, Michael 306
Dunn, Irina 254 f.
Dutschke, Rudi 265, 267
Dylan, Bob 264, 276

Eames, Charles 231 f.
Eames, Ray 231

Eastman, George 76
Edison, Thomas Alva 33, 196
Ehrman, Riccardo 316
Einstein, Albert 22–26, 74, 148, 151, 162
Eisenhower, Dwight D. 151, 190, 215, 251, 261
– Dominotheorie 228
– Kuba 217, 222
Eisler, Hanns 176
Ellington, Duke 87
Ensslin, Gudrun 265 f.
Epstein, Brian 244
Epstein, Julius und Philip 131
Erhard, Ludwig 201–206
Eucken, Walter 203
Evans, Edgar 37

Fairbanks sen., Douglas 197
Faithfull, Marianne 244
Falkenhayn, Erich von 53 f., 56
Falwell, Jerry 297
Fangio, Juan Manuel 221
Fanon, Frantz 212
Feininger, Lyonel 30
Ferebee, Thomas 149
Feyerabend, Paul Karl 280–283
Fillmore, Millard 118
Fiore, Quentin 226
Fischer, Joschka 187
Fisher, Irving 102
Fitzgerald, F. Scott 94
Ford, Gerald 254, 286
Ford, Henry 31–35
Franco, Francisco 113, 115–117, 152
François, Claude 309
Franz Ferdinand, Erzherzog 51 f.
Freisler, Roland 58, 142
Freud, Sigmund 17–21
Friedan, Betty 256
Friedman, Milton 83
Friedrich der Große, König von Preußen 70
Fukuyama, Francis 321–324, 329 f.

Furness, Frank 27
Fürstenberg, Carl 99 f., 103
Fuß, Franziska 172

Gagarin, Juri 261
Gallimard, Anne 126
Gallimard, Janine 126
Gallimard, Michel 126
Gallo, Robert 296
Galton, Francis 112
Gandhi, Feroze 163
Gandhi, Indira 163
Gandhi, Mohandas Karamchand, gen. Mahatma 159–163, 235
Garvey, Marcus 278
Gaulle, Charles de 133, 174
Gell-Mann, Murray 233
Genscher, Hans-Dietrich 310, 314
Gerassimow, Gennadi 309–311
Gerke, Friedrich Clemens 49
Gershwin, George 86
Gillespie, Dizzie 91
Ginsberg, Allen 242
Giorno, John 240
Giscard d'Estaing, Valéry 285 f.
Goebbels, Joseph 58, 122 f., 141, 144 f.
Goerdeler, Carl Friedrich 142
Goldberger, Ludwig Max 104
Goldberger, Paul 29
Goldwater, Barry 251
Gomułka, Władysław 292
Gorbatschow, Michail 301–305, 310–313
Göring, Hermann 136 f.
Gottlieb, Michael 296
Goya, Francisco de 183
Graf, Willi 142
Gray, Tom 277 278
Greenough, Horatio 28
Greenspan, Alan 320
Grey, Sir Edward 50, 54
Griffith, David Wark 76, 197
Gropius, Walter 30

351

Grün, David *siehe* Ben Gurion, David
Guajardo, Jesús 45
Guangxu 15
Guevara Serna, Ernesto, gen. Che Guevara 219, 221 f., 272
Guillaume, Günter 284
Guthrie, Woody 107

Haakon VII., König von Norwegen 36
Haeckel, Ernst 68
Haile Mariam, Mengistu *siehe* Mengistu Haile Mariam
Haile Selassie, geb. Tafari Makonnen, König von Äthiopien 278 f.
Haise, Fred 258
Halliday, Jon 207, 210
Handy, Thomas T. 148 f.
Hansen, Rolf 146
Hardin (verh. Armstrong), Lilian (»Lil«) 89
Hartnagel, Fritz 139–141
Havel, Václav 246, 249
Hawking, Stephen 26
Hegel, Georg Friedrich Wilhelm 169, 322
Heidegger, Martin 95–99
Helbling, Hanno 71
Hemingway, Ernest 57, 94, 113, 116 f.
Henderson, Fletcher 89
Hendrix, Jimi 263
Herzl, Theodor 177 f.
Himmler, Heinrich 112, 125
Hindenburg, Paul von 67, 109–111, 144
Hirohito, Kaiser von Japan 118, 120 f., 150
Hiss, Alger 250 f.
Hitler, Adolf 71, 87, 103, 109–114, 116 f., 123, 144, 173, 199
  – Zweiter Weltkrieg 134 f., 137 f., 143, 146 f., 156, 194, 292

Ho Chi Minh 228, 272
Hobbes, Thomas 70, 169
Hohenlohe-Schillingsfürst, Chlodwig zu 14
Holmes jun., Oliver Wendell 216
Honecker, Erich 176, 310, 313, 315
Hoover, Herbert 100 f., 107 f.
Horkheimer, Max 185 f.
Horn, Gyula 310, 314
Höß, Rudolf 124
House, Edward Mandell, gen. »Colonel House« 64
Hua Guofeng 335 f.
Huber, Kurt 141 f.
Hudson, Rock 295
Huerta, Victoriano 43 f.
Hughes, Charles Evans 63
Humphrey, Hubert 251
Huntington, Samuel P. 320, 323, 329–332
Husák, Gustáv 249
Husserl, Edmund 96
Huxley, Aldous 300

Ibárruri, Dolores »La Pasionaria« 115 f.
Idi Amin Dada *siehe* Amin Dada
Ismay, Joseph Bruce 47

Jackson, Andrew 64
Jagger, Mick 244
Jaruzelski, Wojciech 294
Jary, Michael 145
Jarzyk, Michael Andreas *siehe* Jary, Michael
Jelzin, Boris 304 f., 312
Jenney, William Le Baron 27 f.
Jiang Qing 334–336
Jobim, Antônio Carlos 198
Johann Ohneland (engl. John Lackland), engl. König 169
Johannes Paul II., Papst; eigtl. Karol Wojtyła 293 f.
Johanson, Donald 277 278

John Lackland *siehe* Johann Ohneland
Johnson, Lyndon B. 217 f., 229 f., 251, 261
Jones, Paula 320
Joyce, James 225, 231, 233
Juan Carlos I., König von Spanien 117
Jung Chang 207, 210
Jung, Carl Gustav 21

Kabila, Joseph 214
Kabila, Laurent-Désiré 214
Kaindlstorfer, Günter 301
Kang Youwei 15
Kant, Immanuel 95, 169 f., 282
Karl I., König von England 169
Karl II., König von England 169
Karnofsky (Familie) 88 f.
Karnot, Stephen 130 f.
Keegan, John 51
Kemp, Jack 306
Kennan, George 158
Kennedy geb. Bouvier, Jacqueline (»Jackie«) 217
Kennedy jun., Joseph Patrick 217
Kennedy, Edward 253
Kennedy, John Fitzgerald 68, 187, 215–219, 228 f., 241, 251, 261, 319
Kennedy, Robert 245, 251
Kerenski, Alexander 62, 193
Ketteler, Clemens August Freiherr von 16
Keynes, John Maynard 78–83, 252
Keynes, John Neville 79
Kiesinger, Kurt Georg 206, 264
Kim Il-sung 187–190, 195, 228
Kim Jong-il 190
King, Martin Luther 234–238, 245, 319
Klee, Paul 30
Kleist, Heinrich von 172
Klerk, Frederik Willem de 328 f.
Kluck, Alexander von 56

Koch, Howard 131
Kohl, Helmut 286, 308, 310, 317
Kohout, Pavel 246
Konfuzius 75
Kopernikus, Nikolaus 20
Koroljow, Sergej 259
Korzeniowski, Józef Teodor Konrad Nałęcz *siehe* Conrad, Joseph
Kracauer, Siegfried 185
Kraft, Victor 280
Krause, Norbert 263
Krenz, Egon 313, 315 f.
Kubitschek de Oliveira, Juscelino 198–201
Kubrick, Stanley 147
Kurtschatow, Igor 148

La Pasionaria *siehe* Ibárruri, Dolores
Labrouste, Henri 28
Laemmle, Carl 196
Lamb, Willis E. 232
Lawrence, Florence 196 f.
Lazarus, Emma 104
Lazer, Paul 277
Le Corbusier 200
Leander, Zarah 144–146
Leary, Timothy 243
Lehár, Franz 86 f.
LeMay, Curtis 227
Lenin, Wladimir Iljitsch 59–63, 65, 114, 166, 193 f., 209
Lennon, John 241, 243–245, 276 f., 279
Lennon, Julian 276
Leopold II., König der Belgier 211
Lewinsky, Monica 320
Lichtenstein, Roy 239
Ligatschow, Jegor 304
Lippmann, Walter 158
Liu Shaoqi 334
Liwacz, Jan 122
Lloyd George, David 54, 67
Locke, John 170
Löhner-Beda, Fritz 83–87

Loos, Adolf 28f.
Lopokova, Lydia 79
Lorenz, Peter 266
Lousma, Jack 258
Lovell, James (»Jim«) 257f.
Lucy 278
Ludendorff, Erich 67
Lumumba, Patrice 213
Luther, Hans 85
Luther, Martin 122

MacArthur, Douglas 189f.
Madero, Francisco Ignacio 42f.
Magón, Ricardo Flores 42
Malcolm X 236
Malthus, Thomas Robert 269
Mandel, Johnny 191
Mandela, Nelson Rolihlahla 327–329
Manet, Édouard 183
Mann, Thomas 71
Manstein, Erich von 137
Mao Tse-tung *siehe* Mao Zedong
Mao Zedong 188, 195, 206–210, 228, 252, 333–336
Marconi, Guglielmo 49f.
Marcus, Siegfried 31
Marcuse, Herbert 185
Markham, Clements 37
Marley, Bob 279
Marsalis, Wynton 91
Marshall, Alfred 78, 80
Marshall, George Catlett 158, 176
Martí, José 45
Martin, George 244
Marx, Groucho 100, 102
Marx, Karl 59, 62, 153, 209, 282, 321f.
Matisse, Henri 92, 182, 239
Maybach, Wilhelm 31
Mayfield, Curtis 237
McCarthy, Joseph 190
McCartney, Paul 243, 277
McDonald, Freda Josephine *siehe* Baker, Josephine
McGovern, George 253

McLuhan, Herbert Marshall 223–227, 243, 299
McNamara, Robert Strange 227–230, 287
Meadows, Dennis L. 268–270
Meadows, Donella 268–270
Meinhof, Ulrike 265
Mengele, Josef 124f.
Mengistu Haile Mariam 278
Mies van der Rohe, Ludwig 30
Milestone, Lewis 57
Miller, Glenn 244
Mitchell, John 253
Mitterrand, François 308
Möbius, Ralph *siehe* Reiser, Rio
Mobutu, Joseph-Désiré 213f.
Mock, Alois 314
Mohammad Reza Pahlavi, Schah von Iran 264
Moltke, Helmuth Johannes Ludwig von 52f., 55f.
Monroe, James 65
Monroe, Marilyn 240
Montagnier, Luc 296
Montensquieu, Charles de 170
Moon, Keith 244
Moore, George Edward 78
Moreas, Vinícius de 198
Morgenthau, Henry 174f.
Moritz, Karl Philipp 263
Moro, Aldo 286
Morris, Edmund 295
Morse, Samuel 49
Mugabe, Robert 213
Müller-Armack, Alfred 203
Muskie, Edmund 253
Mussolini, Benito 114, 116f., 131f., 199
Mutsuhito, Kaiser von Japan 117–120

Nansen, Fridtjof 37
Napoleon I., Kaiser der Franzosen 329
Nash, Graham 244

Nehru, Jawaharlal 161–163
Newton, Isaac 24
Niemeyer, Oscar 201
Nietzsche, Friedrich 68, 72
Nikolaus II., Zar des Russischen Reiches 53, 60 f., 65
Nixon, Richard Milhous 83, 215, 217, 230, 250–254, 276, 297
Noonan, Peggy 306
Novotný, Antonín 246

Oates, Lawrence 40
Obama, Barack 238
Obregón, Álvaro 44 f.
Ohnesorg, Benno 264–266
Olds, Ransom Eli 35
Oliver, Joe »King« 89
Oppenheimer, J. Robert 148, 151, 232
Orlando, Vittorio Emanuele 67
Orwell, George 152–154, 300
Ory, Kid 89
Otto, Nikolaus August 33

Palmerston, Henry John Temple 54
Pankhurst, Emmeline 255 f.
Pappenheim, Bertha 18 f., 22
Parks, Rosa 234 f.
Parmenides von Elea 98
Pathé, Charles 196
Paulus, Friedrich 135–137
Peary, Robert 36, 39
Penzler, Johannes 14
Perkins, Frances 108
Perry, Matthew 66, 118
Pétain, Henri Philippe 130
Phillips, John 50
Picasso, Pablo 31, 92 f., 181–184, 239
Pickford, Mary 195, 197
Pinochet Ugarte, Augusto 274, 276
Planck, Max 23
Platon 280
Poincaré, Jules Henri 24

Ponto, Jürgen 266
Popow, Alexander 49
Popper, Karl Raimund 280–284, 321 f.
Postman, Neil 298–301
Pound, Ezra 94
Prats, Carlos 273 f.
Presley, Elvis 197, 240
Prío Socarrás, Carlos 220
Probst, Christoph 142
Proust, Marcel 92
Pu Yi 208

Quadros, Jânio 201

Rains, Claude 133
Randers, Jørgen 268
Ras Tafari Makonnen siehe Haile Selassie
Raspe, Jan-Carl 265 f.
Reagan, Ronald 83, 295, 297, 306, 320
Rees, Laurence 125
Reiser, Rio; geb. Möbius, Ralph 262–264, 266 f.
Remark, Erich Paul siehe Remarque, Erich Maria
Remarque, Erich Maria 54 f., 57 f.
Reuter, Ernst 163, 165–167
Revaux, Jacques 309
Rhee Syng-man 188
Richards, Keith 244
Riebeeck, Jan van 324 f.
Rivera, Miguel Primo de 115
Rock, John Sweat 236
Rodham, Hillary siehe Clinton, Hillary Rodham
Rommel, Erwin 132
Roosevelt, Eleanor 106
Roosevelt, Franklin Delano 68, 106–109, 217
– New Deal 82, 102, 215
– Zweiter Weltkrieg 147 f., 132 f., 156, 163, 170 f., 310

355

Roosevelt, Theodore   54, 64, 107, 119
Rousseau, Jean-Jacques   170
Russell, Bertrand   74, 78 f.

Sacharow, Andrei   303
Saddam Hussein   308, 318
Salazar, António de Oliveira   199
Salomon, König von Israel und
   Juda   278
Sandera, Wayne   296
Sanjurjo, José   115
Sartre, Jean-Paul   99, 127–129
Sauvy, Alfred   212
Say, Jean-Baptiste   82
Schabowski, Günter   316
Schacht, Hjalmar   85
Scheidemann, Philipp   110
Schewardnadse, Eduard   310
Schlemmer, Oskar   30
Schleyer, Hanns-Martin   265 f., 286
Schlieffen, Alfred von   55
Schliemann, Heinrich   263
Schmidt, Helmut   283–285, 317, 332
   – Deutscher Herbst   266, 286
   – NATO-Doppelbe-
     schluss   288–290
Schmorell, Alexander   140–142
Schneider, René   272
Scholl, Hans   138–142
Scholl, Sophie   138–142
Scholz, Elfriede   58
Schönberg, Arnold   185
Schorlemmer, Friedrich   176
Schwarz, Hans-Peter   66
Schweitzer, Albert   72–74
Scott, Robert Falcon   36–41
Shackleton, Ernest   37 f.
Shepard, Alan   261
Sichtermann, Kai   263
Šik, Ota   246
Silver, Frank   84
Sinatra, Frank   90, 197, 309
Sisulu, Walter   327
Smith, Adam   81, 268

Smith, Edward John   47 f.
Smuts, Jan   326
Sobottka, Gustav   173
Sokolowski, Wassili   164
Sokrates   95
Solanas, Valerie   241
Solschenizyn, Alexander   303 f.
Sorensen, Theodore   216
Sousa, John Philip   90
Spaatz, Carl A.   148 f.
Spencer, Lady Diana   155
Spengler, Oswald   68–72, 321
Spielberg, Steven   105
Sraffa, Piero   78
Stalin, Josef, geb. Dschugaschwili   59,
   77, 129, 135, 153, 173 f., 188,
   191–195, 312
   – Atomwaffen   148 f., 151, 287
   – Hitler-Stalin-Pakt   157, 292
   – Zweiter Weltkrieg   135,
     155–157, 163, 310
Starr, Kenneth   320
Starr, Ringo   245
Stauffenberg, Claus Schenk Graf
   von   143
Stein, Gertrude   91–94, 181
Stein, Leo   91–93, 181 f.
Stein, Michael   92
Steinbeck, John   107
Steinem, Gloria   254 f.
Stevenson, Adlai   190
Stimson, Henry L.   148 f.
Straus, Ida   46
Straus, Isidor   46
Stresemann, Gustav   85
Sullivan, Louis Henri   27–30
Sun Yat-sen   120, 208
Svoboda, Ludvík   248
Sweeney, Charles   150
Swigert, John »Jack«   258
Szilárd, Leó   148, 151

Tafari Makonnen   *siehe* Haile Selassie
Taft, Howard   64

Taieb, Maurice 277
Takeo Miki 286
Tambo, Oliver 327
Tauber, Richard 86
Tereschkowa, Walentina 261
Thatcher, Margret 83, 308
Thibault, Gilles 309
Tibbets, Paul 149
Toklas, Alice B. 93
Tomic, Radomiro 271
Toynbee, Arnold 330
Tresckow, Henning von 143
Treue, Wilhelm 35
Trotzki, Leo 63, 153, 193
Trujillo, Rafael 220
Truman, Harry S. 155
– Atombombeneinsatz 147–151
– Eiserner Vorhang 157
– Koreakrieg 188–190
– Trumandoktrin 158, 176
Tschernenko, Konstatin 302
Tschuikow, Wassili Iwanowitsch 136
Tuchman, Barbara 229

Ulbricht, Walter 167f., 173f., 248
Uljanow, Wladimir Iljitsch
siehe Lenin, Wladimir Iljitsch

Vaculík, Ludvík 247
Vail, Alfred 49
Vargas, Getúlio 198f.
Victoria, brit. Königin 155
Villa, Francisco (»Pancho«) 42–45
Vogel, Henriette 172
Vranitzky, Franz 283

Wagner, Richard 68
Waldersee, Alfred Graf von 17

Waldoff, Claire 84, 86
Walentynowicz, Anna 291, 293f.
Wałę0sa, Lech 291, 293–295
Wallis, Hal B. 131
Warhol, Andy 238–241
Warhola, Andrew siehe Warhol, Andy
Washington, George 108
Wellington, Arthur 329
Westmoreland, William 229f.
Whitney, Richard 101
Wiegand, Heinrich 14
Wilder, Thornton 94
Wilhelm II., Deutscher Kaiser 13–17, 53, 110
Wilhelm III. von Oranien;
engl. König 169
Wilson, Charles Thomson Rees 232
Wilson, Edward 37–40
Wilson, Harold 286
Wilson, Thomas Woodrow 32, 63–68, 171
Witte, Sergej Juljewitsch 60
Wittgenstein, Ludwig 79, 280
Wojtyła, Karol siehe Johannes Paul II., Papst
Woodward, Bob 253
Wooler, Bob 242
Wright, Richard 236
Wutschetitsch, Jewgeni 290

Yoshihito, Kaiser von Japan 118

Zamora, Niceto Alcalá 115
Zapata, Emiliano 41–46
Zhou Enlai 209, 252, 335
Zweig, George 233

»Hesses Reiseführer durch die Weltgeschichte bereitet intellektuelles Vergnügen.«

Rheinischer Merkur

Helge Hesse
Hier stehe ich, ich kann nicht anders
In 80 Sätzen durch die Weltgeschichte
368 Seiten · gebunden/Schutzumschlag
€ 19,90 (D) · sFr 34,90
ISBN 978-3-8218-5601-8

»Wissen ist Macht«, wusste schon Francis Bacon. »Nutze den Tag«, riet uns Horaz. »Nach uns die Sintflut«, behauptete die Marquise de Pompadour. »Wollt ihr den totalen Krieg?«, fragte Goebbels. »Wer zu spät kommt, den bestraft das Leben«, sagte Gorbatschow.

Ausgehend von 80 ausgewählten bekannten Sätzen führt Helge Hesse durch 2600 Jahre Weltgeschichte. Ob Antike, Renaissance, Französische Revolution oder Zweiter Weltkrieg: *»Das Buch beeindruckt durch die Leichtigkeit, mit der es dem Autor gelingt, Ereignisse, Menschen und berühmte Orte lebendig werden zu lassen.«* Handelsblatt

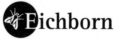

Kaiserstraße 66
60329 Frankfurt/Main
Telefon 069/25 50 03-0
Fax 069/25 60 03-30
www.eichborn.de

Alles, was Sie über klassische Musik nicht wissen

Harald Asel
Wer schrieb Beethovens Zehnte?
Alles, was Sie über Musik nicht wissen
352 Seiten · gebunden/Schutzumschlag
€ 19,95 (D) · sFr 24,95
ISBN 978-3-8218-5841-8

Was hat die Pharmaindustrie mit Strawinsky zu tun? Woran starb Mozart wirklich? Wie führte eine Oper zum Belgischen Nationalstaat? Und warum ist das Saxofon eigentlich ein Holzblasinstrument?
Harald Asel spürt seit Langem den unglaublichen Geschichten, Geheimnissen, Bizarrerien und Merkwürdigkeiten des Musikgeschäfts nach. Jetzt hat er sein Wissen über die klassische Musik in einem Band niedergelegt – und öffnet uns beide Ohren!